KB151725

남도민속음악의 세계

이윤선李允先

도서문화연구원 HK교수, 호는 삼오參烏,
문학박사, 전라남도 문화재 전문 위원
도서해양에 관한 예능, 음악, 의례, 축제 등 민속 전반에 대해 종합적으로 연구하고 있으며, 지역 문화산업 및 한·중·일, 베트남 등 동아시아에 대한 통섭적 연구로 확장해가고 있다.
그간 쓴 단독 저서로 『도서해양민속과 문화콘텐츠』(민속원, 2007년도 대한민국학술원 우수학술도서), 『민속문화기반의 문화콘텐츠 기획론』(민속원, 2006), 『도서해양문화&지역문화산업』(민속원, 2012), 『남도민속음악의 세계－서남해에서 영산강까지』(민속원, 2012) 외 공저 및 논문이 다수 있다.

남도민속음악의 세계
－서남해에서 영산강까지－

초판1쇄 발행 | 2012년 3월 1일

지은이 이윤선
펴낸이 홍기원

총괄 홍종화
디자인 정춘경
편집 오경희·조정화·오성현·신나래·정고은·임민영
관리 박정대·최기엽

펴낸곳 민속원 출판등록 제18-1호
주소 서울 마포구 대흥동 337-25 전화 02) 804-3320, 805-3320, 806-3320(代) 팩스 02) 802-3346
이메일 minsok1@chollian.net 홈페이지 www.minsokwon.com

ISBN 978-89-285-0220-2 94380
978-89-285-0184-7(세트)

도서해양학술총서 ⑭

남도민속음악의 세계

- 서남해에서 영산강까지 -

이윤선

민속원

머리말

그간 민속 관련 학술지에 게재하였던 원고 중에서 남도의 민속음악과 관련된 것을 추려 모았다. 도서문화연구원 도서해양학술총서 시리즈로 내게 된 것은 이 글들이 서남해 도서지역을 대상으로 하고 있기 때문이다. 이것이 굽이굽이 영산강의 물길을 타고 올라가 내륙의 민속음악과 만나서 남도음악을 형성했다고 보는 것이 필자의 입장이다. '서남해에서 영산강까지'라는 부제를 달게 된 이유이기도 하다. 따라서 이 글들은 문화지리적 맥락에서 따지자면 서남해 다도해에서부터 '남도'로 호명되는 전라도 전반을 아우르는데, 대부분의 주제는 진도 등 서남해 도서지역을 다루고 있다. 주제별로 보면 소리에서부터 몸짓, 의례, 나아가 그것을 연행하고 전승했던 연행자들과 그 연행이 가능했던 '판'에 대해서 다룬 글들이다. 이 글을 쓰고 난 후에 좀 더 일목요연하게 정리하고 있는 글이 있지만 본서에 합치지는 않았다. 본서는 2006년부터 2009년에 쓰인 글들이어서 현재 필자가 하고 있는 작업과는 약간의 거리가 있다. 그럼에도 불구하고 졸고들을 모아 한권의 책으로 묶어 내는 것은 남도라는 문화적 호명이 가지는 여러 가지 함의 중에서 이런 '도서성'의 의미들을 모아둘 필요가 있다고 판단했기 때문이다. 혹여 남도민속음악과 도서해양에 관련된 의미들을 좇는 연구자가 있어 이 책을 참고하게 된다면 필자로서는 더 할 수 없는 영광이리라.

글을 모으되, 원래의 글에 가필하지 않는 것을 원칙으로 했다. 그러나 여러 차례의 교정 후에 학술지에 게재한 논문임에도 오타와 비문들이 눈에 띄었다. 따라서 이런 사소한 부분들만 수정하였다. 이외 4장 2절의 서남해 민속음악의 전개와 연행자를 다룬 글의 서문은 1장의 서남해지역 민속음악의 무속기반과 재창조를 다룬 글과 동일하기 때문에 삭제하였다. 연행자와 판을 다룬 두 글은 사실, 국악학술대회에 발표하였던 글을 나눈 것이기 때문에 재인용할 필요가 없다고 생각하였다. 머리말에서 각각의 글을 요약하여 설명할 수는 있으나 본문과 중복될 것이기 때문에 생략하겠지만 본서의 구성과 내용에 대해 간략하게 언급하는 것은 필요할 것 같다.

먼저 1장에서는 민속음악 연행방식의 총체성과 세계관을 다룬 글을 세편 모았다. 첫 번째 글에서는 연령층별 민요 부르기의 일생 의례적 성격을 다루었다. 생태민속학적 지평에 부응하여 그 의미를 민요학과 연결지어보려는 맥락에서 시도된 글이다. 생애주기별 민요의 적층성을 다룬 글인데 요람에서 무덤까지 즉, 자장가에서 만가까지 이어지는 한국의 민요가 시기별 구연의 정서를 반영하고 있다고 분석한 뒤, 이것이 그간의 반영론이나 거울론 보다는 보다 적극적인 대응론으로 풀어가야 한다고 주장하였다. 두 번째 글에서는 진도지역 상례를 통해서 의례와 놀이의 연행 미학을 고찰하였다. 죽음의례가 가지는 축제의 신명풀이 즉, 진도지역 사람들이 죽음이라는 손실의 지분을 심리적, 정서적으로 보완하는 메커니즘에 대해서 논거하였다. 그것은 씻김굿으로 달래고, 다시래기로 놀리고, 윷놀이로 겨뤄서 풀어내는 미학적 장치로 타나난다고 보았다. 다만 윷놀이는 그 의미가 퇴화되어 왜 상가에서 윷놀이를 하는지에 대한 맥락이 뚜렷하게 나타지 않는다고 보았다. 씻김굿과 다시래기, 만가를 하나의 죽음의례로 묶고, 윷놀이까지 상례의 범주로 포함시켜 논의한 데 이 논고의 의의가 있다고 생각한다. 본래의 죽음의례가 가지고 있던 총체적 면모를 규명했다는 점에서 그렇다. 세 번째는 남도소리의 난장성을 연행방식을 통해서 규명해보고자 시도하였다. 여기서 일관되게 주목한 것은 이른바 '판'이라는 난장이었다. 이 난장에서 생성된 것이 '시나위'라고 보기 때문이다. 따라서 시나위성은 난장을 통해서 끼어 넣거나 겨뤄서 이루어진 음악양식이라고 보고 이를 규명하고자 했다. 이것이 성악으로 예술화된 것이 〈판소리〉이고, 기악으로 예술화된 것이 〈시나위〉라고 본 것이다.

2장에서는 민속음악이 가지는 스토리텔링 나아가 그 기능인 인터렉션에 대해 고찰한 글들을 모았다. 첫 번째로는 해물유희요가 가지는 의미들과 그것을 연행해온 섬사람들의 세계관을 다루었다. 이른바 빈지래기타령과 오징어 타령 속에 나타나는 민속의례와 관념들을 민중들의 삶과 연관시켜 드러내보고자 했다. 두 번째로는 닻배노래를 리듬과 선율로 나누어 살펴보고 그 분화과정 속에서 일어나는 인터랙션을 살펴보고자 했다. 노동요와 유희요의 분화 혹은 습합 등, 민요 일반의 조직 원리들을 해명해 본 셈이다. 세 번째로는 혼자 부르는 민요와 여럿이 부르는 민요를 대별해보고 그 기능적 특징과 관계를 분석했다.

3장에서는 타령과 춤에 대해 살펴보고 의례음악에서 음악이 어떻게 활용되어야 할 것인지를 살펴본 글을 모았다. 첫 번째로 무안반도와 영산강을 중심으로 전승되어왔던 품바타령 즉, 각설이 타령을 살펴봤다. 이것은 장구한 세월동안 서남해 도서지역과 영산강변을 소통시켰던 민중들의 노래하기 방식 혹은 노래 만들기 방식 속에서 기능해온 것임을 논거하였다. 두 번째는 진도북춤을 유파별로 나누어 접근하고 그 안에 들어있는 노동과 놀이, 그리고 춤의 관계들을 살펴보았다. 이를 통해 노동의 몸짓과 놀이의 몸짓, 나아가 춤의 몸짓들이 어떻게 진도북춤에 스며들어있는지, 혹은 분화되어 있는지를 고찰할 수 있었다. 마지막으로 남해신사 해신제 의례를 살펴보고 그 연행음악을 어떻게 구성할 수 있을 것인지를 논거하였다. 고려시대 이후 3대 해신사 중의 하나였던 남해신사의 중사中祀는 본래 음악이 없는 의례였지만 근대기 마을 당산제의 맥락을 연결하여 풍물음악이 곁들여진 의례로 복원할 필요가 있다고 보고 음악의례를 제안하였다.

4장에서는 남도민속음악이 전승되고 기능해 온 데 주된 역할을 해 온 음악 담당자층을 분석하였다. 첫 번째로 서남해지역의 민속음악 담당자들이 주로 무속음악 환경을 가지고 있다는 점에 착안하여 그 재창조와 전통의 맥락을 분석하였다. 두 번째로는 무계를 제외한 서남해 민속음악의 연행자들을 몇 개의 범주로 나누어 분석하였다. 마지막으로는 진도군 소포만의 민속음악을 통해 바다가 내륙으로 바뀌는 지형학적 환경변화가 민속음악의 변화와 어떤 상관관계를 갖는지를 고찰하였다. 관계없는 것처럼 보이는 이들은 사실, 사람들의 관념 속에서 매우 밀접하게 관련되어 있다는 것이 필자의 입장이다. 마치 간척과 개간을 통해 푸른 바다가 개펄색의 전답으로 바뀌는 것처럼 민속음악도 자생적이고 자연스럽던 것들이 타생적이고 인위적인 것으로 바뀌어졌기 때문이다.

번번이 책을 낼 때마다 고마움을 전해야 할 사람들이 많다. 박봉에 시달리며 그것도 연구실에서 먹고 자는 남편을 끝까지 후원해주고 있는 아내에게 먼저 감사하고, 아빠 노릇을 제대로 못함에도 불평 없이 잘 자라고 있는 아이들에게도 감사한다. 때때로 논쟁을 벌이지만 선의의 경쟁자이자 사상의 동반자인 동료 교수들에게도 감사를 드린다. 이 글이 연구자들에 앞서 이 땅의 민속음악을 고스란히 지켜온 이름도 빛도 없는 수많은 민중들에게 한 톨의 위안이 되기를 바라고 또 바랄 뿐이다.

양을산 한 자락, 바람에 흩날리는 낙엽을 보며

저자 이윤선 사룀.

차례

2부 민속음악의 스토리텔링과 인터랙션

3부 타령과 춤, 그리고 의례

무안민속음악의 전통과 재창조_187

〈진도북춤〉의 유파별 특성을 통해서 본 놀이와 춤의 상관성_211

남해신사 해신제 복원과 의례음악 연출 시론_241

4부 남도민속음악, 연행자와 연행판

서남해지역 민속음악의 무속기반과 재창조 전통_263

서남해지역 민속음악의 전개 양상과 연행자_293

소포만의 간척기 민속음악 변화연구_311

제 1 부 민속음악 연행방식의 총체성과 세계관

연령층별 민요 부르기의 일생의례적 성격—비교민속학, 2009. 8.30.

진도지역 상례를 통해서 본 의례와 놀이의 연행 미학—비교민속학 2009. 4.30.

연행방식을 통해서 본 남도소리의 난장성亂場性—구비문학연구 2007. 6.30.

연령층별 민요 부르기의 일생의례적 성격*

—민요의 교육과 활용을 위한 생태민요학 시론—

1. 서론

전통시대의 민요는 한 사람이 태어나서 죽을 때까지 그 삶을 규율하기도 하고 추동하기도 했다. 민요가 그만큼 삶의 중요한 기반이었기 때문이다. 기쁠 때도 슬플 때도 일할 때도 놀 때도 민요를 불렀다고 말해 온 것은, 전통시대의 민요가 갖고 있던 삶의 동력으로서의 위상을 말해주는 단서들이다. 이것은 호이징하의 '놀이하는 인간'에 견주어 한국인들이 '노래하는 인간'으로 해석될 필요조건인 셈이다. 그래서 의례적 성격을 지닌 매개물로서의 의미를 민요가 가질 수 있다는 것이다. 그러나 이제는 '했다'라는 과거형을 써야할 만큼 현장 연행으로서의 민요구연이 희박해진 시대가 되었다. 이같은 전승의 단절에 대해서는 대체로 자연스런 시대적 과정으로 이해하거나 필연적인 일로 받아들이고 있다.[1] 민요의 구연이 더 이상의 현장성을 확보하지

* 본고를 심사한 익명의 세 분 선생님께 감사를 드린다. 특히 생태민요학적 시론이 갖는 성근 논의들에 대하여 따끔한 질책을 해 주신 것은 향후 이 논의를 확장해 가는데 많은 도움이 된다고 생각한다. 특히 노동자들의 집회 현장에서 불리는 민요나, 다양한 놀이판에서 창조되고 생산되는 민중, 서민, 대중들의 노래판을 생태적 맥락에서 대입하지 못한 것은 심사자가 지적

못한다는 뜻일 것이다. 그 노래를 창조하고 전승하고 변이하고 선택해 온 지역공동체의 삶과 어떤 식으로든 상응하고 있던[2] 노래 시스템이 와해되어 간다는 뜻이다. 그렇다면 오늘날의 민요는 어디서 구연되며 어떻게 전승되고 있는가?

실제 노동의 현장이나 유희의 현장에서 민요가 불려지는 사례를 찾기는 매우 어렵다. 아마도 노래방이나 관광버스의 고성방가 등으로 탈맥락화 되었을 수도 있다. 다만 순수민요의 구연을 전제한다면, 그것은 관광이나 축제 등의 콘텐츠자원으로서 활용되는 현장이나 무형문화재 제도로 강제되는 대체된 현장에서 볼 수 있으며, 국악 또는 민요라는 이름으로 전수되는 학교교육에서 만날 수 있을 뿐이다.[3] 물론 아리랑의 경우처럼 음악양식이 다변화되어 트로트, 댄스, 록, 발라드, 힙합 등 거의 모든 장르에 걸쳐 거듭 생산되는 경우도 있다.[4] 그러나 전반적인 민요의 현장은 소멸되었다고 말해도 선뜻 반박하기 곤란하다. 그렇다면 이처럼 소멸되거나 박제화된 민요를 오늘날 아이들에게 가르치고, 또 민요가 가진 철학을 널리 이야기해야 하는 당위성이나 이유는 어디에 있는가? 민요에 담긴 어떤 역사와 의미가 오늘날 우리에게도 지속되고 있거나 혹은 지속될 수 있는가? 주왕산과[5] 고정옥[6] 등을 시발로 정리되어 온 바, 전통적으로 민요가 지녀 온 특성들 때문인가? 아니면 그 후대의 연구자들로부터 해석되어온 다양한 의미들 때문인가?

여기서 생각해볼 수 있는 것이 민요 등 현장의 콘텍스트를 그 연구대상으로 삼는 민속학에서의 문제의식에 대해서이다. 이른바 임재해가 말했던 민

한 바와 같이 본고가 가지는 한계라는 점을 인정한다. 시론이라는 측면에서 내용 전반을 검토해야 할 주문사항에 대해서는 온전히 수용하진 못하지만, 이어질 각론의 논의에서는 이를 충분히 고려하겠다는 약속을 드린다.

1 강등학, 「민요의 말하기 기능과 민요 전승의 방향 모색」, 『한국음악사학보』 제29집, 한국음악사학회, 2002, 31쪽.

2 김익두, 「민요의 시학과 정치학」, 『한국민속학』 제30호, 한국민속학회, 1998, 46쪽.

3 민중의 노래라는 의미에서 대중가요를 민요의 개념으로 수용하자는 의견도 있는 것으로 아는데, 이는 또 다른 논점의 문제이기 때문에 본고의 논의 범주를 벗어난다.

4 강등학, 「정선아라리의 민요생태와 문화적 의미」, 『한국민요학』 제23집, 한국민요학회, 2008, 259쪽.

5 주왕산, 『조선민요개설』, 동양프린트사, 1947.

6 고정옥, 『조선민요연구』, 수선사, 1949.

중민속으로서의 제1의 민속학에서 민족민속으로서의 제2의 민속학으로 그리고 생태민속학으로서의 제3의 민속학이라는[7] 측면을 민요학의 맥락에서도 고려해볼 수 있다는 뜻이다. 다시 말하면 민속학에서 민속의 현장을 시대적 의미를 들어 해명하거나 또 적극적으로 해석하려 하듯이, 민요에 대해서도 적극 해명하거나 해석할 필요가 있다는 뜻이다.[8] 민요를 통해 민요 일생사 혹은 연령층별 민요부르기의 일생 의례적 성격을 살펴보고자 하는 이유가 여기에 있다. 민요가 가진 연령층별 구연의 다름에 주목한다기보다는 민요의 외연을 확장하여 '지금 여기'의 민요적 의미를 보다 적극적으로 표면화시키는 방편을 마련해보자는 취지이기 때문이다.

따라서 본고는 반겐넵이 주장했던 의례적 성격에 초점을 두고자 하는 것은 아니다. 예를 들어 혼인식에서의 혼인요, 장례식에서의 만가 등, 의례 자체에 속하는 민요에 초점이 있지 않다는 것이다. 오히려 주목하고자 하는 것은 일정한 기간을 통해 반드시 구연되어 사람의 일생을 규율하거나 추동하는 층별(연령 등) 민요의 맥락에 있다고 할 수 있다. 마치 어떤 노래를 혹은 놀이를 반드시 거쳐야만 그 시기를 지날 수 있는 불문율적 성격에 주목하겠다는 뜻이다. 곧, 본고에서 문제 삼고자 하는 것은 일생의례라는 삶의 매듭과 민요와의 조응에 관한 것이다. 자장가에서부터 만가에 이르기까지 일생 동안의 행적을 사람의 한평생과 함께 하는 것이 민요라는 점에서 이 논의는 의미를 가질 수 있다고 본다. 이점이 설화 등의 다른 장르와 변별되는 민요의 특성일 것이며 이를 규명하는 것이 민요학의 한편의 의미라고 말할 수 있기 때문이다. 이를 위해서는 일생의례가 삶의 매듭이라는 점에서 세월의 매듭인 세시절기의례도 간략하게 언급하게 될 것이다. 각각 불가역성과 가역성으로 그 특징들이 설명되어 온다는 점에서 비교의 대상이 되기 때문이다.

7 임재해, 『제3의 민속학, 민속문화의 생태학적 인식』, 당대, 2002, 20쪽.

8 특히 민요가 가진 통섭성은 텍스트로서의 국문학이나 운율로서의 음악학 혹은 컨텍스트로서의 민속학만으로도 풀지 못하는 종합적 성격을 지니고 있는 것이어서 이른바 민요의 전방위성에 대한 해명이 시도될 필요가 있어 보인다.

2. 개체요를 분류・선택하는 접근 방식

그간 민요 연구가 〈한국민요학〉이라는 독립 학문으로 성장해오면서 주목했던 양상들에 대해서는 이미 선학들에 의해 다양한 형태로 정리되어 온 바 있다. 민요가 가진 철학적 의미와 사회적 기능, 문학적 혹은 음악적 같음과 다름 등에 대해 얘기해온 것들이 이에 속한다. 강등학은 현 단계 학계가 안고 있는 민요연구의 문제의식이 1970년대 이후에 형성되기 시작하여 1980년대에 본격화되었다고 말한다. 그는 민요연구사를 3기로 나누고 있다. 1920년대부터 해방 이전까지의 제1기, 해방 이후부터 1960년대까지의 제2기, 1970년대 이후의 제3기로 분류하는 것이 그것이다. 제1기는 입문기이며 제2기는 기초형성기, 제3기는 심화발전기라고 말한다. 이는 이광수를[9] 필두로 양명, 이은상 등으로 이어지는 일련의 민요연구를 그 시발로 하여 근래까지 발표된 방대한 논고를 분석한 결과에 대한 해석이라는 점에서 그 의의를 둘 수 있다. 제1기는 서구적 문학을 수용한 문인들이 민족적 고유성이라는 측면에서 민요를 주목했던 시기로, 제2기는 특정지역의 민요를 집중적으로 탐구하는 작업이 본격화된 시기로, 제3기는 민요의 현장적 실상에 바탕을 둔 체계적인 논리의 틀이 마련된 시기로 보고 있다.[10]

특히 제3기 이후의 민요연구에 대하여, 유관문제와 더불어 연구한다는 맥락에서 외부적 논의라고 표현하며, 이를 민요교육론과 민요 활용론으로 제시한 바 있다. 이를 향후의 민요연구가 지향해야할 바로 지목하였으며, 문화사회학적 연구, 비교연구, 계량적 연구 등을 언급하였던 것이다. 즉, 현장소멸 이후를 대비한 민요교육과 민요 활용이라는 것인데, 민요의 전승이 사실상 단절되어 있는 오늘의 상황을 극복하면서, 민요를 단지 옛것에 대한 탐구

9 이광수, 「민요소고」, 『조선문단』 통권3호, 1924. 12.

10 강등학, 「민요의 연구사와 연구방향에 대한 논의」, 『泮橋語文硏究』 10집, 반교어문학회, 1999, 219~228쪽.

작업으로 머물지 않게 하고 오늘의 문화와 호흡할 수 있는 통로를 확보하기 위해서라는 것이다.[11] 현재 민요학의 이름으로 회자되는 담론 중의 대표적인 것이 활용의 문제와 더불어 학교교육과 관련된 것이라는 점에서 강등학의 문제의식에 동의한다. 활용과 교육 관련 연구가 많아진 일련의 경향들은 한국민요학이 가지는 현실인식의 단계 혹은 수준을 말해주는 것이기도 하지만, 민요학이 나아갈 방향에 대한 담론 확장의 측면을 시사해준다고 말할 수도 있다. 이것이 당대 민요학의 향방에 대한 문제제기의 이유일 것이며, 본고 시도의 동기일수도 있을 것이기 때문이다.

여기서의 활용이라 함은 첫째, 무형문화재 등을 전제로 축제, 관광, 공연, 문화산업 등 이른바 문화콘텐츠적 적용 혹은 개발 등을 말한다. 대부분 문화산업의 소재역할을 의미한다고 봐도 무방하다. 두 번째, 학교교육에 있어서의 민요는 어떤 민요를 어떻게 선별하여 또 어떻게 가르치느냐의 문제라고 할 수 있다.[12] 그러나 7차 교육과정의 확장된 민요 혹은 국악교육의 쟁점에서도 드러나듯이, 아이들에게 가르칠 민요를 어떻게 선별하고 의미화하고 또 어떤 방식으로 전달하느냐 등에 대해서는 아직 풀어야 할 숙제가 많다고 생각된다.

민요의 일생 의례적 접근을 상기 제시된 기별 민요연구사에서 보면 제3기적 문제의식이라고 할 수 있을 것이다. 그러나 분류적 측면에서는 선학들이 이미 고구한 연령별 분류와 관련된다. 다만 분류의 문제를 본고에서 직접 다루는 것이 아닌 까닭에 선학들에 의해 고구된 분류 항목들을 먼저 간략하게 살펴보는 것이 도움이 될 것이다. 식상할 수도 있는 분류의 문제를 새삼스럽게 인용하는 까닭은, 이것이 기왕의 민요에 대한 접근방식 및 문제의식을 드러내주는 단서이며, 이의 성과를 통해서 본고가 보고자 하는 민요의 일생의

11 위의 책, 232~238쪽.

12 그 중 대표적인 것이, 2009년 2월에 열렸던 한국민요학회 전국학술대회라고 생각된다. 기획주제가 "한국의 민요교육, 진단과 전망"이었기 때문이다.

례성에 대한 타당성이 확보될 수 있을 것으로 생각하기 때문이다. 다시 말하면 본고는 일생의례에 대입되는 민요의 대칭성들을 확인하고 그 조응의 의미를 드러내는 것을 한편의 의미로 삼고 있다는 뜻이다.

김무헌에 의하면, 민요의 분류는 1941년 춘추지에 기고한 고위민의 「조선민요의 분류」에서부터 시작하였다고 한다.[13] 고정옥이나 임동권의 분류도 이를 근거로 하고 있다는 것이다.[14] 그러나 민요학자들에 의해 분류의 시발로 회자되는 것은 1949년 고정옥의 『조선민요연구』이다.[15] 민요분류의 11항목을 열거하여 71형으로 민요를 갈래짓는 방식을 정리한 것이 그것이다.[16] 임동권은 이를 적극 수용하여 『한국민요집』Ⅰ~Ⅶ(1961~1992)을 집성하였고, 총 1만 여편이 넘는 민요를 수집하였으며, 한국민요의 분류체계를 세운 바 있다. 「민요분류의 방법」이란 논문을 통해 정리된 대분류적 항목들을 보면, 노동요, 신앙성요, 내방요, 정연요, 만가, 타령 등으로 나누고 동요를 동물요, 식물요, 취채요, 은모요, 애무자장요, 정서요, 자연요, 풍소요, 어희요, 수요, 유희요, 기타요 등으로 나누고 있다.[17]

고정옥의 분류안에 대해서는 강등학이 비판적으로 검토한 바 있다.[18] 장덕순 외 『구비문학개설』(1971), 박경수의 「민요분류의 일반문제와 기능별 분류」

13 고위민, 「조선민요의 분류」, 『춘추』 제2권 3호, 1941.

14 김무헌, 『한국민요문학론』, 집문당, 1987, 24쪽.

15 고정옥, 『조선민요연구』, 동문선, 1998, (1949. 3.10 首善社), 109쪽.

16 위의 책, 105쪽.
1) 내용상 차별에 의한 것.
2) 歌者의 성연령상 차별에 의한 것.
3) 가창되는 지역상 차별에 의한 것.
4) 노래의 시대성(新古)의 차별에 의한 것.
5) 노래와 민족생활의 결합면의 차별에 의한 것.
6) 노래의 형태상 차별에 의한 것.
7) 곡조 또는 명칭상 차별에 의한 것.
8) 장단(길이)의 차별에 의한 것.
9) 성립조건의 차별에 의한 것.
10) 운율상 차별에 의한 것.
11) 표현상 경향의 차별에 의한 것.

17 임동권, 「민요분류의 방법」, 『어문학』 18집, 한국어문학회, 1962, 19쪽~36쪽.

18 이전의 김헌선, 신동흔 등의 고정옥 관련 논고 등에 대해서도 리뷰하였다.

(1986)를 통해 고정옥의 한계를 지적한 점, 「민요의 현장과 장르의 기능」을[19] 통해 문제제기를 한 점 등이 그것이다. 특히 민요의 전승과 구연이 일정한 단위를 기준으로 이루어지는 것이고 그것을 개체요라고 할 때, 고정옥의 민요분류는 단위와 노래에 대한 기술의 단위가 일정하지 않다는 점을 문제 삼은 것이다.[20] 한편 이창식은 『한국의 유희민요』에서 주왕산에서부터 강등학에 이르는 11개의 논고들을 분석하여 성인유희요와 아동유희요로 크게 대별한 바 있다.[21] 물론 유희요만을 대상으로 삼았다는 점에서 한계가 있지만 그 문제의식은 민요 전반에 걸쳐 공유할 가치가 있다고 본다.

여기서 한 가지 주목할 수 있는 것은 임동권이 민요와 동요를 분리해서 분류했던 것에 비해, 1971년 장덕순 외 『구비문학개설』에서는 기능, 가창방식, 창곡, 율격, 장르, 창자, 시대, 지역 등으로 나누었다는 점이다. 현재 대표적인 분류법으로 통용되고 있는 노동요와 의식요, 유희요의 구분은 기능적 분류에 배정하고 있음을 볼 수 있다. 또한 1984년 김영돈의 『제주도민요연구』에서는 노동요, 타령, 동요를 민요의 범주로 포함하여 분류하고 있다. 그러나 북한민요의 경우 1960년 『구전민요집』은 노동, 생활세태, 해학 및 풍자, 자연 및 사물, 애정으로 분류하였으며, 1983년 『가요집』에서는 고가요, 정치가요, 로동가요, 부녀가요, 민속가요, 애정가요, 세태가요, 서사가요, 자연에 대한 가요, 동요 등으로 분류하고 있어서[22] 민요에 대한 접근이나 인식이 일정치 않음을 알 수 있다.

한편, 총 82권에 5000여편의 민요가 수록된 『구비문학대계』(민요편, 1980~1987)를 거론해볼 수 있지만, 읍,면 단위의 지역별 수록이라는 점에서 분류적 의미는 그리 크지 않다고 생각한다. 이외 거론할 수 있는 것이 최상일이 중심

19 강등학, 「민요의 현장과 장르의 기능」, 『민요와 민중의 삶』, 한국역사민속학회편, 우석출판사, 1994.
20 강등학, 「고정옥의 민요연구에 대한 검토」, 『한국민요학』 제4집, 한국민요학회, 1996, 23~38쪽.
21 이창식, 『한국의 유희민요』, 집문당, 2002, 15쪽~21쪽.
22 최철 · 전경욱, 『북한의 민속예술』, 고려원, 1990, 162~166쪽.

이 된 MBC민요대전이다. 음성자료를 녹음하여 보존했다는 점에서 그 특징이 있는 성과물이다. 1992년 제주도를 시작으로 지역별로 순회하면서 가사, 악보를 포함한 총 8권의 해설집과 CD를 출판하였는데, 여기에는 총 1976편의 민요가 수록되어 있다. 여기서는 기능별 분류의 기준에 따라 대분류, 중분류, 소분류로 나눈 바 있다. 최상일은 이를 혼란 없이 민요를 분류할 수 있는 방법이라고 소개하고 있다.[23] 이를 개체요를 보태 다시 분류해보면 노동요(농업노동, 어업노동, 기타노동), 의례요(장례의례, 세시의례, 기타의례), 유흥요(세시놀이, 잔치판, 노래자랑, 동요), 기타민요(서사민요, 신세타령, 그 밖의 노래들)로 나누어진다.[24] 이들 노래는 다시 개체요로 나누어지기 때문에 채록 이외의 민요 숫자는 헤아릴 수 없이 많다고 할 수 있다. 우리가 인지하고 있는 민요들은 대부분 채록 보고되거나 문헌을 통해서 알려진 것에 불과할 뿐이다. 어쨌든 이를 통해서 보면 고정옥이 남요, 부요로 나누었고 임동권이 성인요, 동요로 나누었던 것에 반해, MBC민요대전에서는 동요가 없어지고 성인요에 포함되어 노동요, 의례요, 유흥요, 기타요로 분류되어 있음을 알 수 있다.

23 최상일, 「전남지역 민요의 분류와 분포」, 『MBC 한국민요대전2 전라남도편』, 문화방송, 1993, 32~33쪽; 최상일, 『우리의 소리를 찾아서』, 돌베게, 2002, 21쪽.

24 민요대전의 분류와 『우리의 소리를 찾아서』분류를 합해 다시 분류해보면 아래와 같이 나타낼 수 있다.

대분류	중분류	소분류	개별요
노동요	농업노동	논농사, 밭농사, 기타농업	모찌는소리, 모심는소리, 논매는소리, 풍장소리, 도리깨질소리, 물품는소리
	어업노동	어로, 어촌노동	줄꼬는소리, 노젓는소리, 그물 당기는 소리, 배올리는소리, 미역따는 소리
	기타노동	토목, 건축, 벌목 채취, 운수, 수공, 가사	등짐소리, 가래소리, 집터다지는 소리, 목도소리, 흙질소리, 상량소리, 가마메는소리, 몰레노래, 삼삼는노래, 베틀노래, 방아찧는소리, 자장가, 아이어르는소리
의례요	장례의례	밤샘의식 놀이, 운상, 봉분만들기	출상전 소리, 상여소리, 가래소리, 달구소리
	세시의례	풍물굿, 기타 세시의례	액맥이타령, 고사풀이
	기타의례	기우제, 뱃고사, 건축 축원	
유흥요	세시놀이	윤무, 줄다리기, 그네뛰기, 화전놀이	
	잔치판	부녀자 놀이판, 술자리 놀이판 등	
	노래자랑	각종 타령, 풀이	사슴타령, 떡타령, 영감타령 등
	동요	야외놀이, 곤충놀이, 놀리가, 숫자세기, 말놀이 등	
기타	서사민요	부부싸움/가족관계, 시집살이노래, 기타 서사민요	진주낭군가 등
	신세타령	과부신세타령, 시집살이, 신세타령	신세타령
	기타		

다음은 현 단계 민요의 현장이라고도 할 수 있는 학교교육에서의 접근방식에 대해 교과서가 채택하고 있는 개체요 즉 곡목을 토대로 살펴보기로 하겠다. 먼저, 현행 초등학교 1학년에서 6학년 교과서에 실린 민요를 보면 꼬방꼬방, 두꺼비집이 여물까, 새는 새는 등의 전래동요 10곡과, 강강술래, 월워리청청, 금다래꿍 등의 유희요(부녀요), 에농데농, 거문도뱃노래, 둥당기 타령, 싸름, 멸치잡는소리 등의 노동요 등을 들 수 있다.[25] 이를 육자배기조, 창부타령조, 메나리조, 수심가조 및 제주민요 등의 선법별로 분류하기도 한다.[26]

중학교 교과서의 제재곡 민요들을 보면, 경기아리랑, 밀양아리랑, 새야새야, 산도깨비, 경상도 뱃노래, 천안삼거리, 한강수타령, 강원도아리랑, 옹헤야, 새타령, 신고산타령, 오돌또기, 진도아리랑, 소금장수, 해녀소리, 풍년가, 몽금포타령, 상주모심기소리 등으로 나타나고, 감상곡이나 참고곡으로 구아리랑(경기민요), 반조아리랑, 자진뱃노래, 청어엮기, 늴리리야, 승자의 노래, 한오백년 등으로 나타난다.[27]

25 이를 학년별로 나누어보면 아래와 같다.
1학년 – 남생아 놀아라,새는 새는, 우리형제, 우리마을, 꾀꼬리노래, 두꺼비집이 여물까, 두꺼비, 이박저박, 달두달두 밝다, 동아따기노래, 기와밟기, 개구리, 이거리 저거리 각거리, 널뛰기.
2학년 – 어깨동무, 꼭꼭 숨어라, 벌어벌아꿀따라, 덕석몰기, 에농데농, 둥개둥개 둥개야, 월워리청청, 꼬방꼬방, 대문놀이, 비자나무.
3학년 – 살구대소리, 자장가, 메롱이소리, 청어엮자, 아리랑.
4학년 – 나물노래, 도라지타령, 천안삼거리, 강강술래, 새노래, 금다래꿍.
5학년 – 고사리 끊자, 떡노래, 늴리리야, 멸치잡는 노래.
6학년 – 둥당기타령, 싸름, 거문도뱃노래, 풍년가, 쾌지나칭칭나네

26 김혜정, 「 초등교과서의 민요수록 현황과 개선방안」, 『한국민요학회21회학술대회자료집』, 한국민요학회, 2009, 84쪽.

	전래동요	유희요(부녀요)	노동요, 의식요(접변, 확장형 민요)
창부타령조			
육자배기조	꼬방꼬방	강강술래류	에농데농, 거문도뱃노래, 둥당기타령
메나리조	두꺼비집이 여물까, 새는새는 외 10곡	월워리청청류	
수심가조		금다래꿍	싸름
제주민요			멸치잡는소리

27 이를 국악곡을 포함하여 학년별로 나누어 보면 아래와 같다. 중학교 음악교과서, 세광출판사, 2009.
1학년/ 주제곡 – 8/26, 아리랑(경기민요), 동창이 밝았느냐(평시조), 밀양아리랑(경상도민요), 부채춤(굿거리장단), 새야새야(전래민요), 산도깨비(굿거리장단), 뱃노래(굿거리장단-경상도 민요), 천안삼거리(굿거리장단 – 경기민요) / 음악여행(감상) – 6/16, 천년만세, 취타와 대취타, 우리나라 민요, 해금 / 바이올린, 협주곡과 연례악, 동서양의 춤, /참고곡 – 7/30, 구아리랑(경기민요), 아리랑(반조)(경기민요), 사물놀이(고춘선정리), 자진뱃노래(경상도민요), 청어엮기(전라도 민요), 늴리리야(경기민요), 승자의 노래(고춘선 – 민요풍의 노래 굿거리). 2학년/ 주제곡8/22. 늴리리야 기악(굿거리장단) – 경기민요, 한강수타령(굿거리장단) – 경기민요, 강원도아리랑 기악(엇모리장단) 강원도민요, 타령 기악합주(타령장단), 옹헤야 기악(단모리장단) – 경상도민요, 새타령 기악(중중모리장단) – 전라도민요, 신고산타령 기악(자진모리장단) – 함경도민요, 오돌또기 기악(굿거리장단) – 제주민요 / 음악여행, (감상), 동서양의 춤, 세계의 민요, 전통가곡, 창작국악〈초원〉, (기악), 동서양의 관악기, 대금과 플루

고등학교 교과서에 실린 민요 중 제재곡과 참고곡을 합하여 보면, 박연폭포, 농부가/자진농부가, 울산아가씨, 양산도(봄이 왔네), 강원도아리랑, 오돌또기, 새타령, 몽금포타령, 옹헤야, 신고산타령, 경복궁타령, 정선아리랑, 강강술래, 수심가, 뱃노래(경상), 매화타령, 쾌지나칭칭나네, 한강수타령, 엮음수심가, 상주모심기소리, 이야홍타령, 닐리리야, 새야새야, 풍년가, 총각타령, 일심방아타령, 천안삼거리, 방아타령(경기), 긴아리랑, 육자배기, 서우젯소리, 다듬이 소리, 베틀노래, 밀양아리랑, 신몽금포타령, 노들강변, 뱃노래(전라), 방아타령(전라), 위도 띄뱃노래, 배치기, 구 아리랑, 자진방아타령, 신 천안삼거리, 장백 새 아리랑, 해주아리랑, 자진강강술래, 상사도야, 니구리 얼싸, 경주꽃노래, 치기나 칭칭, 탑돌이, 영산홍, 강화 시선 뱃노래, 나무타령, 둥당애타령, 풍구소리, 봉산 풍구타령, 울산 쇠부리 노래, 고성 자진 아라리, 해녀가, 고사리 꺾자[28] 등으로 나타난다.[29]

이처럼 교과서에 민요가 많이 실린 것은 1946년부터 1992년까지 초등학교 음악교과서가 서양음악 일색이었다는 점에 비하면 큰 성과라고 할 수 있다. 제6차교육과정(1992~1997)에 이르러 국악 및 민요의 비중이 확대되기 시작하여 제7차 교육과정(1998~2008)에 이르러 민요를 포함한 국악 비중이 30~40%가 확보되었기 때문이다. 대신 교과서에 나오는 민요학습의 선정 내용을 보면, 민요의 장단, 장단의 세, 기본장단과 변형장단, 장단의 한배, 지역별 민요의 조(토리), 시김새 등으로 나타난다. 그러나 민요 곡목수가 현저하게 늘

트, 장구장단의 여러종류, 소금연주법/ (이해), 장단의 빠르기/ 참고곡 - 2/11생일축하의 노래 라장조 제창(굿거리장단) 김요섭, 제비몰이 제창(중중모리장단) 판소리 흥부가 중에서 3학년/ 주제곡6/22, 진도아리랑 제창 기악(세마치장단) 전라도민요, 소금장수 제창(자진모리장단) 조광재, 해녀소리 2부합창 기악(중중모리장단) 제주민요, 풍년가 제창 기악(굿거리장단) 경기민요, 몽금포타령 제창 기악(굿거리장단) 황해도 민요, 상주 모심기 소리 제창(중모리장단) 경상도 민요 / 음악여행(감상), 동서양의 춤, 동서양의 극음악 춘향가. 라 트라비아타, 세계의 민요와 민속악기, 수제천, 가야금산조, 시나위, (기악), 아쟁과 첼로, 사물놀이, 단소연주법 (이해), 창작국악, 창극, 세계속의 우리문화, 장인정신 - 남갑진/참고곡 1/12 한오백년 제창(중모리장단) 강원도 민요,

28 정미영, 「제5, 6, 7차 교육과정에 의한 고등학교 〈음악〉교과서의 민요분석 연구」, 『한국민요학회21회학술대회자료집』, 한국민요학회, 2009, 23쪽 참고.

29 5, 6, 7차 고등학교 음악교과서에 수록된 민요의 종류는 61종이다. 과정별로 각각 19, 34, 46종의 민요가 실려있다. 곡수로 따지면 5차에서 65곡, 6차에서 91곡, 7차에서 84곡 도합 240곡이 된다.

어났음에도 불구하고 무엇을 목적으로 가르치는가에 대해서 심도 있는 고민이 이루어진 것은 아니라는 비판이 있는 것도 사실이다.[30] 어쨌든 교과서를 통해 볼 수 있는 접근방식은 음악교과서라는 점에서 민요가 가진 지역성(향토성)을 중심으로 그에 따른 리듬과 선율의 변별성에 있다고 말할 수 있겠다.

이들을 종합해보면 대개 한국의 민요는 노동요, 유희요, 의례요(의식요) 등의 기능적 분류를 수용해왔다고 볼 수 있으며, 후대에 오면서 동요가 민요의 범주 안에 포함되었음을 알 수 있다. 일부를 제외하면 동요가 각기 유희요 등의 하위분류 속에 포함되어 들어가는 것으로 나타나기 때문이다. 특히 음악학의 측면에서 지역적 분류에 대해서 강한 애착을 가지고 있음이 드러난다. 즉 민요의 장소에 대한 정체성을 민요연구의 화두로 삼아왔음을 볼 수 있다는 것이다. 이것이 학교교육의 단계에서도 그대로 적용되었기 때문에, 주로 지역별 민요의 분류나 선율 리듬의 변별성에 대해서 주목할 수밖에 없었을 것으로 판단된다. 이것이 이른바 음악적 토리론과 문학적 향토민요론 등으로 주장되는 민요학의 대상이었다는 점에서, 대체로 음악교과서에서 수용한 민요 접근방식의 성과와 한계를 동시에 지니고 있다고 말할 수 있다.

물론 전술한 바의 민요분류방식이나 곡목 선정의 접근이 부당하다고 말하고자 하는 것은 아니다. 민요의 분류나 곡목 선택들은 일정한 문제점들을 내포하고 있으면서도 시대적 접근이라는 당위성을 주장할 수 있기 때문이다. 그러나 전통적 의미의 민요 현장이 사라져가는 지금, 여전히 이러한 분류방식이나 접근방식이 유효한지에 대해서는 끊임없이 되물어볼 필요가 있다. 그 성과를 인정하는 것과는 별도로 한계 또한 지적해나가는 것이 민요연구의 본령이라고 생각하는 까닭이다. 예를 들어 북한민요에서의 분류방식이나 접근방식은 우리와 다르다는 점에서 시사해주는 바가 있다. 정치가요를 큰

30 정은경, 「2007 개정교육과정에 의한 '즐거운 생활' 실험본 과서를 통해 본 학교 국악교육의 문제와 대책방안」, 『한국민요학회21회학술대회자료집』, 한국민요학회, 2009, 63~68쪽 참고.

범주의 분류안에 포함시키고 그 의미들을 투사시켜 해석했기 때문이다. 이것은 전술한 대부분의 민요들을 어떻게 범주화하고 그것을 또 어떻게 교육현장에 활용시킬 수 있을지에 대한 접근의 방식이 다를 수 있음을 말해 준다. 특히 민요가 가진 생태성을 강조하고자 하는 본고의 의도를 감안하면 이러한 접근에 대해 문제의식을 가질 필요가 있는 것이다.

이상을 통해서 정리할 수 있는 것은 고정옥과 임동권 등에 의해서 민요와 변별적으로 분류되었던 동요는 후대에 오면서 이미 민요로 포함되었으며, 그 개체요들을 분류하거나 곡목으로 접근하는 데 있어서도 서로 다른 접근 방식들이 채택되었다는 점이다. 즉, 현 단계에 있어서 동요를 민요와 분리할 이유는 없어 보인다는 것이며 오히려 민요연구의 외연이 확장되어 왔다고 볼 수 있다는 것이다. 나아가 MBC민요대전에서 채록된 소모는 소리나 말 모는 소리를 비롯해 애기 어르는 음영소리 등의 음영가요 등도 민요의 범주에 포함시켜 논의되어 온 것도 이런 경향을 반영한 결과로 이해할 수 있다.

이런 일련의 민요 분류 시각은 곧 민요에 대한 해석의 시각이라는 점에서 주목을 요한다. 민요에 대한 분류를 통해서 민요에 대한 접근방식이 달라져 왔음을 볼 수 있기 때문이다. 따라서 민요에 대한 접근방식이 달려져 왔음이 증명된다는 점을 전제하면, 민요에 대한 접근방식이 향후에도 달라질 수 있다고 말할 수 있을 것이고, 본고에서 생태민요학적 분류를 시도하는 의미도 그 타당성을 획득할 수 있을 것이다.

3. 일생의례의 성격과 민요의 적층순환성

사람의 일생을 규율하거나 추동했던 민요라는 점에 동의한다면, 여기에는 반드시 어떤 한 시기를 거쳐야 하는 성격이 있다고 주장할 수 있을 것이다. 이는 일생의례가 가진 통과 제의적 성격과도 상응한다고 할 수 있다. 그렇다면 일생의례와 민요의 통과 제의적 성격은 어떻게 상관될 수 있을까? 이 장에서는 앞 장에서 살펴본 민요의 분류 및 선택 등의 접근방식을 통해 일생의례의 불가역성과 민요와의 조응관계를 살펴보고자 한다.

일생의례는 사람의 일생에 반드시 거쳐야 하는 과정이라는 강제성을 갖고 있는 것으로 보인다. 이런 저런 이유로 혼인식을 하지 못한 부부들이 합동결혼식이라는 이름으로, 그것이 설령 늦은 나이일지라도 강행하는 이유는 일생의례가 가진 강제적 성격 때문이라고 말할 수 있다. 마치 동짓날 동짓죽을 꼭 먹어야 나이 한 살을 먹는다는 관념처럼 말이다. 민요도 이런 풍속사적 측면에서 일종의 강제적 성격을 지닌다고 말할 수 있다. 물론 이것은 민요가 어떤 시기를 통과하기 위해서 반드시 구연되어야 한다는 점을 전제로 해야만 하고, 또 그것이 통과제의처럼 사람의 일생을 일정한 범주 안에서 규율하거나 추동해야만 성립될 수 있는 해석일 것이다. 따라서 이것은 유년시절의 일련의 놀이와 노래들이 유년기를 거치기 위해서 반드시 통과해야 하는 풍습이었으며, 예를 들어 도서해안지역의 경우, 연애기에는 반드시 강강술래 등의 놀이를 통해 연정의 정서들을 드러내는 문화적 장치가 구동되었다는 점 등을 고려할 때 내릴 수 있는 해석이나 접근 방식이라고 하겠다. 이점이 논거 되거나 동의된다면, 이를 일컬어 민요의 일생의례적 성격이라고 말할 수 있다. 바꾸어 말하면 민요가 그만큼 사람들의 삶에 중요한 요소로 기능을 하였으며, 그것을 일종의 통과 제의적 기능으로 수용해왔을 것이라는 뜻이다.

사람의 일평생에 있어, 의례적 기능을 직접적으로 수행하는 민요는 성인식노래, 혼인노래,[31] 회갑의 노래, 만가 등으로 제한되는 것으로 보인다. 일생의 의례가 반드시 거쳐야 하는 통과 장치라는 점에 직접적으로 대응하진 않지만-회갑노래에서의 권주가 등을 직접 대응으로 볼 수 없기 때문에-넓은 의미에서 이 노래들은 그 의례를 수반하기 위한 장치로 기능하였다고 말할

31 『조선민요집성』의 분류에 보면, 결혼요가 28종이나 나온다. 방종현, 김사엽, 최상수, 『조선민요집성』, 정음사, 1948.

수는 있다. 여기서 가장 확실하게 의례적 기능을 하는 민요는 장례요라고 할 수 있으며, 이외 혼인노래 등이 일정한 범주의 일생의례적 기능을 담당해 온 것으로 즉, 성인식이나 회갑잔치에 대응되는 의례요가 뚜렷하게 전승되어 온 것은 아닌 것으로 보인다. 선학들이 분류 및 선택한 개체요에서 확실한 성격을 가진 민요들이 나타나지 않기 때문이다. 따라서 이 민요들은 의례 자체가 아니라 대개 해당 연령층 전반을 통과하는 성격만이 드러난다고 할 수 있는데, 이를 간접적 의례성이라고 말할 수 있겠다.

곧, 간접적 의례성이라는 측면을 확장해보면, 전술한 일생 의례적 매듭에 해당하는 민요들 외에, 모임의 환영식에서 노래를 부르는 등의 통과의례적 성격을 가진 민요들이 전 삶에 걸쳐 분포하고 있다고 해석할 수 있게 된다. 예를 들어 유풍 의례적 성년식은 전통적인 민속사회에 있어서만큼은 크게 주목받지 못하는 일생의례에 속하지만, 댕기풀이나 들돌 들기 등의 풍습이나 또 그 시기에 구연되었던 민요들은 성년식 못지않은 통과 제의적 의미들을 내포하고 있다는 뜻이다. 같은 논리로 노동요를 본다면, 모내기 노동을 할 때는 반드시 모내기소리를 통해서 노동력을 증진시키거나 또는 정서적으로 승화시켰다고 말할 수 있다. 심지어는 호미씻이노래를 성장과정의 노래로 해석하는[32] 사례도 있다. 어쨌든 이런 일련의 노동과 놀이, 그리고 노래 등은 일종의 통과 제의적 성격을 지니는 것이며 이것이 내재하고 있는 바를 일생 의례적 성격이라고 말할 수 있다.

이렇듯 민요가 일정한 시기나 공간을 반영한다는 측면에서 민요의 반영론 혹은 거울론으로 주장되어온 바 있다.[33] 그러나 민요가 가진 일생의례적 성격이 통과제의로서 한 시기를 수렴하는, 그래서 그 시기를 반영하는 거울론

32 이창식, 『한국의 유희민요』, (집문당, 2002), 78쪽.
"모야 모야 노랑모야/ 언제커서 영화볼래" 등의 사설을 이처럼 해석한 것이 그것이다.

33 김익두, 「한국민요에 반영된 삶의 의미」, 『역사민속학』 6호, 역사민속학회, 1999; 김익두, 「민요의 시학과 정치학」, 『한국민속학』 30집, 한국민속학회, 1988, 23~48쪽. 김익두는 여기서 토마스의 『거울이미지, Mirror Image』와 빅터터너의 주장을 인용하여 민요의 반영론을 주장한 바 있다.

으로 온전히 해명될 수 있을지에 대해서는 의문의 여지가 있다. 물론 반영론이나 거울론에 포함되어 있는 삶에 대한 반성이라는 측면들을 고려할 필요는 있지만, 오히려 적극적 대응이라는 맥락에서 해명하는 것이 바람직하지 않을까 생각한다. 예를 들어 '참요'를 해석할 때, 당대의 문제 상황을 적극적으로 담아 온 각편이라는 점에서[34] 단순한 반영이라기보다는 대응이라는 적극적 의미를 드러내준다는 측면을 강조할 필요가 있다는 것이다. 참요가 아닐지라도 이같은 성격은 민요 전반에 걸쳐 적용될 필요가 있다. 각 연령층에 대칭되는 민요장치와 그 정보들은 반영론보다는 보다 적극적인 의미의 대응론으로 해명되는 것이 민요가 본래 가지고 있는 의미를 더 효과적으로 드러낼 수 있기 때문이다. 이는 일생의례에 대한 민요의 대응방식인 셈이다.

주지하듯이 일생은 불가역적이며 이를 의례화한 것이 일생의례다. 그렇다면 되돌릴 수 없는 통과의 장치라는 점에서 일생의례 또한 불가역적 성격을 함의하고 있다고 볼 수 있다. 그래서 사람들은 이 불가역성에 대하여 끊임없이 가역적인 정서들을 환기시키기 위해 노력해왔다. 일생의례가 통과제의에 대한 필연적 대응구조였다면 전통시대의 민요는 해당 연령기가 가지는 현실 적응 혹은 타개에 대한 필연적 대응 시스템이었다고 말할 수 있는 것이다.[35] 특히 전통사회에서의 민요정보는 대대로 이어져 내려온 삶의 지혜들이 갈무리되어 있다는 점이 전제되기 때문에, 이 정보들이 연령층별로 빼곡하게 적층되어서 각각의 연령기에 일어나는 양상들에 대해 적절하게 대응할 수 있게 해주었다고 말할 수 있다.[36] 이러한 일련의 노래하기 풍속을 민요가 가진 적층정보의 순환성이라고 말할 수 있을 것이다. 선조로부터 상속되어 온 삶

34 이창식, 「민요의 정치시학」, 『비교민속학』 26집, 한국비교민속학회, 2004, 101~127쪽.

35 물론 일생의례를 민요와 일대일로 비교하는 것은 등가적이지 않다는 점에서 논리적 모순을 가지고 있다. 그러나 그 일생의례와 민요의 의례적 성격만을 비교하는 것이기 때문에, 본고와 같은 성격 규명이 가능하다고 생각한다.

36 다시 말하면, 민요가 삶을 반영하는 거울론으로 다 해명하지 못하는 부분이 바로 삶에 대한 대응론이라는 점이다. 대응 자체를 반영한다는 맥락이라고 하더라도 용어 선택에 있어서 반영은 대응이나 극복의 의미를 적극 담아내는 용어선택이라고 할 수 없다.

에 대한 정보들이 갈무리되어 다음 세대로 순환한다는 뜻이다.

이는 세시풍속이 가진 가역적 성격에 견주어서도 해석될 수 있다. 일생의례가 한평생의 삶을 일정기간별로 구획 짓는 매듭의 의례라면, 세시의례는 연중 순환되는 정보의 반복을 통해서 일회기성의 삶을 순환시키는 반복적 매듭의 의례인 까닭이다. 다시 말하면 절기의 순환이 반복되듯이, 삶 또한 반복되는 그래서 재생되는 메커니즘을 갖고 있다고 인식했다는 것이다. 이런 관념들이 영혼불멸의 종교적 관념이나 문학적 이데아로 표현되었으며, 내밀한 신화들은 다시 철학이라는 학문으로 발전하게 되었다고 말할 수 있다.

그렇다면 앞서 보았던 민요의 분류적 접근 방식이나 학교교육에서의 곡목 선택처럼 어떤 분류선택이 민요의 일생의례적 성격을 드러낼 수 있는 접근일 것인가? 이는 선학들이 구분하였던 것처럼 동요와 성인요로 나누는 것에서부터 시작해야 할 것으로 보인다. 이를 더 세분하면 동요에서 유아기 민요와 유년기 민요로 나눌 수 있으며, 성인요에서는 연애시기에 많이 불려지는 민요와 장년기에 많이 불려지는 민요로 나눌 수 있고, 나아가 장년기의 민요는 다시 노년기의 민요로 구분할 있을 것이다. 이렇게 5단계 구분을 하게 되면 성인의례, 혼인의례, 회갑의례, 장례의례 등의 일생의례에 이미 민요의 통과의례성을 대칭시킬 수 있게 된다.

단, 여기서 주목할 것은 한국인들은 수정에서부터 출산까지도 개체적 생명으로 인식하고 있기 때문에-단적인 예가 돌 나이를 두 살로 세는 방식이다-일생 의례적 민요는 태교의 맥락에서도 해명되어야 한다는 것이다. 수정 후부터 나이를 세는 이 방식에 대해서 생명존중으로 해석하는 이들도 있지만, 어쨌든 태내의 생명까지 나이로 세는 풍속에 대해 의미 있는 해명을 해야 할 필요는 있어 보인다.

따라서 민요의 일생사를 논하는 맥락에서는 출생 전의 태아기적 민요를 상정해야할 필요가 생기게 된다. 그러나 유아기의 동요들을 민요에 포함시켜 분류한 사례들은 발견되지만, 태아기적 민요를 분류한 예는 보이지 않는다. 이는 민요 가창의 주체에 대한 문제로 귀결되기 때문일 것이다. 그러나 유아기의 동요를 유아 스스로 행하지 못한다는 점에서 태아기의 민요 또한 동일한 입장에서 접근할 수 있는 소지가 생긴다. 태아기나 유아기의 민요는 직접 노래할 수 없으므로, 어머니가 대행한다고 볼 수 있다. 이른바 애기 어르는 소리 등의 자장가류가 그 대표적인 것이다. 자장가는 유년기에 접어들었을 때도 엄마의 소리를 친숙하게 들으면서 자라는 대표적인 일생 의례적 성격의 민요라고 할 수 있다.

출산의례 자체가 사실상 어머니라는 타자를 통해서 대행된다는 점에서 이를 확인할 수 있다. 마찬가지로 한 사람의 일생의례라는 점에서 장례요의 구연도 타자들에 의해서 대행되는 것으로 해석할 수 있다. 그러나 만가가 장례의 대표적인 의례요임에 비해, 출산의례를 통해 불려지는 민요가 보고된 사례는 없다. 때문에 본고에서 살피는 것이 민요의 일생의례적 성격이라는 점에서, 자장가를 출산의례에 상관하는 민요로, 나아가 태아기와 유아기의 민요로 의미화해도 큰 무리는 없어 보인다. 따라서 태아기에 어머니가 아기를 위하여 불렀을 음영소리와 유아기의 자장가, 그리고 장례식의 만가는 각각 타자(들)에 의해서 대행 구연된다는 점에서 닮은꼴이라고 할 수 있다.

이처럼 유아기에 대행되는 민요들은 대개 몸동작과 관련된 민요들에 집중되어 있는 것으로 나타난다. 대표적인 자장가 외에 유아기에 행해지는 민요로는 불아불아, 시상시상, 도리도리, 따로따로, 둥개둥개 둥개야, 넝가 넝가야 등을 들 수 있고, 이것은 어휘발달 개념형성, 배변훈련, 연상력, 상상력 등을 길러주기 위한 것으로 알려져 있다. 약간 나이가 차면 꼬부랑 할머니, 실꾸리놀이, 이거리저거리 각거리 등으로 이어지며 7살이 넘으면 노래가 포함되지 않은 놀이들 예를 들어 남자아이들에게는 닭싸움, 말타기, 팽이치기, 여자아이들에게는 땅따먹기, 공기놀이, 실뜨기놀이 등으로 이어진다.[37] 이를

37 김숙경, 『한국전래놀이』 1, 이진, 1993, 45~90쪽; 황우연, 『천부의 맥』, 우리, 1988, 114~119쪽.

한자조어로 해석하여 도리도리道理道理, 쥐엄쥐엄持闇持闇, 곤지곤지坤地坤地, 짝짝궁 짝짝궁作作弓 作作弓, 불아불아弗亞弗亞, 시상시상詩想詩想, 섬마섬마西魔西魔, 에비에비業非業非, 에헴에헴亞含亞含, 질라래비훨훨羅阿備活活議, 깍궁覺弓 등으로 표현하기도 한다.[38] 물론 이는 학술적 검증이 더 필요한 것들이다. 그럼에도 불구하고 실제 유아기에 전통적으로, 반드시 불려졌던 음영요 혹은 동요들이란 점에서 일생의례적 성격이 고려되어야 할 필요가 있다고 본다.

이후 비로소 개체로서의 한 생명이 노래를 시작하게 되는 것은 유년기의 동요들이다. 이 동요들은 대개 놀이와 불가분의 관련을 맺고 있다. 실상 동요에 있어서 놀이와 노래를 구분하기가 쉽지 않은 것은 바로 놀이와 노래가 분화되기 이전의 정보들을 유년기의 동요들이 가지고 있기 때문이다. 이때 혼자 부르는 민요를 개인유희요라고 나누기도 하는데, 이는 언어학습 정도의 정서적 기능을 수행한다고 한다. 여럿이 부르는 민요를 집단유희요로 나누는데, 이는 놀이를 통한 사회화 과정의 일면을 반영하고 있다고 한다.[39] 유년기의 동요는 성장하면서 사회에 대한 약속과 정보들을 축적시켜나가며, 특히 그 관행과 관습들을 선행 학습시키는 효과들을 가지고 있다고 말할 수 있다. 놀이와 민요 자체가 유년기의 삶을 적극 추동하고 견인해내는 대응적 의미를 지니고 있다는 것이다. 교육적 의미라든가 놀이적 의미들은 모두 이런 맥락에서 내릴 수 있는 해석들이다. 유년기의 삶을 통해 장년이나 노년기의 삶의 지혜들이 갈무리되어 피드백 되는 구조를 가지고 있는 것이다.

유년기를 포함한 성장기의 민요는 전승동요라는 이름으로 정리되거나 분류된 바 있다. 이는 구연으로써 전승, 전파되면서 비일회기성을 띤다고 말해지며, 민요와 가장 가까운 울타리의 구비문학이면서도 성격성 민요와는 거리가 있다고 표현되기도 한다.[40] 이 동요들은 자연을 무대로 하거나, 집단적

38 장두석, 『생활과 건강』, 한민족생활연구회, 2006, 31~33쪽.
39 이창식, 『한국의 유희민요』, 집문당, 2002, 5쪽.
40 김영돈, 「한국전승동요수집연구 경위」, 『연암현평효박사회갑기념논총』, 형설출판사, 1980, 187쪽.

놀이 그 자체를 위한 유희요라고 말할 수 있는데, 대체로 협동의식, 동류의식, 낙천적 생활의욕, 수평적 민주의식, 질서의식, 아름다운 꿈, 깊은 애정 등을 내포한다고[41] 해석된다. 현용준은 이같은 전승동요를 동식물요, 천체기상요, 유희요, 풍소요, 어희요, 자장가, 기타요 등으로 나눈 바 있다.[42] 놀이 그 자체를 위한 민요라는 점에서, 축제로서의 놀이, 점세적 놀이, 육아목적의 놀이, 자기목적으로서의 놀이, 노동을 위한 놀이, 예술작품으로서의 놀이 등으로[43] 분류되기도 한다. 결국, 유아, 유년기를 포함한 성장기에 부르는 민요들은 놀이, 유희, 혹은 넓은 의미에서의 노동의 개념들이 분화되지 않은 시기 즉, 놀이가 노동이고 노동이 놀이였던 시기의 정보들이 갈무리되어 있다고 말할 수 있다.

이후 성년에 이르기 전에 항목화할 수 있는 시기가 연애기라고 할 수 있다. 일생의례로 보면 혼인기에 해당되는 셈이다. 이 시기는 비교적 연정을 노래하는 수많은 민요들을 배정시킬 수 있다. 물론 연정을 노래한다는 성격만으로 연애기의 노래라고 규정짓는 것은 무리가 있다. 장년기에도 노년기에도 연정의 노래를 할 수 있기 때문이다. 그러나 장년기나 노년기보다는 비교적 이 시기에 연정의 민요나 놀이를 많이 했다고 말할 수는 있다. 바꾸어 말해 장년기나 노년기의 연정요는 애정을 회고하는 노래일 가능성이 더 높을 수 있다. 이런 측면에서 연정요를 연애기의 민요로 구분 지을 수 있다. 예를 들어 강강술래는 사실상 연애기의 민요라고 말해도 무방하다. 물론 성년이 되어서도 강강술래노래와 놀이를 하지만, 본래의 강강술래가 가지는 성격이라는 맥락에서 보면,[44] 청춘시절의 연애기에 주로 노래했던 것이라고

41 현용준, 김영돈, 「한국전승 동요에 드러난 청소년의 의식」, 논문집 2, 제주대학교, 1980, 132쪽.

42 위의 글, 109쪽.

43 최성환, 최인자 「놀이의 해석학－전통놀이 문화의 해석을 위한 시론」, 『해석학연구』 제18집, 한국해석학회, 2006, 191~199쪽.

44 나승만, 『강강술래를 찾아서』, 보림출판사, 2003; 졸고, 「강강술래의 역사와 놀이 구성에 관한 고찰」, 『한국민속학』 제40집, 한국민속학회, 2004 전반적인 내용 참고.

말할 수 있다.

성년기의 민요는 다시 장년기와 노년기로 나누어 볼 수 있다. 물론 장년기와 노년기의 민요가 확연하게 구분될 수 있는 것은 아니지만, 대체로 활동력 있는 노동요나 유희요가 장년기의 민요라면 회고적이고 정체적인 민요들을 노년기의 민요에 배정할 수 있다고 본다. 각각의 민요들은 다시 개별 노동요와 집단 노동요, 개별 유희요와 집단 유희요로 나눌 수 있다. 이를 혼자 부르기 유희요와 여럿이 부르기 유희요로 말할 수도 있는데, 대개 여럿이 부르기 유희는 놀이성이 들어 있는 민요라고 할 수 있으며, 혼자 부르기 유희요는 주로 신세타령 등 선학들이 분류한 바 부녀요나 서사민요에 속하는 민요들이 해당될 것이다. 마찬가지로 혼자 부르기 노동요는 길쌈이나 밭일을 하는 여성들의 민요 혹은 지겟일을 하는 개별 노동요들이 해당될 것이며, 여럿이 부르기 노동요는 모내기 등의 들노래가 대표적으로 거론될 수 있을 것이다. 이들 성년 민요에 대해서는 이제껏 논구되어 온 바가 많기 때문에 세세한 리뷰를 할 필요는 없어 보인다. 다만 유아, 유년기와 마찬가지로 노동의 현장이나 유희의 현장에 적극 대응하는 맥락에서 이들 민요가 구성되고 구연되었다는 점을 지적해둘 필요는 있다.

일생 의례적 성격을 지니는 마지막 민요는 물론 장례요다. 이는 앞서 예시한 민요들이 일생의례적 성격을 지니고 있는데 반해 일생의례 자체라는 점에서 직접 대응되는 민요라고 할 수 있다. 또한 전술하였듯이, 장례요는 일생의례라는 측면에서 볼 때, 타자들에 의해 대행되는 민요라고 할 수 있다. 유아기나 유년기의 민요들이 대행되는 것과 유사하다. 특히 장례요는 의례와 놀이가 복합된 민속극 혹은 음악극이라는 점에서 그 의미를 찾을 수 있다.[45] 바꾸어 말하면 유년기나 유아기, 혹은 장년기의 민요가 놀이적 요소와 노래적 요소가 분화되지 않은 시기의 정보들을 일정부분 담고 있듯이, 장례

45 졸고, 「진도지역 상례를 통해서 본 의례와 놀이의 연행 미학」, 『비교민속학회 학술대회자료집』, 한국비교민속학회, 2008.

요 또한 놀이와 노래, 나아가 의례가 분화되지 않은 시기의 정보들을 일정한 형태로 담고 있다. 이외에 아리랑, 윷놀이노래 등 전 연령층의 구연을 충족하는 민요들도 존재하지만 본고의 대상이 아니므로 생략한다. 이를 도식하면 아래와 같이 나타낼 수 있다.

〈표 1〉민요의 일생의례적 성격

일생의례	연령층별 구분	일생의례민요	일생의례성 민요			기타
			남성요	여성요		
	태교기 민요		태교민요(음영소리…)			전연령층 민요
출생의례						
	유아기, 유년기 민요		동요(자장가, 놀이요…)			
성년의례		(성인식요)				
	성장기, 연애기 민요		연정요(놀이요/노동요)			
혼인의례		혼인요				
	장년기 민요		노동요 유희요 (개별, 집단) 의례요	노동요 유희요 (개별, 집단) 의례요	⇅ 동 요	
회갑의례		(회갑잔치요)				
	노년기 민요					
상례		장례요(만가)				

여기서 한 가지 지적하고 넘어갈 것은, 채록 당시의 개체요에 제목이 정해져 있지는 않았다는 점이다. 이것은 본래의 민요적 메커니즘이 개체요로서의 독립성에 있지 않았음을 보여주는 증거라고 할 수 있다. 다시 말하면 아마도 놀이단위나 행위단위, 혹은 노동단위를 충족하는 범주에서 민요가 인식되고 접근되었을 것이라는 점이다. 사실상 개체요의 제목으로 민요의 정체성이 확인되는 것은 개체요적 성격을 획득한 소수의 민요에 지나지 않기 때문이다. 예를 들어 모심기소리라고 명명한 사람은 모심기소리를 연구한 학자들이었지 그 노래를 구연하거나 향유한 농민들이 아니었다는 것이다. 대개 민요에 제목을 붙일 때, 머릿가사나 후렴, 지시하는 대상 등이 고려되

는 이유가 여기에 있다. 다시 말하면 독립요로서의 개체요적 맥락보다는 노동 자체 혹은 유희 자체의 노동단위 혹은 놀이단위의 의미가 더 컸음을 역설적으로 말해준다는 뜻이다. 이를 확대하면 노동요의 경우, 모내기나 논매기의 노동이 노래와 분화되지 않았던 시기의 정보를 담고 있다고 말할 수 있다. 적어도 노래하고 춤추고 노동하는 맥락 속에서는 모내기의 노동이 놀이였고, 놀이가 노동이었던 시대의 정보가 일정한 형태로 들어 있는 것이다.

따라서 본고에서 교육과 활용을 염두에 둔 민요를 분류·선택함에 있어 개체요적 접근도 중요하지만, 놀이단위별, 행위단위별 접근이 고려될 필요가 있다고 생각한다. 이는 음악치료학 등의 활용 측면에서 유용한 접근 방식이 될 것이기 때문이다. 물론 단위별 정보가 오늘날 전승되는 민요의 리듬에 남아있는지, 선율에 남아있는지 아니면 축적되어 온 노랫말에 남아있는지는 각 연구자들마다 다르게 해석할 수 있을 것이다. 그럼에도 불구하고 이같은 정보가 개체요로서 구분되어 불리기 이전의 단위적 정보를 담고 있다는 점은 주목할 필요가 있다고 생각한다.

물론 위의 표가 민요의 일생 의례성을 확연하게 드러낼 만큼 잘 정리되었다고 말하기는 곤란하다. 그럼에도 불구하고 선학들의 분류적 접근 혹은 현행 교과서의 곡목 수용들이 타당성을 지니고 있었듯이, 이 분류적 접근 또한 일정한 타당성을 가지고 있다고 말할 수 있다. 선학들이 얘기한 바, 분류는 학문의 시작이자 끝이기 때문이다.

주목할 것은 동요를 장년기 혹은 노년기의 민요에 포함시킬 수 있다는 점이다. 유아기와 유년기의 실제 가창자가 어머니 혹은 할머니 등의 여성창자라는 점에서 그렇다. 전술하였듯이 이 민요는 순환성을 가지고 있으며, 강한 피드백 기능을 하고 있다. 어머니나 할머니를 통해서 구연되는 자장가 등의 동요는 틀림없이 유아, 유년기층으로 피드백 되는 전통사회의 육아 정보들이기 때문이다. 이 안에는 건강하게 자라야 하는 여러 가지 사회적, 정서적, 의학적 정보들이 갈무리되어 있기 때문에, 실제로 유아기 유년기의 연령층에 반드시 통과해야 하는 의례성을 지닐 수밖에 없다. 이러한 민요정보는 선율정보, 리듬정보 등의 음악정보 외에도 사회적, 문화적, 정서적 정보 등의 통섭적 정보 즉, 분화 이전의 정보들이 갈무리 되어 있다. 이 피드백효과는 조상으로부터 후손으로 이어지는 선순환구조를 지향하기 때문에, 상당한 시기동안 적층되어 온 정보들을 포함하고 있다. 그렇기 때문에 일정한 단계에서는 매우 유용한, 그래서 반드시 거쳐야만 하는 통과적 매개물로서의 민요로 정착하게 되었다고 볼 수 있다. 이것을 적층순환성이라고 말할 수 있다.

이 순환성은 사람을 자연과 분리해서 보지 않고 총화적 연결체로 본다는 맥락에서 공시성을 갖고 있다. 즉, 적층순환의 공시성이야말로 일생의례적 민요가 가지고 있는 가장 큰 특성 중의 하나인 셈이다. 적층순환성은 세시의 순환성과 유사한 메커니즘을 갖고 있다. 일생의례의 불가역성에 대응하는 구조라고 할 수 있기 때문이다. 이런 점에서 민요는 인문학의 본령을 실천하는 영역으로 해석해도 무방하다. 유한한 존재인 인간에게 영생 혹은 회생, 복원의 의미들을 끊임없이 대응하도록 강구된 문화장치이기 때문이다. 사람들의 신명을 일깨우고 시기별(연령층별) 매듭마다 새로운 순환의 장치들을 고안하여 삶의 활력소를 만들어왔기 때문이다. 이처럼 불가역성에 대한 대응장치로서 가장 대표되는 것은 종교다. 이데아 등의 문학적 장치도 이런 맥락에서 거론할 수 있으며, 사람을 우주와 소통하는 시스템으로 인식하는 동양의 전통적인 사고관념도 이런 측면에서 접근 가능한 대응장치들인 셈이다. 따라서 민요의 일생 의례적 성격은 삶의 매듭으로서의 의례를 반영한 민요라기보다는 그 불가역성을 끊임없이 뛰어넘고자 하는 그래서 그 일회성을 극복하고자 하는 순환론적 기능을 담당해왔다고 해석하는 것이 민요가 가진 적극적인 면을 해명하는 길이라고 하겠다.

4. 민요의 교육과 활용을 위한 생태민요학

현재 이 민요사회 풍속들은 전승이 끊겼거나 적어도 현장의 맥락을 벗어났다고 볼 수 있다. 그 편린들이 잔존하는 것은 서론에서 밝힌 것 외에도 음주 후, 스트레스 해소를 위하여, 혹은 가족단위의 화합을 위하여 노래방을 찾는 사례 혹은 관광버스의 음주가무 등의 예에서 엿볼 수 있다. 악을 쓰거나 통목을 질러가며 노래를 부르는 이 방식이 해당연령기의 문제들을 예를 들어 개별적 정서의 순화를 도모하거나 조직 간의 갈등, 연인간의 갈등, 위계서열의 이완 및 완화 등의 역할을 해낼 수 있다는 점을 고려하기 때문이다. 전통사회의 민요적 메커니즘을 일정부분 엿볼 수 있다는 뜻이다. 오랫동안 민요가 이런 역할을 해왔을 것이고, 어쩌면 이런 전통들을 직간접적으로 선행 학습한 사람들이 민요가 사라진 시대에 이르러서도 자연스럽게 노래방을 찾고 있는지도 모른다.

그렇다면 민요가 가진 적층순환성을 현단계에서 어떻게 드러낼 수 있는가? 이를 위해서는 먼저 민요생태와 생태민요학적 접근에 대해서 언급하는 것이 필요하다. 여기서의 민요생태라 함은 민요가 주어진 여건, 곧 문화지형에 적응하면서 존재하는 모양이나 상태를 말하는 것이다.[46] 이를 연구하는 것을 일러 민요생태학으로 표현할 수 있을 것이다. 그러나 본고에서 주목하고자 하는 것은 민요가 가지는 적층순환의 활용, 나아가 친환경적 속성, 그 생태성에 있기 때문에 민요생태학과는 접근의 측면이 다르다고 할 수 있다. 예를 들어 민속학 전반에 걸쳐 친자연적이고 친환경적인 생태성을 말하는 것과 같은 이치다.

따라서 생태민요학적 측면에서, 강등학이 1, 2, 3기로 나누었던 민요학을 임재해가 제안했던 1, 2, 3기 민속학에 대입해보면 민족민요학, 현장민요학,

46 강등학, 「정선아라리의 민요생태와 문화적 의미」, 『한국민요학』 제23집, 한국민요학회, 2008, 258쪽.

생태민요학 등으로 범주화시킬 수 있다. 먼저 민요를 기능과 비기능적 범주로 이해하고 분류한 고정옥, 임동권 등의 시도는 사실상, 민족 심성이나 민요의 기능적 요소에 주목했다는 점에서 민족 민요학의 시기로 표현할 수 있다. 1920년대를 기점으로 발아된 이 시기의 한국 민요학은 대체로 민중과 민족의 맥락을 전제하며 발전해왔다고 말할 수 있다. 이후 1960년대를 넘기면서 현장론에 대한 담론들이 활성화되기 시작하여 현장을 중요시하는 민요학이 선호 받게 된 것은 주지의 사실이다. 누구나 녹음기를 들고 현장에 나가는 것이 민속학의 본령으로 여겨지던 시기였으며, 이 맥락은 현재까지 이어져 오고 있다. 따라서 1기가 민족 민요론의 측면이 강했던 시기라면, 2기는 현장이 사라져가는 역설적 현장에서 안간힘을 쓰던 시기라고 할 수 있다. 사라져가거나 사라져버린 현장을 재구해내며 그것을 해명하는 시기였기 때문이다.

현장을 중시하는 민요학의 풍토는 현장의 연행 자체에 주목하게 되고, 이것은 민요학 연구자들의 지평을 바꿔놓게 되었다. 민요 자체가 노래인 까닭에 실제 노래를 하는 현장을 주목하는 것 자체가 음악을 전공하는 연구자들의 참여로 확대되었던 것이다. 실제 한국 민요학의 초기 멤버들이 구비문학을 중심으로 하는 문학자들이 많았지만, 일정한 시기 이후로 음악학자들이 오히려 많아지는 경향을 보여준 것이 이를 말해 준다. 그러나 그 현장이 사라져버린 지금, 종래의 현장학 만으로는 다가올 시대의 민요학에 대한 전망을 거론하기가 어렵다는 점을 강등학을 인용하여 지적한 바 있다. 따라서 민요의 자연스런 변화와 탈맥락화 등을 민요생태론이라고 하고 이것이 문화콘텐츠 등으로 접근된다면, 생태민요론은 환경민요학 혹은 치료민요학 등으로 확산될 소지를 가지고 있는 셈이다. 다만 민요가 가진 생태성, 곧 적층 순환성이 여기서 해명될 필요가 있다는 점에서 즉, 민요의 대응론적 측면을 부각시킨다는 뜻에서, 생태민요학으로 부를 수 있다고 생각한다. 이를 표로 나타내면 아래와 같다.

민족민요학	제1의 민속학	민중민속학
현장민요학	제2의 민속학	민족민속학
응용민요학 생태민요학≪생태민요학	제3의 민속학	응용민속학(문화콘텐츠 등) 생태민속학≪생태민속학(생태환경 등)

위 표에서 제3의 민속학에 대응하는 생태민속학은 사실 환경보호나 자연생태를 중심으로 하는 생태민속학과 디지털시대의 문화콘텐츠를 견인하는 응용민속학으로 나눌 수 있다. 마찬가지로 생태민요학은 생태 민요학으로서의 응용민요학과 적층순환성을 기반으로 하는 생태민요학으로 나눌 수 있다.

결국 본고에서 말하고자 하는 것은 어떻게 민요가 친환경적이고 친자연적인 그래서 순환적인 저엔트로피적 삶을 영위하는 데 일조할 수 있겠는가 하는 데 있다. 이것이 생태민속학이 의지하는 세시의 순환과도 일맥 상응하며 민요가 가진 일생의례적 성격과도 조응되는 것을 앞서 살펴본 바 있다. 예를 들어 절기는 순환한다고 말해왔고 또 그렇게 인식해왔다. 매 절기에는 의례가 있으며 관련 풍속이 있다. 이를 일러 세시풍속이라 하고 이는 매년 반복되기 때문에 가역성을 가진다고 말해왔다. 민요와 관련해서 본다면, 매 절기에는 그에 알맞은 노래를 불렀다고 말할 수 있다. 민요 분류에서 시기나 계절에 따라 민요를 분류하였던 접근 방식이 이를 말해준다. 일을 할 때는 노동요를 불렀으므로 봄에서 가을철까지 구연되었고, 유희요는 주로 유휴기에 불렀을 것이다.

특히 이 민요들은 놀이와 노동, 혹은 의례들이 분화되지 않은 시기의 정보들을 일정하게 함유하고 있음을 살펴본 바 있다. 예를 들어 이창식은 노동요도 놀이라고 말하는데, 집단노동요를 두레형놀이라고 표현하고 있으며, 이를 김매기, 모심기, 김쌈 놀이 등으로 표현한 바 있다.[47] 이때의 놀이를 해석하는 지평으로 체험을 통한 사회문화적 실천, 공통감각의 형성 과정, 공동성의

47 이창식, 『한국의 유희민요』, 집문당, 2002, 167쪽.

형성과 개방적 실천 등을 들기도 한다.[48] 특히 도야의 실천으로서의 놀이가 강조되는 맥락을 주목할 필요가 있다. 즉, 놀이는 노래를 포함한 분화 이전의 정보를 담고 있으며, 이 '놀이(노래+놀이)'의 원천과 전통에는 공동성과 개방성에 근거한 놀이의 행위들이 적층되어 상속되고 있다고 말할 수 있는 것이다. 이것이 한국 혹은 인류의 보편적 유산이라는 점에서 적층순환민요라고 표현할 수 있다.

노동과 유희가 분리되지 않았던 시기의 정보들을 담고 있는 민요를 통해서, 고풍의 내력을 추정할 수 있는 중요한 단서를 발견할 수 있다. 놀이와 노래가 분화되기 이전의 정보를 가진 동요를 통해서 신체의 리듬과 정서의 상응관계, 공동체 생활의 조응 메커니즘 등을 드러낼 수 있으며, 이는 오늘날 다양한 측면에서 활용되거나 응용될 자산으로 기능하게 된다. 예를 들어 출생 후 100일 전후부터 7세까지의 신체발달에서 정신적 발달까지 단계적으로 구성된 프로그램을 마련할 수 있으며, 이 프로그램은 초등학교 학생들의 학년 수준에 맞게 재창조되어 적용되기도 한다. '도리도리'는 출생 후 100일부터 7, 8개월 전후의 아기들에게 필요한 목운동 시기를 위해 창안된 놀이이면서 동시에 이 세상을 도리 있게 살라는 뜻이 담겨 있다는 것으로 해석된다. 이것이 사회성, 우애, 문화교육 등의 목적을 가지고 적용된다.[49] 따라서 앞서 예시한 초등학교에서부터 고등학교까지의 곡목선정 또한 음악적 고려 외에도 적층순환성과 생태적 정보의 피드백이라는 맥락에서 재점검하는 것이 필요한 시점이다.

이것은 교육의 일환이면서 일종의 음악치료이자 민요치료인 셈이다. 이를 토대로 발전시켜나간다면, 팝송이나 서양음악이 그러한 것처럼 민요, 혹은 국악 등의 한국음악 등에 피드백된 정보들을 분석하여 마음이 편안해지는

48 최성환, 최인자, 「놀이의 해석학 – 전통놀이 문화의 해석을 위한 시론」, 『해석학연구』 제18집, 한국해석학회, 2006, 202~205쪽.

49 위의 글, 각주 46번 참고.

노래, 아침에 들으면 활기가 솟는 노래, 마음이 우울할 때 듣는 노래 등으로 유형분류가 가능할 것이다. 치료민요학, 혹은 치료음악학의 단계로 응용되는 셈이다. 이를 현대적으로 응용한 방안으로, 개사(현대 문화환경에 맞게 노랫말 바꾸기), 놀이 도구의 변형(돌멩이로 하던 것을 동전으로 바꾸어 하기) 등 전통놀이의 정신을 그대로 답습하면서 현대 문명 속에서 쉽게 활용 가능하도록 교육 방법적인 측면에서 창안하는 방안 등이 제시되기도 한다.[50] 이는 현대에도 민요나 전통놀이가 가지고 있는 전통성이 유효하다는 점 즉, 피드백된 정보의 유효성을 전제한 해석들이다. 대체로 음악치료의 개념은 서양의학과 접목된 음악을 매개로 한 행동주의 심리학을 중심으로 발전해 온 것이 사실이다. 음악치료를 통해 치료대상자의 행동을 변화시키는 데 초점을 맞춘 것이다. 여기서 적시하는 행동의 변화는 자신감, 사회성, 대인관계능력, 능동성, 정서적 발달 등 사회생활과 관련된 다양한 행동들과 관련되어 있다. 자폐아나 사회부적응자의 심리적, 정신적, 이상상태를 복원하여 사회적응자로 향상시킬 것을 주요 연구대상으로 삼아온 것도[51] 이런 맥락에서 접근된 것들이다.

따라서 제3기적 맥락의 민요연구는 교육 및 활용 등으로 그 피드백을 이어가야 한다. 민요의 활용 특히 교육적 활용이나 응용에 관해서는 현행교과서에 게재되어 있는 제재곡과 참고곡 등의 민요교육을 포함하여, 음악치료학에 있어서 민요의 활용, 지역문화산업 등에서의 민요의 활용, 나아가서는 지역사람들이 민요를 다시 부르거나 민요적 심성을 회복하는 프로그래밍 등을 두루 거론할 수 있을 것이다. 이때 문제 삼을 수 있는 것이 어떤 민요를 어떻게 선정하여, 또 어떻게 교육 혹은 활용할 것인가, 아니면 응용할 것인가이다. 나아가 궁극적으로는 왜 그 민요를 오늘날 활용하거나 응용해야 하는지에 대한 해명이다. 다시 말하면 현재 지역을 중심으로 분류되고 의미화

50 위의 글, 211쪽.

51 이승현, 홍원식, 「오행으로 분류한 음악이 누에의 형질변화에 미치는 영향 – 한방음악치료를 중심으로」, 대한한의학원전학회, 2003, 2쪽.

되는 민요의 맥락만으로는, 현장이 사라져버린 민요학에 대한 전망과 활용, 그리고 교육 등에 대하여 명쾌한 답을 해주기 어렵다는 것이다.

이러한 정보가 정상적으로 피드백 되지 않는 사회는 각 시기별로 양산되는 문제들에 대하여 새롭게 분석하고 대응해야 하는 이중지출을 감수해야 하는 까닭에 고엔트로피 경제를 지향할 수밖에 없다. 그렇지 않으면 각 연령층별로 양산되는 문제들에 대해서 적절하게 대응할 수 없기 때문이다. 이것이 생태민요학 혹은 생태민속학이 마땅히 지향해야 할 바라고 생각되며 이는 저엔트로피의 순환경제를 전제하는 대응방식이기도 하다. 오늘날의 민요는 이런 맥락에서 새롭게 접근되어야 한다고 생각하며 그 일환으로 시도된 것이, 민요가 가진 일생의례적 성격 즉, 적층순환의 정보를 드러내는 것이었다고 하겠다.

5. 결론

본고는 오늘날 민속학이 맞닥뜨린 생태민속학적 전망과 지평에 부응하여 그 의미를 민요학과 연결지어보자는 취지에서 시도되었다. 연령층별 구연종류가 다르다는 것은 이미 선학들에 의해서 고구된 바 있으며, 이를 민요 분류의 중요한 전거로 삼기도 하였다. 본고를 시도하게 된 소재적 동기는 연령층별로 부르는 민요가 다르다는 점에서 출발하였으며, 각각의 민요는 각각의 시기별 구연의 정서를 반영하고 있다고 보았다. 민요가 연령층의 일정한 이해를 수반하고 있다고 볼 수 있다는 뜻인데, 이는 그간의 반영론이나 거울론으로는 풀 수 없는 까닭에 보다 적극적인 대응론으로 해명되어야 한다고 보았다.

개체요를 분류하고 선택하는 접근 방식에 대해서 살펴보았다. 한국의 민요는 노동요, 유희요, 의례요(의식요) 등의 기능적 분류를 수용해왔다고 볼 수 있으며, 후대에 오면서 동요가 민요의 범주 안에 포함되었음을 살펴보았다. 특히 음악학의 측면에서 지역적 분류에 대한 애착이 강함을 살펴보았다. 민요의 장소에 대한 정체성을 민요연구의 화두로 삼아왔다는 뜻이다. 이 경향은 학교교육의 단계에서도 그대로 적용되었기 때문에, 주로 지역별 민요의 분류나 선율 리듬의 변별성에 대해서 주목할 수밖에 없었을 것으로 판단하였다. 음악적 토리론과 문학적 향토민요론 등으로 주장되는 민요학의 대상이었다는 점에서, 대체로 음악교과서에서 수용한 민요 접근방식의 성과와 한계를 동시에 지니고 있다고 보았다. 이를 1기, 2기, 3기로 나누어 각각 민족민요학, 현장민요학, 생태민요학으로 나누어 보았다. 생태민요학은 다시 응용민요학과 생태민요학으로 나눌 수 있는데, 응용민요학을 문화콘텐츠와 교육 등의 활용측면에서 접근하는 것이라면, 생태민요학은 적층순환성을 기반으로 하는 민요의 일생의례적 성격에서 찾을 수 있다고 보았다. 곧, 적층순환의 공시성이야말로 일생의례적 민요가 가지고 있는 가장 큰 특성 중의 하나로 본 것이다. 이것이 민요의 일생 의례적 성격에서 나타나는 바와 같이. 삶의 매듭으로서의 의례를 반영한데서 나아가 그 불가역성을 끊임없이 뛰어넘고자 하는 그래서 그 일회성을 극복하고자 하는 순환론적 기능을 담당해왔다고 해석하는 길일 것이며, 민요가 가진 적극적인 면을 해명하는 길이라고 생각한다는 뜻이다.

따라서 본고는 어떻게 민요가 친환경적이고 친자연적인 그래서 순환적인 저엔트로피적 삶을 영위하는 데 일조할 수 있겠는가 하는 측면을 생태민속학의 접근방향에 비추어 해석해보고자 한 글이다. 특히 본고의 갈무리라고 할 수 있는 제3기적 맥락의 민요연구에서는 교육 및 활용 등으로 그 피드백을 이어가야 한다고 보았다. 민요의 활용 특히 교육적 활용이나 응용에 관해서는 현행교과서에 게재되어 있는 제재곡과 참고곡 등의 민요교육을 포함하여, 음악치료학에 있어서 민요의 활용, 지역문화산업 등에서의 민요의 활용, 나아가서는 지역사람들이 민요를 다시 부르거나 민요적 심성을 회복하는 프로그래밍 등으로 이어가야 할 것이기 때문이다. 이것이 생태민요학 혹은 생태민속학이 마땅히 지향해야 할 저엔트로피의 접근일 것이며, 그 일환으로 시도된 것이 민요가 가진 일생의례적 성격 즉, 적층순환의 정보를 드러내는 의미였다고 할 수 있다.

(비교민속학, 2009.8.30)

진도지역 상례를 통해서 본 의례와 놀이의 연행 미학*

1. 총체극으로서의 진도상례[1]

진도지역 상례로 진도씻김굿, 다시래기, 진도만가를 대표적으로 들고 있다. 알려져 있듯이 이들 민속의례는 상례임에도 불구하고 매우 음악성이 풍부하며 혹은 풍자적이고 희화적인 놀이요소들을 가지고 있다. 이 중 다시래기는 놀이 자체가 상주들을 웃음판으로 끌어내기 위한 목적을 가지고 있다는 점이 주목되어 널리 회자된 바 있다. 그러나 사실 다시래기 뿐만이 아닌

* 이 논문을 위해 심사해주신 익명의 3분께 감사드린다. 다소 절충적이고 성글었던 부분들에 대하여 세밀한 부분들을 지적해 주었고, 부분적이긴 하였지만 이율배반적 주장 등에 대해 수정을 가할 수 있었다. 그럼에도 불구하고 일부 필자의 주장들에 대해서는 폐기하는 것보다는 각주처리를 함으로써, 향후 논의할 수 있는 전거로 삼기로 하였다.

이 논문은 KRF-2007-A00024 지원을 받았음.

1 필자는 유년시절, 주로 버려진 양철동이며 깡통들을 주어다 걸궁굿을 하든지, 상여놀이, 혼인놀이 등의 소꿉놀이를 하였다. 구체적인 놀이 방식이 기억나지는 않지만 통상 마을에서 일어나는 큰 사건들 – 예를 들어 초상이나 혼인 – 에 대해 소꿉놀이로 재학습을 실시한 셈이다. 실제 초상이 나면 매장지까지 꼭 따라가서 구경하는 것이 우리 어린아이들에게 매우 큰 즐거움이었던 것으로 기억한다. 마을에서 상여 나가는 일만큼 화려한 축제 분위기는 없었으니 말이다. 이렇게 글의 서두를 필자의 소꿉놀이로 사례삼는 이유는 初喪이라고 하는 죽음의례가 적어도 필자에게 아니면 진도사람들에게 틀림없는 축제로 기능했다는 점을 전제하고 본고를 시작하고 싶기 때문이다. 굳이 이런 접근태도를 구분하자면 에믹적 관점에 근접해있다고 평가할 수도 있을 것이다. 어쨌든 국민학교에 들어가면서 이 놀이는 이순신놀이 등으로 바뀌었지만 어렴풋한 기억 속의 소꿉놀이에서 연행된 드라마는 실제 초상에서 그리고 혼인에서 다시 사회극으로 재생되었다고 할 수 있으며, 우리 아이들은 이 환원과정을 지켜보면서 자라났다고 말할 수 있다. 굳이 터너나 셰이커의 이론을 빌지 않더라도 이미 初喪이 사회극으로서 한편의 드라마였음을 학습해왔을 것이라는 뜻이다. 특히 상례 안에 들어 있는 갈등만들기와 해소단계에 이르는 메커니즘이 한편의 드라마를 이룬다는 점에서, 이를 극적 양식을 빌어 죽음이라는 사건을 소화시키고자 하는 사회극의 일종으로 해석하고자 한다.

다양한 형태의 상여놀이가 전국적인 분포를 보인다는 점, 그리고 여러 문명권에서도 산견된다는 점들이 여러 학자들에 의해 보고된 바 있다. 이중 다시래기에 대해서는 정병호, 이경엽, 임재해, 전경수 외 다수의 학자들에 의해 언급된 바 있다. 직간접적으로 많은 학자들에 의해서 반의례적[2] 성향의 장례놀이로 거론된 것은 그만큼 다시래가 가진 민중적 특성에 주목했기 때문이라고 할 수 있다. 씻김굿이나 만가도 다시래기의 연희성에 비교되는 음악성과 놀이성이 강조될 뿐 이른바 반의례적 요소가 들어있는 것은 유사하다.

이들 중 씻김굿, 다시래기는 중요무형문화재로, 만가는 전남도지정 무형문화재로 지정되어 있다. 전경수의 견해에 의하면 부분으로 찢어져 의식과 연극이라는 장르로, 그리고 놀이라는 장르로 분산되어 있는 것이다.[3] 무형문화재가 전체가 아닌 낱개의 요소로 인식되고 있다는 점에 대해서는 필자도 유무형을 구분하는 모순 등에 대해 언급하며 선학들의 논의에 참여한 바 있다.[4] 탈맥락화의 문제와 결부된 이 현상들에 대하여, 만들어진 다시래기가 전승된 다시래기의 출로를 막아버린 사례라든지, 무형문화재로 지정된 강강술래가 자생적 강강술래의 확산을 방해한 사례들을 통해 탈맥락화와 예능일변도 전승의 측면을 거론한 것이 그것이다. 다시 말하면 전승체계 전반의 문제는 도외시하고 예능 중심의 일부만을 전승하는 행태에 대해 제도적으로 독과점을 보장해주는 결과를 초래하게 되었다는 것이다. 이렇게 분리해서 생각하는 것을 이른바 요소주의적 사고방식, 혹은 분리주의적 사고방식이라고 부를 수 있다고 주장하였다.

결국, 상기 논의를 통해 이들 상례들이 분리되어있다는 요소주의적 사고방식에서 벗어나 진도의 상례를 죽음의례라는 총체극의 맥락에서 살펴봐야 할

2 여기서의 반의례는 유풍의례에 기반하여 행위되는 질서에 반한 일련의 현상을 통칭한다. 본문에서 다루어질 다시래기 등의 해학적 연희는 질서적인 유풍의례에 비하면 전혀 의례적이지 못하다는 점에서 반의례로 표현할 수 있다고 본다.

3 전경수의 한 발표문에 필자와 의견을 같이하는 내용들이 있으나, 완성 중의 논고라는 이유로 인용을 제한시켜, 본고에서 적절한 인용을 할 수 없음을 아쉽게 생각한다.

4 졸고, 「무형문화유산의 보존과 지역문화콘텐츠」, 『2008 한국민속학자대회 학술대회자료집』, 한국민속학자연합회, 2008.

명분을 마련한 셈이다. 사실상 임종에서 매장하기까지의 절차 속에서 일어나는 다양한 의례 및 노래와 놀이 현상들이 다시래기나 씻김굿, 혹은 만가만으로 설명되는 것은 아니며, 적어도 진도에서는 매장 혹은 탈상에 이르는 전 기간 내내-물론 의례가 행해지는 기간 동안-다양한 요소들이 중층적으로 함축되어 있음을 전제할 필요가 있다는 뜻이다. 이들은 상호 변별적인 듯 보이지만 죽음의례라는 총체적 관점에서는 전혀 나눠져 있지 않다. 예를 들어 광의의 다시래기의 경우에는 입관 이후부터 매장 이후에 이르기까지 초상初喪 전반에 걸쳐 일어나는 매우 즉흥적이고 도발적인 놀이라는 점에서, 2시간짜리 공연 등의 형식으로는 온전히 설명해내기 어렵다. 특히 윷놀이는 진도지역 상가에서 필수적으로 행하는 오랜 전통을 가진 놀이임에도 불구하고, 그 친연성이나 개연성에 대해 해석한 사례가 발견되지 않는다. 씻김굿, 다시래기, 진도만가를 비롯해 특히 윷놀이에 대해 그 성격과 의미를 따져 묻고자 하는 이유가 여기에 있다. 죽음의 문화기호로서 상례의 총체성은, 죽음에 대한 메타텍스트라고 할 수 있는데,[5] 상호 변별적인 것으로 회자되어 왔던 종목들을 관통하는 코드를 추출해, 진도사람들의 죽음에 대한 인식을 추론해보고자 하는 것이 이 글의 목표인 셈이다. 바꾸어 말해 죽음에 대한 진도사람들의 문화적 대응양식을 살피고자 하는 것이 본고의 의도라고 할 수 있다.

논의를 시작하기에 앞서 전제해야 될 두 가지가 있다. 하나는 상례라고 하는 용어 혹은 개념과 관련된 것이고 다른 하나는 이 과정을 대개 3단 구성으로 나누어 살피고자 하는 의도와 관련된 것이다. 먼저 상례의 의미다. 초상初喪났다라고 했을 때, 초상은 장례葬禮의 의미로 말해진다. 대상 혹은 탈상과는 변별적인 장례의식을 다룬다는 점에서 그렇다. 그런데 장례의 범주에 들지 않는 각종의 씻김굿을 범주에 포함시킬 것인가의 문제에 직면하면

5 허용호, 「전통 상례를 통해서 본 죽음」, 『한국고전연구』 6집, 한국고전문학회, 2000, 310쪽. 허용호는 이 글에서 필자가 말하는 상례의 총체성까지 다룬 것은 아니다.

논란의 여지가 있게 된다. 예를 들어 3년상 탈상씻김의 경우, 장례의 범주에 포함시키기가 어렵다는 뜻이다. 물론 5년이든 8년이든 2차장으로서의 초분장의 경우에는 인골을 다루는 것이므로 응당 장례의 범주에 포함시킬 수 있을 것이다. 더욱 논란이 예상되는 것은 윷놀이와 관련된 것이다. 윷놀이 자체를 상례의 범주 속에 넣어서 해석하고자 하는 의도 자체가 없었기 때문이다. 따라서 이런 점들을 전제하고 정리를 해보면, 장례는 시신을 직접 다루는 경우에 한정된 개념으로 이해하는 것이 논란의 여지를 줄일 수 있다고 생각한다. 곧, 협의의 장례는 주검을 처리하는 것에 한정시킬 수 있을 것이고, 광의의 장례는 상례와 유사한 개념이라는 뜻에서 임종에서부터 매장 혹은 그 이후에 일어나는 관련 절차를 포함시킬 수 있다고 본다. 물론 여기서의 상례는 '삼년상' 등에 나타나듯이 유풍의례 중심의 의례 절차를 말한다. 결론적으로 장례라는 용어 안에서 연행되는 의례와 노래 혹은 놀이를 해명하는 것과 상례라는 용어 속에서 해명하는 두 가지 안 중에서 본고는 상례라는 용어를 선택하게 된 셈이다. 씻김굿, 다시래기, 만가, 혹은 윷놀이 등을 아우를 수 있는 용어로 장례보다는 상례가 더 포괄적이라고 생각했기 때문이다.

두 번째 상례의 구성을 3단계로 나누어 고찰하고자 하는 의도와 관련된 것이다. 씻김굿과 다시래기, 윷놀이, 그리고 만가 등의 일련의 현상에 대해 이 층위들을 어떻게 포착하고 구조화시키느냐하는 것이 단계 설정의 목적이라고 할 수 있다. 실제 이 상례들은 개별적으로 연행되거나 분리되어 있는 현상들이 아니라 총체극으로서의 의미를 가지고 있다는 점에서 층위별 의미 설정이 가능하다고 생각한다는 뜻이다. 따라서 각각의 층위들은 매개하는 성격에 따라 그 기능과 현상이 변별성을 가질 수 있을 것이므로, 부분적으로는 장르분별의 요소를 지닐 수도 있을 것이다. 예를 들어 씻김굿의 경우는 특별히 그러하다고 본다. 총체적인 상례는 대개 청신-오신-송신으로 이루어진 굿의 3단계 구성에 비추어 해석하게 될 것이다. 이는 죽음 알리기 혹은 죽음 확인하기라는 의례적 절차에서부터 죽음 달래기 혹은 갈등 만들기의 절차로 진행이 되고, 마지막에는 망자 보내기 혹은 해소하기 등의 단계로 마무리된다고 할 수 있다. 이 단계들은 각각 씻김굿이나 동제, 축제 등과 상호성을 가질 수 있으며, 이를 이론화하면 의례놀이의 프랙탈 구조론으로 논의를 확대시켜나갈 수 있다고 생각한다. 갈등 만들기 혹은 죽음 달래기에는 씻김굿과 다시래기, 윷놀이를 배정하여 살펴볼 것이며, 망자 보내기에는 만가와 매장하기를 배정하여 살펴볼 것이다.

2. 죽음확인하기 혹은 죽음 알리기

본고에서 주목하는 바는 다음 장의 죽음 달래기에 있기 때문에 이 장에서 논할 바는 크게 많지 않다. 그러나 단계 설정에서 중요한 기능을 제공하므로, 언급하고 넘어가야 될 필요가 있다. 상례를 한편의 소설 혹은 드라마라고 했을 때, 발단에 해당되는 셈이다. 그러나 실제 소설이나 드라마처럼 사건을 만들고, 인물을 배치하거나 동제 등의 마을축제처럼 각각의 요소에 인물을 배치할 필요는 없어 보인다. 기획하거나 만들지 않아도 죽음 자체가 불가피하게 닥친 너무나 큰 사건이기 때문이다. 따라서 실제 절차에서는 죽음 자체를 수용하거나 혹은 거부하고, 그에 대한 절차를 밟아나가는 과정만이 필요하게 된다. 물론 호상護喪을 정하는 일에서부터 부고訃告를 보내는 일까지 일련의 의례 계획은 진행된다. 그러나 이 단계에서 놀이적 요소가 발견되거나 노래 등의 의례가 끼어들 여지는 보이지는 않는다. 유교식 절차를 준용하여 죽음확인하기, 혹은 죽음 알리기 등의 절차가 진행될 뿐이다. 이는 임종시부터 입관에 이르기까지 일어나는 전국적으로 보편적인 이른바 유교식 전통에서 크게 벗어나 있지 않다고 본다. 대체로 이런 유교식 관행이 언제부터 진도지역에 정착되었는지에 대해서는 알려진 바 없다. 4대 봉사 등의 제사법 등이 조선후기에 서남해 섬에 정착되었다는 점에서 이와 같은 시기로 추정할 수 있을 뿐이다. 거꾸로 유교식 관행이 아닌 그 이전의 관행이 어떠했는가에 대해서도 알려진 바 없다. 따라서 본고는 죽음확인하기 과정이 어떤 전통을 거치면서 정착했는지 구체적으로 밝히지 못하고, 유교식 제의를 수용하는 맥락에서 정리한다는 한계를 가지고 출발하는 셈이다.

망자와 가까운 사이일수록 거친 옷을 입어야 한다는 점이나 남자와 여자가 유별하게 복식과 복관을 갖추어 입는 것도 3년상을 치뤘던 유교식 전통과 크게 달라 보이지 않는다. 물론 기독교식 상례는 복식 자체가 양장인 까닭에 논외로 한다. 그러나 상례의 시기가 전반적으로 변한 것은 지적하고 넘어갈 필요가 있다. 3년 탈상이 일반적이었던 데서 어느 때 부터인가 1년 탈상으로 바뀌었고 이것은 불교식-불교신자가 아닌 경우에도-49제나 100일 탈상으로 바뀌었다가 현재는 상당수가 3일 탈상을 위주로 하고 있는 것으로 보이기 때문이다.[6]

죽음확인하기의 절차는 대개 초혼 및 수시, 습염 등의 절차를 말하는 것으로 이해된다. 수시는 깨끗한 솜으로 입과 귀와 코를 막고 시신을 반듯하게 펴주는 절차를 말한다.[7] 고복皐復은 망자의 혼백이 분리되어 천지로 돌아가기 때문에 혼백이 다시 하나로 합해져 살아나기를 희망하는 마음을 표현한 것이라고 말해지는데, 대체로 사람이 죽었음을 하늘과 사람들에게 알리는 절차로 이해되고 있다. 이어 집안사람 중에서 덕망 있는 이를 호상護喪으로 정하는 절차가 끝나면, 부고장을 작성하고 부고 돌리는 일에 착수한다.

장철수는 이같이 죽음을 맞는 과정을 세단계로 분류하여 제시한 바 있다. 첫째, 죽음을 맞는 과정(초혼, 사자밥, 수시, 역복, 상식, 부고), 둘째, 죽음을 처리하

6 1970년대 후반 필자도 부친상을 당하여 씻김굿과 1년 탈상을 경험한 바 있는데, 이때만 해도 100일 탈상으로 바뀌어 가던 시절이었다. 모방(작은방)에 상방을 꾸리고, 어머니는 날마다 메를 지어 올렸으며, 초하룻날과 보름에는 머리를 풀고 큰 소리로 곡을 하였던 기억을 가지고 있다.

7 필자 아버지의 경우는, 칠성판으로 외양간의 문 한 짝을 뜯어다 큰방의 윗목에 깔고 시신을 곧게 펴서 안치하였다. 쌀을 목에 세 번 떠 넣고 - 버드나무 수저였는지는 기억나지 않는다 - 사촌 큰 형님께서 아버지의 굽은 다리를 단단하게 펴서 문짝에 얽어 묶었다. 이어서 아버지 저고리를 가지고 지붕에 올라가 이른바 招魂이라고 불리는 皐復을 하였다.

는 과정(습, 소렴, 대렴, 성복, 조상, 문상, 치장, 천구, 발인, 급묘, 반곡), 셋째, 죽음을 새로운 삶으로 인정하는 과정(우제, 졸곡, 부제, 소상, 대상, 담제, 길제)이 그것이다.[8] 허용호는 이를 다시 세 가지 단계로 구분한 바 있다. 첫째, 영혼과 육체가 갈라지는 절차(속광 또는 속굉, 고복 또는 초혼, 사자상 차리기, 수시 또는 천시, 습, 소렴 및 대렴, 입관), 둘째, 영혼이 떠난 육체를 모시는 절차(성복, 발인, 노제, 산신제, 개토제, 하관, 매장, 평토제), 셋째, 육체를 떠난 영혼을 모시는 절차(반혼, 우제(초우, 재우, 삼우), 졸곡, 부제, 소상, 대상, 탈상) 등이 그것이다.[9]

그러나 이러한 단계 설정들은 대개 유교적 맥락의 단계설정에 주목한 것이라고 할 수 있다. 같은 현상을 놓고도 죽음을 기피하는 죽음관념으로 해석할 것인가, 아니면 죽음을 적극적으로 수용하는 자세로 해석할 것인가의 쟁점이 남아 있다는 점에 주목해야할 필요가 여기에 있다. 상례를 놀이와 축제로 인식하는 맥락에서는 죽음을 보다 적극적으로 수용하고 그 의미들을 공유하려는 의식의 발로로 보아야 놀이의 논리를 해명할 수 있다는 뜻이다. 예를 들어 죽음을 결박하는 절차를 두고도 환생을 염려하여 결박하는 의미로 해석하는 것과 반대로 해석하려는 의견이 있을 수 있다. 고대의 유물에서 보이는 바, 시신을 구부려서 꽁꽁 묶는 것에 대해서나 1900년도 진도 관매도의 사례로 보고된 풍장－망에 매달아 송림에 안치하는－도 이 의견이 갈릴 수 있다. 예를 들어 근래에 송이도 등지에서 보고된 바 있는 앉은 초분에 대해서도 동일한 접근이 필요하다. 본고의 후반에서 다루게 될 김열규의 견해는 이 쟁점에 대한 시사점을 제공해준다. 그래서 필자는 선학들의 논의를 존중하면서 다시 세 단계의 절차로 나누어 해명해보고자 한다. 시신을 다루는 절차와 영혼을 다루는 절차라는 뜻에서 2체제로 전제하고, 이를 다시 아래와 같은 3단계로 나누어 살펴보게 될 것이다.

8 장철수, 『한국전통사회의 관혼상제』, 한국정신문화연구원, 1984, 66~103쪽.

9 허용호, 「전통 상례를 통해서 본 죽음」, 『한국고전연구』 6집, 322쪽.

① 죽음 확인하기 혹은 죽음 알리기(임종→수시→초혼→사자상→소·대렴
→입관→)

② 갈등 만들기와 죽음 달래기(→씻김→다시래기→윷놀이→)

③ 망자 보내기(성복, 발인→상여놀이→호상놀이→하관→매장)

죽음 알리기에서의 초혼은 씻김굿에서의 안당굿 혹은 초혼굿과 친연성이 있다. 육신과 분리된 망자의 영혼을 사실상 다시 불러들인다는 점에서 그 의미를 부여할 수 있기 때문이다. 만약 망자의 혼령을 불러들이지 않는다면, 죽음이라고 하는 거대한 손실 혹은 산자와의 갈등을 풀어줄 아무런 대책도 세울 수 없게 된다는 뜻이다. 따라서 죽음이라는 자연적 현상으로 발생한 사건은 다시 문화적으로 해석되고 해소되기 위해서 혼령의 부름이라는 장치를 마련했다고 말할 수 있다. 본문에서 살피겠지만 사실상 상가喪家윷놀이의 시작도 이런 측면에서 해석의 여지를 남겨두어야 한다. 순환의 고리를 통해 우주질서로 편입되는 망자의 복원 혹은 회귀가 은닉된 문화적 매개물로 해석할 수 있기 때문이다. 어쨌든 이렇게 소환된 망자의 혼령과 굿을 통해 소환되는 오래 전에 죽은 망자의 선조들은 다시 가족들 혹은 마을 사람들과 재회하면서 죽음이라는 갈등을 풀어내는 기회를 맞이하게 되는 것이다.

3. 갈등 만들기와 죽음 달래기

입관까지의 죽음 알리기 혹은 확인하기 절차가 끝나면, 망자는 이 시점부터 영혼으로 취급받는 것으로 보인다. 마당에 제청을 꾸리고 안방의 시신과 분리되어 의례절차가 꾸려지기 때문이다. 이때부터 사실상 자연현상으로서의 죽음에 대비되는 문화적 해석이 가해지는 단계라고 할 수 있다. 특히 마당 중앙을 차지하는 제청에서 벌어지는 씻김굿, 혹은 다시래기, 그리고 다시

한 권을 차지하고 있는 욿판은 죽음에 대한 도발적이고도 반의례적인 문화 현상이라는 점에서 주목을 요한다. 여기에는 완성도 높은 드라마를 위한 갈등 만들기의 여러 배역들이 등장하게 되는 것으로 보인다.

그렇다면 왜 상례에서 갈등 만들기가 필요할 것인가? 아니 그보다 앞서 갈등 만들기라는 개념 자체가 유효한가? 이는 이 단계에서 일어나는 죽음 달래기라는 효과를 극적으로 구성하기 위한 오래된 텍스트라는 점에서 그 의미를 찾아볼 수 있다. 갈등 만들기는 일종의 드라마 만들기인 셈이다. 인력의 상실이라는 최대의 사건을 보내기단계까지 진행하기 위해서는 극적 장치가 필요한 것이고, 이러한 극적 구성에는 반드시 배역이 필요하다는 뜻이다. 이는 누군가가 기획하거나 연출하는 형태가 아니라, 이미 어느 시기부턴가 시작되어 온 오래된 전통이라는 점에서 그 의의를 찾을 수 있다. 바꾸어 말하면 옛날부터 전해져 오는 상례의 텍스트에 어떤 누구든 배역으로 등장할 소지를 가지고 있다는 것이다. 예를 들어 씻김굿의 조상굿에서 조상과의 갈등이 유발되는 돌발적 상황이나 욿판에서 벌어지는 싸움판의 돌발적 상황에 망자의 가족은 물론 마을 사람 그 누구라도 배역이 될 수 있기 때문이다. 이것은 일종의 상황의 힘에 의존한 가변적 텍스트인 까닭에 개별적인 의지로 제어되는 것은 아닌 것으로 보인다.

선험적으로 상례의 관행에 대해서 인지하거나 학습해 온 진도사람들은, 응당 제청공간에서 트집 잡는 사람 혹은 시비 거는 사람이 나오는 것을 당연한 것으로 생각하고 있다. 만약 누군가 이 배역에 참여하지 않는다면 굿판 자체가 싱겁게 끝나버린다는 것을 학습해왔기 때문이다. 그래서 진도에서는 이런 사람들을 가리켜 "꾸어서라도 내 놓는다"고 한다. 때때로 시비걸기, 트집 잡기 배역은 친인척 중에서 나오기도 한다. 이 배역이 사위 등의 망자와 가까운 친척일수록 제청에서 벌어지는 굿판은 몰입의 효과를 더 가져오고, 출상이나 씻김굿의 종반부에서 벌어지는 해소단계에서 훨씬 감동적인 클라이막스를 맞이하게 될 수 있다.[10] 욿판에서 벌어지는 갈등 만들기도 이와 직접적으로 연관되어 있다고 볼 수 있다. 설령 도박성이 강한 경우일지라도 기본적인 상가에서의 갈등 만들기라는 맥락에서 보면, 그 의미가 있다는 해석의 여지를 두어야 한다는 뜻이다. 때때로 이런 갈등들이 해소되지 않고 매장단계까지 끝나는 경우가 있지만, 이것은 본래 상례굿판이 의도하거나 전제하고 하고 있는 텍스트가 아니라는 점에 유의해야 한다. 다시 말하면 아마도 고대로부터 학습되었을 총체적 텍스트는 이 갈등 만들기를 통해서 죽음을 달래는 과정으로 진입할 수 있어야 하기 때문이다. 그러나 때때로 돌발성 컨텍스트가 이를 방해하거나 훼방 놓는 경우가 있음도 염두에 둘 필요가 있다.

이처럼 죽음 알리기와 죽음 확인하기 절차에서는 비교적 일상적, 의례적 관행들이 준수되는 것에 비해 죽음 달래기에 들어서면 상황은 반전된다. 죽음이라는 일생일대의 큰 사건을 일상적인 혹은 의례적인 절차로 달래거나 복원시킬 수 없다고 생각했을 것임을 추론할 수 있는 상황들이 여기저기 발견된다. 일상을 전복시키는 다시래기의 사례들은 그 중 대표적인 것으로 말해져 왔다. 상주라고 예외일 수는 없다. 흔히 후한서 마한조 등의 기록을 중심으로 "상주는 곡을 하고, 이웃사람들은 술을 마시고 논다"라고 하지만, 진도의 경우는 오히려 상주들이 이 걸진 판에 끼어들려 하고, 혹은 주도하려고 하기 때문이다.[11] 필자의 경험에 의하면 대체로 호상일 경우에는 진도지역 어느 곳에서나 산견되는 일반적인 현상이라고 할 만하다. 어쨌든 죽음 알리기까지의 주체는 상주를 중심으로 한 친인척으로 보이지만, 죽음달래기 즉, 오신단계에 이르면 그 주체는 마을 사람들 모두를 포함하는 다중이 된다. 누구든 상황의 힘에 의해 주요 배역으로 캐스팅당할 예비후보가 되기 때문이다.

10 2007년 예능보유자였던 고 ○○○ 곽머리 씻김굿에서, 필자가 진행을 맡았었는데, 이 집안의 가까운 ○○○가 트집을 잡고 나오는 바람에, 굿판이 위기에 처할 뻔하였다. 그러나 본문에서 보듯이 이런 사례들은 항상, 어느 상가에선가 일어나는 일반적인 현상으로 이해할 필요가 있다.

11 필자가 현장 취재를 했던 2008년 봄 진도읍 수역리의 상가에서도 작은 아들인 ○○○씨가 오히려 씻김굿판과 만가판을 주도하거나 견인하고 있었다는 점에서 이를 설명할 수 있다.

1) 씻김굿의 경우

씻김굿의 전반을 본고에서 리뷰할 필요는 없어 보인다. 필요하지도 않을 뿐더러 이미 선학들이 조목조목 살펴왔기 때문이다. 여기서는 씻김굿에서 일어나는 놀이적 요소, 특히 본고와 관련되어 있는 극적 요소들만을 추려서 언급하기로 한다. 진도지역 상례 전반을 총체극이라는 관점에서 보면, 씻김굿은 격자놀이 혹은 격자상례에 해당한다. 일종의 프랙탈 구조를 가지고 있는 셈인데, 씻김굿 내에서 죽음 확인하기 혹은 죽음 알리기의 절차와 갈등만들기 및 죽음달래기의 절차, 그리고 망자 보내기 절차가 일련의 조합절차를 거쳐 연희되기 때문이다. 이 절차들은 대개 청신→오신→송신의 단계를 가지고 있다고 말해지는데, 이들을 확대해보면 진도상례가 가지고 있는 3단 구성과 대응하게 된다.

씻김굿 항목에서 주목해야 할 것은, 당골판이 존재하던 시기에는 거의 모든 상례에 씻김이 포함되어 있었다는 사실이다. 1년에 두 차례 행해지는 도부제－보리쌀과 벼를 갹출하는 제도－를 통해 당골들은 생계를 유지했으며, 판에 속한 집안의 대소사를-질병의 문제까지도-굿거리로 관여했다는 사실만으로도 이를 말할 수 있다. 특별한 경우가 아니면, 자신의 고객이 가지는 가장 큰 사건으로서의 죽음의례에 참여하지 않았다고 생각하기는 어렵다는 뜻이다.

씻김은 대개 죽음에 대한 절리의식의 일환으로 해석되어 왔다. 이를 분석심리학에서는 의식과 무의식의 관계, 집단의식과 집단무의식의 관계로 대비하여 서로 보상관계로 바라본다. 즉 어느 사회에 지배적인 합리적 행동규범은 반드시 이를 대상하고자 하는 비합리적 원천의 힘에 의하여 보완된다는 것이다.[12] 이러한 비합리적 원천의 힘은 씻김굿뿐만이 아니라, 상례 전반에

12 이부영, 「한국무속의 심리학적 고찰」, 『한국무속의 종합적 고찰』, 고려대학교 민족문화연구소, 1982, 149~178쪽.

걸쳐서 일어나는 반의례적인 일련의 연희, 노래, 놀이 등에서 발휘된다고 할 수 있다. 특히 이런 힘들은 망자의 천도를 유도하고 생자에게 안위를 주는 것으로, 심리치료의 과정과 비유하기도 한다. 씻김굿의 여러 현상 속에 인류 공통의 집단무의식의 내용인 원형이 있을 뿐 아니라 인간의 무의식을 순화시켜 나가는 원형의 상징적 해결 양상이 있다는 것이다. 그래서 죽음의 과정에서 씻김은 정화력을 가질 뿐만 아니라 거듭남이라는 인격전환의 기제로 나타난다는 것이다.[13] 즉, 망자와 산자들은 생전의 기억들을 다시 펼쳐서 정화의 계기로 삼고, 서로 거듭날 수 있는 총체극으로서의 상례를 완성시키게 되는 것이다.

절리의식의 대표적인 거리는 '질닦음굿'이다. 이 거리는 영원에 이르는 길의 메타포로 관념된다. 이미지의 형상적 재현이라는 점에서 '질베'가 일종의 기호로 기능하는 셈이다. 이는 진도씻김굿뿐 만이 아닌 한국 무속 전반에 걸쳐 기호화된 관념적 길의 '아이콘'이다. 이때의 '흰질베'라는 아이콘은 삶과 죽음뿐만이 아니라 있음과 없음을 매개하는 관념으로서의 길을 표상하는 것이며, 참여한 다중의 의식까지 정화하는 기능을 한다. 망자의 천도뿐만 아니라, 상례에 참여한 다중의 욕망이 중층적으로 추동해내는 주체적 정화의식이라고 말할 수 있는 것이다.

망자의 소환이 잘 닦여진 길을 통해 천도하는 것에만 목적이 있는 것으로 보이지 않는다는 점을 들어 이를 설명할 수 있다. 이른바, 안당이나 초혼, 조상굿, 제석굿 등을 통해서 부름받은 영혼들이 가족의 영혼이거나 제석 등의 절대 신격에 해당된다는 점에서 그렇다. 이 영혼들 혹은 신격들은 씻김 때마다 제청 마당으로 내려와 드라마에 참석하기 때문이다. 이들이 제청 공간에 내려와 해야 될 역할들이 있다는 뜻이다. 죽음이라는 큰 사건이 가지는 갈등과 혹은 마을 사람들에 의해서 혹은 친인척에 의해서 만들어진 갈등을 해소

13 오수성, 「씻김굿의 분석심리학적 접근」, 『한국동서정신사회학회지』 1, 1998, 1쪽.

해주는 역할이 바로 그것이다.

물론 조상굿에서의 공수는 70년대 이후 강화된 강신들의 씻김에서 두드러지게 나타난다. 전통적인 당골들이 주재하는 씻김에서는 친인척이나 이웃들이 손대잡이를 통해 신을 영접하고 공수하는 것이 보통이기 때문이다. 어떤 경우건 부름받은 신들과 산자들의 긴장이 고조되는 상황 전개는 동일하다고 할 수 있다. 여기서 갈등이 고조될수록 해소하기 과정의 감격은 커지게 마련이다. 바꾸어 말하면 갈등 만들기의 조건과 효과가 상황의 힘, 특히 반전의 힘에 의해 비례하여 나타난다고 말할 수 있다.

이런 측면에서 보면, 부름받은 신격 중에서 최대의 지분을 가지고 있는 것이 망자일 것이지만, 망자의 영혼이 전권을 쥐고 있는 것으로 보이지는 않는다. 때때로 선조들의 영혼이 망자의 영혼보다 더 중요한 역할을 담당하기도 한다. 엉뚱한 신이 깜짝 출현할 때도 있다.[14] 가족 중의 누군가가 신대를 잡은 경우, 그가 영접한 신을 통해 씻김판을 아예 훼방 놓는 경우도 있다. 이런 경우에는 망자 보내기의 과정 등에서 극적으로 갈등을 해소시켜야 총체극이 완성된다고 할 수 있다. 결국, 음악으로 분류되어 있는 씻김굿은 사실상 음악극을 표방하고 있는 산자와 죽은자들이 벌이는 놀이극이라고 할 수 있는 것이다.

이 선율이 있는 놀이극에서 가장 주목할 것은 거리거리 마다 깜짝 출현하는 마을 사람들, 친인척들, 혹은 조문객들의 장기자랑이다. 이들의 행위가 씻김굿의 풍성함을 돕는 것으로 말해진다. 한편 판 자체를 훼방 놓는 이들의 행위가 바로 갈등 만들기 즉, 드라마 만들기 효과라는 점을 앞서 지적하였다. 다시 말하면 다중의 마을 사람들도 바로 갈등 만들기의 주역으로 나서게 되는 것이다. 이 깜짝 출현자들은 격자상례로서의 씻김의 1차적 해소－'질닦

14 필자가 약 20여년 전 씻김굿 실기를 공부하면서 오산 김보살(진도에서는 이렇게 부른다)을 모시고, 약 1년여 실전에 나다닌 적이 있다. 이 시기에 때때로 엉뚱한 조상신들이 출현하여 마을사람들과 긴장을 유지해야 했던 기억들을 가지고 있다.

음'과 종천 등–를 위해 옛날부터 준비된 가변적 텍스트에 충실한 배역들이라고 할 수 있다. 이들은 때때로 소리-판소리나 유행가-를 하고 싶어 하기도 하고 북을 치고 싶어 하기도 하지만, 씻김굿의 절차가 잘못 되었다느니, 목소리가 예쁘지 않다느니 하는 트집을 잡아 굿판을 훼방 놓기 일쑤다. 물론 이들 중의 거의 대부분은 술이 어느 정도 취했거나 만취한 경우이다. 고서의 기록에 술을 마시고 노래한다는 대목에 유의할 필요를 여기서 느끼게 된다. 술이 매개하는 음악, 연희, 혹은 놀이의 기능성에 대해 추론할 수 있는 단서가 되기 때문이다.

이런 측면에서 씻김판의 드라마적 완성도를 추동해내는 것은 비단 당골의 매개 역할도 중요하지만, 다중이 견인해내는 상황의 힘 또한 중요한 맥락을 가지고 있다고 말할 수 있다. 진도의 당골들이 신을 직접 매개하는 강신이 아니라는 점에서 이 역할은 더 강조될 필요가 있는 셈이다. 마을 사람들은 가끔씩 윷을 두다가 승리하여 제청 안으로 불쑥 들어와 천돈을 내고 춤을 추다가 가기도 하고, 진편에서는 내기할 돈을 제청에 마련된 천돈에서 꿔가기도 한다. 물론 이 빌린 돈을 갚느냐 안 갚느냐는 크게 중요하지 않은 것으로 보인다. 대개 상주들을 상대로 돈을 빌려가는 관행이 있다. 이 또한 돈을 갚아야 한다는 의무는 없는 것으로 보인다. 더군다나 제청은 죽음이라는 사건을 계기로 오랜만에 재회한 친인척들이 세상사 전반에 걸쳐 의견을 나누는 사랑방의 역할을 담당하기도 한다. 이야기하다가 울기도 하고 때때로 일어나 춤을 추기도 한다. 사실상의 다시래기가 연행되는 격자극–총체극 속에서 단위별로 이루어지는 드라마라는 의미에서–의 현장인 셈이다.

여기서 씻김굿이라는 격자극이 내포하고 있는 또 하나의 코드를 해명할 필요가 있다. 이 코드는 전 과정의 이름을 씻김굿이라고 할만큼 씻김거리가 중심이 된다는 측면에서 그 의미가 크다고 말할 수 있다. 본고에서는 우선 영돈말이의 재생코드에 대해서 언급하고자 한다. 영돈말이의 형상은 대개 망자를 형상하는 것으로 해석되어 왔다. 망자의 옷가지를 넣어서 두루마리

한 거적은 신체를, 누룩과 밥그릇, 솥뚜껑은 머리를 상징한다고 알려져 온 것이 그것이다. 그래서 씻김은 망자를 정화하는 의식으로 해석되었다. 따라서 이 과정에서 사용되는 세 가지 물의 기능도 정화수로 해석되었던 것이다. 그러나 다시래기 및 윷놀이를 포함하여 격자극으로서의 의미를 부여하기 위해서는 씻김에 나타나는 여러 이미지들에 대해 재해석의 여지를 남겨둘 필요가 있다. 이 글의 마무리에 주장될 재생코드로 해석해야 할 여지가 있다는 점에서 그렇다.

예를 들어 영돈말이에 사용되는 것 중, 누룩은 술 발효의 대표적인 요소다. 술을 창조해내기 위한 혹은 발효시키기 위한 절대요소임을 주목할 필요가 있다. 왜 하고많은 것 중에 누룩을 신체의 이미지로 사용했을까? 고를 달리하여 주장할 예정이지만 술은 삭힘-혹은 썩힘-을 또 다른 물질을 창조해내는 필수소 중의 하나라는 점에서 주목을 요한다. 그래서 이런 질문이 가능해진다. 왜 사람들은 발효된 술을 마시고 갈등 만들기에 참여했을까? '질닦음굿'의 '흰질베'가 보이지 않는 길을 상징한 것보다는 명료하지는 않지만, 누룩이 가지는 메타포, 그 함의가 있을 것이라는 점이다. 솥뚜겅을 사용해 갓을 형상하는 등 인체를 상징하는 것도 그 본래적 의미가 있을 것이다.

여기서 사용하는 쑥물, 향물, 맑은물에 대해서도 비슷한 질문을 던져볼 수 있다. 예를 들어 쑥은 살균의 특성도 있지만 단군신화에도 등장하는 바, 곰이 사람으로 재생하는 데 필수식물이다. 향 또한 신을 부르는 필수소 중의 하나이다. 맑은 물도 정화의 의미를 가지고 있지만, 동제 등의 용알 뜨기 등에서 보이듯, 재생과 시작의 의미들을 가지고 있는 것이 분명하다. 결국, 씻김굿의 영돈말이에서 세 가지의 물을 사용하는 것은 망자의 못다 푼 이승의 업을 씻는 정화의 의미만 있는 것이 아니라, 망자가 재생하고 환생할 수 있는 기능으로서의 상징이라는 해명이 가능하다는 점에 주목할 필요가 있다.[15]

15 이 물의 사용 순서도 현재는 쑥물, 향물, 맑은물 순으로 되어 있어 정화의 의미가 강조되고 있지만, 오히려 맑은물 향물,

더불어 씻김의례가 배송의례만이 아닌 재생의 의미를 함축한 격자음악극－상례라는 총체극 속에 포함된－이라는 점에서 이 재생코드를 영돈말이 이미지에서 찾아볼 수도 있다. 본고에서 이를 단정적으로 결론지을 수는 없지만, 영돈의 의미를 남근 메타포로 해석할 수 있는 여지를 남겨두고자 하는 이유가 여기에 있다. 재생으로서의 상징이라는 측면에서 보면 인체의 형상만으로 해석할 수 없는 요소들을 내포하고 있다고 볼 수 있다는 뜻이다.[16]

그럼에도 불구하고 씻김굿 자체가 천도의 목적을 중심으로 하고 있다는 점에서 다시래기나 윷놀이에 비하면 재생코드는 매우 약화되어 나타나는 것이 사실이다. 살펴본 바와 같이 씻김거리의 영돈말이의 경우에도 이 재생코드는 매우 은닉되어 나타나기 때문이다. 물론 이러한 동일 행위양식에 대해서 해석을 달리할 수도 있으나, 상례라는 총체극 속에서 기능하는 격자극의 의미를 해명한다는 점에서 특히 총체극을 재생코드로 해명한다는 측면에서 보면, 이런 의미를 부여할 수 있다고 생각한다. 이를 전제로 말하면 영돈말이 등의 행위양식들은 연희와 음악으로 표상되기 때문에, 그것이 재생의 코드인지 그 숨은 의미들을 인식하지 못할 수도 있다는 것이다.

이상을 종합해 보면, 씻김굿에서의 청신→오신→송신의 과정 또한 형식은 다를지라도 총체극이라는 삼단 구성에서 크게 벗어나는 것은 아니라고 생각한다. 청신은 망자 혹은 관련 신들을 소환하여 드라마를 만들어내야 하므로 갈등 만들기에 해당된다 할 것이다. 오신은 여러 가지 연희, 유희들을 통해 망자를 위로하는 달래기 절차들이 마련된다. 송신의 해소하기에서는

쑥물의 순서로 영돈말이를 씻겼던 것은 아닌지 고찰해볼 필요가 있다. 본고에서 이를 드러내어 주장하지는 못하지만, 시신을 정화하고 혼을 불러내어 다시 재생시킨다는 의미에서 해석의 여지를 남겨두고자 한다. 즉, 왜 망자의 시신을 혹은 영혼을 정화시키느냐는 본질적 질문에 상례라는 총체극으로서의 의미를 전제로 해명할 수 있어야 한다는 뜻이다. 이를 단적으로 말하면 정화는 재생을 위한 것이라는 뜻이다.

16 즉, 영돈말이는 인체의 형상을 한 남근 메타포일 가능성이 농후하다고 본다. 마을입구의 입석이 사실상 남근 모티프에서 탄생한 형체라는 점을 전제한다면 이 주장이 설득력을 더 가질 수 있다고 생각한다. 곧 영돈말이는 남근의 형상을 체현한 것이고 이것은 망자의 재생을 염원하는 남근 메타포라고 부를 수 있다는 것이다. 총체극 속에서 일어나는 다시래기의 재생코드나 성적 유희가 상징하는 바들을 굳이 열거하지 않아도, 그 이미지만으로도 남근을 표상할 수 있기 때문이다. 확대하여 말하면 삶을 陽이라고 하고 죽음을 陰이라고 했을 때, 음에 대한 비보적 대응물로서 양으로서의 남근을 설정한 것이고 이에 대한 다중적 의례－마을 사람들이 총체적으로 참여한다는 뜻에서－망자의 재생을 염원하게 된다고 볼 수 있다.

달래어진 망자를 혹은 관련 신들을 천상으로 혹은 자연으로 회귀시키는, 바꾸어 말해 다른 무엇으로 재생시키는 절차에 해당한다고 할 수 있다.

2) 다시래기의 경우

다시래기는 흔히 장례놀이로 소개되거나 알려져 있는데, 이때의 장례놀이는 격자놀이가 아닌, 총체극의 범주에서 연행되는 개념으로 해석되어야 한다. 다시래기 뿐만이 아닌 망자 보내기 절차 즉 만가와 매장지에서 이뤄지는 일련의 반의례적 놀이들이 포함된 개념이기 때문이다. 따라서 이 장에서 논의할 다시래기는 격자극으로서의 씻김굿처럼 격자형식을 전제해야 하기 때문에 출상 전날 밤에 이루어지는 협의의 장례놀이로 제한시킬 필요가 있다. 물론 전문가들에 의해 연행되는 형식을 갖춘 다시래기와 마을사람들에 의해 임시적이고 돌발적으로 이루어지는 무형식의 다시래기를 상정한다는 점에서는 구분이 필요하다. 특히 만가와 매장지의 놀이들을 포함하는 개념으로도 사용할 수 있다는 점에서 층위별 및 총체적 의미 포착이 요구된다 하겠다.

다시래기는 주지하다시피 다시나기[再生], 多侍樂[같이 즐긴다], 待時來技[망자가 떠나는 시간을 기다린다] 등의 의미를 가지고 있는 밤샘놀이 중의 하나이다. 진도에는 현재 문화재로 지정되어 있는 종목이 존재하며, 이외에 김양은이라는 사람이 전해 준 다시래기본이 의신면 허옥인과 그 이웃들에게 전한다.[17] 문화재 지정본이나 김양은본을 본고에서 굳이 리뷰할 필요는 없다. 전술하였듯이, 매우 도발적인, 그래서 반의례성을 지니고 있는 장례극이라는 점에서 많은 학자들에 의해 거론된 바 있기 때문이다. 그럼에도 불구하고 일련의 시나리오를 갖고 있는, 그래서 서사적 구성을 가지고 있는 다시래기는 진도지역의 다시래기를 온전하게 해명하지 못한다는 점에서 제약을 가지고

17 이경엽, 「진도다시래기 연희본의 비교연구」, 『공연문화연구』 11집, 공연문화학회, 2005.

있다. 이것은 혹자의 지적처럼 수많은 즉흥적인 다시래기 버전 중의 한편이 힘 있는 지식인들에게 우연하게 선택되어 문화재라는 이름을 뒤집어쓴 것일 뿐이기 때문이다. 바꾸어 말하면 〈○○본〉이라는 해명에서도 역설적으로 드러나듯이, 다른 수많은 〈본〉들이 존재할 가능성을 말해준다는 점에 주목할 필요가 있다는 뜻이다.[18]

연행본으로서의 다시래기가 독자적으로 상가에서 연행된 사례는 매우 소수에 불과하다. 그나마도 경제적 여유가 있는 집에서 놀이꾼들을 초청해서 놀았다는 것이 후대사람들의 증언이고 보면 그 빈도를 충분히 짐작할 수 있겠다. 씻김굿이 도부제에 의해 상시 연행되었다는 점과는 비교되는 대목이다. 어쨌든 출상 전날 벌어지는 이런 형식의 놀이는 전국적인 분포를 보이고 있을 뿐만 아니라, 세계적 분포를 가지고 있는 것으로도 알려져 있다. 대개 이 놀이는 상주를 웃겨야 한다는 논리로 설명되곤 하는데, 임재해가 보고했던 충청도와 경상도의 사례들, 혹은 인류학자들이 보고했던 세계적인 사례들에서도 공통적으로 나타나는 현상들이다. '생여도듬(황해도)', '손모듬(강원도)', '걸걸이(경기도)', '잿떨이 혹은 댓떨이(충북)', '상여흘르기(충남)', '대돋음 혹은 빈상여놀이(경북)'[19] 완도의 밤샘[20] 혹은 신안의 '밤다래'를 포함하여 대표적으로 거론되는 진도의 다시래기가 그것이다.

여기서 통상 다시래기를 소수의 전문가들이 행했던 사례에 한정해 말해야 하는가의 문제가 제기될 수 있다. 진도 상가에서의 일상적인 다시래기를 어떻게 해명할 수 있는가의 문제인 셈이다. 이는 앞서도 말했듯이 대부분의 상

18 솔직히 필자는 유년시절부터 30여년이 넘는 진도생활 동안 서사적으로 완성된 그래서 2시간짜리 등으로 공연되는 다시래기판을 실제 상가에서는 한 번도 구경해본 적이 없다. 그러나 '밤샘한다' 혹은 '철야한다' 등으로 불리는 놀이판으로서의 다시래기는 한 번도 보지 않은 적이 없다.

19 이 놀이는 장례놀이라는 이름으로 보고된 바 있는데, 임재해의 작업이 그 중 대표적이라 할 수 있다. 임재해, 『장례놀이』, 문화재관리국 문화재연구소, 1994; 임재해, 「장례관련 놀이의 반의례적 성격과 성의 생명상징」, 민속학회편, 『민속놀이와 민중의식』, 집문당, 1996, 109~159쪽; 임재해, 「민간의 상장례 풍속과 놀이문화」, 『한국종교의 생사관과 상장례법』, 제2회 불교어산작법학교 심포지엄 자료집, 1999, 17~41쪽; 전경수, 「사자를 위한 의례적 윤간 : 추자도의 산다위」, 한국문화인류학회 편, 『한국문화인류학』 제24집, 교문사, 1992, 301~322쪽.

20 허경회 · 나승만, 「완도지역 민요와 설화」, 『도서문화』, 도서문화연구소, 1992.

가에서 씻김굿이 연행되었다는 점과 상관하여 설명 가능하다. 씻김굿 속에서 일어나는 격자 다시래기를 연상할 수 있을 것이기 때문이다. 이는 씻김굿 속에서 훼방하기 혹은 장기자랑 등을 통하여 갈등 만들기에 나선 배역들이 행한 연희를 말한다. 판이 시원치 않으면 상주들이 일어나 판을 리드하기도 한다. 이때 상주들이 마을 사람들에게 술을 권해 흥을 일으킨다든지, 천돈을 내놓아 흥을 북돋는 것도 일종의 전략이다. 즉, 상주들은 제청에서의 밤샘활동이, 가능하면 많은 사람들에 의해 풍성해지기를 원하는 것이다. 그러나 여전히 씻김굿을 포함하는 격자다시래기 만으로는 진도의 다시래기를 온전하게 설명하기 곤란하다.

그렇다면 다시래기를 하는 혹은 노는 사람들이 전문인인가 마을 사람들인가에 따라서 이 해명이 의미를 가질 수 있지 않을까? 예를 들어 현재도 지산면 인지리 사람들이나 소포리 사람들, 혹은 의신면 돈지리 사람들은 다시래기를 본인들이 했다고 주장한다. 이를 바꾸어 보면 〈인지리본〉, 〈소포리본〉, 〈돈지리본〉 등 수많은 이본들이 존재하는 셈이다. 여기서 〈문화재본〉 혹은 〈김양은본〉과 〈인지리본〉, 〈소포리본〉 등이 가지고 있는 변별성은 무엇일까? 그것은 아마도 마을 단위를 넘어 불려 다니는 전문가들에 의해 연행되었던 판본들과 마을 사람들이 씻김굿 속에서, 혹은 자체적으로 연행하였던 판본의 차이일 것으로 이해된다. 즉, 마을을 넘어서는 전문가들에 의해 연행된 다시래기를 협의의 다시래기로, 씻김굿 등을 포함하여 마을 사람들에 의해 서사적 구성없이 즉흥적으로 행하는 다시래기를 광의의 다시래기로 정리해 볼 수 있다는 뜻이다. 물론 지금 시점에서 전자가 다시래기로 불리고, 후자가 밤샘으로 불렸다고 할지라도, 이들을 아우르는 개념으로 다시래기라는 용어를 사용할 수 있다고 생각한다. 양자 모두 재생의 코드를 가진 연희놀이라는 점에서 그렇다.

이를 확대해석하면, 씻김굿은 물론 상례 전반을 포함한 총체극으로서의 개념으로 다시래기를 이해하게 된다. 씻김굿의 영돈말이를 굳이 재생코드로 해명하고자 했던 것도 이와 관련된다. 출산으로 대표되는 재생코드는 사실, 망자 보내기 절차에서도 이루어진다. 전경수가 보고했던 추자도의 산다이는 그 대표적인 경우에 해당된다. 즉, 총체극으로서의 상례를 관통하는 코드는 재생에 있는 것이고, 그것을 극적으로 형상화 한 격자놀이가 다시래기라고 할 수 있다는 뜻이다.

연행의 내용에는 어떤 경우일지라도 곱사놀이, 노래자랑, 장기자랑, 특히 상주 놀려주거나 웃겨주기 등의 행위들이 포함되어 있다. 물론 상황에 따라 전혀 기획되지 않은 돌출 상황들이 연출되기 때문에, 씻김굿에서와 마찬가지로 갈등 만들기의 상황의 힘은 여전히 가동되는 셈이다. 따라서 다시래기의 전형적인 구조로 알려져 있는 출산 장면은 들어갈 수도 있고 들어가지 않을 수도 있다. 출산 장면이 들어가 있지 않다고 해서, 다시래기의 재생코드가 존재하지 않는다고 말하기는 어렵다. 노래하고 춤추고 때때로 싸움하는 갈등 만들기와 해소하기를 통해 망자의 재생을 소망하는 절차가 여전히 진행되고 있기 때문이다.

다른 지역에서도 보고된 바 있지만 진도의 경우 이 놀이들의 공통사항은 수용하기 어려울 만큼 반의례적이고 혹은 도발적인 놀이들이 상가를 중심으로 이루어진다고 하는 데 있다. 김열규는 이 난장판을 엎치락뒤치락 효과라고 소개하기도 한다. 카니발만이 혹은 축제만이 '뒤집어엎기'를 연행하는 것이 아니라는 것이다. 이 효과의 격렬한 흔들림이 살아있는 자들끼리의, 그리고 산 자와 죽은 자 사이의 감정을 체질하면서 정화한다는 것이다.[21] 즉, 다시래기 뿐만이 아닌 총체극으로서의 갈등 만들기는 이런 도발적 연희들을 통해서 제기되고 그것이 해소되는 단계로 나아가게 되는 것이다.

다시래기를 통해서 등장하는 익살, 그리고 상주를 못살게 구는 것처럼 보이는 뒤집어엎기 행위는 사실 마을사람들이 오랜 세월 동안 합의해 온 '극적구

21 김열규, 『메멘토 모리, 죽음을 기억하라』, 궁리, 2001, 187쪽.

조'에 다름 아니다. 진도지역에서는 상주가 직접 나서서 이 행위에 가담하기도 한다는 점은 씻김굿 장에서 소개한 바와 같다. 앞서 예로 든 이 장치된 드라마에 등장하는 배우는 참여자 모두이며, 등장 시기나 횟수는 순전히 상황의 힘에 달려있다고 할 수 있다. 흥미로운 것은 이 극적 장치를 도약적으로 매개하는 요소는 씻김굿에서와 마찬가지로 음주임에 틀림없다는 사실이다. 만취한 사람일수록 강한 갈등 만들기를 시도하게 되기 때문이다. 씻김굿의 장에서도 언급하였지만, 축제판에서와 마찬가지로 총체극으로서의 상례판에서 술이 중요한 구실을 하는 것은 단지 전복의 매개라는 이상의 의미를 가지고 있다고 생각한다. 그것은 '난장'이 재생의 기회를 창출해낸다는 맥락과 연결하여 추론해볼 수 있다. 다시 말해 술이라는 것은, 갈등 만들기는 물론 해소하기 과정까지 매개하는 정화와 재생의 매개물로 기능하고 있다는 것이다.

임재해가 인용한 마다가스카르 종족집단의 바라족 관행을 보면, 매장 전야의 축제 동안에 남녀 간의 엄격한 성 분리가 무너져버리는 광경이 나온다. 밤이 되면 처녀들은 집안에서 마당에 나와 주검을 지키고 있는 청년들과 어울리는 데 이때는 술과 음식이 제공되고 악대들이 동원되며, 이날 밤에는 여러 형태로 법석을 떠는 잔치판을 다양하게 만들어 낸다. 결국 이러한 축제는 남성과 여성들 사이를 매우 가깝게 하여 거의 성적관계까지 표출하게 된다는 것이다.[22] 다시래기의 성적 유희 장면이나 출생의 장면 등도 유사하게 해석된다. 재생코드가 관통하는 장례놀이의 전형적인 사례라고 할 수 있는 장면들이다.

따라서 다시래기는 예를 들어 봉사역이나 곱사역을 맡은 사람들, 아니면 도깨비굿을 맡은 사람들의 극적 행위는 즉, 연희자에게 투사시킨 재생에 대한 욕망 행위라고 할 수 있다. 이들의 연희는 희화적이어서 폭소를 자아내지

22 임재해, 「한국의 장례놀이에 나타난 죽음과 삶의 형상」, 『동아시아 기층문화에 나타난 죽음과 삶』, 민속원, 2001, 65쪽; Richard Huntington & Peter Metcalf, *Celebrations of Death*, Cambridge University Press, 1979, 103쪽을 인용.

만, 그 안에는 재생에 대한 마을사람들의 욕망이 투사되어 있다고 볼 수 있는 것이다. 그것은 비단 망자의 재생에 제한되지 않는 것으로 보인다. 정화와 재생의 당사자는 망자와 참여자들을 두루 포용하고 있으며, 그것을 가능하게 하는 것이 술이라고 할 수 있다. 마치 마을축제에서 마을 신격을 위해 하는 봉헌이 마을 사람들 자신을 위한 것인 양상과 같다. 따라서 협의의 다시래기든 광의의 다시래기든 다중에 의해 연희되는 이 다시래기야말로 재생의 욕망이 공유되어 총체극으로 구현되는 축제의 현장인 셈이다.

3) 윷놀이의 경우

상가에서 씻김굿과 다시래기만 연행되는 것이 아니다. 바로 윷판이 필수적으로 벌어지기 때문이다. 그러나 진도지역의 윷놀이가 상례와 관련되어 있다는 부분에 대해서 특별하게 규명된 적이 없는 것으로 알고 있다. 노래와 춤, 혹은 연희 등에 초점이 있었기 때문일 것이다. 이 또한 상례를 총체극으로 보지 않고 종목화하여 보고자 했던 그간의 요소주의적 관행이 빚어낸 결과일 것이다. 그러나 이제는 윷놀이까지를 포함한 상례의 놀이형식이 진도의 상례풍속으로 재해석될 필요가 있으며, 그 의미들을 찾아 문제 삼을 필요가 있다. 왜냐하면 그 시기는 불분명하지만, 아주 오래 전부터 상가에서 윷놀이하는 것이 관례화되어 있었기 때문이다.[23] 씻김굿이 거의 없어져버리고 협의의 다시래기가 자취를 감추어버린 지금도 이 관행은 변함없이 지켜지고 있다. 사람들은 상가에서의 윷판을 흔히 도박윷의 기능으로 해석한다. 그러나 도박윷으로 해명하지 못하는 그 무엇이 있다. 눈이 펄펄 오는 겨울에도 마당 한 켠을 차지하는 윷판은 벌어진다. 심지어 병원 영안실에서도 귀퉁이 한곳을 할애해 윷판을 벌이는 것이 진도 상가의 모습이다.[24]

23 필자의 유년시절부터 지금까지 진도의 喪家에서 윷판을 보지 않은 기억은 나지 않는다.

이것은 분명 상가喪家와 윷놀이가 연관을 갖고 있음을 보여주는 것으로 해석할 수 있다. 현상적으로는 분명한 관련성이 있다는 뜻이다. 물론 망자를 위하여 윷놀이를 한다고 말하는 이는 없다. 그럼에도 불구하고 유독 상가에서 윷놀이가 필수적으로 행해지는 이유에 대해 특별한 해석을 하는 이도 없다. 사람들이 모였으니, 소일거리로 윷놀이를 한다는 지극히 평범한 해석을 할 뿐이다. 그렇다면 하고많은 놀이 중에 왜 윷놀이를 상가의 놀이로 선택하였으며, 만약 우연하게 선택된 놀이라고 할지라도, 윷놀이가 가진 어떤 매력 혹은 메커니즘이 상가의 놀이로 채택될 만큼의 구조를 가지고 있느냐 하는 것이 의문이다. 현상을 가지고 분석하는 것이 연구자들의 몫이라는 점에서, 이 현상에 대해 해명해야 할 의무는 주어진 셈이다.

윷놀이가 언제부터 진도지역의 상례에 필수적인 놀이로 정착되었는지에 대해서는 알려진 바 없다. 그러나 정초에 윷놀이를 했다는 옛 기록 및 세시절기와 우주 순환의 원리를 윷놀이를 통해서 기억하고자 했다는 연구사례들을 전제할 때, 윷놀이가 순환놀이 혹은 재생놀이로서의 기능을 상가에서 발휘하고 있다는 추론은 가능하다고 생각한다. 문제는 이를 어떻게 증명하는가에 달려있다고 하겠다. 더 많은 고증을 통해서 이 문제제기가 일부 수정되기는 하겠지만, 윷판 자체를 해명하지 않을 수는 없기 때문이다. 볏짚이나 음식을 부조하거나, 새끼를 꼬는 일 등으로 분주했던 시기를 넘어, 상두꾼들이 할 일이 없어진 근대에 이르러 생겨난 현상이 아닌가 생각될 수도 있다. 그러나 총체극으로서의 상례가 축제였다는 점을 전제한다면, 그리고 축제의 제 기능이 갈등 만들기와 해소하기의 등의 겨루기 메커니즘이 가동되지 않고는 상가의 의례 자체가 어렵다는 점에서는 이런 해석으로 만족하기는 어

24 본고의 익명의 심사자의 제언에 의하면, 진도뿐만이 아니라 거의 전국적으로 상가판에서 윷놀이가 벌어진다고 한다. 특히 현대에 이르러 이것이 화투판으로 변화되었음도 주목할 만한 사실이다. 다만 익명이 심사자의 견해와 다르게 필자는 실상이 둘이 유사한 메커니즘으로 연행된다고 보는데, 윷놀이와 화투판이 어떻게 대응하는가의 문제는 고를 달리해서 고찰할 예정이다.

려워 보인다.

진도에서는 아이들 손가락 매듭만한 윷가락을 네 개 만들어 종지기에 넣어서 흔들어 던진다. 그래서 흔히 '종지기윷'이라고 말한다. 옛 문헌들에 비추어 보면 밤윷에 가까운 편이다. 『경도잡지京都雜誌』에는 네 짝 나무로 된 윷의 길이가 세치쯤 되고, 작은 것은 콩 반쪽만 하다고 하였다, 『동국세시기東國歲時記』에도 네 짝 나무로 된 사의 길이가 세치쯤 되고 작은 것은 콩 반쪽만 하다고 하였으며, 사희柶戱는 저포樗蒲종류로 보는 것이 마땅하다고 하였다. 이는 모두 나무로 만든 가락윷과 좀윷(밤윷)을 말한 것이다. 이후 여러 과정을 거쳐 가락윷으로 대형화되면서 그 멋과 맛이 더하여 국속國俗으로 된 것이지만, 고유의 놀이라고는 할 수 없다고[25] 하였다. 특히 서울윷이라고 부르는 가락윷은 그 길이가 장작만 하다 하여 장작윷이라고도 부르는데, 진도지역에서는 그런 윷이 발견된 적이 없다.

윷놀이가 전해지거나 행해진 시기와 관련해서도 인용할 자료가 있다. 조선왕조시대에 상층계급은 윷과 같은 것은 저속한 오락이고 잡기라고 보고 자녀들의 윷놀이를 금하였으며, 그 대신 정경도 놀이를 만들어 행하게 하였다고 한[26] 기록이 그것이다. 다시 말하면 이미 그 이전의 민간에서는 전술한 바의 좀윷이 성행하고 있었다는 뜻이 되기 때문이다. 이 기록을 근거로 하면, 진도지역에도 이미 오래 전부터 좀윷놀이가 성행하고 있었다고 추정해 볼 수 있다.

25 『北史』와 『太平御覽』에는 백제에 樗蒲(저포), 握槊(雙六) 등의 잡희가 있다고 하였다. 여기서의 樗蒲는 윷을 말하며 백제와 동시대인 고구려와 신라에도 있었을 것이니, 윷의 기원은 우리나라 삼국시대 이전일 것임을 알 수 있다. 이외 『訓蒙字會』나 『芝峯類設』에서도 樗蒲를 윷으로 주해한 사례들을 찾아볼 수 있다. 주영편에는 네 가락으로 만든 사의 모양을 설명하기를, 손가락 크기만 한 껍질이 붙은 나무를 반으로 쪼개서, 길이를 두어 치로 하고 등은 둥글 높고 배는 편편하게 만든다 하였다. 가락윷의 형태를 비교적 자세하게 쓴 셈이다. 재물보에는 나무를 잘라서 등을 둥글게 하고 배를 편편하게 하여 밤톨만하게 만든 것을 한자음대로 늪(률.栗)이라 하고, 四木을 던져서 노는 것을 柶라고 하고 훈음은 윳(윷의 옛말)이라 한다 하였다. 윷가락을 4개를 쓰는 樗蒲 또는 윷(柶)이라는 것은 중국을 통하여 들어왔고, 다시 일본으로 퍼진 것이라 하였으며, 윷놀이(柶戱)가 현재로는 이웃나라는 모두 없어졌고 우리나라만이 농촌으로까지 침투되어 國民性에 적합한 놀이로 토착화되고 전승하여 온 것으로, 이것이 가락윷으로 대형화되면서 그 멋과 맛이 더하여 國俗으로 된 것이지만, 고유의 놀이라고는 할 수 없다.
이일영, 「윷(柶戱)의 유래와 명칭 등에 관한 고찰」, 『한국학보』 (2), 일지사, 1976, 150쪽.

26 李懩洙, 「擲柶(윷)에 관한 연구 - 易學과 "四"의 의미」, 『문화사학』 11, 12, 13호, 한국문화사학회, 1999, 906쪽.

그런데, 여러 문헌들에 나타난 바 밤윷(혹은 좀윷)은 정초에 신수점을 치는데 사용했다고 한다. 따라서 어느 시기엔가, 가락윷으로 변화하고, 점치는 주술행위가 겨루기라는 놀이로 변화된 형태로 이해할 수 있다. 한자와 동양철학의 영향을 받아 사목을 네 개에서 다섯 개로 수를 늘려 향면向面에 금, 목, 수, 화, 토의 오행으로 표기하여 윷을 던져 길흉의 점복을 치는 산算대 역할을 하게 되었다는 주장도 있다. 이는 마치 주사위 같은 역할을 하는 것으로 사목柶木을 콩만 하게 만들어 종지에 넣고 흔드는 방법으로까지 번지게 되었다는 것이다.[27] 그런데 언제 무슨 이유로 이를 콩 만하게 만들고 이것이 지역으로까지 전파되었는지에 대해서는 알려진 바가 없다. 콩만 하게 만든 윷은 그 크기가 작다는 점에서 진도의 종지기 윷과 닮아 보인다.

그러나 진도지역에서 정초에 윷을 두어 신수점을 치는 사례는 크게 보고된 바가 없다. 설령 있다고 하더라도 소수의 권력층에 한정되었을 가능성이 높다. 결국 진도의 윷의 형태는 고문헌 속의 밤윷 혹은 좀윷에 가까운 것으로 추정할 수 있다. 만약 이것이 문헌의 기록처럼 주술용으로 사용되었을 개연성이 있다면, 정초가 아닌 어떤 시기였을 것인가가 의문이다. 따라서 현재 종지기윷의 유형적 실례로 거론할 수 있는 것은 진도지역 상가喪家의 윷놀이를 거론할 수밖에 없다. 그럼에도 불구하고 정작 상가喪家에서 윷놀이를 했다는 문헌이나 기록은 찾기 쉽지 않다.

다만, 안동을 중심으로 경북지역과 관련된 필사본 중에서 이와 유사한 자료가 있기 때문에 인용해보겠다. 「종진척ᄉᆞ가」가 그것인데,[28] 이는 상가에서

27 李懹洙, 「擲柶(윷)에 관한 연구－易學과 "四"의 의미」, 『문화사학』 11, 12, 13호, 한국문화사학회, 1999, 904쪽.

28 종친척ᄉᆞ가
…(전략)
훌륭민첩 유곡권실 ᄉᆡ외조모 출상잇서
머나먼 산천길을 가마로 나려와서
실셩대곡 고ᄒᆞ여도 한말삼 아람업네
인ᄉᆡᆼ일쟝 츈몽이라 망극ᄒᆞᆷ을 뒤로두고
심란을 푸러보세
우리종회 이노름은 조샹님네 음덕으로
쥬션ᄒᆞᆷ은 유곡권실 쟝ᄒᆞ기도 쟝ᄒᆞᆯ시고

윷판이 벌어졌음을 노래하는 것으로 주목을 요한다. 윷놀이 가사에 대해서 논문을 쓴 권영철이 1971년 7월에 안동군 풍산면 저동苧洞 선성宣城 이준영 씨 댁에서 구한 것인데, 필사자는 그 댁 자부인 금계댁이라고 한다. 본래 이 노래는 박경노라는 부인이 70고개를 넘어서, 경술년(1910) 정월 26일에 경북 예천군 용궁면 금당리 친정에 돌아와서 윷놀이를 하면서 지은 것이라고 한다.[29] 시기적으로도 그렇고 지역적으로도 진도지역에 직접 대입하는 것은 무리가 있어 보이지만, 시외조모 출상에 망극함을 뒤로하고 윷놀이를 한다는 내용이라는 점에서 상가의 윷판과 비교해볼 만하다. 또한 갈등 만들기라는 총체극의 맥락에서 윷놀이가 가진 다툼의 맥락을 드러냈다는 점에서도 주목하고 싶다.[30]

그러나 무엇보다 윷판의 의미는 재생놀이라는 맥락에서 주목을 요한다.[31] 정초의 윷점은 전술한 바와 같은데, 여기서 29밭을 가진 원형도를 사용했다는 점에 주목할 필요가 있다. 이는 청동기 이전부터 고인돌이나 암각화에 나타나는 문양과 유사하기 때문이다. 이하우, 김일권, 송화섭[32] 등에 의하면 이

…(중략)…
지모실간 최실이는 모친출상 지나고셔
망극ᄒᆞᆷ은 간ᄃᆡ업고 모야뙤야 부르면서
뛰고절고 ᄒᆞ는모양 우숨기도 그지업네
…(중략)…
우리종친 이노름에 풍산손님 내압댁은
눌목사장 즁상이래 제사보러 오셧다가
이노름에 참셕ᄒᆞ여 형제간에 윳말다툼
고이ᄒᆞ고 우숨고나
…(중략)…
일배일배 져문날의 등화쌍촉 발켜녹코
청츈가락 불너가며 긴노래 놉흔노래
산천을 진동ᄒᆞ고 장구노래 요란ᄒᆞ다
어와 벗님네야 무정ᄒᆞᆫ게 세월이라
아니놀지 못ᄒᆞ리라

권영철, 「윷놀이 가사에 대하여」, 『여성문제연구』, 1976, 36~37쪽.

29 권영철, 「윷놀이 가사에 대하여」, 『여성문제연구』, 대구효성카톨릭대학교 사회과학연구소, 1976, 35쪽.

30 이것을 노래라고 생각할 때, 엽전을 가지고 노는 진도 살랭이놀이를 생각해볼 수도 있다. 그러나 엽전과 윷을 비교하지 못한다는 점에서 친연성은 떨어진다.

31 京都雜誌에 보면, 윷놀이할 때는 2인이 대국하여 각각 4馬를 가지고 29밭(圈)이 있는 윷판을 쓰는데, 말길은 원근과 지속의 방법으로 승부를 가리는 것이며, 정초에 성행한다고 하였다. 또 윷으로 새해의 신수점을 보는 64궤의 궤사가 적혀있기도 하다.

32 김일권, 「한국 윷판형 암각화의 문화성과 상징성」, 『학예연구』 2호, 국민대 박물관, 2003; 김일권, 「국내성에서 발견된 고구려 윷놀이판과 그 천문우주론적 상징성」, 『고구려연구』 15집, 고구려연구회, 2003; 김일권, 「고대우주론 모식으로서 한

러한 윷판도는 북두칠성의 4계와 관련이 있고, 이는 이미 청동기 시기 이전부터 고인돌과 바위그림 등에 새겨져 있었다고 보고한 바 있다. 물론 바위그림에 관해서는 별자리를 도안화한 것이라는 설(28수설), 북두칠성의 운행을 나타낸 것이라는 설, 태양의 상징이라는 설, 원형도형, 십자선도형, 하늘에서 내린 천서라는 설 등이 있지만, 대체로 북극성을 중심으로 북두칠성이 돌아가는 형태를 중심으로 도식한 바 있다. 오늘날 전승되는 윷놀이 방식이나 말 가는 방법도 북두칠성이 북극성을 축으로 반시계 방향으로 돌아간다는 점에서 유사하다는 주장이다. 즉, 윷판과 윷은 천지리수天地理數를 체득하여 만든 것이라는[33] 것이다.

결국, 정월 윷놀이가 가진 성격들을 전제한다면 초상初喪에서의 윷놀이도 이른바 윷점의 의미를 함의하고 있다고 말할 수 있다. 다만, 주술성이 은닉되어 사람들이 인식하지 못하고 있을 뿐이라는 뜻이다. 그런데 죽음이 칠성신앙과 연관된다는 점, 망자의 시신을 칠성판에 뉘인다는 점 등을 고려한다면 이 친연성은 더욱 높아진다. 망자가 사실상 칠성판을 통해 북망산천으로 회귀, 혹은 재생한다는 점에 착안한다면, 상가喪家에서의 윷놀이가 가진 의미를 해명할 단서를 가지게 된다고 할 수 있다. 놀이화된 윷점을 통해서 사실상 망자는 북두칠성이라고 하는 천상으로의 회귀를 담보 받게 되기 때문이다. 따라서 상가喪家에서 행해지는 윷놀이는 칠성판놀이라고 할 수 있으며, 이는 우주 삼라만상의 순환과 회귀를 무의식적으로 욕망하는 놀이방식이라고 부를 수 있다.[34] 그러나 현재는 아무런 관념 없이 그저 밤샘해야 한다는

국 윷판도형의 구조적 이해」, 『한국의 윷판형 암각화』, 한국암각화학회 춘계학술대회 발표문, 2003; 이하우, 「한국 윷판형 바위그림 연구 – 방위각을 중심으로 – 」, 『한국암각화연구』 제5집, 한국암각화학회, 2004; 송화섭, 「한국의 윷판암가화와 불교신앙」, 『한국암각화연구』 제5집, 한국암각화학회, 2004.

33 24계절이 四時로 周行하여 二分에 이름은 房星의 正中이며, 윷가치의 背面이 둥근 것은 하늘을, 腹面이 方形인 것은 또한 땅을 상징하는 것이니, 四를 행함은 땅의 수이고 五를 행함은 天數를 일컫는다고 말해진다. 이 四와 五가 상승하여 五行이 행해지고 四時가 이룩되는 것이며 行馬가 직행하는 모양은 땅의 體라는 것이다. 이것을 행함에는 四란 數로 하는 것은 陰의 用인고로, 一陰一陽은 天道이며, 윷판과 윷은 天地理數를 체득하여 만든 것이다.
권영철, 「윷놀이 가사에 대하여」, 『여성문제연구』, 대구효성카톨릭대학교 사회과학연구소, 1976, 15쪽.

34 본고의 익명의 심사자는 윷놀이를 칠성판놀이로 해석하는 것은 지나친 비약이라고 하였다. 그러나 상가윷놀이의 의미를 해석하는 한 방편으로 이 주장이 제기될 수 있다는 점에서, 이 주장을 거두어들이지 않기로 하며, 차후 고를 달리하여 세밀

생각으로 하고 있을 뿐이기에 이 의미들이 드러나지 않을 뿐이라고 말할 수 있다는 것이다. 특히 진도사람들은 상가에서 밤샘을 해야 한다고 생각하며, 밤샘을 할 때는 반드시 윷놀이를 해야 한다고 생각한다는 점에 주목할 필요가 있다. 다시 말해 윷놀이가 재생코드로 관통되는 것은, 우주질서와 삶의 질서를 놀이로 매개하는 행위라는 점에 있다. 죽음이라는 손실이 우주질서로 편입됨으로써 일방적 상실이 아닌, 순환되어 돌아올 재생의 코드로 인식한다는 것이다.

또한 앞서 예로 들었지만, 윷판과 씻김굿판은 매우 밀접한 관련이 있는 것으로 보인다. 윷꾼들이 -도박윷을 하는 이들을 제외하면-수시로 제청을 드나들며, 이른바 갈등 만들기에 참여하기 때문이다. 때때로 이들은 윷판에서 거둔 돈을 씻김굿의 악사들에게 이른바 팁으로 주기도 하고, 제청이나 상주에게 돈을 꿔가기도 한다는 현상은 전술한 바와 같다. 심지어 씻김굿을 담당하는 악사들마저도 한 거리를 빼고 윷판에 직접 참여했다가 오거나, 이른바 '찔림'을[35] 통해 긴밀한 관계를 유지한다. 이 친연성은 윷을 다루는 기술과 씻김굿 음악을 다루는 기술과도 연결될 수 있다. 노래도 가락이라고 하고, 숟가락이나 젓가락도 가락이라고 한다.[36] 이 모두 갈래라는 뜻에서 비롯된 것이지만, 윷가락이라고 하는 것은 숟가락, 젓가락 등과 마찬가지 개념으로, 숟가락 사柶자를 윷柶라고 하는 맥락과 같다. 이 갈래를 잘 섞는 기술이 상가의 마당에서 공유되었을 가능성이 있다는 것이다.

예를 들어 종지기윷은 종지기 속에서 윷가락을 잘 섞는 기술에 따라 모도 나오고 도도 나다. 그래서 종지기를 흔들어 윷가락을 만들려는 낌새가 보이면, "탕"이라고 해서, 덕석(멍석) 바닥에 종지기를 한 번 치도록 요구한다. 왜

한 해명을 시도하기로 한다.

35 "찔림"은 윷을 직접 던지는 사람 외에 수십명씩 편을 갈라 돈을 거는 것을 말한다. 이렇게 모인 돈이 많아지면 도박윷으로 발전하게 된다.

36 "노래 한 가락 뽑아보라"고 얘기하는 것이 그것이다. 산다이를 할 때는 젓가락으로 상판을 두드려가면서 장단을 맞추고 노래를 부른다.

냐하면 웬만한 기술자라면, 거의 던지고자 하는 윷을 만들어내기 때문이다. 윷가락을 종지기에 넣어 잘 흔들고 요리하면 멋있는 윷가락이 나오는 것은 마치 노래가락을 잘 흔들고 섞어 흔들어 시나위가락을 만들어 내는 씻김굿의 음악기술과도 닮아 있다. 진도의 무속가락에서 시나위가 발생했고, 그 시나위판에 항상 윷판이 존재했다는 점을 상기해보면, 한 마당에서 이루어졌던 이 친연성을 무시하고 넘어가기는 어려워 보인다.[37]

4. 망자 보내기 혹은 갈등 해소하기

밤샘 동안의 갈등 만들기와 부분적인 해소하기를 끝내고, 이제 마지막 남은 단계는 망자 보내기 혹은 총체적으로 해소하기 즉 매장하기 단계에 접어든다. 이 과정에서는 기본적으로 망자를 절리 시키는 여러 가지 의례들이 행해진다. 상여가 나갈 때, 안방에서 사방을 돌아가면서 절을 하는 것－상여를 살짝 내려놨다 들었다 하면서－관이 문지방을 넘을 때 바가지를 깨는 것 등은 다른 지역에서도 보이는 전통적인 의식들이다.[38] 지역에 따라서는 가족들이 톱이나 식칼로 문지방을 세 번 자르거나 치는 의식도 있다. 이들 모두 절리의식으로 이해되고 있다.

그러나 진도지역의 망자 보내기는 알려진 것처럼 음악과 노래와 춤뿐만 아니라 여성들의 놀이가 함께 한다는 점에 그 특징이 있다. 대체로 망자 보내기에서 인용되는 것은 수서 동이전 고려(고구려)조다. "장례를 하면 곧 북을 치고 춤추며 노래 부르는 가운데 주검을 묘지로 운반하였다"라고 한[39] 기

37 이 논리는 겨루기와 끼워넣기를 중심으로 논의한 졸고로부터 발전시킨 것이다.

38 혼인식에서 쪼개진 바가지를 합해 서약을 하는 것과 상관되어 있다. 즉, 혼인으로 시작된 관계의 결말을 의미하는 것으로 해석할 수 있다.

39 隨書, 卷81, 東夷傳 高麗. "葬則鼓舞作樂以送之."

록이 그것이다. 이외에도 후한서 및 중국고서들을 인용하는 사례들을 볼 수 있다. 김이익의 순칭록에 보면 진도의 상여에서 요령 대신 북을 친다는 대목이 나온다.[40] 소치 허련(1809~1892)이 1873년 진도군수에게 건의한 변속팔조變俗八條에도 거전타고擧前打鼓(상여 앞에서 북을 치는 것)을 금하라는 내용이 있다. 여기서 주목할 것은 진도의 상여에서 이러한 고대의 기록에 보이는 현상들이 현행되고 있다는 사실이다. 진도지역에서 북을 치고 춤을 추며 노래를 하는 상여운구의 역사를 매우 오래된 전통에 대입해볼 수 있다는 뜻이다. 이처럼 사람이 죽어 운구하는 절차 동안에 노래하고 춤을 추는 경우는, 중국, 일본 등 아시아뿐 아니라, 세계적으로도 그 분포를 찾아볼 수 있다. 예를 들어 안데스지역의 매장에서는 엿장수 가위춤과 유사한 가위춤을 추면서 곡예를 하는 장면이 나온다.[41] 이 모든 현상들은 진도의 망자 보내기 현상을 주목하게 하는 요인으로 작용하는 것으로 보인다. 왜냐하면 이같은 고래의 풍속을 부분적으로라도 볼 수 있는 곳이 진도이기 때문이다.

만가라는 용어에 대해서도 이의 제기가 필요하다. 이는 영구차의 상여줄인 불紼을 잡아 끈 데서 유래한 용어다.[42] 한국은 중국, 일본과 마찬가지로 고무작락鼓舞作樂, 상화지성相和之聲의 동일한 만가 기원을 가지고 있는데, 불교가 전래한 이후 윤회관, 인업因業의식의 첨가되었으며, 조선조에는 유교식 법제에 의해 축소되었으나 민간에서는 만가의 생명력이 지속되었다고 말하기도 한다.[43] 진도에서도 현재 만가輓歌라고 부른다. 문화재로 지정되면서부터 그랬던 것 같다. 그러나 사실 만가라는 용어는 근대에 이르러 아마도 지

40 김이익(1743~1830), 『순칭록』(1804)

41 프란시스코 카란사 로메로, 「안데스 지역의 매장문화」, 『진도의 상례문화』, 진도학회 8회 국제학술대회자료집, 2008. http://kr.youtube.com/watch?v=ZtijywFmtmU

42 중국에서 輓歌 또는 挽歌라는 명칭이 보이는 것은, 『晋書』, 『古今注』, 『文選注』 등이다. 중국의 만가는 원래 漢武帝 때 노동자들이 부르던 것으로 노래소리가 애절하였기 때문에 마침내 사람들이 葬送의 의식에 사용하였다고 전해진다. 申瓚均, 「輓歌의 韓·中·日 비교연구」, 『비교민속학』 6집, 비교민속학회, 1990, 52쪽.

43 申瓚均, 「輓歌의 韓·中·日 비교연구」, 『비교민속학』 6집, 비교민속학회, 1990, 65쪽. 만가의 형식에 대해서도 정리하고 있다. 형식은 축원류와 노동요의 모습을 띠고 있는 것이 한국만가의 특징이며 축원소리, 출상소리, 성분소리의 3단계 구조를 갖는다고 말한다.

식인들에 의해 붙여졌을 가능성이 높아 보인다. 그 이전에는 오히려 '생애(상여) 나간다' 등으로 동사형으로 말해왔기 때문이다. 이 동사형에는 망자 보내기 과정에서 일어나는 연희며 노래며, 놀이들의 모든 의미들을 포함시킨다. 그러나 만가는 노래에 주로 초점이 있는 용어라고 할 수 있다. 물론 주지하는 것처럼 진도의 상여소리는 그 유장함과 애달픔이 예술의 경지라고 한다. 그럼에도 불구하고 망자 보내기 과정의 총체극은 오히려 상여놀이에 있다. 음악과 놀이는 상호 보완적 관계 속에서 총체극을 완성할 것이기 때문이다.

북, 장구를 치고 노래하고 춤추는 것 외에도 여자들 이른바 호상好喪꾼들의 호상놀이 중 하나인 질베 행렬도 주목하는 대목 중의 하나다. 흔히 호상질베행렬은 1970년대 이후로 생겨난 것으로 말해진다. 1974년 소포리의 한남례 시아버지 출상에서 시작되었다고 하기도 하고, 1970년대 주재일에 의해서 지산면 유목리에서 시작했다고 말해진다. 그러나 1959년 신치선(판소리 명인 신영희의 부친)이 목포에서 타계하였을 때, 40여 명의 제자들이 꽃상여 앞에 흰질베를 띄우고 목포 시내를 돌았다는 증언을[44] 참고할 필요가 있다. 신치선이 담양사람이지만 진도에서 장기간 살았다는 점에서 영향관계가 있다는 뜻이다.

어쨌든 여성놀이의 맥락이 강했다는 점에서 질베의 형태만을 가지고 호상好喪놀이의 성격을 재단하는 것은 무리가 있다. 사실 호상 질베 행렬도 의례적 성격을 갖느냐 놀이적 성격을 갖느냐는 관점에 따라 해석이 달라질 수 있기 때문이다. 상여 앞에 흰질베를 늘어뜨리고 흰수건을 쓴 여자들이 상여를 끌어간다는 '만가輓歌'적 측면에서는 의례적 성격이 도드라지지만, 상주와 농담 주고받기, 노잣돈 뺏어오기 실랑이 등이 매우 희화적일뿐만 아니라 익살스런 겨루기를 통해서 이루어진다는 점에서 놀이적 요소가 한층 강하기 때

44 이상의 내용은 아래를 참고.
졸고, 「진도만가」, 『진도군지 하권』, 2007, 700~702쪽; 허옥인, 『의신면 향토지』, 도서출판 사람들, 2005.

문이다. 이때는 물론 저승 노잣돈을 구실삼아 실랑이를 한다. 이때 주로 수난을 받는 것은 상주들과 사위들이다. 때때로 상주와 사위들은 상여 앞쪽 질베 공간에서 춤도 춰야하고, 노래도 해야 한다. 호상꾼들이 끈질기게 이를 요구하거나 유도하기 때문이다. 때때로 이 겨룸의 메커니즘을 이해하지 못하는 호상꾼들이나 상주측 일부 사람들에 의해서 실제 말다툼이나 몸싸움이 일어나기도 한다. 해소단계에서도 갈등 만들기 메커니즘이 여전히 작동하고 있는 셈이다.

또한 상주들 특히 여자들의 울음에 주목할 필요가 있다. 전통 민요인 홍그레 타령의 전형성을 가지고 있기 때문이다. 무정형의 장단과 율조를 가지고 울음을 우는 형식은 노래양식에 대해 시사하는 바가 많다. 울다가 아니리를 해대기도 한다. 국솥에 국이 끓고 있는지, 심부름 시킨 일이 잘되었는지 천연덕스럽게 물어보고, 코를 팽 풀고 나서 다시 곡조에 맞춰 울음을 운다. 이 광경을 보고 사람들은 또 한바탕 웃음을 웃어재낀다. 따라서 이때의 울음은 울음이라기보다는 노래라고 해야 옳다. 아니리와 창이 섞인 노래인 것이다. 이런 경우는 '소리의 퍼포먼스'라는 면이 부각된다고 할 수 있다. 곡은 이렇게 해서 죽은 이에게 건네지는 전언이고, 문상객에 대한 대담이고, 상주 자신의 감정 표백이라는 삼중의 기능을 발휘하게 되는 것이다[45] 그래서 죽음이라는 상실을 통해 부가된 갈등과 총체적 드라마를 위해 다중에 의해 제기된 갈등들이 울음이라는 '소리퍼포먼스'를 통해서 해소된다고 말할 수 있다.

이런 전통은 2000년대 이후로 호상전문팀을 만드는 바탕이 된 것으로 보인다. 예를 들어 조오환을 중심으로 하는 '실버예술단'은 일종의 호상好喪 전문팀이라고 할 수 있는데, 이들은 한데 모여 '진도닻배노래'나 '북춤', '진도민요' 등을 연습하거나 때때로 상여나갈 때 우는 울음을 연습하기도 한다. 이때의 울음은 상주를 웃기기 위한 울음이다. 일종의 다시래기 형식을 빌려

45 김열규, 앞의 책, 180쪽.

온 울음울기 놀이라고 할 수 있다. 호상好喪일 경우, 상주들의 곡소리가 들리지 않는다는 점에 착안한 것으로 보인다. 대신 울음 울어주기 놀이는 상여행렬에서뿐만 아니라 매장지에서도 이루어진다. 익살스럽게 몸을 꼬기도 하고, 코를 풀어 팽개치면서 울음을 울기 때문에 보는 이들의 폭소를 자아내기도 하며, 때때로 진짜 울음을 유발시키기도 한다. 상주들을 웃기려고 시작한 울음울기 놀이가 때때로 연기하는 자신의 감성을 '자기설움'으로 건드리게 되는 것이다. 이 또한 씻김굿이나 다시래기에서 다중의 욕망이 추동해내는 재생의 코드와 맞닿아 있다고 해석할 수 있다.

이처럼 진도지역의 망자 보내기 과정은 사물악기와 춤이 수반된 음악극이면서, 재담과 노잣돈뺏기 놀이가 어우러지는 난장판이라고 할 수 있다. 장중한 예술과 해학적인 놀이가 병합된 축제인 셈이다. 이런 놀이형식들은 도처에서 보고되고 있다. 영국의 인류학자 윌슨은 『느야큐사족의 장례의 관습』에서 이 종족들이 상례에 종사하는 동안, 곡을 하다말고는 느닷없이 남녀가 서로 어울려서 격렬한 춤을 추는 광경을 소개하고 있다. 소리 지르고 뛰고 몸을 흔들고 춤추게 되는데 이는 흔히 집단화하면서 드디어는 싸움판도 벌어지고, 그래서 적어도 외관상으로는 '비탄의 징후'는 사라지고 마는 것처럼 보인다는 것이다. 한데도 현지인들은 여전히 그 광경이 죽은 이를 애도하는 것이라고 말했다는 것이다.[46]

인도의 상례 절차 중에서 약혼, 또는 하계 사람들과의 결연이라는 의식이 있는데, 사람들은 결혼의 노래를 부르고 춤추며 납골 단지를 든 여자가 기뻐 날뛰면 사람들은 음악이 수반된 혼례 행렬을 이루어 죽은자와 그 조상들의 마을에 도착하여 땅에 작은 구덩이를 파고 납골 단지를 놓고 그 위에 비석을 세우는 절차가 있다고 한다.[47] 이처럼 상례의 축제적인 요소는 먼저, 죽은 자

46 위의 책, 186~187쪽.

47 반겐넵, 『통과의례』, 집문당, 1980, 132쪽.

의 혼이 죽음의 세계, 조령의 세계로 통합하는 과정을 혼인의례와 같이 생각하였기 때문에 혼인과 같은 축제적인 요소가 상례에도 들어가게 되었다고 해석하기도 한다.[48] '장인영감의 묘를 쓰자 그 자리에서 곧장 진사가 났다'며 진사놀이를 하는 경우도 있는데, 이것은 묘를 잘 썼다는 풍수지리적 의미와 가족의 결손을 보완하는 상징적 의미를 지닌다고 한다. 즉, 가문을 이끌어 갈 젊고 유능한 인물인 진사를 새로 모셔옴으로써 죽음에 따른 결손을 충분히 메꾸고도 남음이 있다는 것이다.[49] 바로 매장지에서 벌어지는 놀이이자 죽음을 기념하는 재생코드의 축제라고 할 수 있을 현상들이다.

해소하기 단계의 마지막 과정은 매장이다. 자연으로 통합시키는 과정이라고 할 수 있다. 매장은 본래 흙에서 왔던 육신을 다시 흙으로 돌려보내는 절차이기 때문이다. 물론 1950~60년대까지만 해도 초분이 일반화되어 있어서, 살을 흙에 돌려보내는 것은 좋지 않은 일로 생각하였고 그래서 뼈만을 자연으로 돌려보냈다고 생각된다. 깨끗한 뼈만을 매장하는 것은 자연에 대한 겸손의 관념이라고 할 수 있다. 동옥저에서도 죽은 사람을 가매장했다가 그 뼈만 추려서 길이가 10장에 이르는 나무덧널에 다시 안치하는 이른바 세골장 풍습이 있었다.[50] 이렇게 추려진 뼈는 둥그런 알 모양의 무덤 속에 안장된다. 무덤을 알 모양으로 해석하는 것은 이 주변 지역의 옹관묘와 비교하여도 재생의 상징이라는 점에서 그 의미를 찾을 수 있다.[51] 모태나 임신한 어머니의 복부모양에 옹관을 비유할 수 있다는 뜻이다. 이같은 굽혀묻기의 사례들은 시베리아 인근의 부족이나 안데스지역 출토유물에서도 확인된다.[52] 송이도 등지의 앉은 초분은 현재까지 앉히거나 굽혀서 시신을 안치하는 상황을 역

48 이연숙, 「절리와 통합으로 본 통과의례의 공통성과 그 의미」, 『새얼어문론집』 제16집, 새얼어문학회, 2004, 156쪽.

49 임재해, 「한국의 장례놀이에 나타난 죽음과 삶의 형상」, 『동아시아 기층문화에 나타난 죽음과 삶』, 민속원, 2001, 51쪽.

50 박태호, 『장례의 역사』, 서해문집, 2006, 50쪽.

51 옹관묘의 경우는 복옹관 등의 연결될 옹관, 그리고 크기가 매우 큰 것에서부터 작은 것에 이르기까지 여러 모양의 형태가 출토된 바 있다. 여기서 단옹관의 경우, 매우 작은 규모가 발견된다. 이것은 무릎을 세운 모태 속의 태아를 쉽게 짐작할 수 있게 해준다.

52 프란시스코 카란사 로메로, 「안데스 지역의 매장문화」, 『진도의 상례문화』, 진도학회 8회 국제학술대회자료집, 2008.

력하게 보여준다.[53] 이것은 다름 아닌 태아의 모습을 상징하는 것이며, 태아 형태의 안치는 바로 태아처럼 다시 태어날 재생의 염원을 담고 있다고 볼 수 있다고[54] 해석된다. 물론 초분장이나 굽혀묻기의 전통이 진도에서 현행되는 것은 아니지만, 무덤을 만약 알 모양으로 해석할 수 있다면 이것은 재생코드가 이어지고 있는 것으로 해석해도 무방하다고 말할 수 있다. 이상을 종합해 보면, 씻김굿과 만가는 죽음의 수용을 노래와 놀이로 중화시키는 절차로 이해할 수 있으며, 다시래기와 윷놀이는 반전놀이를 통한 재생의 메타포라고 할 수 있다.[55]

5. 상례놀이, 재생코드의 연행 의미

이상으로 진도지역 상례에 대해서 총체적 제의극이라는 관점에서 의례와 놀이의 맥락들을 짚어보았다. 대개 망자의 시신을 다루는 절차와 망자의 영혼을 다루는 절차로 나눌 수 있는데, 전자를 2체제로 후자를 3단계로 표현할 수 있다고 보았다. 그러나 이를 유교식, 무교식 등으로 상호 대립적으로 볼 필요는 없는 것으로 판단하였다. 상호 유기적 관계 속에서 상응하는 절차들을 가지고 있었기 때문이다. 3단계 진행과 관련해서는 죽음 알리기, 갈등 만들기, 갈등 해소하기 등의 단계로 풀이해보았다. 한편의 스토리를 가진 축제로 파악했기 때문이다. 기왕의 굿에 대한 절차를 준용한 것인데, 이는 축제

53 국립민속박물관, 『한국의 초분』, 158쪽. (앉은 초분).

54 김열규는 이를 화생으로 표현하는데, 곰, 뱀, 개구리 따위 짐승들을 달동물이라고 부르는 까닭을 소개하고 있다. 왜 우리 신화에 웅녀가 등장하여 사람이 되었고, 개구리왕(金蛙王)이 등장하는가 하는 점이다. 이는 거적에 싸여서 나무등걸에 메달린 아기주검을 번데기에 비교함으로써 가능해진다. 번데기 속 유충은 부화하여 나방이나 나비가 된다. 만일 거적때기가 번데기에 견주어지고, 아기시신이 유충에 견주어질 수 있다면 이제 이 괴이쩍은 시신 처리 방법의 목적은 분명해진다는 것이다.김열규, 앞의 책, 141~142쪽.

55 유년시절 필자는 아버지를 비롯해 많은 마을 사람들이 알 모양의 무덤에 묻히는 것을 보아왔다. 소꿉놀이에서는 놀이를 통해 혼인놀이와 상여놀이가 크게 다르지 않다는 것을 학습해왔다. 따라서 재생코드를 전제한다는 맥락에서 이렇게 질문해 볼 수 있다. 오래 전에 땅에 묻힌 아버지가 재생하여 혹시 필자가 된 것은 아닌지. 그 전생이 재생하여 이승의 내가 된 것은 아닌지.

의 절차와도 상응하는 것이며 따라서 구성적으로도 진도상례는 축제의 의미로 해석될 수 있다고 생각하였다. 특히 상가에서 필연적으로 이루어지는 윷놀이를 상례의 범주로 끌어들여 현상에 대한 해명을 시도하였다. 아직 구체적 논증을 가지고 규명한 것은 아니지만, 피할 수 없는 현상이라는 점에서 현상에 대한 해석의 시도라는 의미가 주어질 수 있다고 생각한다.

전통상례는 어느 한 문화나 종교로 귀납시킬 수 없는 특징을 가지고 있다고 해석된다. 문화적 인식의 역사적 축적과 깊이 관련되어 있기 때문이라는 것이다.[56] 그런 면에서 진도의 상례가 유교적이라느니, 무교적이라느니, 혹은 도교나 불교적이라느니 하는 해명은 시기상조인 것 같다. 대신 본고를 통해서 보고자 한 것은 의례절차든, 음악극이든, 연희극이든, 혹은 놀이든 간에 전체를 관통하는 코드가 있다고 보았고 그것을 재생코드로 표현하였을 따름이다. 이는 이미 선학들에 의해 고구된 맥락이기도 하다. 산다이와 다시래기, 덜구소리 등 장례 의식을 치르면서 성적 욕망을 적나라하게 드러내는 것이, 죽음을 부정하고 생명을 긍정하는 것이자, 죽음에 의해 초래된 인명 손실을 왕성한 성적 욕망을 통해 여러 자녀들을 생산함으로써 충분하게 보완하고자 하는 뜻이라는[57] 것도 동일한 맥락이다. 추자도 산다이에 대해서 전경수가 윤간이라고 보고한 바도, 이 의례적 윤간을 통해 재생을 소망하는 놀이라는 점에서 유사한 맥락이라고 볼 수 있다.[58] 이는 형식만 다를 뿐, 진도의 호상꾼들이 장지에서 벌이는 질펀한 노래판이나 사위 돈 빼앗기, 혹은 상주들 돌려가면서 노래시키기 등은 유사하게 해석될 수 있다. 여자들에 의해서 행해지는 놀이라는 점에 특히 주목할 필요가 여기에 있다. 죽음의례는 여기서 축제의 신명풀이와 만나게 된다. 죽음이 가져온 손실과 갈등의 문제들

56 허용호, 「전통 상례를 통해서 본 죽음」, 『한국고전연구』 6집, 한국고전문학회, 2000, 318쪽.

57 임재해, 「한국의 장례놀이에 나타난 죽음과 삶의 형상」, 『동아시아 기층문화에 나타난 죽음과 삶』, 민속원, 2001, 60쪽.

58 전경수, 「死者를 위한 儀禮的 輪姦 : 楸子島의 산다위」, 『한국문화인류학』 24, 한국문화인류학회, 1992, 301~322쪽. 여성들끼지 산역을 하면서 노랫가락을 부르는 것이 산다이의 시작인 셈인데, 하관이 이루어진 뒤에 지목된 남성의 몸을 만지며 놀이하는 행위가 의례적 윤간이라는 것이다.

을 씻김굿으로 달래고, 다시래기로 놀리고, 윷놀이로 겨뤄서 풀어내는 것이 그것이다. 씻김굿과 다시래기가 보다 직접적으로 이 갈등들에 관여하고 있다면 윷놀이는 이미 그 의미가 퇴화되어 왜 상가에서 윷놀이를 하는지 의식하지 못하고 있을 뿐이다.

이처럼 북을 치고 춤을 추며 노래를 하는 이른바 고무작락鼓舞作樂의 고대풍속을 현재도 지속하고 있는 곳이 진도라는 데는 큰 이견이 없을 것으로 본다. 여기에 칠성신앙의 한 상징으로 해석할 수 있는 윷놀이를 통해 망자의 천상회귀를 도모하는 풍속까지 현행되고 있다는 점을 전제해볼 수만 있다면, 진도의 상례문화가 가지는 의미는 현재보다 훨씬 더 풍부한 해석을 가지게 된다고 본다.

(비교민속학 2009.4.30)

연행방식을 통해서 본 남도소리의 난장성亂場性

1. 서론

본고는 '남도소리판'이 가지고 있는 축제적 성격을 살피는 데 그 목적이 있다. 이를 위해서는 여러 의미의 합성어인 '남도소리판'의 복합적 개념을 먼저 살피도록 하겠다. 첫째, 남도라는 지역적 혹은 문화적 범주, 둘째, 남도소리에 대한 개념적 정의, 셋째, '판' 혹은 '소리판'의 의미를 살펴보는 순서가 될 것이다. 그런 연후에는 남도소리판 속에 들어있는 어떤 요소 혹은 어떤 상황들이 축제적 성격을 가지고 있는지, 아니면 드러내고 있는지를 규명해보도록 하겠다. 특히 본고에서는 남도음악의 음악적 특성이나 지리적 변별성에 대한 규명보다는 남도소리판의 연행방식과 관련된 기능을 새로운 각도로 들여다보고자 한다. 음악적 구분이나 지리적 변별성에 대한 성과들은 어느 정도 축적되어 있다고 판단하기 때문이며, 이런 분석 외에도 남도소리를 규명하는 여러 가지 단서가 있을 수 있다는 판단을 하기 때문이다. 한편, 상대격인 서도소리나 경기소리 등의 사례를 본고에서 분석하거나 비교하는 작업을 병행하지 못하는 것은 그것이 민요일반의 성격인지 남도소리만의 변

별성인지에 대해서 보다 깊은 논의를 필요로 한다는 생각이 들기 때문이다.[1]

남도소리는 다양한 역사와 문화 속에서 그 질적, 양적 팽창 혹은 수축을 하여 왔을 것이다. 이 속에서 남도소리라는 정체성을 획득했을 것이고, 이러한 정체성은 흔히 육자배기토리나 흘림장단 등 남도음악의 특징으로 이야기되는 구조로 기능해 왔을 것이다. 그러나 민요나 무가에 있어서 이러한 정체성을 획득하는 과정과 바탕에는 남도소리가 연행되고 재창조되는 배경 즉, 환경이 자리하고 있을 것임이 자명하다. 이런 맥락에서 본고에서는 남도소리라는 구조를 가능케 한 그 컨텍스트에 주목해보고자 한다. 이 과정을 통해서 남도소리의 구조적 정체성을 역으로 살펴볼 수 있다고 생각하기 때문이다.

2. 남도소리와 판, 그리고 축제

남도소리판은 〈남도+소리+판〉의 세 가지 개념이 포함된 합성어이다. 이를 규명하기 위해서 먼저 이 세 가지 용어를 간단하게 살펴볼 필요가 있다. 여기서의 남도는, 용어의 뉘앙스로만 보면 북도에 대비되는 지리적 구분이라고 이해할 수 있지만 한계가 많은 것이 사실이다. 그렇다고 문화적 경계로 구분 짓는다고 하더라도 모호함이 없어지는 것은 아니다. 소리는 노래나 음악을 말한다. 특히 기악에 대비되는 성악을 지칭한다고 볼 수 있다. 판은 일차적으로는 지역적 공간의 의미로 이해되기 쉽지만, 오히려 연행 공간 혹은 연행상황이라는 복합적 의미가 더 강하다고 말할 수 있다.

먼저 남도라는 용어를 자세히 살펴보면, 지리적 개념 보다는 문화적 개념으로 널리 사용되어 왔던 것임을 알 수 있다. 아마도 지리적 경계로 구분 짓기에 모호한 점들이 많았던 때문으로 보인다. 흔히 충청, 경상, 전라를 포함

1 논의의 성격상 고를 달리해서 살피는 수밖에 없을 것으로 생각된다.

한 삼남지방을 포함하여 남도라고 규정하는 사례들이 여기에 속한다. 이럴 경우는 광역권으로 나누는 셈이 되는데, 민요의 예를 보면 〈쾌지나칭칭 나네〉 등의 경상도 민요까지 남도민요의 범주에 넣게 되는 셈이다. 이런 점들 때문에 지리적 경계 보다는 메나리토리, 경토리의 접변을 포함한 육자배기토리권역 등의 음악양식상의 경계를 남도의 의미로 말해왔던 것으로 보인다. 이런 지리적 혹은 문화적 경계에 관한 논의들은 선학들에 의해 이미 많은 부분이 규명된 바 있다. 육자배기토리의 분포, 모정의 잔존지역, '권'이라는 용어의 사용지역 등, 계룡산 이남에서부터 섬진강 이서까지로 구분한 지춘상의 규정을 중심으로 한 논의들[2] 또는 이보형, 김혜정 등의 음악학적 논의들이 그것이다.

물론 음악양식이라는 측면에서도 문화권이 딱히 지리권과 일치하지 않는 것이 사실이다. 예를 들어 남부경토리를 남도토리라는 측면에서 육지배기토리에 포함시키는 사례 등을[3] 어떻게 해석할 것인가의 문제가 남아 있는 것이다. 그래서 김혜정은 일반성과 특수성으로 나누어, 육자배기토리 및 남부경토리, 또는 육자배기토리와 메나리토리와의 접변 등을 다른 지역과 구별되는 특수성으로 이해하기도 한다.[4] 그러나 판소리의 경우를 남도소리의 맥락에서 접근하게 되면 문제는 보다 복잡해진다. 사실 남도라는 지리적 권역에 한정할 수 없는 장르에 속하기 때문인데, 그럼에도 불구하고 판소리를 남도소리의 맥락으로 이해하거나 사용하는 사례들이 일견되는 것 또한 사실이다.

여기서 남도와 호남이라는 명칭을 동일 개념으로 사용한 예를[5] 참고할 필요가 있다. 이것은 호남의 문화결정요소를 자연적 조건과 역사적 조건, 사회적 조건으로 일별하여 도출한 개념이라고 할 수 있는데, 보다 구체적인 구분

2 지춘상 외, 『남도민속학개설』, 태학사, 1998, 12쪽; 표인주, 『남도민속문화론』, 민속원, 2000, 3쪽.

3 이보형, 「육자백이토리의 음조직 연구」, 『한국음악연구』 24집, 한국국악학회, 1996, 11쪽.

4 김혜정, 「남도민요의 음악적 특성과 남도인의 정서적 지향」, 『한국음악연구』 34집, 한국국악학회, 2003, 145~146쪽 및 162쪽.

5 나경수, 「湖南人의 人性構造와 批判的 理解」, 『호남문화연구』 22집, 전남대학교호남문화연구소, 1993, 1쪽.

법이라는 생각이 든다. 딱히 행정권역으로 나누는 것은 아니지만, 적어도 전남북을 중심으로 한, 호남이라는 지리적 변별성을 우선하여 남도라는 의미로 이해한다는 점에서 현실성이 있다고 생각하는 까닭이다.

이상을 종합해보면, 대체적으로 협의의 남도와 광의의 남도로 규정하는 것이 보다 현실적이지 않을까 한다. 예를 들면 앞서 지리적 경계로 구분한 것을 협의의 남도권역으로, 문화적 경계로 해석한 것을 광의의 남도권역으로 이해해 보자는 것이다. 따라서 호남이라는 지리적 경계를 협의의 남도권역으로 설정하고, 남도토리는 물론 메나리토리와의 접변을 포함한 육자배기토리권역을 광의의 남도권역으로 설정하는 학계의 합의를 제안하고자 한다. 광의의 문화권을 설정하는 것은 문화가 접변과 충돌 혹은 수용과 습합을 통해서 재창조된다고 생각하기 때문이다. 즉, 이런 구도 속에서 광의의 남도권역이 충청도, 경상도의 문화와 공유하는 권역으로 설정될 수 있고, 지역간의 문화적 공존을 도모할 수 있다고 생각하는 까닭이다.

다음으로, '남도소리'라는 용어에 대해 살펴보겠다. 이 또한 앞서 거론한 남도라는 권역 설정과 밀접하게 연관되어 있다고 본다. 서도소리나 경기소리의 경우도 각각의 권역이 존재하는 것이 사실이지만, 그 범주를 어디까지 정할 것인가의 문제가 노출되지 않을 수 없다. 더구나 민요학의 입장에서 보면 '소리'와 '노래'가 혼용되는 사례들이 많이 나타난다. 이렇게 되면 지역간의 용례는 물론 노래와 소리의 용례들까지 분석하는 작업이 필요하게 된다. 그러나 본고에서 이 분석까지 감당할 수는 없으므로 잠정적으로 노래와 소리는 통상 같은 맥락으로 사용되는 용어라고 전제하고자 한다. 예를 들어 '들소리'와 '들노래'가 층위별 단위가 다른 것으로 추정할 수는 있지만 맥락상의 차이가 있어 보이지는 않기 때문이다. 어쨌든 전국의 노래와 소리를 일괄하여 재단하는 것은 무리라고 생각되므로 상황별 쓰임새를 나누어 용어 사용의 문제들을 도출하는 것이 순리라고 본다.

어쨌든 남도소리라고 하면 판소리 혹은 민요를 가리키는 것으로 이해된다. 물론 뚜렷한 학적 개념규정이 되어 있는 것으로 보이지는 않는다. 대개 남도소리에 대한 사전적 정의로는, "주로 전라도와 경상도 서남부 및 충청도 일부 지역에서 불리는 민속성악 및 그 소리"라고 한다. 판소리를 포함하여 민요 혹은 일부 잡가와 노동요 등을 포함한 개념으로 인식되고 있음을 알 수 있다. 그러나 '서도소리'의 경우는 '평안도, 황해도 등 관서지방의 향토가요'를 말하는 것으로 되어 있다. 상대적으로 민요에 국한된 개념 규정으로 보인다. 더구나 '서도소리'라는 이름으로 관서지방의 민요가 무형문화재로 지정이 되어 있는 까닭에 민요적 성격에 국한되어 있음을 보다 확실하게 보여준다. 동부지역이나 경기지역의 경우도 마찬가지다. 동부소리나 경기소리라고 부르기보다는 통상 동부민요와 경기민요라고 부르기 때문이다. 경기소리의 경우는 경기민요 중에서도 특히 경기긴잡가를 지칭하기 때문에 보다 축소된 의미로 이해된다고 할 수 있다.

이에 비하면 남도소리라는 개념의 범주는 남도의 민속성악을 총괄하기 때문에 상대적으로 넓다고 할 수 있다. 판소리, 잡가 등을 고루 포함하는 개념으로 인식되고 있기 때문이다. 예를 들어 민속성악이라고 하면 민속기악에 대별되는 사람의 목으로 부르는 노래라는 뜻을 가지는데, 심지어 무가나 만가 등의 의례음악까지 포함된다고 볼 수 있다는 뜻이다. 따라서 남도소리를 확대해석하게 되면, 만가 및 무가 등을 포함한 남도에서 불려지는 모든 소리를 지칭하는 개념으로 인식해도 무방한 것이 아닌가 생각된다.

물론 일부에서는 남도소리를 판소리에 국한하여 지칭하는 경우도 있다. 이 경우는 판소리가 민요처럼 육자배기토리로 되어 있다든가, 선율구조가 남도의 특수성만을 가지고 있다는 인식은 아닌 것으로 보인다. 대체로 남도의 억양을 바탕으로 구성된 노래라는 뜻으로 이해하는 사람들의 지칭이라고 본다. 그러나 남도소리라고 하면 서도소리나 경기소리에 비견해 남도잡가로 한정해서 인식하는 경우도 있다. 이런 이유 때문인지 남도민요라는 이름이 아닌 '남도잡가'라는 이름으로 전남도지정 무형문화재가 지정된 바 있다. 또 판소리를 남도창이라고 해서 변별하거나 아예 남도판소리라고 부르기도 한다. 광주시 무형문화재로 지정된 한애순의 경우 지정 종목이 남도판소리다. 남도 이외의 판소리와 변별성을 갖자는 취지로 보인다. 대개 남도소리 속에 판소리와 분리해서 생각하는 사람들은 민요나 잡가를 〈노래〉의 범주 속에, 판소리를 〈소리〉의 범주로 인식하고 있는 것으로 보인다.

따라서 남도소리에 대한 인식도 협의의 남도소리와 광의의 남도소리로 나뉘어질 수 있다고 본다. 남도소리를 남도잡가의 이칭이나 민요의 범주로 인식하는 경우는 협의의 남도소리에 해당하겠고, 판소리 및 민속성악을 아우르는 경우는 광의의 남도소리에 해당되는 셈이다. 결국 협의의 관점이든 광의의 관점이든 남도소리가 갖는 영역의 범주는 서도소리, 혹은 경기소리, 동부소리 등에 비해 훨씬 넓게 규정되어 있음을 알 수 있다. 이로 따진다면 본고에서는 무가나 만가의 연행방식도 포함할 수밖에 없는데, 결국 광의의 남도소리라는 맥락에서 접근하는 셈이라고 하겠다.

다음은 판과 축제에 관한 것이다. 판은 문자 그대로 '벌어진 자리, 또는 그 장면'을 말한다. '벌어진 자리'는 공간적 접근이요, '벌어진 장면'은 시감각을 보탠 접근이다. 따라서 여기서의 판은 판소리의 판이 될 수도 있고 민요의 판이 될 수도 있으며 무가나 만가가 연행되는 판이 될 수도 있다. 판소리의 판으로 말하면 공연의 형태를 띤 판일 것이고, 민요의 판으로 말하면 노동의 현장이나 유희의 현장이 중심이 될 것이며, 무가나 만가의 판으로 말하면 의례 연행의 현장이 중심이 될 것이다. 또 '판을 깨다', '판이 벌어지다', '판에 끼어들다' 등의 예문에서 볼 수 있듯이 공동으로 이루어지는 행위양식을 뜻하는 말임에는 분명해 보인다. 공간적 의미로써 무대일 수도 있고, 시간적 의미로써 상황일 수도 있다. 여기서 '벌이다'의 뜻은 '놀이판이나 노름판 따위를 차려놓다'는 뜻이므로 결국 '남도소리판'은 '남도소리를 벌인 현장이나 상황'이라고 정리할 수 있겠다.

특히 '벌어지는 판'이라는 측면에서는 '축제'의 의미와 매우 상통한다. 축제 또한 '축하하여 벌이는 큰 규모의 행사'를 말하는 것이기 때문이다. 전통적인 의미에서 동제의 제사형식을 포함하더라도 결국은 '축하와 제사를 통틀어 이르는' 축제 본래의 뜻에서 크게 벗어나는 것은 아니다. 따라서 여기서 말하는 판은 축제가 열리는 공간 혹은 축제를 가능하게 하는 상황을 말한다고 정리할 수 있으므로, 결론적으로 남도소리판은 남도소리를 콘텐츠(내용물)로 하는 컨텍스트로써의 〈축제판〉인 셈이다. 따라서 〈남도소리판〉은 '남도라고 하는 지리적 혹은 문화적 경계 안에서 연행되는 성악 중심의 소리와 그 연행이 가능하도록 형성된 공간 혹은 상황'이라고 정리할 수 있겠다.

3. 남도소리의 연행방식과 태도 – 끼워넣기와 겨루기

본고에서는 남도소리판의 연행방식으로, 끼워넣기와 겨루기를 주목하고자 한다. 끼워넣기와 겨루기는 남도소리판을 생성하고 확장시키는 데 기본적으로 사용되어 왔던 방식이라고 생각하기 때문이다. 다만, 본고에서는 연행의 상황 속에서 일어나는 끼워넣기의 양상과 겨루기의 양상을 제시하고 그것이 남도소리의 정체성을 형성하는 데 어떤 영향을 끼쳤는지에 대해서 고찰하는 것만을 대상으로 삼으려고 한다. 연행 태도 자체를 분석하는 고찰은 고를 달리해야 할 사안으로 판단되기 때문에 본고에서 다루지는 않겠다는 뜻이다. 예를 들어 끼워넣기와 겨루기가 왜 일어나는지에 대해, 집단무의식 등을 겨냥하여 민속심리학적으로 분석한다든지, 역사 혹은 사회적으로 남도지역의 상황을 분석하는 것 등은 본고의 한계를 넘어서는 것으로 생각하는 까닭이다.

끼워넣기는 다른 말로 끼어들기라고 표현할 수도 있을 것인데, 양자 모두 현장의 맥락은 다를지라도 기존의 것에 끼어들어 연행현장을 확장시킨다는 점에서 유사한 방식이라고 말할 수 있다. 겨루기는 다른 말로 밀고 당기기라고 표현할 수 있을 터인데, 이 또한 연행현장을 생성하거나 확장시킨다는 점에서는 중요한 방식의 하나라고 생각한다. 즉, 끼워넣기와 겨루기는 앞서 말한 남도소리판을 형성하는 시스템인 셈이다. 바꾸어 말해서 남도소리라는 콘텐츠(내용물)를 매개하거나 확장시키는 미디어라고 할 수 있겠다.

앞서도 거론했듯이, 남도소리판은 그 성격상 난장을 전제하고 있다고 볼 수 있다. 난장은 '난장판'이라는 말에서 알 수 있듯이 일상에서의 일탈을 경험할 수 있는 상황이나 조건을 의미한다. 사실 축제를 형성하는 근본 구조가 제의, 놀이, 난장이라는 측면에서 보면,[6] 남도소리판 자체가 곧 굿판인 셈이다. 남도 사람들이 흔히 말하는 '굿 났다', '굿 벌어졌다', '굿 보러간다'라는 표현은 사실 앞서 말한 '판'이 벌어졌다는 뜻으로 확대 이해되는 것이지 씻김굿 등의 실제 '굿'을 한다는 의미는 아니다. 바꾸어 말하면 굿은 판의 다른 이름이고, 판은 축제의 다른 이름이라고 할 수 있다. 즉, 남도소리판은 남도소리를 매개로 하는 축제판이자 남도소리가 연행되는 굿판이라고 정리할 수 있겠다.

그렇다면 이러한 소리판 속에서 참여자들의 끼워넣기와 겨루기 양상은 어떻게 나타나는 것일까? 먼저 남도민요 중에서 진도아리랑의 연행 양상을 보겠다.[7] 진도아리랑은 대부분의 민요가 그렇듯이, 일정한 메김소리꾼이 정해져 있는 것이 아니다. 기본적으로 돌림노래형식을 지향한다. 특히 난장의 성격이 강한 판일수록 참여자 전원이 참여하여 돌림노래로 부르는 경향이 강하다. 신명이 고조되면 아예 공동으로 메김소리를 하고 공동으로 받음소리를 한다. 이러한 현상은 진도아리랑이라고 하는 소리판에 자신을 끼워넣기하는 사례라고 할만하다. 역할분담이나 공동참여 등으로 해석하지 않고, 끼워넣기 혹은 끼어들기라고 해석하는 이유는 이 현상의 기저에 겨루기의 심리가 숨어있다고 생각하기 때문이다. 겨루기는 일단 상대방과 다투어 무엇

6 김경남, 「강릉단오축제 난장의 기능」, 『국제아세아민속학』 2호, 국제아세아민속학회, 1998, 96쪽.

7 진도아리랑보다는 산아지타령이나 둥덩애타령이 토속민요에 속하는 것은 사실이나, 필자가 경험한 현행 민요의 난장에서 대표할 수 있는 적절한 곡이 진도아리랑이라는 판단에서 사례로 들었다.

인가를 얻고자 하는 경쟁심리가 전제되어 있다. 자웅을 겨루는 것처럼[8] 막상막하의 비등함을 가진 상대끼리 승부를 겨루는 경쟁심리가 숨어있다는 뜻이다. 곧, 상대방과 자신은 비등한 존재이고 형평한 존재임을 전제하고 있는 것이라고 본다. 비등한 존재는 '겨루기'에서 밀고 당기기를 통하여 승부를 얻고자 한다. '밀고 당기기'는 경쟁의 심리가 강화되는 판에서 더 분명하게 나타나는 것으로 보인다. '밀고 당기면서 자신을 끼워넣어 겨루는 현상'이 가장 심화되는 예는, 신명 고조의 보조 장치라고 할 수 있는 음주의 농도가 심해질 때 두드러진다. 심한 경우에는 안하무인격이 되기도 한다. 그래서 음주가무의 소리판이 종종 문자 그대로 '난장판'이 되는 경우도 발생한다.

그러나 남도지역의 소리판이 항상 겨룸의 형태를 가시화하는 것은 아니라고 본다. 전술한 난장에서의 진도아리랑처럼 표면적인 경우도 있고, 은닉되어 거의 드러나지 않는 경우도 있기 때문이다. 예를 들어 남도지역에서 가장 보편적인 벽돌림노래로 사용되는 둥덩애타령의 경우에는 비교적 겨룸의 현상이 은닉되어 있다고 볼 수 있다. 물론 순차적인 메김소리를 선택할 경우에 그렇다. 그러나 무작위의 순서로 메김소리가 연행되는 경우에는 겨루기의 현상이 보다 선명하게 드러나 보인다. 특히 서로에게 익숙한 집단일수록 판을 잘 이끄는 사람이 먼저 선창을 한다는 '불문율'이 잠재되어 있는 것으로 보인다. 이런 경우는 이미 서로의 소리실력과 판 운영력을 간파하고 있는 상태로, 상대적으로 경쟁심리가 약화된 형태에 속한다. 노래판에서의 비등함이 이미 훼손되어 일정한 서열이 정해진 경우로 본다는 뜻이다. 이 서열이 강화되면 메김소리의 주도권이 '선창자'라고 하는 소수에게 집중되는 구조로 전환되게 된다. 그러나 한 가지 짚고 넘어갈 것은 대개 이 선창자를 노래를 잘 하는 사람으로 인식하는 것은 재고의 여지가 있다는 점이다. 왜냐하면 난

8 '雌雄을 겨루다'는 뜻은 암컷과 수컷을 가리키는 말이나, 본래는 역에서 나온 말로 자는 밤을 나타내고 웅은 낮을 나타내는 말이다. 막상막하의 비등함을 가진 상대끼리 승부를 겨루는 것을 가리킨다.

장의 판일수록 노래를 잘하는 사람보다는 그 판을 잘 이끌 수 있는 사람이 필요할 것이기 때문이다. 씻김굿이나 만가 등 제사나 의식이 곁들여진 소리판의 컨텍스트를 보면 충분히 짐작할 수 있는 일이다.

그러나 선창자에게 많은 역할이 위임된 경우라 할지라도, 겨룸의 심리는 은닉되어 있을 뿐이지 감소한 것은 아니라고 생각한다. 남도소리판의 참여자들이 받음소리만을 하는 단계로 눌러앉아 있지는 않기 때문이다. 언제든지 자신을 '끼워넣기'할 생태적 기질이 있어 보인다는 뜻이다. 여기서 사설 끼워넣기 방식을 주목할 필요가 있다. 민요 일반의 성격이기도 하지만, 기존의 구조와 가사에 자신의 가사를 끼워넣어 판을 확장시키는 원리는 익히 알려진 바와 같다. 가사를 끼워넣어 판을 확장시키거나 혹은 민요를 완성시켜 가는 것은 진도아리랑뿐만이 아니라 돌림노래 형식의 다양한 향토 민요에서 두드러지게 나타나는 현상들이다. 이순신을 거론한 가사에서부터 일제강점기의 고난을 희화한 가사 등 시대의 변천에 따라 지어져 온 수많은 진도아리랑 가사들의 예에서 이를 엿볼 수 있다.

가사를 넣는 것은 기본적으로 겨룸을 전제한다. 기존의 틀에 자신을 밀어넣는 것은 해볼만하다는 심리가 전제되어 있지 않으면 실행하기 어려울 것이다. 서로 익숙하지 않은 이질적인 집단간의 소리판에서 이런 현상이 확대되어 나타난다. 예를 들어 한 마을을 방문한 외지인들과 소리판이 벌어졌을 경우, 일방적으로 소리를 제보하거나 전달하는 예는 극히 드물다. '니 소리 한 번 먼저 들어보자'라는 심리가 기본적으로 깔려있기 때문이다. 주고받기식의 노래 연행이 아니면 판 자체가 깨질 수도 있다. 심지어 학자들이 민요 조사를 하는 경우도 다르지는 않다. 이것 또한 본래적 겨루기의 심리가 드러난 것으로 보이는데, 이 상황이 발전하게 되면 밀고 당기기의 여러 장치들이 가속화된다고 본다. 이 장치는 판을 형성하고 확대하는 연행 형태 외에도 노래의 틀 자체에 영향을 주기도 한다. 물론, 밀고 당기기의 상황이 가속화될수록 난장의 성격 또한 강화된다고 할 수 있다.

지금은 이런 끼워넣기와 겨루기의 난장이 열리는 남도소리판을 구경하기가 어렵게 되었지만 비교적 근사한 형태가 노래방에서 나타난다고 본다. 공동이 참여하는 노래방에서 일인 독창곡을 감상하는 것은 아니기 때문이다. 기능과 형태만 달라졌을 뿐 고대의 난장과 신명의 지향, 그리고 그것들을 가능하게 하는 끼워넣기와 겨루기의 메커니즘이 여전히 작동하고 있다고 볼 수 있는 것이다. 노래방에서 밀고당김의 효과를 극적으로 드러내주는 장치는 에코음향과 코러스이다. 자신의 목소리뿐만 아니라 다른 사람의 목소리를 끼워넣기하는 효과를 극대화시키는 현대적 장치인 셈이다. 이 에코와 코러스를 통해 난장의 커뮤니타스 효과를 만끽하게 되는 것이다. 그래서 노래방은 변형된 현대 소리축제의 시공간이라고 말할 수 있다.

남도잡가의 연행 양상을 보면, 앞서 예로 든 향토민요에 비해 끼워넣기와 겨루기가 세련된 형태로 나타난다. 물론 남도잡가의 기본적인 구성도 독창자가 주도적으로 소리를 하고 나머지 참여자들이 후렴을 받는 형식을 취하는 것은 아니다. 가령 세 사람의 창자라면 공히 세 사람이 돌아가면서 육자배기를 부르고, 흥타령을 부르며 삼산은반락으로 넘어가는 식으로 메들리를 짠다. 이것은 남도잡가를 짜는 기본사항에 속한다. 이런 연행 양식은 음악적 틀에도 영향을 끼쳤다고 생각한다. 그래서 생겨난 것이 육자배기의 〈고나~헤〉, 혹은 남도흥타령의 〈~헤〉라는 후렴이라고 생각하는 까닭이다. 어구의 말미를 상대방에게 연결시켜주는 전형적인 후렴구인 까닭에 노래의 틀 자체가 독창의 형식을 배제하고 있는 것이다.

이것 또한 끼워넣기 혹은 끼어들기로 해석할 수 있고, 바꾸어 말해 상대방과 겨루기 하는 전형적인 방식이라고 말할 수 있다. 다만 향토민요에 비해 세련미가 가시화되어 있어서 겨루기의 형태가 은닉되었을 뿐, 그 이면에는 밀고 당기기가 훨씬 강화되어 나타난다. 노동요나 향토 민요에 비해 그 음악성이 출중한 까닭으로 보인다. 특히 주목할 것은 향토민요의 경우에 공동으로 참여하던 관행이 남도잡가의 경우에는 전문가집단이라고 하는 소수에게 가창의 권한이 주어진다는 점이다. 따라서 공동 작곡가요 작사자며 창자였을 것으로 추정되는 그 밖의 사람들은 청자의 위치로 밀려날 수밖에 없게 되었다고 본다. 그러나 노래형식과 컨텍스트가 달라졌을 뿐, 겨루기의 근본적 행태가 사라진 것은 아니다. 자신을 끼워넣을 수 있는 소리판의 공간을, 바로 추임새 혹은 뒷소리 같이하기 등으로 확보했기 때문이다. 이는 본래 비등한 자격으로 겨루기 하던 민요판의 구조에서 선창자라고 하는 소리서열의 위계를 수용한 구조라고 생각한다. 대신 추임새를 통해 소리판의 일정한 역할과 위치를 점유하고 있다고 볼 수 있는 것이다.

남도잡가 메들리에서 창자들의 서열은 향토 민요와 비슷해 보인다. 다만 한 가지 주목할 것은 노래를 잘하는 사람 순으로 가창이 이루어지는 것 보다는 노래를 잘 하는 사람이 선곡의 마지막 노래를 담당하는 사례가 많다는 점이다. 이 가창의 순서에 대해서는 보다 정밀한 분석이 필요하겠지만 돌림노래를 근간으로 하는 향토민요와 비교해볼 때, 특별한 현상임에는 분명해 보인다. 또 향토민요의 경우에는 소리능력 보다 판의 운영능력을 중시하는 것에 비해 남도잡가의 경우에는 소리능력을 중시하는 점이 다르기도 하다. 그러나 남도잡가의 경우에도 난장의 성격이 강할수록 임의의 창자 순으로 가창되는 경우들이 많다. 공연의 경우 보다는 흔히 소리판의 뒷풀이나 음주가무가 곁들여진 소리판에서 이런 현상이 두드러지게 나타난다. 이런 자리일수록 즉흥적이고 임의적인 가변성이 항존하기 때문에 극적 긴장감이 높아질 수밖에 없고 이러한 요소들이 난장의 묘미를 가속시키는 것으로 보인다. 즉, 남도잡가의 연행도 난장에 가까울수록 향토민요적 연행 양상을 보인다고 말할 수 있겠다.

판소리 연행의 양상을 보면, 향토민요나 잡가의 경우보다 선창자에게 가창의 역할이 전적으로 위임된 형태라고 말할 수 있다.[9] 적어도 본고에서 주목하

9 물론 이런 해석을 향토민요와 잡가, 그리고 판소리를 연대기적인 발전 과정으로 이해하는 것은 옳지 않다. 본고에서 주목하

는 '판'이라는 입장에서 보면 그렇다. 향토민요에서 보이는 돌림노래형식도, 잡가에서 보이는 창자들의 서열도 보이지 않는다. 다만 창자와 고수의 밀고 당김이 가장 극적으로 표현되어 나타난다. 이것은 다름 아닌 향토민요에서 볼 수 있었던 끼워넣기와 겨루기가 일인 창자와 고수에게 일임되면서 그 역할이 배가된 것으로 해석해 볼 수 있다. 판을 운영할 사실상의 공동 역할을 창자와 고수에게 대부분 일임한 셈이라고 할 수 있다는 것이다. 따라서 공동 창자의 위치를 상실했을 것으로 추정되는 청자들은 추임새를 통해 판소리에 적극 참여하면서 끼워넣기와 겨루기의 간접 효과를 누리게 되는 것으로 보인다.

공동창자들에게 권한을 위임받은 창자와 고수는 향토민요나 남도잡가에 비해서 훨씬 응축된 양식으로 연행을 벌이는 것으로 보인다. 간접적으로 추임새를 통해 끼어들거나 겨루기 하는 청자들에게 '판' 본연의 난장성을 전달하기 위해서이다. 한편 '판'을 운영한다는 측면에서는 사실, 창자의 역할보다 고수의 역할 비중이 커 보인다. 왜냐하면 공동창자들은 이미 가창의 권한을 전적으로 일인 창자에게 위임해버렸지만, 추임새 등을 통해서 끼어들기 하는 역할은 고수와 나누어 갖고 있기 때문이다. 특히 남도지역 사람들일수록 추임새를 해야 할 자리와 추임새 이외의 사설을 던져야 할 대목들을 잘 잡아낸다. 이것을 흔히 판소리를 잘 알고 있기 때문이라고 하는데, 바꾸어 생각해보면 '판'을 운영하던 공동의 역할을 드러내고 고수와 분담된 본연의 역할에 충실하고자 하는 잠재심리의 발로일수도 있다.

판소리 노래형식을 보면, 판소리가 형성되고 발전해 온 과정 속에서 끼워넣기와 겨루기가 지속적으로 영향을 끼쳤음을 알 수 있다. 바로 더늠의 역사가 그것이다. 판소리에는 기본적으로 많은 명창들이 낸 더늠이 수도 없이 들어 있다는 뜻이다. 스스로 판을 짜서 자기 바디를 후세에 전해온 것이 판소

는 것은 끼워넣기와 겨루기에 대한 시각이므로, 컨텍스트에 대한 해석을 남도소리의 발전사 등으로 확대해석할 필요는 없어 보인다는 뜻이다.

리의 발전사라고 해도 과언이 아니기 때문이다. 옛 명창들이 많은 더늠을 넣고 스스로의 창조적 안목으로 자기 더늠을 포함시켜 판을 짜기 때문에 전승과 창조라는 이중 작업이 이루어지게 된다. 판소리 바디마다 더늠의 구성 방식이 다른 것이 이 때문이다. 송만갑의 춘향가나 정응민 춘향가의 초입에는 많은 명창의 더늠이 전하는데 견주어 정정열의 춘향가 초앞에는 주로 자기 더늠으로 판을 짜는 것 등이 이런 사례로 거론될 수 있다.[10] 여기서 주목할 수 있는 것은, 판소리도 향토민요나 남도잡가처럼 본래의 '판'에 자신의 '바디'를 끼워넣기하는 이면에 겨룸의 심리가 전제되어 있다는 것이다. 겨루기에 대한 심리적 요청이 없다면 본래의 판에 자신의 바디를 끼워넣을 이유가 없는 까닭이다. 따라서 만약 판소리를 더늠의 작곡자별로 돌림노래로 부른다면 어떤 형식이 될 수 있을까? 노래의 율격은 다를지라도 연행양상은 향토민요 혹은 남도잡가의 그것과 크게 다르지 않을 것으로 추측된다.

한편, 더늠에서의 겨루기는 판소리를 확장시키는 기능을 했다고 볼 수 있지만 창자와 고수간의 겨루기는 밀고당기기를 통한 음악 양식상의 변화를 꾀했다고 볼 수 있다. 남도잡가에서도 드러나는 현상임을 확인한 바와 같이, 향토민요에 비해 음악적 기량이 출중한 경우에 주로 나타나는 현상으로 보인다. 겨루기의 양상은 음악적 기량이 출중할수록 음악 구성 자체를 변화시키는 매개로 사용될 것이기 때문이다. 이런 사례 중의 하나가 판소리의 부침새가 아닌가 한다. 부침새는 가창과 장단에 공히 적용되는 현상인데, 원박과 사설의 관련 양상을 가리킨다. 리듬이 박자의 구속력을 벗어나지 않는 대장단보다는 박자의 구속력을 일탈하는 엇부침이 밀고 당김의 전형적 사례라고 할 수 있다. 엇부침은 밑부침, 잉애걸이, 완자걸이, 괴대죽 등을 든다. 밑부침은 사설의 의미상의 분절과 박자의 분절이 일치하지 않은 경우를 가리킨다. 잉애걸이는 싱코페이션을, 완자걸이는 헤미올라 현상을 가리킨다. 잉애

10 이보형, 「국악음악의 형식 : 판소리 음악구성의 틀 – 무가와 대비하여 –」, 『한국음악연구』 20집, 한국국악학회, 1992, 23쪽.

걸이와 완자걸이는 모두 일시적인 리듬상의 변화인데, 잉애걸이는 강박이 올 곳에 휴지가 옴으로써, 완자걸이는 리듬 패턴의 변화에 의해서 생긴다. 괴대죽은 박자의 구속력으로부터 완전한 일탈을 가리킨다.[11]

이런 부침새의 변화들은 수많은 세월동안 창자와 고수간의 겨루기를 통해 고착된 것이라고 생각한다. 창자는 정박을 벗어난 엇박자리에 사설을 끼워넣고, 고수는 또 정박을 빗겨간 사설 자리에 엇박을 끼워넣었을 것이기 때문이다. 물론 그 배경에는 추임새 등으로 끊임없이 끼어들기하고 간섭하는 청자들도 작지 않은 영향을 끼쳤을 것임에 틀림없다. 이런 겨루기의 양상은 현재의 판소리에도 상당부분 남아 있다. 지금도 창자와 고수가 서로 불러야 할 노래나 쳐야 할 장단을 언급하는 경우는 존재하지 않는다. 고수의 〈내드름 장단〉도 사실은 곡의 서두를 내주는 의미가 아니라, 자신의 기량을 겨루기 하는 것이라고 보는 것이 합당하다.[12] 특히 난장에서 연행되는 판소리일수록, 익숙하지 않은 관계일수록 겨루기의 긴장감은 커진다. 긴장감이 커질수록 난장의 효과는 배가되는 것이고, 극적 긴장감을 통해서 사실상의 '소리판'의 묘미가 확장된다고 할 수 있다.

경우는 좀 다르지만, 풍물판의 난장에 있어서도 끼워넣기 혹은 겨루기의 양상은 명료하게 나타난다. 풍물가락의 주고받음이 그렇고, 치고 빠지는 춤사위들이 그렇다. 예컨대 치고 빠짐이 없는 풍물의 가락은 묘미가 없다. 이것을 가락의 넘나듦이라고 표현할 수 있다. 짝드름, 짝쇠, 양장구, 양북 모두 이런 주고받음의 연행방식에 근거한 것들이다. 왜 이렇게 주고받을까? 그것은 주고받음의 겨룸 속에서 소리의 미학과 가락의 흥을 얻어내기 때문이라고 생각한다. 즉, 주고받음의 기본적 구조는 겨루기에 다름 아니며, 이 겨루기는 앞서 살펴보았던 향토민요나 남도잡가, 판소리의 양상에서도 공히 드

11 최동현, 「판소리장단의 부침새에 대하여」, 『판소리연구』 2집, 판소리학회, 1991, 59~60쪽.

12 옛 고수들은 판소리를 시작하기 전에 여러 가지 가락을 〈내드름〉으로 먼저 선보였다고 한다.

러나는 경쟁심리라고 말할 수 있다.

한편, 남도지역의 무가와 만가가 연행되는 '소리판'에서도 이같은 양상은 크게 달라 보이지 않는다. 여기서도 끼워넣기와 겨루기 등의 메커니즘은 충실하게 작동된다고 생각하기 때문이다. 예를 들어 남도의 마을 사람들이 씻김굿에서의 빼먹은 거리를 지적하거나 많은 사설과 선율들을 공유한다는 것은 역할을 위임한 공동창자의 권리를 드러내는 것으로 해석할 수 있다. 무가의 수용자적 태도가 아니라, 적극적 참여자로 '판'을 이끌어가고 있다는 뜻이다. 특히 씻김굿 중반부 이하 오신의 거리에서는 각 거리마다 사람들이 나와서 장기자랑을 하는 것을 필수로 여긴다. 무속의례인 씻김굿 속에 자신들을 끼워넣기 하는 것이며, 이 또한 겨룸의 심리가 발동한 것으로, 겨룸을 통해서 '판'이 이루어진다는 것을 체득하고 있는 것으로 보인다.

만가행렬에서도 동일한 현상이 나타난다. 진도의 경우 노제 등의 각 의례 말미에는 으레 호상꾼들을 놀려주기 위한 소리판이 벌어진다. 근래에는 이것이 유행가판으로 변하기는 했지만, 결국 만가를 수용하는 태도가 아니라, 적극 참여하여 만가행렬 자체를 주도하는 공동창자 본연의 임무를 수행하고 있다고 볼 수 있다. 1970년대 이전만 하더라도 마을마다 수 명의 상여소리꾼들이 있었다는 것은 시사하는 바가 크다. 특별히 일인 창자에게 역할모델이 주어지는 것이 아니었다는 뜻이다. 따라서 호상꾼들의 소리판이나 유행가판은 설소리꾼들에 의해 은닉되어 버린 공동창자의 임무를 대리하는 역할모델이라고 볼 수도 있다. 다시 말하면 적어도 '판'의 입장에서는 시대와 문화의 변화에 따라 그 역할모델이 변해오거나 은닉되어 왔을 뿐이지 민요 일반 혹은 남도소리의 공동작곡과 공동작사의 역할 자체가 소멸된 것은 아닌 것으로 본다는 것이다. 결국 생각해보면, 공동으로 참여하던 '판'을 통해 남도소리를 공유하던 남도사람들은, 사회적 문화적 혹은 역사적 요인들에 의해서 그 역할을 위임하거나 위임받았고, 그 역할에 알맞은 구조로 연행 현장이나 음악적 구조를 변화시켜온 것이 아닌가 생각된다.

4. '판'으로서의 남도소리의 성격 – 난장성과 시나위성

여기서 확인할 수 있는 것은 향토민요든 남도잡가든 판소리든, 그리고 씻김굿과 만가의 경우든 공통된 것은 '판'의 형성을 통해서 연행이 이루어졌다는 점이다. 즉, 판소리처럼 가창의 역할이 일인에게 주어져 있든, 남도잡가의 경우처럼 선창자들에게 주어져 있든, 향토민요처럼 공동의 참여자들에게 분담되어 있든, 컨텍스트는 공동이 참여하고 공동이 운영하는 소리판이라는 점이다. 따라서 남도소리판의 컨텍스트는 항상 공동의 참여자들이 일구어내는 공동의 장이며, '소리판'이라는 무대 안에서 끼워넣기와 겨루기를 통해 마치 씨름판을 벌이듯 소리양식을 전개시켜 왔던 것이다. 물론 향토민요와는 다르게 전문 소리꾼들에게 판의 역할이 위임된 장르일수록 추임새 등으로 간접 참여나 하는 변화가 있음을 확인한 바 있다.

그렇다면 이처럼 끼워넣기와 겨루기를 통해 구현해 내는 남도소리판의 성격은 무엇일까? 필자는 이것을 한마디로 '난장성'과 '시나위성'이라고 말할 수 있다고 본다. 판 자체가 난장을 지향하거나 그 컨텍스트 속에서 소리의 연행 양식이나 음악적 구조를 생성시켜왔을 것으로 생각하기 때문이다. 물론 끼워넣기와 겨루기가 돌림노래처럼 가시적인 형태로 드러나는지 판소리의 소리 양식처럼 이미 은닉되어 있는지가 다르게 나타나는 것일 뿐이다. 앞서 언급한 대로 난장은 곧, 판을 의미하는 것이요 이것은 축제의 의미라고 생각한다. 한 판 난장으로서의 굿은 결국 축제의 정신과 통한다. 기성의 가치에 대한 반란과 새것에 대한 끈질긴 열망이 전제되지 않은 축제는 박제화된 축제라고 할 수 있다.[13] 그래서 축제 곧, '판'에 참여하는 사람들은 끊임없이 자신을 끼워넣기 하거나 겨루기 하면서 전통에 대한 재창조를 감행한다고 생각한다.

13 곽병창, 「난장과 해원의 두 얼굴」, 『국어문학』 34집, 국어문학회, 1999, 405쪽.

한편, 축제의 다른 표현은 '굿'이라고 생각한다. 또 다른 말로 하면 '굿판'이다. 굿판에서는 굿을 연행하는 연희자와 구경하는 구경꾼이 따로 놀지 않는다. 적어도 남도소리를 매개로 하는 굿판에서는 그러하다. 끊임없이 끼워넣고 끼어들기하며 겨루기 때문이다. 이 겨루기는 춤사위의 밀고 당김, 가락의 밀고 당김, 노래의 밀고 당김을 통해 점점 긴장도 높은 컨텍스트를 형성한다. 참여자들은 점점 높아지는 컨텐스트 속에서 굿판의 하나의 목적이기도 한 일탈의 엑스터시 혹은 자정과 정화의 카타르시스를 경험하게 되는 것으로 보인다.[14] 이런 측면에서 끼워넣기와 겨루기의 목적을 난장에 두는 것은 난장의 판이 추구하는 카타르시스에 있다고 말할 수 있다. 따라서 자신을 끼워넣어 겨루는 경쟁구도는 상황 자체를 축제적 '판'으로 만들어주는 메커니즘이라고 말할 수 있다고 본다.

그래서인지 축제치고 겨룸이 없는 축제는 없다. 항상 경쟁의 구도를 통해서 절정을 유도하고 사람들은 그것을 통해서 카타르시스를 얻는 것으로 보인다. 물론 정숙형 축제가 있기 때문에 두 가지 측면을 전제할 필요는 있다. 흔히 마을축제에는 두 가지 양식이 있다고 말하기 때문이다. 하나는 유교식 동제라는 정숙형이고 다른 하나는 무속식이라고 하는 별신굿, 당굿 등의 소음형이다. 그러나 양자 모두 각각의 특징들이 있지만 공통적인 것은 일상적인 음의 과잉(+)과 결여(-)에 의해서 비일상적 분위기를 만들고 있다는 점이다.[15] 특히 후자의 경우는 음주가무나 고성방가 등으로 이해되는 일상성의 일탈을 의미한다. 이 모두 끼워넣기와 겨루기의 양상들이 일어나는 것은 동일해 보인다.

이렇듯, 겨룸의 양상은 마을의 축제인 동제나 민속놀이 일반에서도 빈번하게 나타난다. 민속놀이 일반에서 나타나는 겨룸의 메카니즘은 익히 알려

14 무속의 컨텍스트에서는 황홀경을 의미하는 엑스터시라는 용어가 적당하다고 생각하지만, 본고의 맥락상 정화라는 의미의 카타르시스라는 용어 사용이 적절하다고 생각한다.

15 최길성, 「축제의 〈난장〉에 대하여」, 『2006년 한일국제학술발표회-한일 축제문화 비교』, 비교민속학회, 2006, 16~17쪽.

져 있다시피 풍요다산의 기원과 재액의 희망을 구조화시킨 것이다. 줄다리기에서 나타나는 여성성이 그렇고 고싸움에서 나타나는 고의 교접 현상이 그렇다. 예를 들어 남녀 편으로 갈렸을 때 여성편이 이겨야 풍년이 든다는 등의 민간속설은 놀이 미디어를 유지시켜주는 담론으로서의 콘텐츠인 셈이다. 여기서의 놀이는 다름 아닌 신과의 소통을 영속시켜 풍요와 다산을 제공해주는 미디어로써의 매개이기 때문이다. 본고에서 살펴본 남도소리판의 끼워넣기와 겨루기도 사실은 이러한 축제의 정신에서 크게 벗어나지 않는다고 할 수 있으며, 남도소리판의 참여자들은 본원적으로 이러한 난장의 무질서를 욕망하는 것으로 보인다.

이러한 '판'의 컨텍스트가 예술화된 장르라고 해서 없어진 것은 아니라고 살펴본 바 있다. 예를 들어 판소리에서 '판'의 컨텍스트가 남아 있는 현상은 단연 추임새이다. 판소리의 컨텍스트는 추임새를 통한 창자와 청자의 교감이 전제되어야 하기 때문이다. 따라서 창자와 청자의 교감의 방식이 추임새라는 형식을 통해 드러나고 있고, 이것은 향토민요에서 확인한 바 있는 남도소리 일반의 연행방식 중에서 가장 중요한 맥락이라고 할 수 있다는 것이다. 청자들의 태도는 판소리를 경청하는 입장에 있는 것이 아니다. 적극적으로 판소리에 개입하면서 창자의 입장 혹은 스토리 속의 캐릭터 입장을 옹호하거나 인정해주는 태도를 표명한다. 이 입장의 표명이 없으면 판소리의 컨텍스트는 살아 있지 못하다고 해도 과언이 아니다. 그러므로 판소리의 연행방식 중의 가장 중요한 것은 청자와 창자의 추임새를 통한 끊임없는 커뮤니케이션에 있다고 할 수 있다.

여기서 판소리나 남도잡가의 판과 향토민요의 판이 분화된 맥락에 주목할 필요가 있다고 생각한다. 분화의 기점은 아무래도 끼워넣기와 겨루기가 가시화된 형태로 나타나는가, 은닉된 형태로 나타나는가에 맞춰질 수 있을 것 같다. 예를 들어 가창의 위계서열이 심화될수록 일인창자에게 역할 위임이 되면서 예술화된 양식으로 변화되어 나타난다고 볼 수 있다. 반대로 위계서열이 약할수록 겨루기의 형태는 보다 직접적으로 나타난다고 볼 수 있다. 전자는 판소리 혹은 남도잡가에 해당될 수 있으며 후자는 향토민요에 해당될 수 있다. 결국, 기량이 출중한 창자 혹은 연주가들의 집단 속에서는 끼워넣기와 겨루기 곧, 밀고 당기기의 가시적인 형태는 노래 양식 속에 함축됨으로써 은닉될 수밖에 없다고 본다. 이 은닉된 형태가 예술화된 양식으로 드러나게 된다는 뜻이다. 그러나 연행 양식 속으로 은닉되지 않은 향토민요는 끼워넣기나 겨루기의 가시적인 모습으로 잔존하던지 예술화과정을 밟더라도 은닉의 과정이 더딜 수밖에 없을 것으로 생각된다. 특히 역할 위임이 집중될수록 예술화의 밀도도 높은 것으로 이해된다. 따라서 본고의 논리대로 한다면 판소리가 가장 예술성이 높은 장르일 수밖에 없다. 결국 일인 창자와 고수에게 역할이 전적으로 위임되어 있는 판소리는 추임새로 끼어들기하는 공동의 참여자들을 몰입시키게 하기 위해서 극적 긴장감을 높이는 예술 양식으로 기능해야 한다는 것이다. 따라서 판소리의 '판' 능력을 높이는 것은 판소리 자체의 예술성을 위한 것이라기보다는 공동 연행의 의미를 복원하는 의미로 이해될 수 있다고 본다.

밀고 당기기가 예술화된 장르가 판소리에 국한되는 것은 아니다. 소리판이라고 하는 컨텍스트 속에서 탄생한 것이 사실은 시나위 음악이라고 볼 수 있기 때문이다. 실제, 장구 이외의 악기가 없는 시나위 구음판에 참여해보면 겨루기의 양상은 향토민요판과 흡사한 형태로 나타난다. 이런 구음판에서는 돌림노래의 형식을 취하기도 하고, 공동 가창의 형식을 취하기도 한다. 특히 공동 가창의 경우 겨루기의 양상이 두드러지는데, 이 겨루기를 통해 절묘한 조화가 일어나게 되고, 이것이 오늘날의 시나위음악으로 진화되었다고 볼 수 있다. 바꾸어 말하면 끼워넣기와 겨루기가 교묘하게 정리 정돈된 하이퍼텍스트 음악인 셈이다. 태그를 통해서 서로 물고 물리는 소통성, 이것이 절묘한 선율과 장단으로 구조화된 것이 오늘날 남도음악의 백미로 꼽히는 시나위라고 할 수 있다는 것이다.

물론 이 시나위성 음악도 난장의 겨루기를 전제로 한다. 그래서 난장성은 다시 시나위성과 연결된다고 본다. 시나위를 가능하게 한 난장은 앞서 살펴본 대부분의 사례들이 해당된다. 시나위는 잘 알려져 있다시피 각각의 악사들이 자유자재로 악기를 연주하면서 절묘한 조화를 이루어내는 남도 무속음악을 이르는 말이다. 생성 배경이 굿판임을 알 수 있다. 남도의 굿판은 특히 소리를 중심으로 하기 때문에 빼놓을 수 없는 남도소리판 중의 하나가 시나위판이다. 이 굿판에는 다양한 사람들이 모여든다. 심지어는 굿 자체를 훼방하는 사람들도 나타난다. 상가나 씻김굿 현장에서 약방의 감초처럼 빠지지 않고 나타나는 훼방꾼들이 그들이다. 특히 서남해 도서지역에서는 이런 사람들을 칭해 '돈을 주고 꾸어서라도 나타나는' 필연적인 등장인물로 친다. 굿판에서는 어김없이 나타나는 이 현상은 심도 있는 사례분석이 뒤따라야 하겠지만, 남도지역 굿판의 집단 무의식적 현상임에는 분명해 보인다. 이들은 술을 먹고 깽판을 부린다든가, 노래를 방해한다든가, 시비를 거는 등의 악역을 골라한다. 본인의 의지와 상관없이 이루어지는 필연적인 현상으로 보인다.[16] 그러나 이 흐트러짐도 사실은 씻김굿판의 끼어들기 혹은 겨루기적 맥락에서 이해할 수 있다고 본다. 상가라는 '판'을 운영하는 메커니즘일 수 있다는 것이다. 시나위음악은 바로 이 흐트러진 판에서 생성되었다. 시나위를 '허튼가락'이라고도 하는 본래적 의미에 대해 시사하는 바가 크다. 이 흐트러짐은 축제 혹은 '판'의 근본적인 속성이다. 흐트러뜨리기는 기본적으로 겨룸의 시각을 전제하고 있다. 겨룸이란 이기기 위한 것이고 이기기 위해서는 상대방보다 잘해야 하며, 잘하기 위해서는 상대방과 똑같은 음악을 연주하거나 똑같은 소리로 노래해서는 안 된다는 점을 전제하고 있다. 따라서 상대의 소리를 답습하거나 모사하지 않고, 자신만의 독특한 음악을 연주하고자 한다. 이것이

16 경우는 다르지만 예비군복만 입으면 180도 달라지는 대한민국 남성들의 태도에서 집단 무의식의 한 예를 볼 수 있을 것으로 생각한다.

시나위음악의 형성 배경인 셈이다. 그래서 시나위는 상호 이질적인 것들이 만나서 섞이는 구조를 지향한다. 새로운 장단, 새로운 사설 등 미지의 것들이 항상 끼어들기 때문에 가창자나 악사는 긴장을 늦출 수가 없다. 이러한 난장의 긴장감이 고도의 시나위음악을 만들어내는 것으로 보인다.

시나위판의 기본 음악인 남도무가의 기본적인 구조도 끼워넣기이다. 크게는 죽은자의 극락왕생을 염원하는 절차에 산자의 복락을 염원하는 의례절차를 끼워넣은 구조로 되어 있다. 작게는 앞서 살펴본 바와 같이 무가의 진행절차마다 마을사람들의 참여가 구조적으로 보장되어 있다. 따라서 마을 사람들의 적극적인 개입을 통해서 연행되는 무가는 난장성 혹은 축제성을 견인해낼 수 있지만, 의례 자체만으로 끝나는 무가는 감동을 불러일으키지 못한다. 끼워넣기와 겨루기의 시나위성을 확보하지 못한 때문으로 보인다. 시나위는 역설적으로 정돈하기 위해서 흐트러진 '허튼음악'인 셈이다. 난장의 연행방식, 축제의 목적과 일치하는 것으로 보인다. 물론 시나위음악을 구성하는 중요 매개들이 있다. 점진성과 가속성, 선율의 합리성도 매개들 중의 하나다. 그러나 이것만으로는 시나위음악이 가지는 고도의 테크닉을 해석할 수 없다. 타자로부터의 끼어듦을 통해서 그 겨루기를 통해서 상호 절정으로 다다르는 구조가 없다면 시나위음악의 완성은 보장하기 어렵다.

따라서 시나위는 기본적으로 이러한 연행 환경 곧, ' 남도소리판' 속에서 생성되고 발전해왔다고 생각한다. 남도소리의 기본적 선율이나 장단의 체계, 혹은 노래 구성의 방식에 있어서 항상 시나위가 전제되는 것은 이러한 컨텍스트가 존재해 왔기 때문이다. 이 끼어듦 혹은 겨룸의 컨텍스트가 더 이상 유효하지 않은 소리판은 따라서 생동적이지 못할 수밖에 없다고 본다. 왜냐하면 끼어듦과 겨룸이야말로 남도소리판의 기본적 구조라고 생각하기 때문이다. 이 끼어듦이 있음으로 해서 남도소리판을 더욱 풍성하게 만들고, 축제적으로 만들어간다고 본다는 것이다.

남도사람들의 남도소리에 대한 인식의 가장 중요한 전제는 이 끼어들기와 간섭하기에 있다고 할 수 있다. 따라서 남도소리를 통해서 본 남도사람들의 사유체계는 끼어들기와 간섭하기를 통해서 끊임없이 커뮤니케이션하는 소통의 관계망을 지향한다고 할 수 있다. 이 소통의 구조가 가장 잘 드러나 있는 것이 강강술래와 대동놀이라고 할 수 있다. 다만, 대동놀이는 겨룸을 통해서 총화를 도모하는 것이고, 강강술래는 연대적 손잡음을 통해서 개별적, 혹은 마을적 총화를 도모한다고 볼 수 있다. 노래의 형식에 있어서도 끼어들기가 항상 존재한다. 특히 독창의 방식 보다는 돌림노래를 통해서 연행되어질 때 총화의 의미는 더 확장된다고 하겠다.

5. 결론

본고는 남도소리판을 배경으로 기능해 온 컨텍스트를 끼워넣기와 겨루기라는 측면에서 고찰해 본 글이다. 끼워넣기와 겨루기는 남도소리판을 형성하는 기본구조라고 생각하였고 이를 통해 공동체를 기반으로 한 남도소리들이 형성되거나 변화되어 왔다고 판단하였다. 이를 위해서 남도소리판이라는 지리적 음악적 배경에 대해 살펴보았다. 대개 서도소리나 경기소리 등에 비해 확장된 개념으로 남도소리라는 용어가 사용되고 있으므로, 씻김굿, 만가 등의 의례적 소리판도 포함시킬 수 있다고 보았다.

축제성과 관련하여 판 자체가 축제의 의미를 내포하고 있다는 가정을 제시하였다. 따라서 본고의 전제는 진도아리랑이나 둥덩애타령 등의 향토민요는 물론 남도잡가, 판소리에 이르기까지 남도소리 전반을 '판'을 배경으로 한 음악이라는 점에 두고 있다고 할 수 있다. 따라서 만약 판소리가 공동참여의 '판'을 배경으로 하고 있지 않다면, 본고의 논리 자체가 허물어지게 되는 셈이다.

본래 '판'의 운영은 향토민요에서처럼 공동의 몫이었다고 생각했다. 그러나 시대적 혹은 문화적 변천에 따라 공동의 역할은 장르에 따라 달리 위임되는 것으로 생각하였다. 이 공동역할의 위임이 큰 장르일수록 밀고 당기는 겨룸을 통해서 예술화가 진척되었다고 보았다. 이것은 위임의 역할에 충실하고자 하는 내면의 심리적 발로라고 보았다. 가시적 경쟁구도를 통해 판을 운영하던 법칙이 끼워넣고 밀고 당기는 예술로 승화되어 오늘날의 판소리 같은 예술이 탄생하게 되었을 가능성이 높다는 점을 제시하였다. 이처럼 끼워넣기와 겨루기는 남도소리판을 운용하는 기본적인 법칙이라고 생각하는데, 이 겨룸이 심화되면 밀고 당기기가 격화되면서 난장의 카타르시스를 유도하기도 한다고 보았다.

결국 '판'으로서의 남도소리는 축제성을 내포한 난장성과 시나위성의 특징이 있다고 보았다. 난장성은 씻김굿이나 상가의 의례적 소리판이나 마을축제 등의 소리판에서 궁극적인 카타르시스를 제공해주는 메커니즘으로 기능한다고 보았다. 시나위성은 남도소리가 연행되던 '판'에서 끼워넣기와 겨루기를 통해 형성된 음악 형식이라고 보았다. 즉, 난장의 겨루기를 통해서 성악으로 예술화된 것이 〈판소리〉라고 할 수 있으며, 난장의 겨루기를 통해 기악으로 예술화된 것이 시나위 곧 〈판음악〉이라고 할 수 있다는 것이다. 따라서 남도소리판은 남도사람들의 끼워넣기와 겨루기라는 난장 운영방식을 공동의 '판'을 배경으로 생성, 변화, 발전시켜 온 콘텐츠(내용물)이자 미디어(매개체)라고 보았다.

(구비문학연구 2007. 6.30)

제 2 부 민속음악의 스토리텔링과 인터랙션

해물유희요의 스토리텔링과 섬사람들의 세계관-한국민요학, 2007. 6.30.

닻배노래를 통해 본 어로요의 리듬 분화와 인터랙션-한국민요학, 2008. 4.30

민요의 혼자 부르기와 여럿이 부르기에 대하여-한국민요학, 2009. 8.30

해물유희요의 스토리텔링과 섬사람들의 세계관

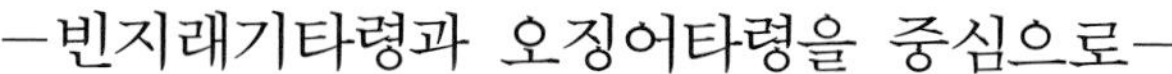

-빈지래기타령과 오징어타령을 중심으로-

1. 해물유희요의 노래하기와 말하기

〈빈지래기타령〉과 〈오징어타령〉은 각각 전남 진도와 완도에서 전승되어 온 유희요 중의 하나에 속한다. 대상을 풍자하고 희화화한다는 점에서는 언어유희요 속에 포함된다. 해물 혹은 '갯것'의[1] 형태를 모사한 민요이기 때문에 형태 모사형 민요 등으로 이름 지을 수 있고, 흉내놀이계 민요로 분류할 수도 있다. 아동개인유희요의 분류에 따르면, 조작유희요계, 모방유희요계, 동물유희요계, 자연유희요계 등의[2] 각편 성격을 다 지니고 있다고 생각된다. 실제 내륙의 동물을 대상으로 삼은 유희요를 동물유희요라고 부르는데, 도서해양을 기반으로 하는 해물을 대상으로 삼은 유희요는 희소하여, 이름을 붙일 정도가 아니었던 것으로 보인다. 채록되거나 조사 보고된 민요들이 많지 않기 때문이다. 본고에서 소재로 삼은 두 개의 해물유희요도 이들 중 대

1 개펄에서 나는 먹거리를 총칭하는 용어로도 사용되고, 섬사람들을 비하하는 용어로도 사용된다. 여기서는 전자의 개펄 먹거리를 총칭하는 용어로 사용하였다.

2 이창식, 『한국의 유희민요』, 집문당, 2002, 184쪽.

표적인 노래에 속한다고 본다. 필자가 파악하기로는 현재 보존되거나 전승되는 것으로 〈빈지래기타령〉을 들 수 있으며, 그 외에 〈오징어타령〉의 전승은 원활하지 않은 것으로 보고 있다. 동물유희요계가 단일한 동물을 들어 노래한 것이라면, 〈빈지래기타령〉과 〈오징어타령〉은 조간대에서 생산되는 해물을 망라했기 때문에 동일한 대상을 읊은 노래는 아니지만, 해물 혹은 갯것의 형태와 동작을 대상으로 노래했다는 점을 들어, 해물유희요라고 부를 수 있다고 본다.

해물유희요는 섬지역을 중심으로 불려졌던 것으로 보인다. 서남해 도서지역의 중심이라고 할 수 있는 진도, 완도 지역에서 발굴되었기 때문이다. 다만, 지리적으로 동일한 권역이라고 생각되는 신안지역에서는 발굴되지 않았다. 그것은 특별한 이유가 있어서라기보다는 발굴자들의 눈에 띄지 못하고 멸실되었거나, 필자가 아직 체크하지 못했을 가능성 때문일 것이다. 왜냐하면 전통적으로 진도와 신안지역은 논매는 소리를 절로소리로 부르는, '절로소리권역'으로 분류되는 지역이고, 완도를 포함하여 둥덩애타령, 산아지타령 등의 토속민요가 보편적으로 불려지는 권역이기 때문이다. 바꾸어 말해 토속민요를 공유한다는 것은 음악뿐 아니라, 민속문화적으로 동일한 문화권역이라고 해도 크게 무리가 아니라고 본다. 따라서 본고에서 제시하는 채록자료는 진도와 완도에 제한되지만, 해물유희요가 불려졌던 곳이 서남해 섬지역을 중심으로 하고 있었다고 말해도 큰 무리는 없을 듯하다.[3]

해물유희요는 대상을 해물로 삼고 그것을 희화화 했다는 점이 특징적이다. 해물로는 각양의 캐릭터들이 등장하고 그를 통해 세상을 풍자하는 경우가 대부분이다. 이렇게 풍소성을 지향하는 유희요는 말놀이와 말장난을 통해서 정서적 효과를 얻는 것이 보통이다. 특히 민요의 말하기 기능을 통해서

3 서남해 섬지역이라고 하면, 대개 협의의 서남해와 광의의 서남해로 구분하여 해석할 수 있는데, 본고에서는 신안, 진도, 완도를 중심으로 하는 협의의 서남해 섬지역이라는 뜻으로 사용하였다.

동류의 집단끼리 의식을 공유한다고 볼 수 있다. 그러나 단순하고도 범접해 보이는 이 말하기 기능 속에는 철학적 세계와 사유논리가 들어 있다는 사실을 간과해서는 안 된다고 본다. 모든 민요들이 그렇겠지만, 그 노래가 향유되어 온 이유가 있고 그 배경이 있을 것이기 때문이다. 특히 유희민요는 민요의 현장 혹은 삶의 현장을 풍자하는 사설의 기능성이 강조되기 때문에 풍소적 삶의 양상들이 도드라져 보인다고 말할 수 있다.

따라서 복합적 배경과 기능을 갖고 있는 민요와 그 사설들을 온전하게 읽어내기 위해서는 노래의 음악적 측면, 문학적 측면뿐만이 아니라 사설의 시적 기반까지 복합적으로 분석하는 것이 필요하다고 하겠다. 이것을 민속적 기반의 복합성, 혹은 음악과 문학을 아우른 제 3의 연구 지대라고 표현하기도 한다. 또 '노래론'이라는 맥락으로 파악하기도 하는데, 문학론과 음악론이 함께 참여하는 총론적 논의이기 때문에 그렇다는 것이다.[4] 이러한 전통 유희민요의 개방구조는 민요 자체의 놀이에만 한정되는 것이 아니라 민속예술 전반에까지 통용될 수 있는 틀로 인식되기도 한다.[5] 결국 지금까지의 관행처럼 민요를 음악적, 혹은 문학적 관점에서만 볼 것이 아니라, 민속학적 관점에서 바라볼 필요가 있다는 뜻으로 이해할 수 있다.

이런 맥락에서 본고에서는 조간대의[6] 해물을 직접 대상으로 노래하는 〈빈지래기타령〉과 조하대의[7] 해물을 포함해 노래하는 〈오징어타령〉을 민속학적 측면에서 분석해보고, 각각의 타령에 드러나는 말하기의 의미를 고찰해 보고자 한다. 그것은 해물에 투사된 노래주체로서의 섬사람들의 인식과 그들이 풍자하는 세계를 함께 읽을 수 있다고 보기 때문이다. 대체로 음악적

4 강등학, 「노래론을 위한 문학론과 음악론의 문제」, 『한국음악연구』 제26집, 한국국악학회, 1998, 18쪽.

5 이창식, 『한국의 유희민요』, 집문당, 1999, 4쪽.

6 조간대[潮間帶, intertidal zone] 만조 때의 해안선과 간조 때의 해안선 사이를 말한다. 연안대라고도 하며 해수면의 높이에 따라 상부 조간대, 중부 조간대, 하부 조간대로 구분한다.

7 조하대[潮下帶, subtidal zone] 조하대는 조간대(潮間帶)의 하부 지대로, 간조 시에도 물이 빠지지 않고 항상 물속에 잠겨 있는 부분을 말한다. 반면에, 만조 시에도 해수면보다 위에 있지만 간간이 파도가 도달하는 곳을 조상대(潮上帶)라고 한다.

의미는 선율의 분석을 통해서 할 수 있지만, 말하기의 의미는 사설 분석과 그 배경 분석을 통해서 드러낼 수 있다고 생각한다. 특히 사설 속에 등장하는 각종 캐릭터들에 주목함으로써 섬사람들이 해물이라는 투사물을 통해 이야기하고자 하는 것에 대해 고찰할 수 있다고 생각한다. 이 이야기하기의 맥락은 스토리텔링이라는 용어로 정리할 수 있다. 유희민요에 있어서 말하기 기능이 강조되는 것은 주된 전달 내용이 스토리에 있음을 말해주기 때문이다. 사건 진술의 내용을 스토리라 하고, 사건 진술의 형식을 담화라고 할 때, 스토리텔링은 스토리, 담화, 스토리가 담화로 변하는 과정 이 세 가지를 모두 포괄하는 개념으로 이해된다.[8] 이야기에서의 담화형식은 구술이지만, 유희요에서의 담화는 노래하기인 셈이다. 곧, 빈지래기와 오징어라는 캐릭터들의 노래하기를 통해서 섬사람들은 자신들의 '스토리'를 공유해왔다고 볼 수 있다는 것이다.

2. 해물유희요의 전승과 특성

〈빈지래기타령〉과 〈오징어타령〉은[9] 매우 짧다. 내용은 조간대 및 조하대에서 생산되는 어류와 해초류들을 노래한 것이다. 내륙지역에서는 이런 형식의 노래가 곤충 혹은 동물과 관련된 유희요로 불려지는 경우가 있다. 앞서 언급한 동물유희요계의 노래들이 그것이다. 그러나 해물을 대상으로 부르는 노래는 본고에서 살피고자 하는 조간대 및 조하대를 대상으로 하는 것 외에는 찾아보기가 힘들다. 도서해양을 기반으로 하는 민요는 주로 고기잡이에 소용 있는 어로요들이 주류라고 할 수 있으며, 유희요는 만선과 풍어 등의

8 이인화, 『디지털스토리텔링의 이해』, 한국데이터베이스진흥센터, 2006, 10쪽.

9 허경회, 「보길도의 구비문학자료」, 『도서문화』 제8집, 목포대학교 도서문화연구소, 1991, 3, 48쪽, 69쪽; 『MBC 한국민요대전』 2, 전라남도편, 문화방송, 1993. 10, 488쪽.

풍장굿에서 일부가 불려질 뿐이다.

〈빈지래기타령〉은 진도 외 지역에서는 전승되지 않은 것으로 보이는데, 진도 내에서는 짧은 가사임에도 불구하고 이 노래가 가진 해학성 때문인지 그 회자의 빈도가 높았던 타령이라고 할 수 있다. 먼저 타령의 제목이기도 한 빈지래기라는 어종에 대해서 살펴보겠다. 빈지래기는 '빈지럭' 혹은 '빈지럭지'라고도 표현한다. 주 어종이 아닌 허드레 어종이라는 뜻을 강하게 내포하고 있다. 비린내가 나는 어종이라는 뜻으로 이해된다. 그러나 이 말은 국어사전이나 우리말 갈래사전, 혹은 전남방언 사전에도 나와 있지 않다. 순수하고 전통적인 지방어임에는 틀림없어 보이는데, 방언으로 기록되지 않은 이유는 잘 모르겠다. 사용처는 전남권 전역에 골고루 퍼져 있는 것으로 판단된다. 부르는 사람들에 따라 한 종의 고기를 지칭하는 말로 쓰이거나, 하찮은 종의 물고기군이라는 의미로 쓰이는 점 등이 다르게 나타날 뿐이다. 대개 전남지역 사람들은 '전어' 혹은 '되미(대미)'라는 고기를 '빈지래기'나 '빈지럭지'로 표현하는 사례가 많다.[10]

〈빈지래기타령〉은 문자 그대로 타령이라는 곡으로 불린다. 이렇게 타령이라는 이름을 가진 노래들은 서남해 섬지역에도 많다. 물레타령, 새타령, 홍타령, 까투리 타령, 아리롱 타령, 둥덩애 타령, 방아타령, 매화타령, 엿타령, 장타령, 사리롱 타령 등이 그것이다. 물론 이런 타령류의 노래들도 민요의 일반적 특성 즉, 노랫말을 짓거나 곡을 지은이가 존재하지 않는 특성을 가진다. 그러나 빈지래기 타령은 해방 후부터 진도지역에 판소리 강습을 행하던 이병기씨가 작창했다고 전해진다.[11] 아마도 현재 전승되고 있는 지산면 소포리와 거제리의 동호인들이 이병기에게서 판소리를 배운 전력이 있어 그렇게 알려진 것으로 보이지만 작창의 진위가 확실한 것은 아니다. 진도읍에 거주

10 필자는 이 용어의 어원이 '비린내'에 있다고 생각한다. 비린내가 나는 고기라는 뜻에서 하찮은 물고기라는 뜻으로 전이되었다고 생각한다는 뜻이다.

11 판소리와 토속민요를 진도 내에 강습하였던 진도 최고의 판소리 선생.

하던 곽문환, 지산면 거제리의 박성길 등도 〈빈지래기타령〉을 전승해온 바 있다. 지산면 소포리에서는 〈소포노래방〉을 중심으로 빈지래기 타령을 전승 보존하고 있다. 작창자로 알려진 이병기는 판소리를 가르치던 사람이었으므로, 이씨에게 소리를 배웠던 제자들은 판소리영향을 많이 받았을 것으로 판단된다. 실제 거제리의 박성길은 동일한 선율의 노래를, 목을 눌러 소리를 내는 판소리 창법으로 부르기도 한다. 그러나 지산면 소포리의 '노래방지기'라고[12] 할 수 있는 한남예를 중심으로 전승되고 있는 〈빈지래기타령〉은 판소리 창법의 경향을 전혀 보이지 않는다.[13] 물론 선율적 측면에서도 그렇고, 개펄을 배경으로 한 해물을 사설로 읊는다는 점에서 보더라도 남도민요의 범주에 속한다고 말할 수 있다. 현재 〈소포노래방〉 회원들이 새 틀로 짜서 연행하고 있는 〈소포베틀노래〉는 〈빈지래기타령〉, 〈물레타령〉, 〈둥덩애타령〉 등이 혼합되어 있는 곡으로 〈빈지래기타령〉이 메들리로 불려지는 경우라고 할 수 있다. 〈빈지래기타령〉의 전문을 보면 아래와 같다.

〈진도 빈지래기타령〉

병이 났네 병이 났네/ 빈지래기가 병이 났네
화랑기 한테로 점하로 간께/ 꼬막 삼춘이 들었다고
방기는 밥을 하고/ 반지락 아짐씨 손비비고
운조리는 나와 피리불고/ 짱뚱이는 깡짱 뛰어/ 징을 두리뎅뎅 울리고
대롱은 북을 치고/ 쏙대기 할놈은 장구치고

12 진도군 지산면 소포리에서 전통적으로 민요를 전승 보존시켜온 연행그룹이다. 진도아리랑을 비롯하여 진도 토속민요 등을 농한기를 이용하여 학습하거나 자족적 연행을 한다. 때때로 진도읍에서 개최되는 행사에 초청되기도 하고, 토요민속공연에 참여하기도 하면서 진도아리랑 등의 토속 민요를 전승하고 있다.

13 빈지래기 타령에 있어, 판소리 형태나 민요의 형태를 특정한 조건에 의해 구분 지을 수 있는 것은 아니다. 다만, 거제리의 박성길 옹이 부르는 빈지래기 타령은 판소리목(굵게 눌러서 내는 목)으로 부르고, 소포리의 한남예 등이 부르는 빈지래기 타령은 둥덩애타령과 비슷한 민요목으로 부르는 점이 다르다.

뻘떡기는 춤을 추고/ 갈포래는 넋을 몰아/ 영정부정을 내가실제

물밑에 소랑삼춘은 / 막걸리 한잔에 횟틀어졌네/ 요런 제 변이 또있냐.

〈악보 1〉 진도 빈지래기타령

노래/ 한남예(진도군 소포리)
채보/ 이윤선
제보일/ 2005. 10
병 이 났 네 병 이 났 네 빈 지 래 기 가 병 이 났 네
화 랑 기 한 테 졈 하 러 간 께 꼬 막 삼 춘 이 들 었 다 고
방 기 는 나 와 피 리 불 고 반 지 락 아 짐 씨 손 비 비 고

이에 반해 〈오징어타령〉은 현행되는 곡을 채록하지는 못하였다. 진도지역의 〈빈지래기타령〉이 '소포리 노래방'을 통해서 전승되는 데 비해 그 전승이 원활하지 못한 때문이라고 생각한다.[14] 따라서 기왕의 녹음자료들 중에서, 〈MBC 민요대전〉에 실려 있는 〈오징어타령〉의 전문을 보면 아래와 같다. 이 외에도 〈오징어타령〉은 두 편의 각편이 채록되어 있는데,[15] 음원을 확보하지 못

14 2004년 필자가 〈오징어타령〉의 전승지 중의 한 곳으로 알려진 완도군 소안도에서 제보자를 물색했으나 찾지 못한 경험이 있기 때문이다.

15 〈오징어타령 2〉 (완도군 보길면 백도리, 최송진(여, 85, 1989, 6, 21, 허경회 조사)
오징애여 오징애여/ 강원도 압록강 진록강 오징애야
오징애 대장이 죽었으니/ 오징에 부목을 누가갈까
키큰 갈치보고 가라하께/ 앞채 민다고 아니가고
키적은 꽁치보고 가라하께/ 뒤채 민다고 아니가고
새대란 놈보고 부목가라하께/ 휘장 두른다고 아니가고
개고리 할 놈보고 부목가라하께/ 호박이 널 뛴다고 아니가고
대미란 놈보고 부목가라하께/ 짓상에 오른다고 아니가고
뽈떡기 보고 부목가라하께/ 춤을 춘다고 아니가고
문저리 보고 부목가라하께/ 절대 분다고 아니가고
오징애랄놈 하는 소리/ 내가 죽으믄 널이 없냐

하여 그 선율을 확인하지는 못하였다. 다만, 내용이 유사한 것으로 보아 선율 또한 유사하지 않을까 추정해 볼 따름이다. 대부분의 향토 민요들이 그렇지만 지금은 현장에서 전승되는 경우가 매우 희소하다. 진도 소포리노래방의 경우처럼 특별한 사례가 아닌 이상은 현장 전승의 맥락이 끊겼다고 볼 수 있기 때문이다.

〈완도 오징어타령〉

죽었구나 죽었구나/ 오징에랄 놈이 죽었구나
오징에랄놈이 죽었는디/ 부목 갈이가 전히 없네
까잘미랄 놈 너 가거라/ 깔방석 깔란께로 못 가겄소
간제미랄 놈 너 가거라/ 호방성 들란께로 못 가겄소
서대랄 놈 너 가거라/ 휘장배 두를란께 못 가겄소
꽁치랄 놈 너 가거라/ 영정대 설란께로 못 가겄소
짱에랄 놈 너 가거라/ 쟁앳대 설란께로 못 가겄소

부목을 쓰잔들 먹통이 없냐/ 부목을 쓰잔들 먹통이 없냐
죽을 수잔들 된장이 없냐/ 설혼수매유대구내
양조로 걸러쓰고/ 북망산천을 가고보니
이놈 어느 상제간이 날 찾아오냐/ 어느 자석이 날 찾아오냐
이놈 한나 뿐리로구나/ 북망 산천에 누서보나
새파리란 놈 벗을 삼고/ 냇짐쟁이 집을 짓고
어느날 친척이 날 찾아오까/ 어느날 자석이 날 찾아오까/ 이놈한나 뿐이로구나

〈오징어타령 3〉(완도군 보길면 통리, 곽양덕(여, 90, 1989, 6. 21 ,허경회 조사)
떠들어온다 떠들어온다/ 오징애 한쌍이 떠들어온다
갱물강도 있제마는 / 민물강으로 떠들어온다
오징애 한쌍이 죽었구나/ 줄이 없어 너죽었냐/ 널이 없어 너죽었냐
오징어 봉판막을 갈아라/ 부고장이나 쓰고보자
개고리한테로 부고한께/ 못가겄네 못가겄네/ 호방상 뜨랑께 못가겄네
뻘떡기한테로 부고한께/ 못가겄네 못가겄네/ 춤치랑께 못가겄네
조고한테로 부고한께/ 못가겄네 못가겄네/ 상자되란께 못가겄네
대구한테로 부고한께/ 못가겄네 못가겄네/ 호방상뜨랑께 못가겄네
갈치한테 부고하니/ 모가겄네 못가겄네/ 만사뜨랑께 못가겄네
숭에한테로 부고하니/ 못가겄네 못가겄네/ 짓상에 오르란께 못가겄네
병치한테로 부고하니/ 못가겄네 못가겄네/ 조랫병하란께 못가겄네
간재미한테로 부고한께/ 못가겄네 못가겄네/ 호방상뜨랑께 못가겄네

우럭할 놈 너 가거라/ 울음을 울란께 못 가겄소

운저리랄 놈 너 가거라/ 피리를 불란께 못가겄소

벌떡기랄 놈 너 가거라/ 춤을 칠란께 못 가겄소

도미랄놈 너 가거라/ 설소리 줄란께 못 가겄소

순팽이랄 놈 너 가거라/ 나눠멕이 할란께 못 가겄소

고등에랄 놈 너 가거라/ 돼지 잡은께 못 가겄소

숭에랄 놈 너 가거라/ 장고 칠란께 못 가겄소

문에랄 놈 너 가거라/ 벵풍 칠란께 못 가겄소

낙지랄 놈 너 가거라/ 연푸 간께 못가겄소

갈이 없네 갈이 없네/ 부목갈이가 전히 없네

줄은 빼서 닻줄 삼고/ 먹통은 빼어서 만사 씨고

재널을 잡어타고/ 칠선바닥을 건넨구나/ 어이가리 넘자 너화요

〈악보 2〉 완도 오징어타령

노래/ 박성님(완도군 노화 충도리)
채보/ 이윤선
제보일: 1990. 3월
실음 5도 아래
죽 었 구 나 죽 었 구 나 오 징 애 랄 놈 이 죽 었 구 나
오 징 애 랄 놈 이 죽 었 는 데 에 부 목 갈 이 가 전 히 없 네

〈빈지래기타령〉의 경우, 노래를 부르는 사람들 간에 약간의 오차는 있지만 위의 사설에서 크게 벗어나는 것은 아니다. 선율은 육자배기토리를 사용하고 있다. 또 육자배기 권역의 다른 토속민요에 비해 엇청인 레음을 사용하는 빈도가 더 한 것으로 보아 약간은 다듬어진 민요라는 생각이 든다.[16] 따라서 서남해도서지역의 토속 민요로 알려져 있는 둥덩애타령이나 산아지타

령 보다는 후대의 민요라고 볼 수 있는 여지가 있는 셈이다.

반면에 본고에서 인용하는 〈오징어타령〉은 경토리를 사용하고 있다.[17] 또 채록된 각편들이 생략, 축소 혹은 더늠 등의 변별 요소를 가지고 있다. 경토리를 사용한다는 점은 유랑패의 영향 이후에 만들어졌을 가능성을 말해주는 것이다. 왜냐하면 여타의 경토리가 남도지역에 유입되는 경로가, 주로 남사당을 비롯한 유랑패들의 영향에 의한 것으로 알려져 있기 때문이다. 한편 각편이 여러 개 있다는 것은 오랜 세월동안 많은 사람들에 의해 불려져 왔다는 반증이라고 할 수 있을 것이다. 이 점을 고려하여 두가지 가설을 세워본다면, 선율로만 봤을 때는 경토리 선율의 이입 후에 새로 만들어졌다고 볼 수 있으며, 각편의 종류로 봤을 때는 본래 육자배기토리로 불리던 선율이 변화되었을 가능성을 생각해 볼 수 있다. 어쨌든 노랫말의 측면에서 보면, 해물을 대상으로 하는 유희요를 다른 곳에서 찾아보기 힘들기 때문에 〈오징어타령〉이 완도라고 하는 도서적 특성을 지니고 있는 것만은 사실이라고 하겠다.

이상의 〈빈지래기타령〉과 〈오징어타령〉의 선율분석을 통해서 확인할 수 있는 것은, 해물유희요라는 측면에서는 상사적이지만, 선율이라는 측면에서는 상이적이라고 말할 수 있다. 그러나 선율이 다르다는 이유로, 즉, 이러한 음악적 변별 요소만을 가지고 문화적 차이 등을 이야기 하기는 곤란하다고 본다. 왜냐하면 아직 사설의 의미를 포함한 민속학적 의미를 따져보지 않았기 때문이다. 특히 전승지에 대한 배경 정보 또한 이 노래의 의미를 따져 묻는데 기여할 한 요소라고 생각된다. 그래서 비록 현상적인 것이라 할지라도, 〈오징어타령〉이 유독 완도지역에서만 채록되었다는 사실, 그리고 〈빈지래기타령〉이 진도지역에서만 전승되고 있다는 사실 등을 염두에 두어야 할 것

16 그러나 진도지역의 향토민요는 레음을 사용하는 경향이 현저하게 나타난다. 물론 씻김굿 음악 등 보다 전문적인 데서 현저하게 나타나는 현상이긴 하지만, 이것을 근거로 전문가들에 의해서 불려진 노래로 단정할 수는 없다고 생각한다. 즉, 이 음의 사용이 앞서 예로 든 이병기 등의 작창을 증거해 준다고 보지 않는다는 것이다.

17 문화방송, 『MBC 민요대전』 (2) 전라남도편, 1993, 488쪽.
1990. 3.27. 노화읍 충도리, 앞소리 : 박성님, 여, 1919.

같다. 이것은 전술하였듯이 해물유희요들이 서남해 섬 지역에서 보편적으로 불려졌을 것임을 전제하더라도, 각각의 섬이 가지고 있는 배경적 특성을 고려할 필요가 있다는 뜻이다. 예를 들어 〈빈지래기타령〉은 주로 개펄을 중심으로 삼고 살아 온 사람들에게 향유되던 노래였을 가능성이 높다고 할 수 있다. 등장하는 캐릭터들이 주로 개펄을 중심으로 서식하는 해물들이고, 채록지採錄地도 그와 연관된 지역이라는 사실이 이를 증명해 준다고 본다. 반면에 〈오징어타령〉은 〈빈지래기타령〉에 비해 상대적으로 개펄이 적은 지역일 가능성이 높다고 말할 수 있다. 등장하는 캐릭터들이 주로 조하대의 해물들을 대상으로 삼고 있는 까닭이다.

3. 캐릭터의 스토리텔링과 굿판의 서사

〈빈지래기타령〉에 나타나는 캐릭터들은 화랑게, 방게, 바지락, 운저리, 짱뚱어, 대롱, 쏙대기, 뻘덕게, 갈파래, 소라 등이다. 이들은 모두 조간대에서 서식하는 해물로 주류 어종이나 해초에 들지 못하는 것들이라고 할 수 있다. 〈오징어타령 1〉에 나오는 캐릭터를 보면, 오징어, 가자미, 간재미, 서대, 꽁치, 장어, 우럭, 운저리, 뻘덕게, 도미, 순팽이, 고등어, 문어, 낙지 등인데, 〈오징어타령 2〉에서도 갈치, 서대, 되미(대미), 뻘덕게, 운저리 등으로 일부 해물들이 생략되었을 뿐 조하대의 해물이라는 맥락은 동일해 보인다. 〈오징어타령 3〉에서도 뻘덕게, 조기, 대구, 갈치, 숭어, 병치, 간재미 등으로 나타난다. 다만, 〈오징어타령 2〉와 〈오징어타령 3〉에서 개구리가 등장하는 것은 해물이 아니라는 점에서 특이한 현상으로 보이지만 이것이 해물이라는 전체적인 맥락을 훼손한다고는 볼 수 없으므로, 크게 문제 삼을 부분은 아니라고 생각된다.

이상 열거하였듯이 〈빈지래기타령〉에 나타나는 캐릭터들은 주로 조간대

어업 중에서도 주목받지 못하는 어종과 해조류로 구성되어 있음을 알 수 있다. 특히 개펄 어업과 관련된 어종이 많다는 점을 금방 확인할 수 있다. 대개 화랑게, 방게, 바지락, 운저리, 짱뚱어, 대롱, 쏙대기 등은 개펄에서 서식하는 것들이다. 패류와 어류 중에서도 진도지역의 개펄에서 가장 많이 서식하는 종류들을 열거해놓은 셈이다. 그러나 〈오징어타령〉에 나오는 캐릭터들은 조간대와 조하대를 아우르는 어종으로 구성되어 있다. 이것은 노래의 전승지와 밀접한 관련이 있어 보인다. 〈빈지래기타령〉이 주로 발굴된 진도군 지산면 지역은 소포만의 깊은 내만內灣과 '보전개' 및 '거제개'라는[18] 개펄을 중심으로 한 지역이다. 이곳 사람들은 주로 이 개펄에서 조간대 어업을 한다. 그러나 완도군 보길도 혹은 노화도 등은 조간대의 어업은 물론 조하대의 망어업이나 주낙 어업을 중심으로 삼는 지역이다. 〈빈지래기타령〉에 나오는 해물보다는 오징어, 문어 등의 해물을 대상으로 조업을 한다. 망어업과 관련된 어종들이 주로 등장하는 것은 이같은 환경 때문으로 보인다. 이상의 내용을 정리하면, 해물유희요에 등장하는 캐릭터들은 각각 전승지역의 해양환경과 밀접하게 관련되어 있다고 말할 수 있다. 각각의 전승지역에서 가장 익숙한 해물들을 캐릭터로 등장시켰다는 뜻이다.

여기서 한 가지 주목할 것은 위 민요에 등장하는 해물들이 해당 지역의 조간대와 조하대의 해물을 망라하고 있지는 않다는 점이다. 실제 조간대와 조하대를 망라하여 서식하는 해물과 조업의 대상이 되는 해물들은 위 민요에 나오는 것보다 훨씬 많기 때문이다. 이것은 조간대와 조하대의 해물 중에서, 섬사람들의 '어떤 요구'에 의해 캐릭터들이 선택되었음을 말해준다. 이 선택은 물론 섬사람들이 이야기하고자 하는 '스토리'를 드러내주기에 적합한 요소를 지니고 있어야 할 것이다. 이 요소는 대개 해당 해물들의 형태와 관련되어 나타난다. 형태와 관련되었다는 것은 그 생긴 모양이나 움직이는 형

18 보전리 앞에 있는 개펄, 거제리 마을 앞에 있는 개펄을 말한다.

태에 따라 민요판의 캐릭터로 선택되었음을 암시해 준다. 한편 이 모양들은 대개 댓구형식으로 이루어져 있고 서로 짝이 되는 대상물의 속성을 지니고 있다. 〈빈지래기타령〉과 〈오징어타령-각주의 오징어타령까지 포함하여〉에 나타나는 댓구 구조를 통해 그 속성을 살펴보면 아래와 같다.

〈빈지래기타령〉

화랑기-꼬막삼춘/ 방기-밥/ 반지락-손비빔/ 운조리-피리/ 짱뚱이-징울림/ 대롱-북/ 쏙대기-장구/ 뻘떡기-춤/ 갈포래-넋/ 소랑-틀어짐.

〈오징어타령〉

갈치-앞채/ 꽁치/ 뒷채/ 새대-휘장/ 개고리-호박널뛰/ 되미(대미)-짓상/ 뻘떡기-춤/ 문저리-절대/ 오징애-널, 먹통, 된장/ 오징애-줄, 널, 부고장(봉판막)/ 개고리-호방상/ 뻘떡기-춤/ 조고-상자/ 대구-호방상/ 갈치-만사/ 숭에-짓상/ 병치-조랫병/ 간재미-호방상/ 까잘미-깔방석/ 간제미-호방성/ 서대-휘장배/ 꽁치-영정대/ 짱에-쟁앳대/ 우럭-울음/ 운저리-피리/ 벌떡기-춤/ 도미-설소리/ 순팽이-나눠맥이/ 고등에-돼지/ 중에-장고/ 문에-벵풍/ 낙지-연푸

먼저 〈빈지래기타령〉에 나타난 가사의 댓구를 보겠다. 화랑기(화랑게)와 꼬막삼촌(꼬막)은 조간대의 해물이라는 점 외에는 동일한 점이 없어 보이지만 전개상의 필요에서 거론된 것으로 보인다. 방기(방게)는 게가 거품을 보글보글 뿜어내는 모양이 밥솥에서 김이 끓는 모양과 비슷하다. 반지락(바지락)은 알맹이의 형태가 손바닥과 비슷하여 손을 비비는 모양과 댓구를 이루었다. 운저리(운조리 혹은 문절망둑)는 길게 생긴 모양새를 피리와 대비시킨 것으로 보인다. 짱뚱이(짱뚱어)는 뛰는 모양 혹은 징채의 모양을 들어 징울림에 비유한

것으로 보인다. 대롱은 백합처럼 생긴 조개를 말하는데 대략 북의 모양과 비슷한 형용이라고 할 수 있다. 쏙대기는 허리를 오무렸다가 톡 톡 튀어가는 모양 혹은 꼬리를 내리칠 때 탁 탁 내는 소리를 장구 치는 것에 비유한 것으로 보인다. 뻘떡기(뻘덕게)는 왕발을 포함한 엉기적거리는 걸음새를 춤사위에 비유한 것으로 보인다. 갈포래(갈파래)는 너풀거리는 모양이 씻김굿에서의 넋전 나부랭이가 흔들거리는 모습과 비슷하여 비유한 것으로 보인다. 소랑(소라)은 틀어진 모습은, 술 취해 비틀어진 형용에 직접 비유하였다.

〈오징어타령〉의 경우도 크게 다르지 않다. 갑오징어의 석회질뼈인 '갑'은 넓다는 의미에서 '널'에 비유되었고 등판의 외투막(봉판막)은 부고장으로, 발은 '줄'로 비유되었다. 갈치와 꽁치는 길고 넓적한 형태를 지니고 있기 때문에 채나 대에 비유한 것으로 보인다. 개고리는 파충류이지만 뛰는 모습을 널뛰에 비유하였고, 뽈떡기(뻘덕게)는 〈빈지래기타령〉과 동일한 의미에서 춤에 비유했다고 본다. 대미(도미), 숭어, 대구 등은 넓적한 형태를 제사상에 비유하였다. 문저리(문절망둑)는 긴 형태와 빡 빡 거리는 소리 때문에 피리나 젓대에 비유된 것으로 보인다. 갈치, 서대는 긴 형태 때문에 만사(만장)에 비유되고 병치(병어)는 곡선 형태 때문에 조릿병에 비유되었다고 본다. 이외에 조고(조기)는 신산조기에서[19] 알 수 있듯이, 서남해에서 가장 중요시되는 제물이기 때문에 상자(상주)에 비유된 것으로 보인다. 우럭은 낱말의 발음상의 친연성 때문에 울음으로 비유되었을 것으로 보인다. 연푸(연포)는 실제 낙지를 감아서 익힌 음식을 말하기 때문에 직접 인용이라고 볼 수 있다. 문어는 아마도 넓게 벌어지는 여덟 개의 발 때문에 병풍에 비유되었다고 생각된다. 중에(장어)가 장고에 비유된 것은 〈빈지래기타령〉과 동일하게 형태 및 소리와 관련있어 보인다. 다만, 도미가 왜 만가의 앞소리를 의미하는 설소리에 비유되었는지는 잘 모르겠다.

19 조기잡이에서 가장 먼저 잡은 양질의 조기를 '신산조기'라고 하는데 이 조기로 선상에서 조상에게 감사의 제사를 지낸다.

어쨌든 극히 일부를 제외하고는 모두 그 생김새와 움직이는 형태 등에 따라 캐릭터가 선택되었고, 또 댓구가 이루어졌음을 확인할 수 있다. 따라서 각각의 해물들은 댓구를 이루는 대상물의 성격을 투사하고 있다고 말할 수 있다. 다시 말해서 이것은 섬사람들이 이 노래를 통해 공유하고자 하는 '스토리'를 해당 대상물이 이야기해주는 구조라고 말할 수 있다는 것이다. 나아가 이 선택된 캐릭터들을 통해 댓구를 이루는 대상물의 성격을 드러내었고 그 대상물들은 노래를 통해 '스토리'를 '텔링'하고 있는 셈이라고 할 수 있다. 이 스토리는 이미 가사를 통해서 드러났듯이 서남해 섬지역의 전통적인 판,[20] 그 굿판임이 명료해 보인다.

〈빈지래기타령〉에서는 '젯밥'을 지어서 '손비빔굿'을 하는 시나리오로 시작을 한다. 서남해 섬지역의 전형적인 씻김굿판의 모습임을 짐작할 수 있다. 이어서 피리, 징, 북, 장구가 등장하고 넋전이 등장하며 이내 춤판이 벌어진다. 또 굿판의 감초격으로 등장하는 음주와 가무가 굿판을 형성한다. 〈오징어타령〉에서도 각편에 따라 약간 다르긴 하지만, 오징어의 죽음을 두고 갖가지 캐릭터들이 그 형상대로 상례와 굿판을 준비한다. 〈빈지래기타령〉의 굿판에서와 마찬가지로 상가의 의례절차만 이야기되는 것이 아니라, 또 하나의 굿판이 형성되고 있음을 알 수 있다. 춤과 설소리, 장고 등이 등장하는 것은 이러한 맥락을 말해 준다. 결국 〈빈지래기타령〉에서는 '씻김굿판'을, 〈오징어타령〉에서는 '만가판'을 이야기하고자 했지만, '판'이 가지고 있는 서남해 섬지역의 정서를 담아내고 있다는 데서는 동일한 맥락인 셈이다.

이상을 정리해보면 앞서 말한 섬사람들의 '어떤 요구'라 함은 굿판의 이야기를 전달해 줄 요구를 말하는 것이다. 캐릭터의 선택은 공유하고자 하는 스

20 판은 문자 그대로 '벌어진 자리, 또는 그 장면'을 말한다. '벌어진 자리'는 공간적 접근이요, '벌어진 장면'은 시감각을 보탠 접근이다. 따라서 여기서의 판은 판소리의 판이 될 수도 있고 민요의 판이 될 수도 있으며 무가나 만가가 연행되는 판이 될 수도 있다. 판소리의 판으로 말하면 공연의 형태를 띤 판일 것이고, 민요의 판으로 말하면 노동의 현장이나 유희의 현장이 중심이 될 것이며, 무가나 만가의 판으로 말하면 의례 연행의 현장이 중심이 될 것이다. 또 '판을 깨다', '판이 벌어지다', '판에 끼어들다' 등의 예문에서 볼 수 있듯이 공동으로 이루어지는 행위양식을 뜻하는 말임에는 분명해 보인다. 졸고, 「남도 소리판의 축제성 - 끼워넣기와 겨루기를 중심으로」, 『2006 구비문학회 하계학술대회 자료집』, 2006. 8 참고.

토리를 애기하기 위한 형태들의 적합성에 따른 결과이다. 선택된 캐릭터들은 각기 다른 생김새를 통해서 한판 어우러지는 굿판의 서사를 읊게 된 것이라고 말 할 수 있다. 바꾸어 말하면 〈빈지래기타령〉의 캐릭터들은 '진도씻김굿'이라는 굿판의 서사를 위해서, 그리고 〈오징어타령〉의 캐릭터들은 '만가판'이라고 하는 굿판의 서사를 위해서 선택된 조연들인 셈이다. 다만, 〈빈지래기타령〉의 본질적 이야기 대상은 씻김굿이므로, 빈지래기 뿐만이 아니라 캐릭터들 모두 주연이자 조연의 위치를 점하고 있다고 볼 수 있다. 〈오징어타령〉도 주연은 오징어이지만, 본질적인 이야기는 만가판이므로 이것 또한 등장하는 캐릭터들이 모두 주연급 조연인 셈이다. 물론 캐릭터들이 굿판을 벌이는 무대 배경은 조간대 및 조하대의 해양 환경임은 두말한 필요가 없다. 이를 무대와 캐릭터라는 맥락에서 도해해보면 아래와 같다.

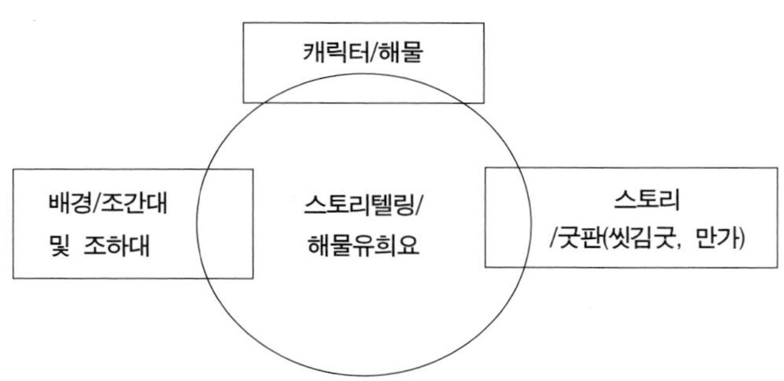

4. 서남해 섬지역 굿판과 해물유희요의 세계관

〈빈지래기타령〉의 풍소적 내용 속에는 전승지인 진도 지역의 굿판은 물론 서남해 섬 지역의 굿판이 비교적 상세하게 배열되어 있다고 볼 수 있다. 앞서도 살펴보았듯이 짧은 가사 속에 들어 있는 정황이 서남해 섬지역의 씻김굿 내용을 함축 또는 내재시키고 있다고 생각하기 때문이다.[21] 〈빈지래기타령〉에 나타난 굿판은 표면상으로는 큰굿이고 병굿에 해당한다. 그러나 전체적인 사설의 맥락을 보면, 호상 씻김굿의[22] 맥락을 드러내고 있다고 판단된다. 경건하기보다는 오히려 흐트러져서 어우러지는 굿판의 모습을 그려내고 있다는 뜻이다. 이것은 마치 서남해 도서지역의 판 음악이 전통적으로 이행해 온 '시나위성'을 표상하고 있다고 볼 수도 있다. 그래서 "병이 났네 병이 났어"로 시작하면서도 실제로는 병이 났는지에 대해서 별로 관심을 두지 않는다. 빈지래기가 병이 난 것에서부터 화랑기(화랑게)한테 점하러 가는 것이 모두 풍자적이다. 참고로 굿을 하기 전에 점쟁이에게 점을 먼저 보는 것은 서남해 뿐만 아니라 당골제가 보편화되어 있는 남도 무속의 특성이라 할 만하다. 당골에게 굿을 의뢰하기 전에 점쟁이에게 굿 날짜를 받는 것이 관행화되어 있었기 때문이다. 그러나 차차 강신무가 세습무를 대체하는 현상들이 구축되기 시작하였고 점쟁이와 당골이 상호 공유하던 이런 체제는 이제 거의 막을 내리기 되었다.

어쨌든 화랑게에게 점을 보니 꼬막 귀신이 들렸다는 점괘가 나왔다. 그래서 당골을 불러다 굿을 한다. 꼬막은 바지락과 비슷한 개펄 환경에서 생산되는 패류의 일종이다. 여기서의 귀신이 해파리나 복어 등의 독성 어종이 아닌 것이 흥미롭다. 이에 비해 꼬막은 훨씬 희화적이기 때문이다. 이어서 바지락 아줌마가 굿의뢰자로 등장하여 손을 비빈다. 개펄에서 생산되는 동류의 패류임에도 꼬막은 귀신으로, 바지락은 안주인으로 등장하였다. 그러나 애초부터 병이 난 것 보다는, 굿판의 형성에만 관심을 두었기 때문에 캐릭터가 주인공으로 등장하든 적대자로 등장하든 상관없이 굿판을 꾸려가는 스토리

21 진도의 씻김굿판은 죽은 자를 위하는 씻김이 주류를 이룬다. 초상날의 곽머리 씻김이나, 날짜를 정해서 벌이는 날받이는 주로 큰굿에 속한다. 이에 반해 가벼운 질병이나 축귀굿은 손굿을 중심으로 한 푸닥거리로 대신하는 경우가 많다. 물론 병굿도 큰굿보다 더 규모가 크게 행하는 경우도 있다. 예를 들어 머리몸살이나 배탈 등에는 흔히 '물림'이라고 하는 푸닥거리를 당골이 아닌 일반사람들이 행하는 경우가 많다. 우리들은 이것을 '물린다'라고 말한다.

22 호상은 액상에 대비되는 말로 이해할 수 있으며, 가령 노환으로 별세한 사람의 초상은 호상에 해당되는 것으로, 특히 진도지역에서는 축제 그 자체라고 할 수 있을 만큼 유희적 판이 벌어진다.

가 전개된다.

이제 본격적인 굿판이 벌어지면 운조리는 나와 피리를 불고 짱뚱이는 깡충깡충 뛰어다니며 징을 두드린다. 대롱은 북을 치고 쏙대기는 장구를 친다. 또 '뻘떡기'는 춤을 추고 '갈포래'는 넋당삭을 말아서 영정과 부정을 내가신다. 그런데, 굿판에 으레 나타나는 주정꾼이 있다. 이 노래에 나오는 '소랑삼춘'이다. 어떤 굿판이건 나타나는 감초, 그는 초저녁부터 막걸리 한잔을 거나하게 들이붓고 제 흥에 겨워 굿판을 휘젓고 다닌다. 술을 많이 먹어 입이 비틀어졌다. 그런데 이상한 것은 이 주정꾼의 역할이 굿판을 훼방 놓는 것이 아니라 더 풍성하게 만든다는데 있다. 그래서 거나하게 취해 이사람 저사람 손을 잡아 굿판 안으로 끌어 들인다. 또 굿판 안으로 들어가서, 엉터리 무가 사설을 늘어놓거나, 때때로 바가지를 등에 넣고 나와 곱사춤을 연신 추기 시작한다. 필자는 이 굿판의 메커니즘을 바로 남도음악의 생성원리로 이해하고 그 결과로 시나위음악과 판소리 등이 만들어졌다고 주장한 바 있다.[23] 이것은 90년대 초반까지만 해도 진도의 어느 굿판이건 보편적으로 볼 수 있었던 풍경이었다.

따라서 한바탕 신나게 흐트러진 것처럼 보이는 〈빈지래기타령〉의 풍자적 무대는 하찮고 보잘것없는 캐릭터들이 연출해내는 남도음악의 생성구로 기능하게 되는 것이다. 〈빈지래기타령〉은 이런 맥락에서 시나위와 남도음악의 코믹 버전인 셈이다.

그러나 보잘것없는 빈지래기류의 캐릭터들은 진도 사람들이 투사한 노래

23 이 흐트러짐도 사실은 씻김굿판의 끼어들기 혹은 겨루기적 맥락에서 이해할 수 있다고 본다. 상가라는 '판'을 운영하는 메커니즘일 수 있다는 것이다. 시나위음악은 바로 이 흐트러진 판에서 생성되었다. 시나위를 '허튼가락'이라고도 하는 본래적 의미에 대해 시사하는 바가 크다. 이 흐트러짐은 축제 혹은 '판'의 근본적인 속성이다. 흐트러뜨리기는 기본적으로 겨룸의 시각을 전제하고 있다. 겨룸이란 이기기 위한 것이고 이기기 위해서는 상대방보다 잘해야 하며, 잘하기 위해서는 상대방과 똑같은 음악을 연주하거나 똑같은 소리로 노래해서는 안 된다는 점을 전제하고 있다. 따라서 상대의 소리를 답습하거나 모사하지 않고, 자신만의 독특한 음악을 연주하고자 한다. 이것이 시나위음악의 형성 배경인 셈이다. 그래서 시나위는 상호 이질적인 것들이 만나서 섞이는 구조를 지향한다. 새로운 장단, 새로운 사설 등 미지의 것들이 항상 끼어들기 때문에 가창자나 악사는 긴장을 늦출 수가 없다. 이러한 난장의 긴장감이 고도의 시나위음악을 만들어내는 것으로 보인다.
졸고, 「남도 소리판의 축제성 – 끼워넣기와 겨루기를 중심으로」, 『2006 구비문학회 하계학술대회 자료집』, 2006. 8. 참고.

주체의 주인공들임이 분명하다. 이들은 사실 주류가 아닌 비주류, 곧 이름도 없이 살다 간 다수 민중을 의미한다고 해도 큰 무리는 없어 보인다. 이들의 삶과 도서해양이라는 배경으로부터 우러나온 풍소성이 굿판의 운영 메커니즘과 더불어 남도음악을 생산해내는 출구로 기능해왔으며, 실제 이 민중들이 이 남도음악을 향유하거나 연희했던 것이다.

〈오징어타령〉도 맥락이 비슷하다. 앞서도 지적했듯이, 만가를 중심으로 하는 굿판을 읊고 있다. 물론 씻김굿처럼 난장의 판이 일어난 것으로 묘사되지는 않았다. 그러나 실제 다시래기나 밤달애 등을[24] 통해서 보면, 씻김굿판보다 훨씬 농도 짙은 판이 벌어지곤 한다. 예를 들어 다시래기에서는 죽은자가 환생하는 의미의 아기 출산과정을 희화화 시킨 연극으로 상주들을 웃기게 한다. 이 과정에서 상주들은 실제 일어나 춤을 추기도 한다. 마치 〈빈지래기타령〉에서 입이 비뚤어진 소라가 춤을 추듯이 말이다.

다만, 신안 지역이나 진도 지역에 비해 〈빈지래기타령〉이 아닌 〈오징어타령〉이 전승되고 있는 완도 지역에서는 이같은 밤샘놀이들이 전승되어 오지 않기 때문에 그 온전한 맥락을 짐작하기는 힘들다. 실제 〈오징어타령〉에서 묘사되고 있는 맥락은 상례와 관련된 제차가 묘사되고 있는 것도 참고할 사항이다. 그러나 타령 중에 춤을 춘다는 내용과 피리를 분다는 내용 그리고 장고를 친다는 내용 등을 종합해 보면, 굿판의 형성 혹은 만가행렬에서의 굿판을 충분히 짐작해볼 수 있게 해준다. 실제 완도에서도 초상이 나면 상가에서 상여를 매는 유대꾼들과 노래를 잘 부르는 여자들과 함께 노래 부르고 노는 것이 일반사였다고 하는 점은[25] 시사하는 부분이 많다고 본다. 나아가 상여소리를 할 때는 때때로 기생을 부르기도 하였다. 결국, 〈빈지래기타령〉에서처럼 홍청거리는 굿판은 아니지만 적어도 서남해 도서지역의 공동 정서로

24 다시래기는 진도지역의 상가 밤샘놀이로 중요무형문화재로 지정된 바 있다. 밤달애는 신안지역의 상가 밤샘놀이로 맥락은 동일하지만, 놀이의 방법이나 노래 등이 약간의 차이를 보여준다.

25 나승만, 「완도 신지도 민요소리꾼 고찰」, 『도서문화』 제14집, 1996, 163쪽.

서의 굿판은 공유하고 있다고 볼 수 있는 것이다.

그러나 〈빈지래기타령〉과 〈오징어타령〉은 대체로 두 가지 측면에서 서로 상반되는 결과를 가지고 있는 것으로 보인다. 첫째는, 〈오징어타령〉 사설의 댓구 구조가 주로 부정문을 통해서 이야기되고 있다는 점이, 긍정적 댓구로 이야기되고 있는 〈빈지래기타령〉과 다른 부분이다. 또 〈빈지래기타령〉이 주로 병렬적 구성에 의해서 열거되어 있다면, 〈오징어타령〉은 병렬적이기는 하지만, 약간은 무순차적 구성에 의해서 응답이 이루어지고 있다. 굳이 이것을 스토리의 구성으로 따지자면, 안티플롯적 구성을[26] 취한 것이라고 할 수 있다. 특히 '못 가겠소'라는 반어법을 반복적으로 사용하기 때문에 전체적인 맥락이 부정적으로 비춰지기도 한다. 이는 동일한 해물을 풍자하면서도 폐쇄적 속성을 드러내는 것으로 해석할 수 있는데 이에 비하면 〈빈지래기타령〉은 자족적 풍자를 드러낸다고 말할 수 있겠다. 그러나 폐쇄적 혹은 자족적이라는 해석을 내리기에는 각각 완도와 진도가 가지고 있는 시대적 배경과 문화적 배경을 분석하는 절차를 거쳐야 할 것이므로, 본고에서는 이정도의 가설에 족하고자 한다. 두 번째는 향토적 선율의 차이에 관한 것으로 이미 앞에서 살펴본 바 있다. 즉, 〈오징어타령〉은 경토리를, 〈빈지래기타령〉은 육자배기토리를 사용하고 있기 때문이다. 이러한 두 가지 점에서 두 타령은 상호 비교되거나 변별되는 요소도 지니고 있는 셈이다.

그러나 이것이 꼭 대립적 결과를 만들어내는 것이라고 말하기는 어렵다. 왜냐하면, 〈오징어타령〉이 댓구형식을 사용한 반어적 스토리텔링일 뿐이지, 결코 〈빈지래기타령〉과 상반되는 서사는 아니라고 보기 때문이다. 〈오징어타령〉은 반어법을, 〈빈지래기타령〉은 긍정법을 선택했을 따름으로 본다는 뜻이다. 향토선율의 차이도 그 자체가 변별적인 것은 틀림없지만, 사설과 배경이라는 민속학적 측면에서 봤을 때는 오히려 동일한 요소가 많다고 말할

26 로버트 맥기, 『시나리오 어떻게 쓸 것인가』, 황금가지, 2002, 75~77쪽.

수 있다. 변별적 요소를 상쇄시키고도 남는 동일 요소들이 훨씬 많은 까닭이다. 결국 두 타령은 서남해 섬지역 굿판의 형성과 그 놀이적 서사를 형용하고 있다는 점에서 동일한 맥락이라고 볼 수 있겠다. 즉, '텔링'하고자 하는 '스토리'는 굿판이라는 서남해도서지역의 정서이자 서사라는 뜻이다.

이상을 정리해 보면, 향토선율적 구성과 어법 및 플롯의 구성은 두 타령이 상이적이지만, 노래환경의 배경 및 투사 주체로서의 섬사람들, 그리고 정작 이 노래를 통해서 이야기하고자 하는 섬지역의 굿판이라는 측면에서는 상사적이라고 볼 수 있겠다. 해물 캐릭터들이 도서해양이라는 무대에서 결국 하고 싶었던 얘기는 밤을 새우고, 날을 세우면서 긴 이야기를 진행해 나가는 서남해 도서지역의 굿판이라는 뜻이다.

그런데 정작 상사적인 맥락은 이러한 형식이나 배경 보다는 그것을 관통하고 있는 의미에 있지 않나 생각한다. 그것은 질병이나 죽음을 결코 슬프게 받아들이지 않는 서남해 섬지역의 정서를 해물유희요가 반영하고 있다고 말할 수 있기 때문이다. 실제 〈빈지래기타령〉의 굿판도 죽음을 다루는 씻김굿판이므로 정작 이야기하고자 하는 바는 죽음에 대한 굿판의 논리라고 할 수 있다. 사실 유희요 자체가 풍소적인 요소들을 선택하는 것이 사실이지만, 그렇다고 해서 내륙지역의 어떤 동물들을 등장시켜 죽음을 풍자하는 예는 아직 확인하지 못하였다. 이런 점에서 해물유희요의 세계는 내륙과 비교되는 독특한 죽음관을 지니고 있는 것이 아닌가 생각된다. 다시 말하면 해물 캐릭터들의 투사 주체인 섬사람들은 죽음을 하나의 굿판으로 승화시키거나 또는 해학과 웃음으로 뛰어넘는 메커니즘을 가지고 있다고 볼 수 있는 것이다. 이것은 실제 서남해 도서지역에서 행해지는 만가나 씻김굿의 '굿판'이 해물유희요에서 읊었던 그대로 축제의 장이자, 놀이의 장으로 구성되어 있다는 데에서 증명된다고 할 수 있다.

(한국민요학, 2007.6.30)

닻배노래를 통해 본 어로요의 리듬 분화와 인터랙션*

1. 서론

본고는 어로요에 나타난 인터랙션(상호작용성)의[1] 분화와 연행방식을 문화원형적 관점에서 고찰하기 위해 마련되었다. 이즈음 화두가 되고 있는 스토리텔링의 연행방식 중 가장 중요한 기술로 인식되고 있는 인터랙션에 대해 일정한 시사점을 제공해줄 수 있다는 생각 때문이었다. 따라서 본고가 스토리텔링 자체를 목적으로 하지는 않지만, 그간 여러 방향에서 논의되어 온 문화원형의 맥락을[2] 민요학의 범주에서도 다룰 필요성을 제기하는 소정의 역할을 담당하게 되는 셈이다. 여기서의 스토리텔링은 확장 서사로서의 말하기와 그 컨텍스트를 전제한 개념이다. 확장서사는 기왕의 서사구조에서 게임서사로 승계 혹은 창조된 이야기하기 방식의 흐름을 말한다. 전통적인 전기

* 이 논문은 2005년도 한국학술진흥재단의 지원을 받아 연구되었음(KRF-2005-005-J13702)

1 인터랙션(interaction)이라는 외래어를 굳이 사용하는 것은 이것이 단순한 상호작용성의 의미만을 지닌 것이 아니라, 학문방법론의 의미를 포함하는 개념용어로 사용되고 있기 때문이다.

2 문화원형에 대한 논의는 필자도 그간 수차례에 걸쳐 인용하거나 주장한 바 있으므로, 본고에서 재차 리뷰하는 것은 불필요하다고 생각한다.

수 등의 이야기하기 양식이 서사적 스토리텔링이라면, 인터랙티브 스토리텔링은 다수의 주체적 스토리텔러가 하나의 놀이 혹은 콘텐츠 속에서 소통하는 쌍방향성 이야기하기 방식을 말한다. 사건 진술의 형식을 담화라 할 때, 스토리, 담화, 이야기가 담화로 변화하는 과정을 포함하는[3] 즉, 메커니즘으로서의 컨텍스트를 포괄하는 형식을 말한다. 이는 현재의 스토리텔링 담론이 기왕의 서사학적 승계가 아니라고 주장하는 게임학자들에 의해 새롭게 대두되고 있는 학문방법론이기도 하다.[4] 이는 확장 서사학 혹은 게임 서사학이라고도 불리며 주로 영화, 애니메이션, 캐릭터, 광고, 문화기획 등 문화콘텐츠 관련 분과학을 통해 접근되고 있다. 일반적으로 스토리텔링으로 약칭된다. 구술문화시대와 문자시대를 거쳐 새로 대두된 디지털적 소통 양식이라고 말해지기도 한다.

그러나 쌍방 혹은 다중에 의해 상호 매개되는 변개성을 인터랙션의 가장 중요한 전거로 삼고 있는 경향 속에서, 기왕의 구비전승이 가진 문화원형성을 검토하지 않는 것은 전통문화를 연구하는 자로서의 직무유기라는 생각을 하게 되었다. 이 전거들이, 구비 전승된 모든 형태와 양식의 범주를 포괄하는 개념으로 설정될 수 있기 때문이다. 특히 리듬과 선율을 전제로 메기고 받는, 그래서 끊임없이 변화되는 민요 일반의 전형성을 염두에 두면, 서사민요뿐만이 아닌 민요 전반으로 이 논의를 확장시킬 수 있다는 생각을 하게 되었던 것이다. 문화기호학에서 내러티브 스토리텔링과 비주얼 스토리텔링 등으로 구분하여 접근하고 있는 점에[5] 견주어 보아도 이를 이해할 수 있다. 전자가 서사 도식 등의 스토리를 전제한 개념이라면, 후자는 이미지 자체에 이야기의 성격을 부여한 개념인 까닭인데, 스토리가 스토리 자체에 국한되지

3 이인화, 「디지털스토리텔링 창작론」, 『디지털스토리텔링』, 황금가지, 2003, 13쪽.

4 한혜원, 『디지털게임스토리텔링』, 살림, 2005, 전반적인 내용 참고.

5 전자는 콘텐츠 유저가 스토리를 중심으로 콘텐츠를 향유하도록 조종하고 유도하는 장치를 말한다. 후자는 콘텐츠 유저의 연상 작용을 자극하는 그래픽 디자인 등의 시각기호를 총칭한다. 기존 서사물의 분석뿐만이 아닌 아주 짧은 단편 광고, 나아가 스토리가 은닉되었을 것으로 추정되는 이미지까지 스토리텔링의 범주로 접근하고 있음을 알 수 있다.

않고 이미지, 영상, 사운드로[6] 확장되어 나가고 있음을 말해주는 사례로 인용될 수 있기 때문이다. 즉, 선율이 있는 비주얼스토리텔링으로서 민요의 몇 측면들을 대입해 볼 수 있으며 특히 기법 및 기술로서의 문화원형성을 논의해볼 수 있다는 뜻이다. 스토리의 노출뿐만이 아닌 은닉이나 함유의 스토리텔링들이 본격적으로 연구되고 또 문화콘텐츠업계에 적용되는 사례들은 무수하다. 거의 대부분의 광고 및 문화경영 등에서는 필수적인 요소가 되어 있으며 이같은 트렌드는 리듬과 선율을 전제로 하는 뮤지컬 등에서도 예외이지 않다. 나아가 대부분의 학문 분과에서도 스토리텔링에 대한 심도 있는 접근을 시도하고 있는 것이다. 이런 경향들은 인터랙션을 기술사적 접근 보다는 시대적 패러다임으로 받아들이고 있는[7] 증거라고 말해도 과언이 아니라고 생각한다. 디지털시대의 기술사적 조응을 사실상 구술시대의 인터랙션에 기반한 확장서사의 맥락으로 접근할 필요가 있음을 역설적으로 말해준다고 생각하는 까닭이다.

따라서 본고는 민요학의 범주에서도 이러한 스토리텔링의 원형성이 논의될 필요가 있다는 점에 착안한 것이다. 교환창, 선후창, 돌림노래 등 메기고 받는 전형성을 가진 민요가 확장서사의 맥락에서 보면 소박한 의미에서의 스토리를 지니고 있는 것이며, 사실상 인터랙션의 문화원형성을 지니고 있다고 생각한다는 뜻이다. 물론 본고는 서사민요가 아닌 노동요 중의 어로요를 대상으로 하는 것이기 때문에, 서사 자체를 고찰의 대상으로 삼는 것은 아니다. 이미지 혹은 사운드라는 확장서사적 관점에서, 노동요 중에서도 가장 원초적인 동작기능을 매개한다고 판단되는 〈놋소리〉를 비롯해, 노동동작과는 별개의 유희기능을 가진 〈풍장소리〉 등을 통해 인터랙션의 문화원형성을 드러내보고자 할 따름인 까닭이다. 즉, 노동 동작의 원형성과 분화의 관

6 사운드와 관련된 스토리텔링의 대표적 장르로는 판소리와 창극을 들 수 있겠는데, 현재의 공연문화 장르로는 단연 뮤지컬을 들 수 있다.

7 졸저, 『민속문화 기반의 문화콘텐츠 기획론』, 민속원, 2006, 전반적인 내용 참고.

계를 리듬 분석을 통해 드러내 보는 것, 이들 컨텍스트가 어떤 상호작용 속에서 한 틀거리의 노래로 구성되는지, 나아가 이것이 유희적 단계에서는 어떤 인터랙션으로 드러나게 되는지 등이 고찰 대상이 될 것이다. 이 고찰은 향후 서사민요로 확대될 필요가 있다고 생각한다. 단계적으로 스토리텔링 담론의 현장에서 민요를 확장 거론할 필요가 있기 때문이다. 특히 본고는 이미 논의되었던 「닻배노래의 교섭양상과 공연화에 나타난 변화양상」과 「연행방식을 통해서 본 남도소리의 축제적 성격」의 논의를 확장하는 맥락에서 준비된 것이기 때문에, 이를 전제로 한 논의들을 보완해보고자 한다.[8]

2. 닻배노래의 연행환경과 각편소리

닻배노래의 사설구성과 조업의 배경에 대해서는 기왕의 논고를 통해 살펴본 바 있다.[9] 이외 공연화의 맥락에서 닻배노래의 현장과 무대를 살피기도 하였다.[10] 닻배노래 자체를 다룬 것은 아니지만, 서해안의 배치기소리의 전파와 문화적 수용이라는 맥락을 거론한 논의와,[11] 닻배조업의 컨텍스트를 분석한 논의도 있다.[12] 따라서 닻배조업에 대한 기왕의 고찰을 수용하고, 그 후속작업을 담당한다는 측면에서 본고의 논의를 전개할 필요가 있다. 즉, 기왕의 논고가 노래사설과 조업배경을 중심으로 한 고찰이었다면 본고는 컨텍스트에 의한 리듬 패턴의 맥락을 드러내는 작업이라고 할 수 있겠다.

8 전제하는 논고는 아래와 같다.
졸고, 「닻배노래의 교섭양상과 공연화에 나타난 변화 고찰」, 『한국민요학』 제16집, 한국민요학회, 2005, 263~294쪽; 졸고, 「연행방식을 통해서 본 남도소리의 축제적 성격」, 『구비문학연구』 제24집, 한국구비문학회, 2007, 59~87쪽;

9 졸고, 「닻배노래에 나타난 어민 생활사 – 진도군 조도군도를 중심으로 – 」, 『민요논집』 제7집, 민속원, 2003, 231~266쪽. 이 글은 아래의 석사학위논문의 일부를 발췌한 것이다.
졸고, 「조기잡이 어로민요와 닻배의 민속지적 고찰」, 목포대학교 석사학위논문, 2002.

10 졸고, 「닻배노래의 교섭양상과 공연화에 나타난 변화 고찰」, 『한국민요학』 제16집, 한국민속학회, 2005, 263~294쪽.

11 이경엽, 「서해안의 배치기소리와 조기잡이의 상관성」, 『한국민요학』 제15집, 한국민요학회, 2004, 215~248쪽.

12 나승만, 「조기잡이 닻배어로의 번영과 쇠퇴」, 『비교민속학』 제27집, 비교민속학회, 2004, 263~291쪽.

닻배노래가 조기잡이 어업과 직접적인 연관을 지니고 있음은 주지하는 바와 같다. 특히 진도군 조도군도의 어민들이 1950년대까지 행하던 조기잡이 어업과 관련되어 있다. 다만 닻배노래가 조기잡이의 모든 상황에서 불렸던 것인지는 확실하지 않지만[13] 본고에서 그 일단의 실마리를 풀어보게 될 것이다.

먼저 닻배의 형태를 전제하고 논의를 풀어가는 것이, 조업과 관련된 행동 반경과 조업 리듬을 파악하는 데 도움을 줄 수 있을 것이다. 특히 〈놋소리〉의 경우에는 노를 젓는 위치와 방식이 중요하다고 본다. 〈그림 1〉에서 볼 수 있듯이 닻배의 이물 양편에 노 두 대가 있고, 여기에 4인 내지 6인의 뱃동무들이 쌍을 이루어 노를 젓는다. 고물에는 치(키)와 '쟁이노'가 있는데, 이것은 닻배의 방향을 결정하는 운전대와도 같다. 일반적인 운행에서는 물론 돛이 쓰인다. 그러나 바람이 없는 때나 긴박한 상황에서는 노젓기를 통해 운행을 하고, 이때 방향전환은 고물 가운에 있는 치를 이용해 한다. 쟁이노는 특별한 경우에만 사용하는데, 그물을 놓거나 올릴 때 배가 돌아가는 것을 방지하기 위해 사용한다. 또 수심이 얕은 곳에 들어가기 위해서는 치를 사용할 수 없으므로 쟁이노를 사용하게 된다.

〈그림 2〉에서 볼 수 있듯이, 이물 가운데 설치되어 있는 호롱대는 닻을 놓기 위해 사용하는 큰 바퀴인 셈이다. 돛을 올리고 내리는 일 외에는 사용하지 않는다. 닻그물을 내리고 올리는 작업은 배의 측면을 통해서 이루어진다. 〈그림 1〉의 양 측면을 참고하고 〈그림 2〉를 보면 호롱대가 설치된 이물 쪽에서 닻그물의 아랫배리(아래꾸시)편을, 치와 쟁이노가 설치되어 있는 고물 쪽에서 닻그물의 윗배리(우꾸시)편을 놓거나 올리게 된다. 가장 큰 돛인 허릿대 부분에서는 그물을 손보거나 접힌 부분을 펴는 작업을 하게 된다. 그물을 올릴 때의 상황을 〈그림 1〉에서 설명하면, 물길의 방향이 좌측에서 우측으로 흐른다고 전제했을 때, 그물 또한 좌측에서 고물과 이물까지 펼쳐서 그물을

13 졸고, 「닻배노래의 교섭양상과 공연화에 나타난 변화 고찰」, 『한국민요학』 제16집, 한국민요학회, 2005, 264쪽.

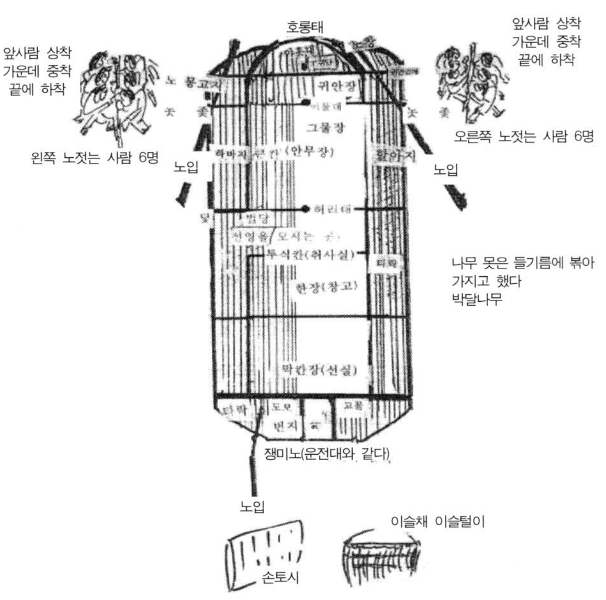

〈그림 1〉 박종민 씨가 탔던 닻배 평면도(조오환 그림)

끌어올리게 된다. 그물의 윗배리는 틉(참나무로 만든 부유체)이 있고, 아랫배리에는 일정한 위치마다 돌 및 닻이 매달려 있어서 그물을 놓거나 올릴 때 신중하게 작업을 해야 한다. 이때 물살에 의해 꽂힌 조기가 밑으로 빠져나갈 경우는 닻배의 우측에서 한 두 사람 정도가 방어(조도지방에서는 쪽바지라고 함)를 가지고 물살에 의해 흐르는 조기를 걷어 올리게 된다.

주지하듯이 조기잡이는 풍선시절부터 제주도 연해에서부터 황해도에 이르기까지 서해안을 관통하는 주된 어업이었다. 그러나 닻배라고 하는 정선망 어업은 조도사람들이 행한 지역적 범주로 제한되기 때문에, 주로 진도군 조도지역을 거론해왔던 것이다. 물론 조도의 풍장소리는 서해안을 관통하는 배치기소리와 매우 밀접한 관련을 맺고 있으며, 이는 조업자들의 물길과 계절에 따른 이동경로 및 파시의 이동, 그리고 조업특성에 이르기까지 관련성을 내포하고 있기도 하다.[14]

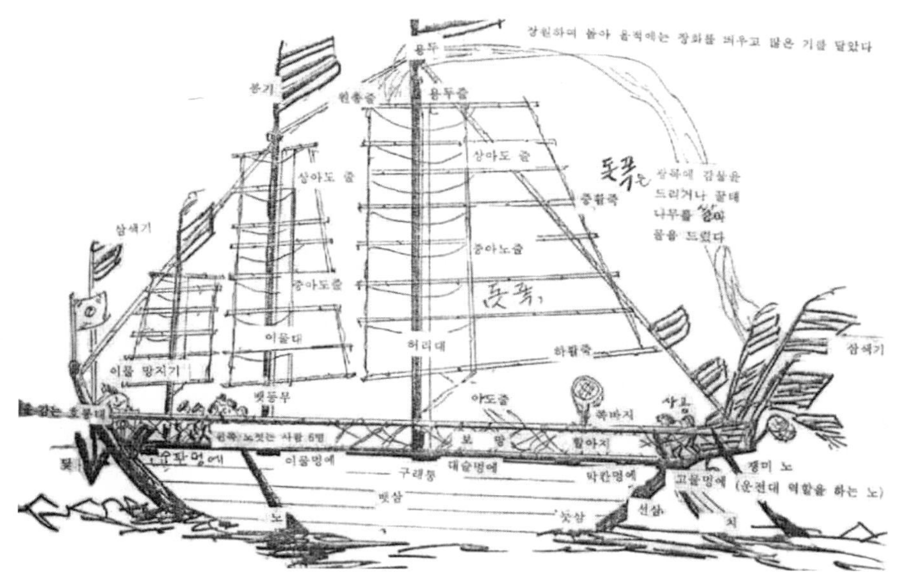

〈그림 2〉 멍텅구리 닻배 측면도(조오환 그림)

본고에서 대상으로 삼은 닻배노래는 조오환이 현지 조사한 녹음자료와 구술자료를 바탕으로 한다.[15] 제보자들은 김주근(조도면 소마도), 박준대(진도 상조도 맹성리), 김연호(하조도 창유리), 박종민(진도 의신면 접도리), 박윤중(목포시 연동), 박장돌(상조도 여미리), 장진오(조도 진목도), 최희병(조도 관매도), 박종준(진도 지산면 가학리), 고 박병천(진도 지산면 인지리) 등이다. 이들 대부분은 실제 풍선 닻배를 타고 조업했던 경험을 가지고 있으나, 박병천, 박윤중 등은 노래사설만을 보유한 제보자들이다. 따라서 본고의 대상이 되는 닻배노래는 이미 공연화 과정을

14 이경엽, 앞의 책, 215~248쪽, 전반적인 내용 참고.

15 조오환(2006년 전남도지정 무형문화재 예능보유자 지정)은 필자와 함께 1980년대 후반부터 닻배노래보존회를 설립하여 현장을 답사하고 녹음한 바 있다. 이 자료를 포함하여 이후 나승만(목포대 교수)과 함께 조사한 자료를 바탕으로 필자의 석사논문을 집필하였던 까닭에, 이번 고찰에서는 그 이후 조사된 조오환의 녹음 자료만을 대상으로 삼기로 한다. 귀한 자료를 제공해 준 조오환 예능보유자에게 감사의 말씀을 드린다. 이 자료는 아래의 책에 갈무리되어 있다.
조오환 채록, 김정호 감수, 『진도닻배노래』, 진도문화원, 2004.

거친 소리들을 포함하고 있기 때문에 현장에서의 닻배소리를 재구하기에는 제한점을 가지고 있는 것이 사실이다. 그럼에도 불구하고 본고의 자료들이 의미를 가질 수 있는 것은 결국, 각편의 소리들이 노동의 현장과 유희 혹은 놀이의 현장에서 불려질 때의 분화와 과정 등을 대상으로 삼고 있기 때문이다.

〈표 1〉 닻배노래 각편소리와 제보자

중분류→중중분류		소분류	제보자	거주지(출신지)
놋소리 (노를 저을 때)	어기야소리	어기야디야소리	김주근	조도면 소마도
		어야디야소리	박종민	의신면 접도리
		어야디어차소리	박종준	지산면 가학리
	엉처소리	엉차소리	박준대 김연호 박윤중 박장돌	하도조 창유리 하조도 창유리 목포시 연동 조도면 여미리
		엉처소리	장진오 최희병	조도면 진목도리 조도면 관매도리
		엉차소리/자진놋소리	박병천	지산면 인지리
술비소리 (그물을 올리거나 내릴 때)	술비소리	어이야술비소리	김주근 김연호 박종민 박장돌 장진오 이상수/이규원 박병천	조도면 소마도리 하조도 창유리 의신면 접도리 상도조 여미리 조도면 진목도리 조도면 관매도리 지산면 인지리
방어소리 (쪽바지로 떠 올릴 때)	방어소리	어이야 방어소리	김연호	하조도 창유리
			최희병	조도면 관매도리
			이상수/이규원	조도면 관매도리
		어리여루 방어소리	박장돌	상조도 여미리
		어기여디여소리	박준대	상조도 맹성리
풍장소리 (만선 유희를 할 때)	기화자소리	기화자소리	김연호	하조도 창유리
		기화자소리	이규원	조도면 관매도리
	어허요소리	어허어허소리	김주근	조도면 소마도리
			박종민	의신면 접도리
		어하어하좋아요소리	박종준	지산면 가학리
		어허와소리	박병천	지산면 인지리

표에서 볼 수 있듯이, 닻배노래는 크게 〈놋소리〉 혹은 〈노젓는소리〉, 그물 올리는 〈술비소리〉, 〈방어소리〉 및 〈어기야소리〉 그리고 〈풍장소리〉로 나누어진다. 소분류로 나누어 놓은 소리들은 각각 제보자들이 부르는 후렴구 앞머리를 제목 삼은 경우이기 때문에 중분류 내의 소리들 간에는 선율이나 리듬면

에서는 크게 차이가 나지 않는다고 할 수 있다. 물론 더 세부적인 중분류로는 〈느진놋소리〉, 〈자진놋소리〉, 〈느진술비소리〉, 〈자진술비소리〉, 〈그물내리는소리〉, 〈그물올리는소리〉, 〈풍장소리〉, 〈톱질하는소리〉, 〈배내리는소리〉, 〈줄꼬는소리〉,[16] 〈방애소리〉 등을 거론할 수 있다. 이외에 표에서 볼 수 있듯이 각편 소리 내에서도 지역과 사람에 따라, 혹은 노동 동작에 따라 달리 부르는 경향들이 나타난다. 예를 들어 〈놋소리〉를 〈엉처소리〉로 부르거나, 〈어기야소리〉로 부르기도 하고, 풍장소리를 〈어화요〉로 부르기도 하고, 〈기화자좋네〉로 부르기도 한다. 결국 닻배노래는 크게 〈노젓는소리〉, 〈술비소리〉, 〈풍장소리〉의 세 개 구성으로 나누어지는 셈이다.

따라서 본고에서 채보를 통해 분석할 소리는 〈놋소리〉의 〈엉처소리〉와 〈어기야소리〉, 그물을 올리면서 부르는 〈술비소리〉, 만선이나 유희시에 부르는 〈풍장소리〉 중의 〈기화자소리〉와 〈어화요소리〉에 한정한다. 방어소리는 조도지방에서 〈쪽바지소리〉라는 노래가 조사되지 않은 것으로 보아[17] 〈방애소리〉나 〈가래소리〉로 통용되는 것으로, 타 지방의 〈방어소리〉를 후대에 차용했을 가능성이 큰 것으로 보았기 때문에 의미를 부여하지 않았다. 〈배치기소리〉의 서해안 분포나 전파 현상을 전제한 후, 조도지방의 풍장소리가 원래 〈지화자소리〉였다가 점차 서해안의 〈배치기소리〉와 교섭하면서 〈어화요소리〉로 변화되었을 것으로 추정한 바 있다. 〈어기야소리〉가 본래는 그물 올리는 소리로 불려 지기도 하지만, 본고에서는 김주근 등을 통해 〈노젓는소리〉로 불려짐을 확인하게 된다.

어쨌든 배치기소리의 전파에서 드러나듯이 닻배노래의 〈풍장소리〉가 황해도의 〈배치기소리〉부터 경남 울산의 〈봉기타령〉까지 서남해안 전역에 걸쳐 분포하고 있는 점,[18] 〈풍장소리〉 선율구조가 서도지역 음악어법과 같다는 점[19]

16 진도군, 『진도군지』, 진도군지편찬위원회, 2007, 703~704쪽 참고.

17 조도지역에서는 방어그물을 '쪽바지'라고 부르기 때문이다.

18 이경엽, 앞의 책, 한국민요학회, 2004, 241쪽.

등을 근거로 각편의 노래들이 다각적으로 교섭했음을 밝힌 바 있다.[20] 이들 각편의 노래들이 산발적으로 불려지다가 1976년 남도문화제를 계기로 묶음노래로 재편성되었고,[21] 이후 몇 번의 변화 과정을 거쳐 오늘날의 닻배노래로 정착하게 되었다고 보았던 것이다.

3. 닻배노래의 리듬 분화와 인터랙션

〈놋소리〉 중의 〈엉처소리〉는 박준대, 김연호, 박윤중, 박장돌, 장진오, 최희병, 박병천 등이 제보한 자료다. 〈악보 1〉은 김연호의 창을 대상으로 한 것이지만, 다른 제보자들의 창도 시김새와 키, 느리고 빠른 정도의 차이가 있을 뿐이지 리듬 패턴이나 선법은 거의 유사하다고 할 수 있다. 〈그림 1〉에서 볼 수 있듯이, 한쪽의 노에 6인 내지 4인이 각각 3인 내지 2인씩 서로 마주보며 노를 잡게 된다. 노는 한 번에 밀거나 당기는 것이 아니고, 가슴 위치에서 한번 꺾어서 밀었다가 잡아당기면서도 가슴 위치에서 한번 꺾게 된다. 꺾는 것은 물살을 가르는 동작 및 물살을 밀어내는 동작과 관련되어 있다. 이때 한 번 꺾어서 밀거나 잡아당길 때 마다 〈엉처소리〉 혹은 〈어기야소리〉의 메김소리와 받음소리를 주고 받게 된다.

19 문화방송, 『MBC 민요대전』 2 전라남도편, 문화방송, 1993, 575쪽.

20 보다 구체적인 내용은 아래의 논고를 참고하면 도움이 된다.
졸고, 「닻배노래의 교섭양상과 공연화에 나타난 변화 고찰」, 『한국민요학』 제16집, 한국민요학회, 2005, 288~289쪽 및 각주 39 참고.
여기서 서해안의 〈배치기소리〉 받음소리와 〈허와요소리〉의 받음소리는 받음소리 채록의 오차를 감안하여 비슷한 형태로 보았다.
당진배치기 받음소리 : 에헤헤 헤에에요허 에에헤에에 에헤에야
태안배치기 받음소리 : 에에 에 에에 어 어어어 어 어에 어어어 어어어 어어어요
부안배치기 받음소리 : 에 에헤 에헤야 에 에헤 에헤야 에 에헤 에헤야
문화방송, 『MBC 민요대전』 충청남도편, MBC, 1995, 135~480쪽; 문화방송, 『MBC 민요대전』, 전라북도편, MBC, 1995, 460~502쪽.

21 필자는 이렇게 여러 각편의 소리가 세트화되어 닻배노래라는 이름으로 불려진 것을 '묶음노래'라고 표현한 바 있다.

〈악보 1〉 닻배노래 놋소리(엉처소리)

채보/ 이윤선

〈놋소리〉 중의 〈어기야소리〉는 김주근, 박종민, 박종준 등이 제보한 것이다. 〈악보 2〉는 김주근의 창을 대상으로 한 것이다. 〈엉처소리〉 보다 〈어기야소리〉가 템포가 훨씬 느릴 뿐만 아니라, 〈엉처소리〉가 활력 있음에 비해 음색이 처량하게 들리는 특징이 나타난다. 아쉬운 것은 필자의 채보력에 한

〈악보 2〉 닻배노래 놋소리(어기야소리)

계가 있어 이들 음색과 시김새를 적절하게 표현하지 못한다는 점이다.

전술하였듯이 노 젓는 동작은 방향을 전환하는 등의 부가적 기능은 약하며, 대부분 전진하는 기능만을 담당한다. 〈그림 2〉의 고물에 있는 칫사공이 치(키)를 조절하여 방향을 정하기 때문에 노젓기에서의 부가적 기능이 필요 없는 셈이다. 그렇다고 이물사공이나 칫사공이 노랫소리에 끼어들어 노젓는 속도를 조절하거나 그물을 펴게 하는 등의 지시말을 하는 것으로 보이지도 않는다. 대체로 이것은 닻배노래 전반에 걸쳐 일어나는 현상으로 보인다. 현재는 묶음노래 형태여서 주된 메김소리꾼이 따로 존재하지만, 본래 닻배노래는 누구나 메김소리를 할 수 있는 즉, 돌림노래를 지향했다고 말할 수 있다. 선창자를 따로 두지 않았기 때문인데, 노래 능력이 있는 사람들이라면 누구라도 교환창, 선후창 등으로 자유롭게 불렀다는 것이다. "뱃동무들이면 누구나 앞소리에 참여할 수도 있고, 뒷소리에 참여할 수도 있었다"는[22] 진술을 주목할 필요가 여기에 있다. 다시 말하면 노동 상황이나 동작 자체를 제어하는, 그래서 권한이 집중된 역할 모델이 발견되지 않는다는 것이다. 이것은 노동력의 분배와 노래구현방식이 상당한 등가적 관계로 이루어져 있음을 확인할 수 있는 대목이기도 하다. 이는 노젓는 동작이 가지는 특성, 예를 들면 단순한 리듬에 의한 협업 시스템 등의 특성에 기인할 수도 있다. 따라서 지시나 응답의 말하기 기능이 매우 약화되어 나타난다고 볼 수 있기 때문에 주로 동작과 관련된 리듬패턴과 자유스런 사설구현이 〈노젓는소리〉의 주요 특징이라고 말할 수 있겠다.

〈엉처소리〉와 〈어기야소리〉가 모두 6/8박자로 되어있다는 점에서도 이 특징은 드러난다. 리듬이 단순하고 선율 또한 단순선율로 구성되어 있기 때문이다. 모두 노를 한 번 밀었다가 한 번 끌어당기는 노동 동작에 초점이 맞춰져 있음을 알 수 있다. 출현음은 미에서 레까지 한 옥타브를 넘어가지 않는다. 소박한 의미에서의 헤테로포니가 발생될 수 있는 지점도 발견되는데, 〈악보 1〉의 6마디 및 〈악보 2〉의 4, 8, 12, 16, 20 마디 등이 여기에 해당된다고 하겠다. 이것은 음악적인 기량이 풍부하거나 실제 닻배경험이 없이, 노래만으로 닻배노래를 접한 경우에 더 강화되어 나타나는 경향을 보인다. 〈악보 1〉에서 표현되지는 않았지만, 씻김굿의 예능보유자였던 고 박병천 등

22 한영춘 외(2001년 제보, 상조도 라배도 거주).

의 창에서는 메김소리 다음 마디를 거의 대부분 길게 빼서 흔드는 경향이 발견된다. 따라서 창자에 따라서는 메김 앞 소절(메김소리가 대부분 두 마디의 세트로 이루어지기 때문에)이 받음소리와 헤테로포니 관계를 이룬다고 할 수 있다. 물론 메기는 소리가 길게 늘어진 매우 단순한 경우에 해당되는 것이어서 의미를 부여하긴 힘들지만 단순동작에 의한 단순리듬 속에서 생길 수 있는 변화형의 흔적을 확인할 수는 있다고 본다.

〈악보 2〉의 김주근의 놋소리는 메기고 받는 형식이라기보다는 정서표출적 혹은 정서환기적 기능이 강화된 독창식 뱃소리처럼 들린다. 곡 자체가 매우 느리고 시김새 및 음색이 매우 처량하게 들리는 것도 이런 판단의 근거가 된다. 물론 이런 사례들을 더 찾아서 비교분석해봐야 하겠지만 현장의 소리가 없어져버린 현 단계에서 이를 고구할 특별한 방법을 찾기가 쉽지 않아 보인다.

〈술비소리〉는 다른 노래들과 달리 소분류에서까지 동일한 후렴으로 맏는 즉, 거의 유사한 형태로 나타난다. 〈술비소리〉의 제보자는 김주근, 김연호, 박종민, 박장돌, 장진오, 이상수, 이규원, 박병천 등인데, 이 중 김연호의 제보를 채보의 대상으로 삼았다. 〈술비소리〉는 그물을 만들어 출항 전 닻배에 올릴 때나, 조업시 그물을 놓을 때 혹은 그물을 올릴 때 부르는 소리라고 알려져 있다. 그러나 대부분의 제보자가 증언하듯이 실제 조업의 현장에서는 〈술비소리〉가 〈놋소리〉처럼 동작과 일치되게 불려진 것은 아니었다고 볼 수 있다. 어떤 경우에는 그물을 걷어 올리면서 〈술비소리〉 대신 〈방어소리〉의 후렴만을 반복했다고 말하기도 한다. 그러나 실제 방어질을 하는 현장을 염두에 두면, 쪽바지를 걷어 올리는 동작과 관련되어 있는 까닭에, 뱃동무들이 〈방어소리〉를 전원 합창하였을 가능성은 매우 낮아 보인다.

〈술비소리〉가 연행되는 상황을 좀 더 살펴보자. 조기그물을 걷어 올릴 때는 닻그물의 윗배리(우꾸시)를 약 4인이 잡고, 아랫배리(아리꾸시)를 약 4인이 잡아서, 왼손 오른손을 바꿔가면서 그물을 올리게 된다. 수심이 깊은 곳에

〈악보 3〉 닻배노래(술비소리)

채보/ 이윤선

서는 한 번에 한 뼘 정도의 길이만을 끌어 올릴 수 있기 때문에 매우 고된 작업이고, 또 그물코에 조기가 꽂혀 있다가 떨어져 나가기도 하기 때문에 긴장을 요하는 작업인 셈이다. 현재 우리가 확인할 수 있는 것 같은 무대에서 벌어지는 연행판으로서의 풍성한 닻배소리가 구현될 수 있는 현장은 아니라는 것

이다.

허릿대 부근에서 그물의 가운데 편 그물코를 당기거나 손보는 사람을 갈쿠질 하는 사람이라고 한다. 윗배리와 아랫배리의 각 4인을 포함하면 약 10인 이상이 그물을 올리는 셈이다. 이때 윗배리를 너무 급하게 잡아당기거나 반대로 아랫배리를 급하게 잡아당기면 배가 한쪽으로 회전하여 기울게 되고, 그물코에 꽂혔던 조기들이 닻배의 반대편으로 떨어져 나가게 되는데, 한 사람이 닻그물 올리는 반대편에서 방어그물로 조기를 건어 올리는 것이다.[23] 따라서 방어질은 그물 올리는 작업과 동일한 조업 중에 불리는 노래이므로 때때로 술비소리와 같이 불려졌거나, 아예 불려지지 않았다고 볼 수 있다. 고되고 바쁘면 노래할 겨를이 없었다는 진술도[24] 염두에 둘 필요가 있다.

어쨌든 〈술비소리〉는 〈놋소리〉보다 노동 동작과의 일치성이 떨어진다고 봐야 한다. 〈놋소리〉가 전적으로 노를 밀고 당기는 노동력에 근거한 소리임에 비해 〈술비소리〉는 그물 당기는 노동력에 전적으로 근거하지는 않는다는 뜻이다. 만약 그물 올리는 동작에 전적으로 근거한다면 〈놋소리〉처럼 단순 리듬의 노래를 부르는 것이 유효하다고 할 수 있기 때문이다. 〈악보 3〉의 〈술비소리〉는 18/8박자로 되어 있는데서 이를 확인할 수 있다. 템포의 차이는 있지만, 〈엉처소리〉나 〈어기야소리〉가 6/8박자인 점에 비교해 리듬이 3배로 길어진 셈이다. 음폭의 변화는 크게 드러나지 않는다. 대개 미에서 레까지 한 옥타브 내에서 소화되고 있으며 이는 〈놋소리〉와 〈술비소리〉 모두 음폭이 크지 않음을 알 수 있다. 대신 〈악보 3〉의 6마디 및 10마디 등에서는 길게 뻗는 메김소리를 대부분 흔들어 기교를 내는 까닭에 한 옥타브를 넘어 흔드는 음들이 출현하기도 한다. 물론 이것은 음악적 기량이 뛰어난 제보자들의 경우에 해당되고, 흔드는 음폭에 비례해 헤테로포니가 일어날 가능

23 김연호(2008년 제보, 닻배노래 예능보유자, 조도면 창유리 거주).

24 박윤중(2001년 제보, 목포시 산정동, 상도조 여미리 출신).

성도 높아진다.

결국, 동작과 크게 일치하지 않는 노래로 〈술비소리〉가 불려지기 때문에, 중간 중간 삽입되는 아니리와 사설이 많아질 수밖에 없다. 특히 바람이 있는 날은 닻그물의 윗배리(우꾸시)와 아랫배리(아래꾸시)의 잡아당기는 속도와 풍향, 조류에 의한 하중에 따라 닻배가 불필요한 회전을 하기 때문에, 이 회전을 막기 위해서 윗배리와 아랫배리의 끌어올리는 힘을 조절해야만 하고, 이때 서로 지시하는 말이 노랫소리에 삽입될 수 있다. 이를 정리해보면, 〈술비소리〉는 노동동작을 추동하는 힘이 약화되어 나타나기 때문에 노동현장의 정서를 환기하는 정도로 기능한다고 말할 수 있다. 따라서 〈술비소리〉는 노동동작을 견인하는, 일종의 그물 끌어올리는 '바라지소리'라고 정리해 볼 수 있겠다.

여기서 노동 동작의 불일치와 소리하는 사람들의 노래 템포 및 선율의 불일치 특히 중간 중간 삽입되는 지시어들이 마치 추임새처럼 삽입되어 일종의 헤테로포니를 이루게 된다. 그러나 구술과 독창을 중심으로 하는 녹음자료로는 이를 재현하기가 매우 어렵다는 점을 토로하지 않을 수 없다. 제보자의 구술을 통해 이를 확인할 수 있을 뿐이다. 그럼에도 불구하고 제보자들의 구술을 종합해 보면, 창과 아니리가 적절하게 섞여 헤테로포니를 이루는 소리가 바로 〈술비소리〉에서 구현된다고 말할 수 있다.

한편, 한식사리 어간에 출어하게 되면 2~3개월동안 서해안을 거슬러 올라가면서 닻배조업을 하게 된다. 대개 초사리에는 '소구'에서 조업을 하며 '푸냉이'를 거쳐 북상하고, 입하 및 소만살에는 위도 부근까지 올라가 조업을 한다.[25] 풍선시절에는 연평도까지 올라가는 것이 매우 힘든 일이었으나, 이후 유자망 및 기계선이 들어오면서 황해도까지 자유스럽게 조업을 하게 된

25 '소구'는 조도 바깥쪽의 연해를 말하며, '푸냉이'는 목포와 신안 근처 연근해를 말한다. 한식이 들어 있는 사릿때를 초사리라고 하는데, 이때는 조기가 조도, 목포 인근의 서남해지역을 회유하는 시기이므로, 닻배가 멀리 나가지 않고, 주로 이곳 연근해에서 조업했다.

〈악보 4〉 닻배노래(기화자좋네소리)

채보/ 이윤선

다. 시기별로 다르긴 하지만 이처럼 제주도에서 연평도 이북까지 조업권역이 걸쳐 있었으므로 자연스럽게 민요의 지역적 습합도 일어나게 되었다. 그 대표적인 것이 〈배치기소리〉로 조도권역에서 말하는 〈풍장소리〉다. 이 중 〈기화자좋네소리〉는 김연호, 이규원 등이, 〈어화요소리〉는 김주근, 박종민, 박종준, 박병천 등이 제보하였다. 〈기화자소리〉의 채보는 김연호의 제보를,

〈악보 5〉 닻배노래(어화요소리)

〈어화요소리〉는 박병천의 제보를 대상으로 하였다.

〈풍장소리〉에서 가장 큰 특징은 메김소리 리듬이 36/8박자로 늘어난 점에 있다. 즉, 받음소리와 메김소리의 리듬이 각각 36/8박자와 24/8박자로 다르다는 점이 특징이랄 수 있다. 받음소리는 템포의 차이는 있지만 〈놋소리〉와 〈술비소리〉에 비하면 각각 6배와 3배로 늘어난 셈이고, 메김소리와 사물장단으로 받는 소리는 각각 4배와 2배로 늘어난 셈이다. 온전히 사물장단만으로 후렴구를 받는 형식도 특징적이다. 이것은 메김소리와 받음소리, 사물장단이 각각 주고받는 역할이 분담되었음을 나타내는 것이다. 달리 말하면 각각의 기능에 충실한 형태로 노래가 분화 혹은 변화되었음을 시사해준다.

이처럼 〈놋소리〉 등의 단순리듬과 비교해 볼 때, 〈풍장소리〉는 리듬이 훨씬 길어지고 복잡해졌을 뿐만 아니라 동일 소리 내에서도 혼소박리듬의 형태를 취하고 있다. 특히 메김소리와 받음소리가 혼소박리듬을 취하고 있는 것은 각각의 소리가 이입 혹은 습합되었을 가능성을 내포한다. 〈배치기소리〉의 서해안 분포나 전파 현상을 전제한 후, 조도지방의 풍장소리가 원래 〈지화자소리〉였다가 점차 서해안의 〈배치기소리〉와 교섭하면서 〈어화요소리〉로 변화되었을 것으로 추정한 점을 전제하면,[26] 〈풍장소리〉가 지역 간의 소리들이 습합되면서 구성되었을 가능성을 엿볼 수 있기 때문이다. 장단으로 설명해보면, 메김소리나 사물장단 소리는 모두 굿거리의 형태를 취하고 있으며 물리지 않는 겹장단으로 되어 있다.[27] 대신 받음소리는 〈기화자좋네소리〉와 〈어화요소리〉 모두 굿거리 세 개의 홑장단으로 구성되어 있다. 겹장단으로 치면 반 장단이 삽입되어 있는 형태다. 달리 말하면 〈엉처소리〉나 〈술비소리〉 등의 리듬이나 사설이 쌍으로 구성된 것에 비해 〈풍장소리〉는 혼소박리듬으로 음악적 변화를 꾀한 노래라고 할 수 있다. 노동의 기능이 배제된 기교적 노래를 지향하고 있다는 뜻이다. 실제로 〈풍장소리〉는 만선의 기쁨을 노래하는 유희적 기능을 담당하는 곡으로 알려져 있다는 점에서 현장에서의 기능도 이와 크게 다르지 않았음을 확인해 볼 수 있다.

다만 유희요적 기능만을 전제하게 되면 〈둥당애타령〉 등의 유희요도 단순리듬은 물론 음폭이 크지 않다는 점과 비교하여 설명할 수 있어야 한다.

26 졸고, 「닻배노래의 교섭양상과 공연화에 나타난 변화 고찰」, 『한국민요학』 제16집, 한국민속학회, 2005, 288~289쪽.

27 일반적인 굿거리 한 장단은 홑장단이라고 해서 물리는 장단이라고 말한다. 한 쌍을 이루는 겹장단이어야 온전한 한 장단을 이룬다는 뜻이다. 따라서 본고에서는 겹을 이루지 않는 장단을 홑장단, 한 쌍을 이루는 장단을 겹장단으로 표현한다.

이들 여성유희요들의 리듬을 보면 역설적이게도 노동 기능이 강화되어 있는 〈놋소리〉에 가까우면서 훨씬 역동적인 상황을 연출해내는 기능을 담당하고 있기 때문이다. 특히 혼소박리듬이 의례적 기능을 가지고 있다는 점을 전제하게 되면, 〈풍장소리〉가 의례요적 기능을 한 것으로 논의를 확대할 가능성도 생겨 문제가 보다 복잡해지게 된다. 결국 본고의 한계상 이 문제를 푸는 단서는 지역 간의 노래 양식들이 습합되는 과정에서 생긴 혼소박 리듬의 차용으로 보는 것이 현 단계로서의 해법이 아닌가 생각한다.

출현음도 〈놋소리〉와 〈술비소리〉가 한 옥타브를 소화하고 있는데 비해 두 옥타브, 경우에 따라서는 세 옥타브까지 확장되었음을 확인할 수 있다. 이는 〈놋소리〉의 노동기능에 비해 〈풍장소리〉가 음악적 기교에 충실한 노래임을 말해준다. 마찬가지로 〈기화자좋네소리〉의 메김소리가 음폭이 크지 않은데 비해 〈어화요소리〉는 음폭이 확장되어 있는 데서, 후자의 소리가 음악적 기량이 출중한 사람에 의해 불려졌음을 알 수 있다. 물론 이 〈어화요소리〉는 고 박병천을 대상으로 채록한 것이지만 이외의 제보자들도 정도의 차이가 있을 뿐이지 대강의 음역은 이와 비슷한 맥락에서 소화하고 있는 것으로 나타난다.

결국 음폭의 확장과 시김새의 기교 등을 통해서 볼 때, 독창적 기교는 발달해 있지만, 메김소리와 받음소리가 비교적 명확하게 갈라져 있기 때문에, 선후창간의 헤테로포니가 발생할 여지는 그만큼 줄어들었다. 이는 메김소리나 받음소리 간의 교접현상이 줄어들었음을 말해주는 것으로, 확실한 창자의 역할이 존재함을 나타낸다. 나아가 사물장단만으로 후렴구를 받는 형태까지 취하고 있기 때문에, 3개의 파트가 〈풍장소리〉라는 하나의 소리를 총화시키는 역할을 취하고 있는 셈이 된다. 이는 〈놋소리〉나 〈술비소리〉가 일정한 창자 없이 돌림노래 형식을 취하고 있는 것과 비교된다.

이처럼 노동 기능이 음악적 기능으로 분화될 때는 노동성 혹은 현장성이 부분적으로 거세되기 때문에, 보다 복잡한 선율과 세분화된 리듬으로 재무장할 수밖에 없다. 다만 노동 현장에서 의사전달의 가장 중요한 매개였던 인터랙션은 선율적 인터랙션으로 확장 변화되거나 잔존하는 형태를 띠게 된다고 본다. 다시 말하면 말하기와 대답하기 등의 이야기하기 기능의 원형성을 가지고 있던 단순리듬의 각편소리가 노동 자체의 기능을 점점 상실하면서 선율과 리듬의 인터랙션이라는 변화를 꾀하게 되었다는 것이다. 선후창에서 후창의 기능이 받음소리로만 제한되는 것도 이런 분화 과정 중의 하나로 볼 수 있다. 예를 들어 강등학이 나눈 바에 의하면,[28] 〈놋소리〉는 실무기능을, 〈술비소리〉는 정서표출기능을, 〈풍장소리〉는 놀이기능을 드러내고 있다고 말할 수 있다.

이상을 종합해보면, 〈풍장소리〉의 메김소리는 노동행위보다는 선율적 유희성이 강조되어 나타나고 있으며, 리듬 등이 복잡하고 정교해졌다고 볼 수 있다. 받음소리 또한 노동기능 보다는 선율적 유희기능, 특히 노동력에서의 협업적 겨루기가 유희적 선율의 겨루기 형태로 드러남을 살펴볼 수 있다.

4. 결론

본고는 사실상 두 가지 전제를 두고 출발한 셈이다. 하나는 닻배노래가 어떤 본래적 형태로부터 분화되거나 이입되었다는 가설이며, 다른 하나는 스토리를 가장 효율적으로 전달하기 위한 수단이 리듬과 선율에 있다는 점 등이다. 전자는 본고에서 몇 개의 단서를 들어 증명해 보고자한 내용에 해당된다. 본래적 형태를 문화원형성이라고 표현할 수 있다고 보았고, 따라서 본고의 논의를 확장서사로서의 스토리텔링에 대한 문화원형성 추출에 두었던 것이다. 닻배노래가 어로요라는 맥락을 전제하면 이에 가장 근접한 노래는

28 강등학, 「노래문학의 성격과 민요의 장르양상」, 『한국시가연구』, 한국시가학회, 1997, 93쪽.

〈놋소리〉라고 할 수 있다고 보았다. 후자는 무가 등을 통해서 이미 선험적으로 증명이 되어 있다고 판단하기 때문에 본고에서 굳이 리뷰하지는 않았다. 다만 주로 신화를 토대로 스토리텔링이 논의되는 현재의 담론 경향 속에서, 명시적인 이야기뿐만 아니라 이미지나 사운드 등의 비이야기적 장르로 스토리텔링이 확장되어 나가는 경향을 주목하고자 했다. 즉, 리듬과 선율의 스토리텔링으로서 민요의 논의를 확장시키자는 맥락에서 본고가 준비되었다는 것이다. 이 중 가장 중요한 논점은 인터랙션으로 표현되는 상호작용성이었다. 이것은 사실상 용어 활용의 맥락이 달랐을 뿐, 민요학에서 주로 논의되어 온 돌림노래, 선후창, 리듬과 선율의 대칭구조, 포뮬라 이론 등에 해당될 수 있다고 보았다.

따라서 본고는 인문학 기반의 콘텐츠관련 논의들이 주로 스토리텔링에 주목하고 있는 경향을 감안하여 민요학으로의 관심사를 유도하는 효과를 꾀할 수 있다고 생각한다. 민요의 노래하기와 말하기의 기능에서 볼 수 있듯이, 구비전승의 가장 효율적인 시스템이 선율과 리듬이 있는 스토리텔링임을 전제할 필요가 있기 때문이다. 특히 웹2.0시대에 주목하고 있는 확장서사적 인터랙티브 스토리텔링에 대해 보다 원형적인 맥락들을 고찰하기 위해서는 스토리텔링에서 스토리씽잉으로 변화되는 맥락의 논의들을 고려할 시점에 이르렀다고 생각한다. 실제로 갖가지 스토리를 노래하는 서사민요로 확장시켜 논의할 필요성은 재론의 여지가 없이 당연한 것이라 하겠다.

본고에서 거론한 세 가지 형태의 소리들은 모두 주고받기 즉, 인터랙션의 문화원형성을 간직하고 있다. 다만 〈놋소리〉가 노동 동작의 리듬과 말하기의 인터랙션을 갖고 있다면 〈풍장소리〉는 리듬과 선율의 유희적 인터랙션을 가지고 있다. 〈술비소리〉는 마치 아니리와 창이 교접하듯이, 이 둘을 합친 컨버전스적 경향을 보여준다. 이처럼 메기고 받는 형식은 독창곡에서는 발견되지 않는다. 겨룸의 형태를 가시화시키지 않은 곡이기 때문이다. 즉, 독창곡이 겨루기의 형태를 취하지 않는 것은 노동 동작의 주고받음이든 선율의 주고받음이든 주고받는 형식을 취하지 않기 때문이다. 서로의 호흡을 맞출 이유가 없다는 뜻이다.[29] 대신 협업을 요하는 노동에서는 겨루기의 형태가 기본적으로 드러나게 마련이고 이것이 메김소리와 받음소리의 형태로 구성되었다고 말할 수 있다. 물론 이 겨루기는 경쟁적 겨루기와 화합적 겨루기 등으로 세분시킬 수 있지만 이 양자가 이분법적으로 구분될 수 있는 것은 아니라고 본다. 흔히 겨루기 요소가 극적으로 표현되는 줄다리기나 고싸움 등의 대동놀이도 사실은 화합적 에네르기를 총화시키는 메커니즘 속에서 구현되고 있기 때문이다. 강강술래도 손잡음을 통해서 총화를 도모하지만, 메기고 받는 양식이나 부대놀이를 통해서 구현되는 양상을 보면 겨루기의 형태가 매우 강화되어 나타남을 알 수 있다. 이들 모두 협업의 기본적 메커니즘 속에서 구현되는 것들이다.

이를 정리해보면, 가장 원초적인, 그래서 노동요의 문화원형성을 가지고 있다고 말할 수 있는 노래는 동작을 추동하는 힘이 있어야 한다. 이 노래가 분화되거나 변화되어 정서환기 기능이 강화되면 시김새가 강조되고 음폭이 확장되며 리듬 또한 혼소박 리듬 등의 복잡성을 띠게 된다.[30] 우리가 흔히 장단이라고 부르는 고유한 인식체계는 이런 점들을 반영한 음악적 결과물인 셈이다. 의례나 종교적 기능이 강화된 음악들이 혼소박 리듬 등을 활용해 복잡해지는 것도 이런 경향을 반증해 준다. 따라서 하나의 틀거리로 인식되는 리듬이 확장되었다거나 음폭이 확장되어 선율의 활용성이 높아진 경우는 그만큼 미묘하거나 복잡한 노동을 추동하거나 아니면 노동의 매개단위를 이미 벗어났다고 말할 수 있다. 곧 밀고당기기의 노동형태가 선율과 리듬의 복잡화 속에서는 가시화되지 않고, 노래 양식 속에 은닉되거나 함축되어 나타난

29 가장 유형적인 독창곡으로 〈흥그레타령〉을 들 수 있는데, 이는 박자, 선율 등을 자기 호흡 가는대로 마음대로 부를 수 있는 노래다.

30 논농사 소리도 사실은 이런 맥락에서 다시 정리될 필요가 있다고 본다. 벼를 심는 동작과 관련된 노동요는 제한적일 것이기 때문에 그렇다.

다는 것이다.

이를 노동요적 기능이 약화되어 나간 순서로 보면 〈놋소리〉→〈술비소리〉→〈풍장소리〉가 되고 역으로 노동요적 기능이 강화되고 정서환기적 기능이 약화된 순서로 보면 〈풍장소리〉→〈술비소리〉→〈놋소리〉의 순서가 된다. 〈술비소리〉는 중간 지점에 위치해 있는데, 이는 소박한 의미에서의 헤테로포니 현상이 발생되는 지점이라고 할 만하다. 아마도 이론적으로는 이 리듬과 선율이 보다 정교해지고 교접되면서 보다 다양한 화음으로서의 헤테로포니를 추동하고, 리듬의 헤미올라 현상까지 견인하게 되면서 시나위 등의 컨버전스형 음악으로 진전되었을 것으로 생각해볼 수 있다. 대신 음악적 기교가 더 향상된 것으로 드러난 〈풍장소리〉는 메김소리꾼과 받음소리꾼, 악기연주꾼이 확실하게 배분된 음악이라고 할 수 있으므로 창자 중심의 선율적 기교가 발달한 음악으로 진전되었다고 볼 수 있겠으며 이는 상호 교접하는 인터랙션보다는 전달과 감상 위주의 예술음악으로의 단계를 밟아 나왔을 것으로 추정해볼 수 있다. 문제는 이를 노동요에서 유희요가 파생되었다거나 유희 및 의례요에서 노동요가 파생되었다는 등으로 단순 도식하는 것은 경계해야 한다는 점이다. 본고에서 이야기하고자 하는 것은 이들 각편소리들이 서로 영향관계에 있음을 드러내보고자 했을 따름이다. 이를 도식해보면 〈그림 3〉과 같이 나타낼 수 있다.

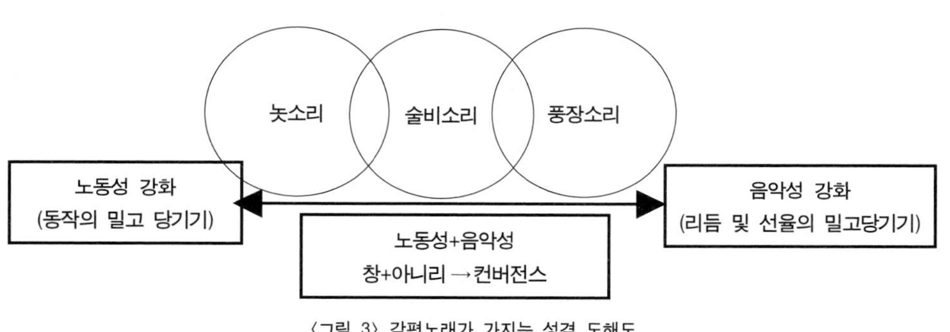

〈그림 3〉 각편노래가 가지는 성격 도해도

이상에서 볼 수 있는 것처럼 인터랙션의 원형성이라고 할 수 있는 것들은 리듬이든 선율이든 주로 댓구형식을 이루는 것이고 이를 효율적으로 이행시키는 기제로 포뮬라 등의 기법이 활용되었음을 확인할 수 있다. 사설에서의 주고받기나 민요 일반의 메기고 받기는 물론이고, 선율에서의 댓구 형식도 사실 이 논의에서 크게 벗어나지 않는다고 본다. 노동 동작의 밀고 당기기 형태나 선율 및 리듬을 통한 노래 겨룸의 형태가 사실은 밀고 당기기라는 인터랙션에 기반 해 있다고 생각하는 까닭이다.

그러나 본고가 가지는 가장 큰 한계는 닻배노래라는 묶음노래를 통해서 추출된 원리들을 어로요 일반의 분화 양상으로 확대하는 데 제한적이라는 점이다. 대부분의 제보자들이 닻배 조업의 현장경험이 풍부함에도 불구하고 부분적으로는 무대화 및 양식화의 과정을 거친 소리들을 보유하고 있다는 점에서도 그렇다. 이들을 보다 명료하게 구분하게 되면 본고의 한계를 넘어설 수 있는 이론을 도출할 수 있을 것으로 본다. 그럼에도 불구하고 이를 시도해보는 것은 이 논고로 필자의 논의를 마무리 짓는 것이 아닌 까닭이다. 환원주의적 오류에 빠질 위험은 있지만 대개의 어로노동요들이 가지고 있는 이런 속성들을 사례별로 분류시킨다면 노동요와 유희요, 혹은 의례요의 상관성을 일정정도 들춰볼 수 있는 단서가 될 수 있다고 생각한다. 이점은 노동요를 전제한 민요의 형성이나 노동요에서 파생한 유희요의 파생 루트 등을 살펴보는데 매우 유익한 고찰이 될 수 있다고 생각한다. 다시 말하면 확장서사로서의 스토리를 노동을 통해 인터랙션하는 것과, 리듬 및 선율적 유희를 통해서 인터랙션하는 원형성들을 살펴보는데 하나의 시사점을 제공하게 될 것이다. 결국, 보다 정치한 일련의 작업들을 약속하는 것으로 본고를 마무리 지음으로써, 여기까지의 불충분한 논의를 따라 읽은 독자들에 대한 송구함을 조금이나마 덜 수 있을 것이라고 생각한다.

(한국민요학, 2008.4.30)

민요의 혼자 부르기와 여럿이 부르기에 대하여

—진도지역 유희요를 사례 삼아—

1. 혼자/여럿이 부르기에 주목하는 이유

왜 혼자 부르기와 여럿이 부르기에 주목하는가? 노래와 소리의 갈래별 접근, 노래 지층의 본원적 맥락들에 대한 사유를 논거 할 수 있다고 보기 때문이다. 유흥요는 물론 노동요, 의례요 등의 현 단계 인식에 대한 문제제기를 겸해서 말이다. 왜 노래하는가와 어떻게 노래하는가에 대한 근본적 물음일 수도 있다. 물론 이를 온전히 드러내는 것은 불가능하다. 마치 노래의 어원을 찾아 고대로 여행하는 것이나 다름없다. 필자의 역량 상 현 단계에서는 불가하다는 뜻이다. 다만 접근 가능한 전거들을 통해 추적할 용의를 가지고 있을 따름이다. 가설을 제시할 요량이지만, 친절한 가독성을 선물할 자신은 없다. 쟁점이 되는 내용들에 대해서는 차후 논쟁을 기다릴 수밖에 없다.

따라서 본고는 유희요를 중심으로 혼자 부르기에서 여럿이 부르기까지의 갈래적 인식과 유희성의 본질적 성격에 대해 고찰하는 것을 목적으로 삼는 셈이다. 물론 진도지역의 민요를 그 대상으로 한정한다. 그러나 동심원적 심상지도는 전국을 겨냥한다. 유사형태로 거론될 수 있는 노래하고 춤추는 모든 행동단위를 전제할 수 있다는 뜻이다. 민요 자체가 특정지역에 편중된 문화가 아닌, 인류가 공유하는 공통문법을 가지고 있기 때문이다.[1] 또한 유희요로 명백하게 호명되는 곡목에 제한시킬 필요도 없다. 유희요의 범주를 광의로 설정하겠다는 뜻이다. 따라서 아무리 적게 잡아도 최소한 남도지역의 민요는 이 심상지도에 포섭될 수 있을 것이다.

유희요는 대개 '놀면서 부르는 노래'정도로 인식되어 왔다. 일종의 유흥을 말하는 것으로 MBC 민요대전에서도 이런 분류법을 사용한 바 있다. 그러나 유희와[2] 유흥은[3] '논다'라는 광의적 의미와 협의적 의미를 가질 수 있다는 점에서 접근의 방식을 달리할 필요가 있다. 동요를 유흥의 의미로 접근하는 것은 무리가 있기 때문이다. 현재 사용하고 있는 유희요라는 맥락은 대개 놀이의 의미를 전제한 개념이라는 점에서 민속유희라는[4] 광의적 접근인 셈이다. 어쨌든 우리가 인식하고 있는 개체요들은 그 범주의 양가성 혹은 중층성 때문에 분류의 혼선을 초래하기 일쑤다. 단위별 양상이 다르기 때문이다. 2장에서 이에 대해 다뤄볼 것이다.

그러나 광의적 접근이든 협의적 접근이든 본고에서 진도지역 유희요를 전부 다룰 수는 없다. 논의의 범주를 한정시키는 것이 필요하다. 따라서 진도에서 유희요로 불릴 수 있는 민요들을 개괄한 다음, 원형성이 있다고 추정되는 곡들을 선정할 필요가 있다. 진도지역의 유희요 중에서 비교적 원형성을 들어 거론할 수 있는 것은 홍그레와 육자배기, 둥덩애, 강강술래, 진도아리랑(산아지타령) 등이다. 김혜정은 이를 전남지역의 공식적 음악문법이라고 규정하고, 각각 홍글소리류(육자배기토리+3소박 6박형), 산아지타령류(육자배기토리+3소박 12박형), 둥당애타령류(육자배기토리+3소박 4박형), 강강술래류(육자배기토리+3소박

1 물론 일본의 가요, 중국의 민가, 한국의 민요 등 민중들의 노래문화를 인식하는 태도와 접근 범주는 차이를 가질 수 있다.

2 국어사전적 풀이 – 遊戱 : 즐겁게 놀며 장난함, 또는 그런 행위.

3 국어사전적 풀이 – 遊興 : 흥겹게 놂.

4 이창식, 『한국의 유희민요』, 집문당, 2002, 27쪽.

4박형-자진모리형) 등으로 나눈 바 있다.[5] 모두 타령으로 개체요성을 획득한 민요다. 이외 언급할 수 있는 것은 동요다. 산아지(타령)는 좀 더 살펴봐야겠지만, 전자의 노래들은 대개 홍그레 '소리', 둥덩애 '소리'라고 한다. 그러나 육자배기나 강강술래는 '소리' 등의 수식어를 필요로 하지 않는다. 타령과 소리, 놀이 등의 간극을 엿볼 수 있다. 이것에 대한 해명이 필요하다. 홍그레소리는 주지하듯이 여럿이 부르지는 않는다. 신세타령이니, 부녀요니 시집살이요 등으로 호명해 온 것은 이 개체요에 대한 그러한 내용적 측면을 주목한 것이다. 반면에 둥덩애소리는 혼자 하는 경우가 거의 없다. 여럿이 부르는 노래이기 때문이다. 전자와 변별적이다. 산아지타령도 대부분 여럿이 노래한다. 그러나 진도지역에서 산아지 노래가 보편적이었는가에 대해서 아직 자신을 가지고 이야기하기 어렵다. 진도아리랑의 전신으로 알려져 있지만 보다 정치한 해명이 필요하다. 그렇더라도 이들 민요들을 상호비교하면서 논의를 끌어가고자 한다. 3장에서 이 문제를 제기할 것이다.

장단에 대한 해명도 필요하다 진도 민요에 있어 가장 중심적인 장단은 진양조장단과 굿거리장단, 그리고 세마치장단이라고 할 수 있다. 마치 홍그레와 둥덩애와 진도아리랑(산아지)의 관계와도 같다. 이외의 자진모리니 휘모리니 하는 장단들은 굿거리에 포함시킬 수 있다. 굿거리의 템포가 빨라지면서 분화된 양식이라고 생각하기 때문이다. 이것을 말하기 방식과 노동하기 방식, 혹은 놀이하기 방식으로 나누어 볼 수 있다. 장단에 대한 문학적 해석인 셈이다. 이는 각각 소리와 노래, 그리고 놀이와도 대응될 수 있다. 본문에서 이들의 대응관계에 대해 살펴보기로 한다.

4장에서는 이들 노래들의 분화와 습합에 대해 다룬다. 혼자 부르기와 여럿이 부르기는 분명 전제 자체가 다르다. 노래 주체와 노래 객체의 관계가 논의될 수 있다. 이것은 자연스럽게 민요의 대행성에 대한 문제제기로 이어

5 김혜정, 『여성민요의 음악적 존재양상과 전승원리』, 민속원, 2005, 208쪽.

질 수 있다. 대개 유아기의 민요와 만가 등의 성격을 들어 민요 구연의 대행성을 거론할 수 있다. 그러나 정작 중요한 것은 끼워넣기와 겨루기의 전통적 양식이다. 이를 사설과 운율(리듬), 선율과 장단(템포)을 아우르는 메커니즘이라고 보는 까닭이 여기에 있다. 이 민요양식에 대한 독해가 본고에서 제시하는 가설의 정당성을 논증하게 될 것이다. 물론 환원주의적 오류는 경계한다. 그러나 진도지역에 한정하는 한계가 있다. 본고에서 다 말할 수 없으므로, 고를 이어가면서 풀어야 할 숙제다.

2. 진도지역 유희요의 갈래 인식

유희요가 무엇인가? 어려운 질문이다. 유희요는 놀면서 부르는 노래다. 유흥요라고 할 수 있다. 그러나 그 갈래적 지점과 분화의 과정들이 선명치 않다. 세분하여 접근하면 아동개인유희요, 조작유희요, 모방유희요, 동물유희요, 자연유희요 등[6] 접근 방식이 방대해진다. 예를 들어서 해물유희요는 바다에서 나는 해물을 소재로 다룬 빈지래기타령이나 오징어타령 등으로 세분된다.[7] 이를 고구하는 것은 매우 심도 깊은 논의가 전제되어야 한다.[8] 본고에서 이를 모두어 다룰 수 없는 이유다. 그렇다고 겉만 핥고 지나갈 수는 없다. 민요의 갈래에 대한 선학들의 논의를 짚고 넘어갈 필요가 여기에 있다.

유희요를 분류하기 위해서는 대개 노동요, 유희요, 의례요의 3단계 혹은 기타요를 포함하는 4단계 분류의 관행을 들춰볼 필요가 있다. 개체요에 주목했던 저간의 사정을 이해할 수 있기 때문이다. 이를 위해서는 보다 이른

6 이창식, 『한국의 유희민요』, 집문당, 2002, 184쪽.

7 졸고, 「해물유희요의 스토리텔링과 섬사람들의 세계관」, 『한국민요학』 제20집, 한국민요학회, 2007.

8 예를 들어 본고의 논평을 맡았던 최상일은 〈해물+유희요〉의 구분법에 대해 반대의견을 가지고 있다. 해물 스스로 유희하지 않는다는 논리에서다. 그러나 이는 동물유희요에서도 마찬가지로 적용되어야 한다는 점에서 재고될 필요가 있다고 생각한다.

시기의 논의들을 인용해야 한다. 필자는 지난 한 발표에서, 개체요를 분류하고 선택하는 방식에 대해 연령층별로 구분한 바 있다. 선학들의 분류와 접근 방식에 대해 반추할 수 있는 기회를 가진 셈이다. 이를 간략하게 리뷰해보면, 1941년 춘추지에 기고한 고위민의 「조선민요의 분류」에서부터 고정옥의 11항목 71형의 분류, 그리고 임동권의 민요 분류 등의 분류사에 대해 살펴볼 수 있다.[9]

고정옥의 분류안에 대해서는 강등학이 비판적으로 검토한 바 있다.[10] 장덕순 외 『구비문학개설』(1971), 박경수의 「민요분류의 일반문제와 기능별 분류」(1986)를 통해 고정옥의 한계를 지적한 점, 「민요의 현장과 장르의 기능」을[11] 통해 문제제기를 한 점 등이 그것이다. 특히 민요의 전승과 구연이 일정한 단위를 기준으로 이루어지는 것이고 그것을 개체요라고 할 때, 고정옥의 민요분류는 단위와 노래에 대한 기술의 단위가 일정하지 않다는 점을 문제 삼은 것이다.[12] 한편 이창식은 『한국의 유희민요』에서 주왕산에서부터 강등학에 이르는 11개의 논고들을 분석하여 성인유희요와 아동유희요로 크게 대별한 바 있다.[13] 물론 유희요만을 대상으로 삼았다는 점에서 한계가 있지만 그 문제의식은 민요 전반에 걸쳐 공유할 가치가 있다고 본다.

이후 시기를 건너뛰어 1992년 제주도를 시작으로 1976편의 전국민요를 음원까지 수록한 MBC민요대전의 분류에 주목하였다.[14] 이를 주도한 최상일의 두 가지 분류법을 합하여 보면 노동요, 의례요, 유흥요, 기타요 등으로 정리된다.[15] 이를 통해서 정리할 수 있는 것은 고정옥과 임동권 등에 의해서

9 졸고, 「민요일생사 혹은 연령층별 민요 부르기의 일생 의례적 성격」, 『비교민속학회 자료집』, 2009. 5.

10 이전의 김헌선, 신동흔 등의 고정옥 관련 논고 등에 대해서도 리뷰하였다.

11 강등학, 「민요의 현장과 장르의 기능」, 한국역사민속학회 편, 『민요와 민중의 삶』, 우석출판사, 1994.

12 강등학, 「고정옥의 민요연구에 대한 검토」, 『한국민요학』 제4집, 한국민요학회, 1996, 23~38쪽.

13 이창식, 『한국의 유희민요』, 집문당, 2002, 15쪽~21쪽.

14 총 82권에 5000여 편의 민요가 수록된 『구비문학대계』, 민요편, 1980~1987를 주목할 수 있다. 그러나 분류의 접근이라는 맥락에서는 mbc민요대전을 참고하는 것이 효율적이라고 본다.

민요와 변별적으로 분류되었던 동요가 후대에 오면서 이미 민요로 포함되었으며, 그 개체요들을 분류하거나 곡목으로 접근하는 데 있어서도 서로 다른 접근방식들이 채택되었다는 점이다. 다시 말하면 현 단계에 있어서 동요를 민요와 분리할 이유는 없어 보인다는 것이며 그런 측면에서 민요연구의 외연이 확장되어 왔음을 알 수 있다는 것이다. MBC민요대전에서 채록된 소모는 소리나 말 모는 소리를 비롯해 애기 어르는 음영소리 등의 음영가요 등도 민요의 범주에 포함시켜 논의해 온 것도 이런 경향을 반영한 것으로 보았다. 이를 총체적으로 정리해서 표로 나타낸 것이 민요의 일생사 혹은 연령층별 민요 부르기의 일생의례적 성격이었다.[16]

15 민요대전의 분류와 『우리의 소리를 찾아서』 분류를 합해 다시 분류해보면 아래와 같이 나타낼 수 있다. 최상일, 「전남지역 민요의 분류와 분포」, 『MBC 한국민요대전』 2 전라남도편, 문화방송, 1993, 32~33쪽; 최상일, 『우리의 소리를 찾아서』, 돌베개, 2002, 21쪽.

대분류	중분류	소분류	개별요
노동요	농업노동	논농사, 밭농사, 기타농업	모찌는소리, 모심는소리, 논매는소리, 풍장소리, 도리깨질소리, 물품는소리
	어업노동	어로, 어촌노동	줄꼬는소리, 노젓는소리, 그물 당기는 소리, 배올리는소리, 미역따는 소리
	기타노동	토목, 건축, 벌목 채취, 운수, 수공, 가사	등짐소리, 가래소리, 집터다지는 소리, 목도소리, 흙질소리, 상량소리, 가마메는소리, 물레노래, 삼삼는노래, 베틀노래, 방아찧는소리, 자장가, 아이어르는소리
의례요	장례의례	밤샘의식 놀이, 운상, 봉분만들기	출상전 소리, 상여소리, 가래소리, 달구소리
	세시의례	풍물굿, 기타 세시의례	액맥이타령, 고사풀이
	기타의례	기우제, 뱃고사, 건축 축원	
유흥요	세시놀이	윤무, 줄다리기, 그네뛰기, 화전놀이	
	잔치판	부녀자 놀이판, 술자리 놀이판 등	
	노래자랑	각종 타령, 풀이	사슴타령, 떡타령, 영감타령 등
	동요	야외놀이, 곤충놀이, 놀 리가, 숫자세기, 말놀이 등	
기타	서사민요	부부싸움/가족관계, 시집살이노래, 기타 서사민요	진주낭군가 등
	신세타령	과부신세타령, 시집살이, 신세타령	신세타령
	기타		

16 졸고, 「민요일생사 혹은 연령층별 민요 부르기의 일생 의례적 성격」, 『비교민속학회 자료집』, 2009. 5.

일생의례	연령층별 구분	일생의례민요	일생의례성 민요		기타
			남성요	여성요	
	태교기 민요		태교민요(음영소리…)		전연령층 민요
출생의례					
	유아기, 유년기 민요		동요(자장가, 놀이요…)		
성년의례		(성인식요)			
	성장기, 연애기 민요		연정요(놀이요/노동요)		
혼인의례		혼인요			
	장년기 민요		노동요 유희요(개별, 집단) 의례요	노동요 유희요(개별, 집단) 의례요 ⇅ 동요	
회갑의례		(회갑잔치요)			
	노년기 민요				
상례		장례요(만가)			

이는 일생의례의 불가역성에 대응하는 민요의 적층순환성을 드러내기 위한 수순이었지만, 민요가 가진 공시적 순환관계를 일정한 논리로 도출했다는 의미를 부여할 수 있으리라 본다. 특히 이 분류는 놀이와 노동, 혹은 의례들이 분화되지 않은 시기의 정보들을 일정하게 함유하고 있다는 전제를 두고 분석된 것이다. 예를 들어 이창식은 노동요도 놀이라고 말하는데, 집단노동요를 두레형놀이라고 표현하고 있으며, 이를 김매기, 모심기, 김쌈 놀이 등으로 표현하기도 한다.[17] 이때의 놀이를 해석하는 지평으로 체험을 통한 사회문화적 실천, 공통감각의 형성 과정, 공동성의 형성과 개방적 실천 등을 들기도 한다.[18] 특히 도야의 실천으로서의 놀이가 강조되는 맥락을 주목할 필요가 있다. 즉, 놀이는 노래를 포함한 분화 이전의 정보를 담고 있으며, 이 '놀이(노래+놀이)'의 원천과 전통에는 공동성과 개방성에 근거한 놀이의 행위들이 적층되어 상속되고 있다고 말할 수 있는 것이다. 이것이 한국 혹은 인류의 보편적 유산이라는 점에서 적층순환민요라고 표현할 수 있다고 보았다.[19]

그렇다면 진도지역에서는 유희요를 어떻게 인식하거나 접근하고 있을까? 이는 진도사람들이 개체요에 접근한 방식이나 호명의 방식들을 통해서 유추 가능할 것이다. 진도지역의 민요들을 언급한 모든 텍스트들을 대상으로 이를 간추려야겠으나 본고에서는 그 대표성이 있다고 생각되는 『진도민요집』(1집)의[20] 사례와 『진도속요와 보존』의[21] 사례를 보기로 한다. 전자는 당시 문

17 이창식, 『한국의 유희민요』, 집문당, 2002, 167쪽.

18 최성환 · 최인자, 「놀이의 해석학 – 전통놀이 문화의 해석을 위한 시론」, 『해석학연구』 제18집, 202~205쪽.

19 졸고, 「민요일생사 혹은 연령층별 민요 부르기의 일생 의례적 성격」, 『비교민속학회 자료집』, 2009. 5.

20 진도아리랑, 육자백이, 사거리, 개타령, 꽃방아타령, 개골이타령, 도화타령, 앵두타령, 모뜨는소리, 자즌모뜬소리, 상사소리, 자즌상사소리, 긴절로소리, 중절로소리, 풍장소리(이상 들노래는 지산면, 진도읍 등으로 다시 지역구분을 하였음), 길꼬냉이, 긴강강술래, 중강강술래, 자즌강강술래, 고사리꺾기, 지화붊기, 청어영자, 청어풀자, 남생아 돌아라, 덕석몰기, 덕석풀기, 문지기, 뒨지새끼, 싯차싯차(이상의 강강술래는 양홍도째, 최소심째, 김길임제 등으로 다시 분류했음), 이충무공 추모 강강술래, 생이소리(긴염불, 애소리, 하적소리, 아미타불, 천근소리, 가래소리), 다구질소리(집터), 중다구질소리, 자즌다구질소리, 자장가, 축귀경, 흥근에노래, 모뜨는소리, 훵애야(상도리깨소리, 질무지르는소리, 꺼시락 모지르는소리), 장타령, 권매장소리(홀롱소리), 맷독소리, 둥덩애덩, 시조, 나배도 닷배노래, 흥타령(한풀이), 엿타령, 가성주풀이, 씻김굿노래(초가망석부터 하적까지 10곡 나열했음), 성주올리는 노래, 지신풀이, 벼슬궁을 돕는 노래, 메기굿노래(도신굿노래, 혼건기는 부름소리), 반지락타령(빈지래기), 매화타령, 자즌육자백이, 살랭이노래, 사랑타령, 운수대통경(경문), 물리는소리(무속), 구음, 개똥불노래(동요), 해방가, 새보는노래(동요), 자장가(동요), 뻥따는노래(동요), 농부가, 장부가, 성주가, 권주가, 물래노래, 언문노래(한글), 음가, 이노래, 먹고노래, 남한산성, 수궁가, 밤눈보게하는 노래, 편시춘, X(씹)노래, 도라지타령, 성주풀이, 이팔청춘가, 방아

화원장이던 박병훈이 정리한 것이고, 후자는 진도국악협회장을 지냈던 허옥인이 정리한 것이다.

개체요에 대한 인식으로 주목할 것은 "~하면서"를 충족하는 경우와 통상 '소리' 혹은 '노래'라는 수식을 필요로 하지 않거나 이미 "~소리" 등으로 개체성을 획득한 경우로 나누어 볼 수 있다. 즉, 행위단위 및 놀이단위의 충족 여부를 따져 구분해볼 수 있다는 것이다. 노래 명칭에 "~하면서"를 대입해보면 대강의 윤곽이 나올 수 있다고 본다. 실제 작업단위의 노동요를 제외한 민요들을 이 항목에 맞춰 분류해보면 〈표 1〉과 같다. 노동요로 분류되는 민요라 할지라도 실제 노동단위를 추동하는 경우가 아닌 경우는 일단 광의의 유희요적 범주에 포함시켜 논의하겠다는 뜻이다.

전자의 행위단위가 뚜렷하게 드러나는 것은 굳이 설명할 이유가 없을 것이다. 그러나 뚜렷이 드러나지 않는 분류는 해명할 필요가 있다. 예를 들어 강강술래는 "손을 잡고 돌면서"라는 행위를 충족한다. 둥덩애덩은 이른바 "옴박지 장단"을 두드리는 행위를 충족한다. 흥근에노래는 흥그레타령을 말하는데, 신세자탄하며 탄식하는 행위를 충족시킨다. 이처럼 노동요, 의례요 등의 목적을 가지고 있는 민요는 대부분 이 "~하면서"를 충족시킨다고 할 수 있다.

후자의 "~하면서"를 충족하지 않는 경우는 행위단위가 드러나지 않거나

타령, 중타령, 밭메는 노래, 풀베면서 부르는 노래, 뱃노래(조도지방, 금갑지방), 그물 올릴 때 노래, 노 저을 때 노래, 가마소리, 사랑가, 단가, 새타령, 초한가, 돛달 때 노래, 군내면 지방의 밭메는 노래, 개골타령, 사재(使制)풀이, 거무타령, 장꼬방노래, 꼬사리껑자, 다리노래, 개골타령, 애석한노래(민요), 법구노래, 새보는노래.
진도문화원, 『진도민요집』 제1집, 1997.

21 육자배기/ 보렴, 육자배기, 화초사거리, 삼산은 반박, 개구리타령, 남원산성, 물래타령, 성주풀이
타령/ 새타령, 흥타령, 까투리타령, 아리랑타령, 둥덩애타령
강강술래/ 강강술래, 술래뒤의 여흥, 살랭이(살내기)
농요/ 남도들노래, 대동두레, 의신들노래
노동요와 잡가/ 가래소리, 다구질소리, 엿타령, 장타령, 자장가, 애기 어우름소리, 맷독질노래(맷돌질소리), 뱃노래, 방아타령, 매화타령, 사리롱타령, 고살(告殺, 告辭, 업부름소리), 빈지래기타령
열사가/ 이순신사기, 이준사기, 안중군사기, 윤봉길사기, 유관순사기
단가/ 사철가, 사절가, 운담풍경, 죽장망혜, 만고강산, 강산유람, 천생아재, 초로인생, 편시춘, 장부가, 호남가, 봄타령, 해방가, 망향가, 백발가, 명기명창, 쑥대머리
판소리/(파트별 설명)
허옥인, 『진도속요와 보존』, 진도민요보존회, 1986.

모호한 경우들에 해당된다. 예를 들어 진도아리랑은 어떤 놀이단위, 노동단위 혹은 의례단위에 포섭되는지 명료하게 나타나지 않는다. 일정한 소재를 가지고 있는 경우도 마찬가지다. 예를 들어 개똥불노래는 놀이단위나 동작단위를 구체적으로 드러내주지 못한다.

〈표 1〉 진도지역 유희요의 분류
("~하면서"를 충족하는 경우와 "~하면서"를 충족하지 않는 경우)

	"~하면서"를 충족하는 경우	"~하면서"를 충족하지 않는 경우
동작단위별 (모의행위포함)	강강술래, 지화봙기, 청어영자(풀자), 남생아 돌아라, 덕석몰기(풀기), 문지기, 뒨지새끼, 다구질소리, 맷독소리, 물래노래, 새보는 노래, 방아타령, 애기 어우름 소리	
후렴구별	싯차싯차, 자장가, 둥덩애덩	진도아리랑, 육자백이, 흥타령(한타령), 개골타령
소재별	고사리껑기, 생이소리, 권매장소리(홀롱소리), 언문노래, 밤눈보게 하는 노래, 가마소리, 살랭이노래, 다리노래, 뽕따는 노래, 성주가, 권주가, 길꼬냉이	사거리, 개타령, 꽃방아타령, 도화타령, 앵두타령, 장타령, 엿타령, 반지락타령(빈지래기), 매화타령, 개똥불노래, 농부가, 장부가, 남한산성, 수궁가, 도라지타령, 성주풀이(일반), 중타령, 새타령, 거무타령, 장꼬방노래
기타	흥근에노래, 법구노래	사랑타령, 구음, 해방가, 이노래, 음가, 먹고노래, 편시춘, ×(씹)노래, 사랑가, 단가, 초한가, 이팔청춘가, 애석한 노래

여기서 확인할 수 있는 것은 "~하면서"를 충족하는 경우의 개체요에 대한 접근은 대부분 행위단위 혹은 지역단위, 의례단위 등으로 단위별 구성을 취하고 있다는 점이다. 특히 이 사례들이 수집되고 정리되던 당시는 개체요에 대한 호명이 일반화되었을 시기라는 점을 염두에 둘 필요가 있다. 이미 강강술래와 들노래 등이 무형문화재로 지정되어 있어서, 민요를 대하는 인식 자체가 변화되었던[22] 시기이기 때문이다. 그럼에도 불구하고 "~하면서"를 충족하는 경우는 개체요적 성격보다는 단위요적(노동단위, 놀이단위) 성격이 두드

22 진도민요를 포함한 진도 민속음악의 인식변화에 대해서는 아래의 졸고를 참고하면 도움이 된다. 졸고, 「소포만의 간척기 민속음악 변화 연구 – 남도들노래, 진도만가, 진도북놀이를 중심으로 –」, 『도서문화』 제27호, 목포대 도서문화연구소, 2006.

러지는 노래라고 볼 수 있다. 다시 말하면 노래와 놀이(노동)단위가 분화되지 않는 시기의 정서를 반영하고 있는 민요라는 것이다.[23] 반면에 "~하면서"를 충족하지 않는 경우는 단위요적 범주를 탈각한 개체요의 성격을 지니고 있다고 할 수 있다. 설사 일정한 소재를 매개로 유희되는 노래일지라도 그것이 노동단위나 놀이단위를 충족하지는 않기 때문이다.

따라서 전자와 후자를 행위 단위적 성격이 강한 민요와 개체요적 성격이 강한 민요로 대별해볼 수 있으며, 이들은 각각 그 단위를 충족하는 노래하기 방식으로 불려진다고 할 수 있다. 본고에서는 이를 '단위요'와 '개체요'라는 이름으로 나누어 호명하고자 한다.[24] 대개 "~하면서"를 충족하는 개체요에 이름을 붙인 사람들은 민요에 대해 학문적으로 접근하거나 콘텐츠적으로 접근한 이들이었다. 실제 민요의 연행자들이 전자의 개체요에 이름을 붙여 설명하거나 인식하는 예는 앞서 표에서 보았듯이 그렇게 많지 않다. 대부분 행위단위, 노동단위, 놀이단위 등의 단위적 요소로 인식하는 경우가 많다는 뜻이다. 다만 후자의 경우는 이미 "~타령" 등의 이름을 획득한 개체요라는 점에서 이른바 '노래'의 단위를 충족시키고 있는 셈이다. 그러나 전자와 후자를 시기별로 선대니 후대니 나눌 수 있다고 보지는 않는다. 그 보다는 노래의 기능별 접근을 가능하게 해주는 구분법이라는 점에서 그 의미를 찾을 수 있다고 본다.

23 개체요적 접근도 중요하지만, 놀이단위별, 행위단위별 접근이 고려될 필요는 음악치료학 등의 활용 측면에서 유용한 접근 방식이 될 것이다. 물론 단위별 정보가 오늘날 전승되는 민요의 리듬에 남아있는지, 선율에 남아있는지 아니면 축적되어 온 노랫말에 남아있는지는 각 연구자들마다 다르게 해석할 수 있을 것이다. 그럼에도 불구하고 이같은 정보가 개체요로서 구분되어 불리기 이전의 단위적 정보를 담고 있다는 점은 주목할 필요가 있다고 생각한다.
졸고, 「민요일생사 혹은 연령층별 민요 부르기의 일생 의례적 성격」, 『비교민속학회 자료집』, 2009. 5.

24 흥그레소리니 흥그레타령이니 하는 것은 호명의 방식에 관한 차이에서 비롯된 것으로 보인다. 노래의 본질에 관한 차이가 아니라는 뜻이다.

3. 혼자 부르기와 여럿이 부르기의 말하기와 놀이하기 기능

단위요는 모의행위를 포함한 동작단위 혹은 후렴, 소재 등의 행위주체를 전제한다는 점에서 '행위 대칭성 민요'라고 말할 수 있다. 그렇다면 개체요는 '행위 비대칭성 민요'가 되는 셈이다. 물론 모든 유희요가 이 구분법에 의해 명백하게 나뉘는 것은 아니지만, 보편적 성격만큼은 이 방식에 의해 구분될 수 있다는 뜻이다. 실제 노동요로 분류되는 대부분의 민요들도 이 행위 대칭성을 충족하는가 하지 않는가에 따라서 협의적 노동요와 광의적 노동요로 나눌 수 있다. 이 구분법에 의하면 노젓는소리나 다구질소리, 보리타작소리(훵애야소리)처럼 직접 노동행위단위를 규율하는 민요는 협의의 노동요로 볼 수 있고, 풍장소리처럼 유희요화된 민요는 광의의 노동요가 되는 셈이다.

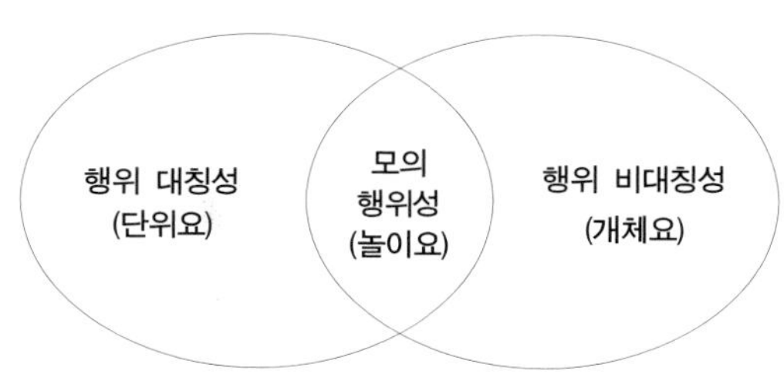

행위 대칭성 민요는 노동요을 포함해 놀이요 전반에 해당될 것이다. 노동을 직접 매개하는 놋소리 등의 노동요는 물론 다리세기 등의 놀이행위를 추동하는 민요가 포함될 수 있다. 후자의 행위 비대칭성 민요는 소재 자체를 가지고 유희하는 유희요나 가창의 목적이 은닉되어 나타나는 개체요들이 해당될 것이다. 개타령, 도라지타령, 새타령, 거무타령, 장꼬방 노래, 육자백이 등이 그것이다. 그러나 행위 대칭성이라고 하더라도 그것이 직접적인 노동과 놀이단위를 추동하는 것이 아닌 경우에는 모의 행위성 성격을 지니고 있다고 볼 수 있다. 예를 들어 '고사리꺾기'는 고사리 꺾는 노동단위를 충족하는 것이 아니다. 강강술래의 지화볿자, 청여영자(풀자), 덕석몰기(풀기), 남생아 돌아라 등도 여기에 해당될 수 있다. 이를 행위대칭과 행위비대칭의 교집합으로 설정할 수 있으며 이들이 대개 강강술래 등의 '묶음노래'로 나타난다고 본다.

행위에 대한 대칭성은 노래의 말하기 기능과 놀이하기 기능, 노동하기 기능 등으로 분류될 수 있다. 본고에서는 이를 보다 선명하게 드러내기 위해 혼자 부르기와 여럿이 부르기에 주목하고자 한다. 앞서 분석한 단위요와 개체요적 맥락에서 비교적 그 성격을 명확하게 드러낼 수 있는 접근법이라고 생각하기 때문이다. 유희요 중에서 혼자 부르기는 홍그래타령(홍근에노래), 자장가(애기어우름소리) 등을 들 수 있는데, 이외의 대부분의 민요는 여럿이 부르기에 속하는 것으로 보인다. 민요의 노래하기 기능이 비교적 여럿이 부르기에 있음을 알 수 있다. 여기서 주목할 수 있는 노래가 홍그레, 둥덩애, 강강술래, 진도아리랑이다. 그렇다면 왜 이 노래들이 주목되어야 하는가? 홍그레는 혼자부르기의 전형으로, 둥덩애부터 강강술래는 여럿이 부르기의 전형으로 거론할 수 있기 때문이다.[25] 어쨌든 이상의 맥락을 유희요별 세 곡을 포함해 일곱 가지 정도로 나누어 점검해보기로 한다.

첫째, 혼자 부르기의 전형성을 갖고 있는 홍그레(소리)는 오랫동안 진도지역의 민중들에게 특히 여성들에게 가창되어 왔다.[26] 예를 들어 십일시지역의 여성농악단 사람들은 일찍이 고 장성천북놀이 보유자가 시도한 진양조장단으로 짠 '홍그레타령'을 불러왔다.[27] 이는 명백히 '홍그레(소리→타령)'가 육자배기로 진화했다는 가설을 뒷받침해줄 현장사례로 거론할 만한 것이다. 여기서 연행되는 홍그레는 4박 단위의 사설에 2박의 호흡자리를 갖는 구성을

25 다만, 여기서의 둥덩애는 타령이라는 개체성을 획득한 경우를 전제하는 것이기 때문에, 홍그레(소리)류의 둥덩애(소리)를 말하는 것은 아니다. 흔히 홍그레(소리)조로 둥덩애(타령)소리를 하는 즉, 메김소리를 홍그레처럼 길게 늘어놓는 사례들이 연행되어 왔기 때문이다. 이를 굳이 구분하자면 홍그레(소리)의 혼자부르기에 배정할 수 있다.

26 물론 이를 리듬과 선율단위로 분석하는 것이 필요하지만, 본고의 한계상 고를 달리하여 살펴보기로 한다.

27 일반적으로 홍그레소리라고 하는데 비해, 이를 홍그레타령이라고 호명한다는 점에서 개체요적 성격을 어느 정도 확보한 단계의 노래라고 할 만하다.

취하고 있다. 본래의 홍그레(소리)가 무정형이긴 하지만, 일정하게 4박 형식의 말하기와 2박 형식의 호흡하기 형식의 내재율을 갖고 있는 것과 같다. 홍그레(소리)가 진양조장단의 원형적 성질을 가지고 있다고 말할 수 있는 근거가 여기에 있다. 물론 선율은 육자배기토리의 전형성을 가지고 있기 때문에 변별성을 논의하기는 어렵다. 둥덩애타령, 강강술래는 물론 산아지타령, 진도아리랑 등도 이 범주에 속한다.

둘째, 둥덩애타령은 표에서 볼 수 있듯이 여럿이 부르기의 전형성을 가지고 있다. 이른바 '옴박지 장단'의 행위를 충족하는 방안놀이에서 비롯된 노래이다. 3소박의 4박+4박 형식을 취하고 있어서, 홍그레(소리)에서 보이는 호흡자리는 찾을 수 없다. 호흡자리가 없다는 것은 호흡자리를 대신할 창자가 존재함을 전제하는 것이며, 이를 여럿이 부르기의 리듬형태로 말할 수 있다고 본다. 이는 굿거리 형식에서 보편적으로 드러나는 것인데, 자진모리, 휘모리까지 이 범주에 포섭되는 장단들이다.

셋째, 진도아리랑은 3소박 3박(혹은 12박) 형식을 취한다. "~하는" 행위를 충족하지 않기 때문에 이미 개체요적 성격을 지니고 있는 민요다. 이 또한 대표적인 유희요에 속하나 전자의 홍그레(소리)와 둥덩애(타령)와는 변별적이다. 전신인 '산아지타령'으로 치환해 해명될 수도 있다. 홍그레(소리)와 둥덩애(타령)는 그 역사와 전통을 가늠하기 어렵지만, 진도아리랑은 근대민요 중의 잡가로 인식되고 있어, 산아지타령 계열로 분류할 수 있기 때문이다.[28] 그러나 산아지타령이 홍그레(소리)나 둥덩애(타령) 만큼 일상적 민요였는지에 대해서는 좀 더 정치한 분석이 요구된다. 실제 진도민요를 나름대로 망라했다고 생각되는 전자의 텍스트들－박병훈, 허옥인의 정리－에서도 산아지타령

28 나경수, 「진도아리랑 형성고」, 『전남의 민속연구』, 민속원, 1994; 김혜정, 「진도아리랑 형성의 음악적 배경」, 『한국음악학연구』 35집.
통속민요였던 진도아리랑이 향토민요로서 진도사람들에게 어떻게 수용되고 전개되어 왔는가에 대해, 어원 및 기원설화에 대한 논점과 음악적 논점을 보기 위해서는 아래의 글을 참고하면 도움이 된다.
졸고, 「진도아리랑 기원 스토리텔링과 문화마케팅」, 『도서문화』 제25호, 목포대 도서문화연구소, 2005.

이 나타나지 않는다는 점을 주목할 필요가 있다. 진도아리랑이 전격적으로 산아지타령을 대체한 때문인지, 아니면 그만큼 일상적인 민요가 아니었는지에 대해서 해명이 필요하다는 것이다. 대체로 조도 닻배노래 중에서 풍장소리로 난장을 벌일 때, 봉기소리와 더불어 산아지타령이 불렸다는 것 외에는[29] 가시적으로 드러난 예는 없어 보인다. 본고에서 이를 적극 해명할 만한 정보를 갖고 있지 못한다는 점이 아쉬울 따름이다. 대체로 산아지타령 계열의 개체요들이 잡가로서의 진도아리랑, 삼산은반락, 물레타령 등으로 확산되었고, 무가에서도 중염불이나 노적청하기, 시주받기, 하적소리 등으로 확장되어 나타난다는 점에서[30] 친연성 정도는 확인되는 셈이다. 그런데 홍그레(소리)가 말하기+호흡의 구조를 갖고, 둥덩애(타령)가 여럿이 교대해 놀이하기, 혹은 노동하기인 것과 변별되는 특성이 무엇인지에 대해서 아직 구체적인 단서를 잡지 못하였다. 좀 더 시간을 두고 고찰해야할 문제라고 생각한다.

넷째, 노동요를 통해서 유희요와의 상관성을 거론할 수 있다. 예를 들어 진도닻배노래의 〈놋소리〉가 노동 동작의 리듬과 말하기의 인터랙션을 갖고 있다면 〈풍장소리〉는 리듬과 선율의 유희적 인터랙션을 가지고 있다. 〈술비소리〉는 마치 아니리와 창이 교접하듯이, 이 둘을 합친 컨버전스적 경향을 보여준다. 필자는 이를 광의적 노동요와 협의적 노동요로 구분할 수 있다고 보았다. 바꾸어 말하면 광의적 놀이요와 협의적 놀이요로도 나눌 수 있다는 뜻이다. 광의적 놀이요는 놀이의 행위단위를 직접 매개하는 민요를 말하며, 협의적 놀이요는 간접적으로 놀이 행위단위를 매개하는 것으로, 행위대칭성 혹은 모의행위 대칭성 민요들이 여기에 속한다 할 것이다. 결국 여럿이 부르기 기능은 '놀이'와 '노동' 등이 반드시 매개되는 민요라는 점에 주목할 필요가 있다.

29 졸고, 「닻배노래의 교섭양상과 공연화에 나타난 변화 고찰」, 『한국민요학』 제16집, 한국민요학회, 2005, 전반적인 내용 참고.
30 김혜정, 「산아지타령 계열 악곡의 음악적 존재양상과 의미」, 『한국민요학』 제21집, 한국민요학회, 2007.

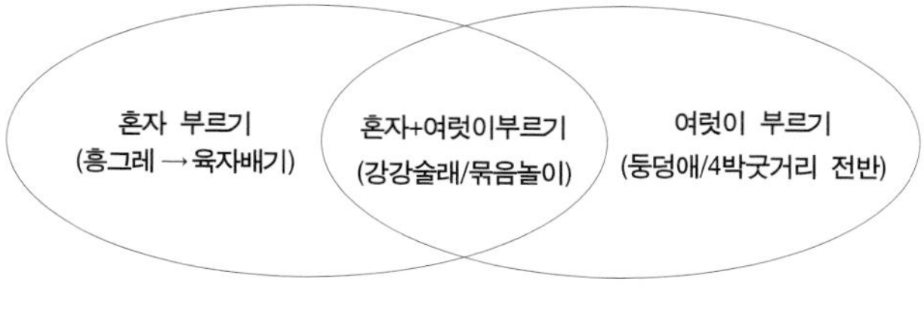

혼자 부르기
(홍그레 → 육자배기)

혼자+여럿이부르기
(강강술래/묶음놀이)

여럿이 부르기
(동덩애/4박굿거리 전반)

다섯째, 여럿이 부르기의 묶음노래 형식에 관해 살펴볼 필요가 있다. 묶음노래에서 개별노래들은 개체요라기보다는 각편소리로 표현하는 것이 적합하다고 생각한다. 강강술래가 그 대표적인 것이다. 느린 강강술래부터 자진 강강술래까지 점진적 가속 형식을 취하고 있지만, 느린 강강술래는 진양조장단에 딱 맞아 떨어지지 않는다.[31] 즉, 느린 강강술래는 홍그레(소리)가 가지는 혼자 부르기의 전형성을 일정한 형태로 지니고 있다고 말할 수 있다.[32] 육자배기의 후렴 "고나~헤"도 혼자 부르기에서 여럿이 부르기 단계로 확장된 형식미를 보여준다. 가창의 순서를 타자에게 위탁하는 형식으로 후렴이 구성되어 있기 때문이다. 이 형식은 나중의 진도씻김굿 무가, 만가, 들노래 등의 묶음노래 형식을 규율하는 토대가 된다. 대체로 묶음노래는 이같은 혼자 부르기+여럿이 부르기의 점층적 가속화 형식을 취하고 있다고 말할 수 있다.

결국, 말하기 기능이 강조되는 홍그레(소리)의 형식은, 말하고 나서 쉴 숨자리가 필요하다는 점에서 해명이 가능하다고 본다. 4박 말하기와 2박 숨자리를 통해 6박 형식을 가지게 되었다고 말할 수 있기 때문이다. 그러나 4박+4박 형식의 여럿이 부르기는 놀이적 기능이나 노동적 기능 혹은 춤을 추는 기능 등 의례적 기능 등이 전제되어 있기 때문에, 굳이 숨자리가 필요하지 않다고 볼 수 있다. 이것은 선창자가 숨을 쉴 동안 후창자가 노래하는 형식이

31 무속인들의 이러한 기여는 진도음악 혹은 남도음악의 정형화, 예술화 등을 이끌어 낸 주요 동인 중의 하나이다. 이에 관한 논의를 아래의 졸고를 참고하면 도움이 된다.
졸고, 「서남해지역 민속음악의 무속기반과 재창조 전통」, 『한국무속학』 제15집, 한국무속학회, 2007.

32 대체로 3소박 6박자의 형식 속에서 운용되는 것은 진도씻김굿에서 가창되는 홍그레타령계열의 노래들 즉, 진양조장단으로 구성된 노래들은 물론 문화재 지정 이후 가락과 선율이 다듬어지면서 부터라고 할 수 있다.

되기 때문에 여럿이 부르지 않으면 구연하기 힘든 리듬을 가지고 있다고 할 수 있다. 혹은 노래가 목적이 아닌, 춤이나 의례, 혹은 기능 자체를 목적으로 삼고 있다고 말할 수 있다. 따라서 혼자 부르기는 말하기 기능을, 여럿이 부르기는 노동 혹은 놀이 기능을 충족하는 노래라고 할 수 있다. "혼자+여럿이 부르기"는 이 둘이 습합된 형태라고 할 수 있으며 그 사례로 육자배기를 들 수 있다. 나아가 혼자 부르기+여럿이 부르기가 느리게로부터 빠르게로 배열된 것이 이른바 '진도씻김굿', '만가', '들노래'의 묶음노래 형식에 기본적으로 배열되어 나타난다.

여섯째, 노래의 주체와 객체와 관해 살펴볼 필요가 있다. 이는 "노래ᄒᆞ다"[33] "노래 부르다"의 맥락에서 검토될 수 있다. 노래를 '부르다'에 대한 국어사전적 정의는 대략 4개에서 6개에 이른다.[34] 그 중에서 "곡조에 맞추어 노래의 가사를 소리내다"라는 풀이가 노래 부르다의 의미로 이해된다. 그러나 부르다의 첫 번째 뜻은, 말이나 행동 따위로 다른 사람의 주의를 끌거나 오라고 하는 것이므로, '부르다'의 본질적 맥락은 객체를 전제한 용어라고 할 수 있다. 노래를 부르는 것은 타자로서의 대상이나 혹은 대상화된 에고(홍그레의 경우)에 대하여 무엇을 요청하는 행위라고 할 수 있다는 것이다. 즉, 호명의 대상에 따라 노래의 성격이 달라질 수 있다. 그래서 홍그레(소리)는 스스로를 부르는 소리라고 할 수 있다. 홍그레(소리)는 스스로에게 되묻는 말하기 방식을 지니고 있는 까닭에 '노래되는' 것보다는 '소리하는' 맥락이 더 강하다. 때문에 진도지역에서 흔히 홍그레 '소리'라고 호명해왔던 것이 아닌가

33 "노래ᄒᆞ다"라는 표현에 대해서는 아직 구체적인 정보를 갖고 있지 못한다. 다만, 질병한다는 맥락에서 "병ᄒᆞ다"라는 질병주체의 맥락이 일제강점기 이전까지 사용되었던 말이라는 점에서, 노래 주체의 성격을 지니고 있는 것이 아닌가 하는 추론은 가능하다고 생각한다.
졸고, 「몸에 대한 동아시아의 민족의학적 인식과 생태민속학적 접근」, 『한국민속학회 하계학술대회 발표집』, 2009.

34 『표준국어대사전』.
「1」 말이나 행동 따위로 다른 사람의 주의를 끌거나 오라고 하다.
「2」 이름이나 명단을 소리 내어 읽으며 대상을 확인하다.
「3」 남이 자신의 말을 받아 적을 수 있게 또박또박 읽다.
「4」 곡조에 맞추어 노래의 가사를 소리 내다.

생각한다. 물론 동일한 맥락에서 호명되는 '노래'라는 명칭은 놀이성을 가진 '여럿이'의 환경을 충족하는 개념이라고 할 수 있다.

여기서, 노래는 놀이와 불가분의 관계가 있고, 본래 한 뿌리의 말에서 왔음을 상기할 필요가 있다. 분화되기 이전의 노래는 실상 놀이와 동음이었기 때문이다. 노동 또한 전통시대의 어떤 지점까지는 세밀한 분화가 이루어지지 않았다고 볼 수 있음을 살펴본 바 있다. 노동과 노래가 분화되기 이전의 맥락들을 지니고 있다는 뜻이다. 앞서 살펴본 노동과 유희가 뚜렷하게 구분되지 않는 민요들이 여기에 해당되는 셈이다.

이를 정리해보면, 여럿이 부르기는 말하기 기능보다는 놀이하기 혹은 노동하기 기능이 확장되어 있다고 말할 수 있다. 혼자 부르기가 주로 독백형식의 말하기 기능을 갖고 있는 점과 대비되는 맥락이다. 따라서 장단의 교섭이나 변화는 혼자 부르기에서 여럿이 부르기 단계로 확장되면서 수용된 커뮤니케이션 기술임과 동시에 여럿이 부르기에서 호흡을 교대하거나 선율을 주고받는 기술이 예술화된 형식이라고 말할 수 있다.

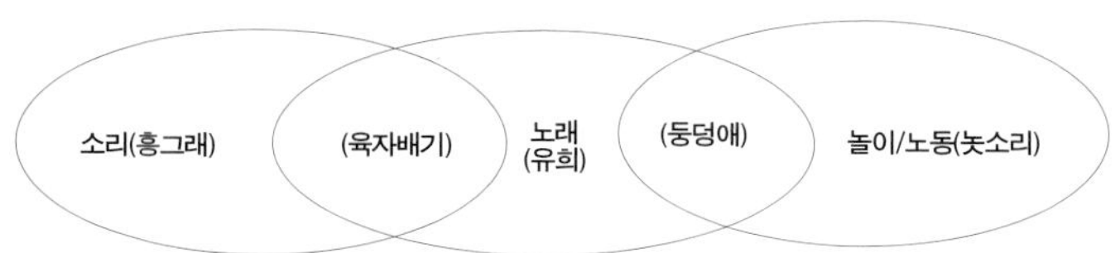

위 그림을 통해서 보면 혼자 말하기의 소리 기능은 흥그레(소리)가 가지고 있으며 이것이 여럿이 부르기로 전환하게 되면 육자배기 등의 노래가 된다고 말할 수 있다. 나아가 혼자말하기의 확장구조라는 점에서 판소리와도 친연성이 있다. 반대편에 위치할 수 있는 것이 이른바 순수노동요라 할 수 있는 놋소리나 보리타작소리(홍에야소리), 땅다지는소리 등이며 놀이요로는 다리세기 등 놀이 자체를 추동하는 민요일 것이다. 이 순수노동요가 유희화되는 단계 혹은 노동과 유희가 분화되지 않은 시기의 정보를 담고 있는 노래가 등덩애(타령) 등의 협의의 유희요가 되는 셈이다.

마지막으로 점검할 것은 소리 혹은 노래의 대행성에 관한 것이다. 이것은 노래 주체와 구연 주체가 다르다는 점에서 주목을 요한다. 유아기의 민요와 만가가 타자에 의한 대행민요라는 점에서 이 논의가 가능하다고 생각한다. 이때의 노래주체는 유아와 망자임이 분명하다. 그러나 이들은 노래를 '할'수 없는 존재다. 유아는 넌버벌 표상만이 가능하다. 망자는 말할 것이 없다. '부르다'의 속성은 바로 이런 대행의 의미도 포함하고 있는 개념으로 이해될 필요가 있다. 대신 불러주는 것이다. 아이를 부를 수도 있고, 자연을 부를 수도 있다. 그래서 자장가 '부름'의 주체나 목적은 유아를 위해서라고 말할 수 있다. 따라서 어머니 혹은 할머니로서의 본인의 심상 표출은 이차적인 가창 주체-대상 주체가 아닌-에 속하는 것으로 이해된다. 다만, 이를 '부름/부르다'의 주체성 혹은 객체성, 나아가서는 타자성이라는 측면까지 확장하여 논의할 수 있기 때문에, 보다 심도 있는 논의를 전개할 별고로 미루기로 한다. 예를 들어 만가에서 진양조장단의 긴소리로 '부르는' 것은 망자를 위해서이지만 중모리 이후의 리듬들은 노동의 단계와 습합되어 상여를 메는 상두꾼들의 가창 주체와 중층적 의미를 지니게 된다고 볼 수 있다. 달리 말하면 앞서 살펴보았던 '혼자+여럿이'의 기능처럼 '주체성+객체성'이 혼융되어 있는 장르일 것이기 때문이다.

4. 개체요와 단위요의 끼워 넣기와 겨루기

앞서 살펴본 민요들은 "~하면서"를 충족하는 것들을 '단위요'로, 이미 호명의 전제를 갖고 있는 민요를 '개체요'로 볼 수 있다고 하였다. 여기서 중요한 것이 끼워넣기와 겨루기이다. 끼워넣기와 겨루기는 민요뿐 아닌 음악을 형성하는 매우 중요한 기술이라고 할 수 있기 때문이다. 사실상 끼워넣기에 의해서 사설이 운영되었다고 할 수 있으며 겨루기를 통해서 선율과 리듬이 교접하고 분화하는 즉, 선율의 헤테르포니와 리듬의 헤미올라가 추동되었다고 말할 수 있기 때문이다. 대신 혼자 부르기는 단순선율이 중심이 되어 선율적 특징은 발견되지 않는다. 대신 말하기 기능이 매우 발달되어 있다. 음영 수준의 선율인 까닭에 창자의 정서를 온전하게 표출할 수 있다. 반면에 여럿이 부르기 노래는 겨루기 기능이 강조되어 나타난다. 필자는 이를 「연행방식을 통해서 본 남도소리의 축제적 성격」과 「닻배노래를 통해서 본 어로요의 리듬분화」라는 논의에서 비교적 소상하게 다룬 바 있다. 본고와 밀접하게 연관되어 있으므로 관련 부분을 간략하게 리뷰하면서 이 장의 논의를 이어가겠다.

끼워넣기는 다른 말로 끼어들기라고 표현할 수도 있을 것인데, 양자 모두 현장의 맥락은 다를지라도 기존의 것에 끼어들어 연행현장을 확장시킨다는 점에서 유사한 방식이라고 말할 수 있다. 겨루기는 다른 말로 밀고 당기기라고 표현할 수 있을 터인데, 이 또한 연행현장을 생성하거나 확장시킨다는 점에서는 중요한 방식의 하나라고 생각한다. 즉, 끼워넣기와 겨루기는 민요뿐만이 아닌 노래 자체를 형성하는 시스템인 셈이다. 바꾸어 말해서 진도민요 혹은 남도민요라는 콘텐츠(내용물)를 매개하거나 확장시키는 미디어라고 할 수 있다.[35]

겨루기는 노동요에서도 마찬가지로 나타난다. 유희요를 전제한 노동요는 놀이요의 의미를 함의한다. 앞서 살펴보았지만, 노동동작을 직접 추동하는 노동요는 매우 적다. 닻배노래의 사례로 이를 해명한 바 있다. 원초적 노동리듬은 동작을 추동하는 역할에 충실하기 때문에, 정서적 상상력이 없거나 적어도 미미하다. 이외 대부분의 노동요들은 노동에 대한 정서환기 기능에 충실하다. 노동의 동작단위와 노동요의 리듬단위를 비교해보면 알 수 있

35 졸고, 「연행방식을 통해서 본 남도소리의 축제적 성격」, 『구비문학연구』 제24집, 한국구비문학회, 2007, 66~67쪽.

다.[36] 말하기와 대답하기 등의 이야기하기 기능의 원형성을 가지고 있던 단순리듬의 각편소리가 노동 자체의 기능을 점점 상실하면서 즉, 노동동작을 직접 추동하던 기능을 탈각하면서, 선율과 리듬의 인터랙션이라는 변화를 꾀하게 되었다. 선후창에서 후창의 기능이 받음소리로만 제한되는 것도 이런 분화 과정 중의 하나로 볼 수 있다. 선창이 비교적 노동동작을 탈각한 음악적 구조로 기능하게 되기 때문이다. 예를 들어 강등학이 나눈 바에 의하면,[37] 〈놋소리〉는 실무기능을, 〈술비소리〉는 정서표출기능을, 〈풍장소리〉는 놀이기능을 드러내고 있다고 말할 수 있다. 즉, 〈풍장소리〉의 메김소리는 노동행위보다는 선율적 유희성이 강조되어 나타나고 있으며, 리듬 등이 복잡하고 정교해졌다고 볼 수 있다. 받음소리 또한 노동기능 보다는 선율적 유희기능, 특히 노동력에서의 협업적 겨루기가 유희적 선율의 겨루기 형태로 드러남을 살펴볼 수 있다.[38]

이같은 메기고 받는 형식은 독창곡에서는 발견되지 않는다. 겨룸의 형태를 가시화시키지 않은 곡이기 때문이다. 독창곡이 겨루기의 형태를 취하지 않는 것은 노동 동작의 주고받음이든 선율의 주고받음이든 주고받는 형식을 취하지 않는다. 서로의 호흡을 맞출 이유가 없다는 뜻이다. 이를 동작의 밀고 당기기라는 노동성의 강화와 리듬 및 선율의 밀고 당기기라는 음악성의 강화로 대별해 살펴볼 수 있다. 다만 노동성과 음악성을 겸비한 성격이 존재할 수 있는데, 이를 창과 아니리가 컨버전스되는 성격으로 해명할 수 있다.[39]

36 노동요라고 호명되는 개체요들은 사실상, 노동의 동작단위 보다는 그 노동을 매개는 상상력을 통해 확장된다. 사설뿐 아니라 리듬이나 선율도 마찬가지다. 닻배노래의 리듬과 선율 확장의 예를 보면 이를 유추할 수 있다. 노동 기능이 음악적 기능으로 분화될 때는 노동성 혹은 현장성이 부분적으로 거세되기 때문에, 보다 복잡한 선율과 세분화된 리듬으로 재무장할 수밖에 없다. 다만 노동 현장에서 의사전달의 가장 중요한 매개였던 인터랙션은 선율적 인터랙션으로 확장 변화되거나 잔존하는 형태를 띠게 된다고 본다.

37 강등학, 「노래문학의 성격과 민요의 장르양상」, 『한국시가연구』, 한국시가학회, 1997, 93쪽.

38 졸고, 「닻배노래를 통해서 본 어로요의 리듬 분화와 인터랙션」, 『한국민요학』 제22집, 한국민요학회, 2008, 303쪽.

39 위의 책, 304~307쪽.

예를 들어 벽돌림노래로 사용되는 둥덩애타령의 경우에는 비교적 겨룸의 현상이 은닉되어 있다. 물론 순차적인 메김소리를 선택할 경우에 그렇다. 그러나 무작위의 순서로 메김소리가 연행되는 경우에는 겨루기의 현상이 보다 선명하게 드러나 보인다. 특히 서로에게 익숙한 집단일수록 판을 잘 이끄는 사람이 먼저 선창을 한다는 '불문율'이 잠재되어 있는 것으로 보인다. 이런 경우는 이미 서로의 소리실력과 판 운영력을 간파하고 있는 상태로, 상대적으로 경쟁심리가 약화된 형태에 속한다. 노래판에서의 비등함이 이미 훼손되어 일정한 서열이 정해진 경우로 본다는 뜻이다. 이 서열이 강화되면 메김소리의 주도권이 '선창자'라고 하는 소수에게 집중되는 구조로 전환되게 된다. 그러나 이 선창자를 노래를 잘 하는 사람으로 인식하는 것은 재고의 여지가 있다. 왜냐하면 난장의 판일수록 노래를 잘하는 사람보다는 그 판을 잘 이끌 수 있는 사람이 필요할 것이기 때문이다. 씻김굿이나 만가 등 제사나 의식이 곁들여진 소리판의 컨텍스트를 보면 충분히 짐작할 수 있는 일이다.[40]

4박계열 장단인 굿거리의 '굿'에 주목할 필요가 여기에 있다. 이것을 필자는 민요의 축제성 즉 난장의 '판'이라고 표현한 바 있다. 축제는 난장이 벌어지는 판을 말하며, 혼자가 아니라 여럿이 연행하는 시스템이며 이 안에서 끼워넣기와 겨루기가 운영되고 있다. 이를 종합하여 표로 나타내보면 아래와 같다.

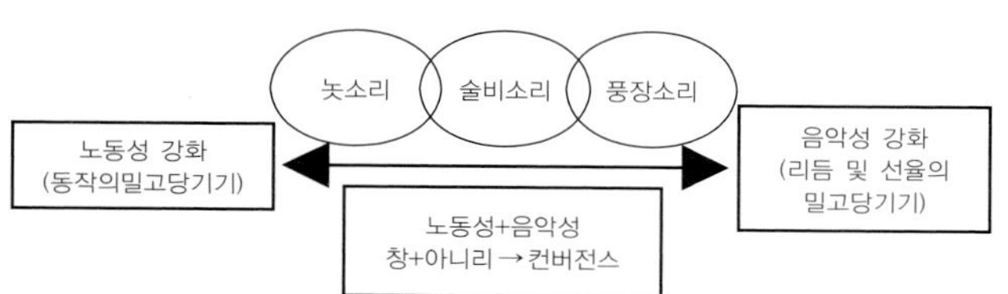

40 졸고, 「연행방식을 통해서 본 남도소리의 축제적 성격」, 『구비문학연구』 제24집, 한국구비문학회, 2007, 67~68쪽.

원형성	부르기 형식	리듬형성기술	운영 기능	음악양식화
흥그레(소리)	혼자 부르기	4+2/ 무정형+숨자리	말하기 (사설끼워넣기)	육자배기, 판소리 등
둥덩애(타령)	여럿이 부르기	4+4/ 교대로 숨쉬기	리듬 겨루기 (사설끼워넣기)	4박 유희요 등 4박 노동요 등
강강술래 (묶음노래)	혼자+여럿이	6(4+2)+4+2 /점진적 4박자	놀이(리듬)겨루기 (사설끼워넣기)	만가, 들노래, 무가 등
진도아리랑 (타령)	여럿이 부르기	3(12)/교대로 숨쉬기	리듬 겨루기 (사설끼워넣기)	진도아리랑 등 길꼬냉이 등

운영기능에서 괄호 안에 포함시킨 기술은 좀 더 약하게 나타난다는 뜻이다. 대체로 혼자부르기에서만 말하기 기능이 우위를 보이며 여럿이 부르기에서는 겨루기가 우위를 보이는 것으로 해석된다. 위에서 음악양식화 중 판소리를 언급한 것에 대한 해명이 필요하다. 판소리 연행의 양상을 보면, 향토민요나 잡가의 경우보다 선창자에게 가창의 역할이 전적으로 위임된 형태라고 말할 수 있다.[41] 향토민요에서 보이는 돌림노래형식도, 잡가에서 보이는 창자들의 서열도 보이지 않는다. 다만 창자와 고수의 밀고 당김이 가장 극적으로 표현되어 나타난다. 이것은 다름 아닌 향토민요에서 볼 수 있었던 끼워넣기와 겨루기가 일인 창자와 고수에게 일임되면서 그 역할이 배가된 것으로 해석해 볼 수 있다.[42] 판소리 노래형식을 보면, 판소리가 형성되고 발전해 온 과정 속에서 끼워넣기와 겨루기가 지속적으로 영향을 끼쳤음을 알 수 있다. 바로 더늠의 역사가 그것이다. 판소리에는 기본적으로 많은 명창들이 낸 더늠이 수도 없이 들어 있다는 뜻이다.

41 물론 이런 해석을 향토민요와 잡가, 그리고 판소리를 연대기적인 발전 과정으로 이해하는 것은 옳지 않다. 본고에서 주목하는 것은 끼워넣기와 겨루기에 대한 시각이므로, 컨텍스트에 대한 해석을 남도소리의 발전사 등으로 확대해석할 필요는 없어 보인다는 뜻이다.

42 판을 운영할 사실상의 공동 역할을 창자와 고수에게 대부분 일임한 셈이라고 할 수 있다는 것이다. 따라서 공동 창자의 위치를 상실했을 것으로 추정되는 청자들은 추임새를 통해 판소리에 적극 참여하면서 끼워넣기와 겨루기의 간접 효과를 누리게 되는 것으로 보인다. 스스로 판을 짜서 자기 바디를 후세에 전해온 것이 판소리의 발전사라고 해도 과언이 아니기 때문이다. 옛 명창들이 많은 더늠을 넣고 스스로의 창조적 안목으로 자기 더늠을 포함시켜 판을 짜기 때문에 전승과 창조라는 이중 작업이 이루어지게 된다. 판소리 바디마다 더늠의 구성 방식이 다른 것이 이 때문이다.
졸고, 「연행방식을 통해서 본 남도소리의 축제적 성격」, 『구비문학연구』 제24집, 한국구비문학회, 2007, 71~73쪽.

이처럼 끼워넣기와 겨루기는 유희요에 국한되는 것이 아니다. 판소리처럼 가창의 역할이 일인에게 주어져 있든, 남도잡가의 경우처럼 선창자들에게 주어져 있든, 향토민요처럼 공동의 참여자들에게 분담되어 있든, 컨텍스트는 공동이 참여하고 공동이 운영하는 소리판이라는 점이다. 따라서 소리판의 컨텍스트는 항상 공동의 참여자들이 일구어내는 공동의 장이며, '소리판'이라는 무대 안에서 끼워넣기와 겨루기를 통해 마치 씨름판을 벌이듯 소리양식을 전개시켜 왔던 것이다. 물론 향토민요와는 다르게 전문 소리꾼들에게 판의 역할이 위임된 장르일수록 추임새 등으로 간접 참여하는 변화가 있음을 확인한 바 있다.[43]

진도지역의 유희요는 이처럼 '노래판' 속에서 끼워넣기와 겨루기의 미적 장치를 통해 연행되는 놀이(노동)요라고 정의할 수 있겠다. 홍그레로 대표되는 혼자부르기는 비교적 자신의 감정을 단순선율 속에 끼워넣기로 표상하는 독백형식의 유희요라고 한다면, 둥덩애타령이나 강강술래 혹은 진도아리랑 등의 여럿이 부르기 민요는 일차적으로는 노동과 놀이단위의 겨루기를 통해서 노래되지만, 분화 확장되면서 리듬과 선율단위의 겨루기와 끼워넣기를 통해 구연되는 겨루기 유희요라고 정의할 수 있겠다.

5. 남는 문제와 과제들

홍그레타령과 둥덩애타령, 진도아리랑(산아지타령), 강강술래 등에 나타난 〈혼자 말하기〉와 〈더불어 말하기〉의 세계관에 대해 그 끼워넣기와 겨루기

43 끼워넣기와 겨루기를 통해 구현해 내는 소리판의 성격은 무엇일까? 필자는 이것을 한마디로 '난장성'과 '시나위성'이라고 말할 수 있다고 본다. 판 자체가 난장을 지향하거나 그 컨텍스트 속에서 소리의 연행 양식이나 음악적 구조를 생성시켜왔을 것으로 생각하기 때문이다. 물론 끼워넣기와 겨루기가 돌림노래처럼 가시적인 형태로 드러나는지 판소리의 소리 양식처럼 이미 은닉되어 있는지가 다르게 나타나는 것일 뿐이다.
졸고, 「연행방식을 통해서 본 남도소리의 축제적 성격」, 『구비문학연구』 제24집, 한국구비문학회, 2007, 75~81쪽.

의 메커니즘을 살펴본 것이 본고의 의도다. 이를 위해서 혼자 부르기와 여럿이 부르기의 가창 형식을 전거하였다.

첫째, 홍그레타령은 혼자 말하기 즉 독백하기를 통한 심경 토로하기 기능을 가지고 있다. 육자배기의 후렴 기능이 혼자 말하기의 잔존 형태임을 살펴본 바 있다. 바꾸어 말하면 혼자 말하기의 음악적 격조를 가지고 있다. 토로하는 음색과 늘어진 가락 등으로 주로 선율적 격조를 갖고 있기 때문이다. 여기에 청자들의 참견이 개입되고 개입하기로서의 후렴이 첨가되었다고 보는 것이다. 그래서 심경에 대한 돌려가며 듣기라는 맥락에서 돌림노래 형식의 후렴으로 확장되었다고 말할 수 있다.

둘째, 둥덩애타령은 같이 말하기, 더불어 말하기 기능으로부터 출발한 돌림노래에 속한다. 여기서는 주고 받는 인터랙티비티가 강조되어 나타날 수 밖에 없는 구조임을 살펴보았다. 특히 놀이적 요소가 강하게 드러난다. 사설 맥락 등의 이야기를 이어가는 사설의 배치에서 '교대해가며 숨쉬기'의 구조가 기능하고 있음을 살펴보았다.

셋째, 강강술래는 혼자 말하기(혼자 부르기)와 여럿이 말하기(여럿이 부르기)의 기능이 습합된 묶음노래 형식의 전형성을 가지고 있다. 이외 진도아리랑은 근대민요라는 한계가 있어 원형성을 살피는 본고의 성격에 부합하지 않는다고 생각하여 세세히 분석하지 않았다.

결국 본고는 진도지역의 유희요를 혼자 부르기와 여럿이 부르기로 나누어 끼워넣기와 겨루기라는 미적 장치를 드러내 보고자 한 글이다. 본고의 대상은 아니지만, 판소리까지 이어지는 고유의 연행예술의 미적 구성원리를 살펴볼 수 있다는 측면에서 그 의미를 둘 수 있다. 다만 본고에서 홍그레타령과 둥덩애타령, 강강술래에 이어지는 유희요의 논증적 해석－예를 들어 사설비교분석과 선율비교분석 등－을 다루지 못한 아쉬움이 있다. 추론과 선규정적 진술이 앞서간 것으로 오해받을 수 있는 소지가 있다. 향후 고를 달리하여 성근 대입들을 보다 정치하게 배열할 필요가 있다. 그러나 본고가 혼자부르기와 여럿이 부르기의 총론적 맥락에서 시도되었다는 점에서 각론에서 제기될 오해의 여지는 줄어들 수 있을 것이다. 따라서 진도의 유희요를 혼자 부르기와 여럿이 부르기라는 연행 방식을 통해 그 안의 미적 장치를 드러냈다는 점에서 본고의 타당성이 주장될 가치는 있다고 생각한다.

(한국민요학, 2009.8.30).

제3부 타령과 춤, 그리고 의례

풍바타령과 무안반도의 문화원형-광주전남 발전연구, 2008.12.30.

〈진도북춤〉의 유파별 특성을 통해서 본 놀이와 춤의 상관성-무용학회지 2006. 8.30.

남해신사 해신제 복원과 의례음악 연출시론-도서문화 2006.12.

무안민속음악의 전통과 재창조

-강용환가의 무속음악에서 김시라의 품바타령까지-

1. 들어가며

본고는 『무안군의 문화원형』 보고서(목포대도서문화연구소, 2007)에서 필자가 집필한 부분을 재구성하거나 수정한 글이다. 이 보고서에서는 생태, 지리, 문화, 역사, 민속, 사회 등 종합적인 연구결과가 보고되었으며, 이중 무안의 지리적 특성(변남주, 문병채), 장시(고석규), 농경문화(최성락, 홍순일), 문학적 승화(조용호) 등의 공동연구 결과가 본고와 관련되어 있다. 필자의 민속음악과 품바관련 논의들을 제외하면, 동보고서의 원형 찾기 2, 3단계로 보고한 글의 일부가 상기 결과들을 갈무리한 필자의 기타 논고에 해당된다. 따라서 보고서상 필자가 갈무리하였던 내용에 대해서는 따로 각주처리를 하지 않았기 때문에 세부적인 인용에 대해서는 상기 보고서를 참고하면 도움이 될 것이다.[1]

1 졸고, 「품바타령(각설이타령)과 문화원형」, 『무안군의 문화원형』, 목포대도서문화연구소 · 무안군, 2007, 67~68쪽; 졸고, 「무안민속음악의 전통과 재창조」, 위의 책, 73~74쪽; 졸고, 「품바타령(각설이타령)과 문화원형」,위의 책, 405~413쪽; 졸고, 「무안민속음악의 전통과 재창조」,위의 책, 444~462쪽; 졸고, 「무안농경문화의 시원과 들노래」, 위의 책, 667~668쪽; 졸고, 「장시와 품바의 시원, 그 탄과 탄」,위의 책, 669~670쪽; 졸고, 「무안품바타령의 지역문화 자원화 의미 고찰」, 『품바관광상품화를 위한 토론회』, 무안군청, 3~17쪽.

우리는 지금 한 지역의 문화유산이 지역문화산업의 중요한 토대가 되는 시대를 살고 있다. 역사영웅이나 설화적 인물이 드라마나 영화의 캐릭터로 살아나고, 또 축제의 소재로 활용되는 것을 목도하고 있다. 각 지자체에서는 지역성과 장소성을 가진 캐릭터 헌팅에 혈안이 되어 있는 것도 이런 맥락에서 바라볼 수 있다. 바야흐로 지역문화가 돈이 된다는 지역문화콘텐츠의 시대가 전개되고 있는 것이다. 문화콘텐츠의 시대니, 디지털의 시대니, 혹은 문화자원의 시대니 하는 것들은 이런 시대적 흐름을 각자의 위치에서 표현한 것에 다름 아니다.

본고는 이런 맥락을 전제하면서, 무안군의 민속음악의 전통과 그 재창조 맥락에 대해 살펴보고자 한다. 무안군의 전통음악문화의 핵심은 두 가지로 분류할 수 있다. 하나는 강태홍가를 중심으로 하는 무속음악과 관련 예술가들의 예맥이라고 할 수 있다. 그 첫 번째가 한국 창극의 창시자로 알려져 있는 강용안이다. 강용안은 당시 한국 최초의 원형극장인 원각사에서 판소리극을 재창조시킨 소리극을 창안하게 된다. 이것이 현재의 창극의 시조가 되는 셈이다. 일본의 가부키나 중국의 경극에 비해 일천한 역사를 가지고 있는 셈이지만, 판소리의 유네스코 무형무화유산 지정을 전제로 본다면 세계적인 음악양식을 재창조해 낸 인물이라고 말할 수도 있다. 강용안의 3남인 강태홍은 비록 19세에 고향을 등지고 부산에 정착하여 무형문화재로 지정되긴 하였지만, 무안 민속음악의 뿌리를 올곧게 상속받은 예인임에 틀림없다. 강태홍은 가야금 산조의 새로운 유파를 창시하면서 독특한 예술세계를 펼친 바 있다. 특히 아우인 강남중(판소리)이나 부친 강용안의 명성에 비해 훨씬 높은 인지도를 지니고 있는 예술인이라고 할 수 있다. 이것은 제자들의 왕성한 활동으로 말미암은 바 크지만, 어쨌든 그 이면에는 무안군의 민속음악적 저력이 깊게 스며들어 있다고 말할 수 있다. 이 사례를 통해서 보면, 강용안의 창극 창시와 강태홍의 가야금 유파 창시는 모두 전통음악을 시대정신에 알맞게 재창조해 낸 창조력을 바탕으로 하고 있음을 알 수 있게 된다. 다시 말하면 무안군의 민속음악은 전통적인 계승의 맥락과 새롭게 창조하는 창달의 맥락이 동시에 들어 있는 문화적 힘을 갖고 있다고 말할 수 있겠다.

무안군의 문화적 저력 가운데 특징적인 사례 중의 다른 하나는 단연 품바타령을 들 수 있다. 이는 각설이타령이라고 하는 전통적인 타령곡을 시대 상황에 알맞게 재창조해 낸 음악극 장르라는 점에서 주목을 요한다. 연희적 몸짓을 통해 단순히 타령이라는 민요에 그치지 않고, 극적 장르로 재탄생시킨 창조적 분야라는 점에서 그렇다는 뜻이다. 품바타령패의 전신이라고 할 수 있는 각설이타령패 혹은 품바타령패는 군집생활을 하면서 걸식을 하거나 당대 사회에 반항하는 등의 이슈를 만들어내기도 하였다. 여기서 또 주목을 요하는 것은 이들 생활의 주 범주가 사람들이 많이 운집하는 장시 등이라는 점에 있다. 이렇게 기예를 팔아 생계를 이어가는 전통은 사실, 풍각장이, 초란이, 광대, 사당패, 남사당 등 무수히 많다. 이 전통들은 때에 따라 향토음악이나 향토민속과 습합되어 수준 높은 예술로 승화되거나 주민들의 생활 속에 깊이 스며들기도 한다. 이중에서는 1962년 문화재 제도가 생긴 이후 문화재로 지정되는 사례도 발견된다. 이를 통해서 보면, 이러한 전통을 가지고 있는 즉, 장시를 중심으로 형성된 장타령이 각설이타령이나 품바타령으로 이어지는 매기賣技 예능은 이후 무안사람 김시라에 의해 노래극으로 화려하게 변신하면서 10여 대에 이르는 전통을 또한 창출해왔다고 말할 수 있다. 따라서 무안군을 원적지로 삼고 있는 품바타령 또한 전통의 재창조를 통한 새로운 장르의 출현이라고 볼 수 있으므로 강용안의 창극 창시나 강태홍의 가야금 유파 창시에 비견될 중요한 창조성이라고 말할 수 있다.

2. 무안반도의 장소적 특징과 문화접변

무안반도의 장소적 특징은 영산강과 서해바다의 교역로라는 점에 있다.

교역은 다시 결절지를 중심으로 하는 물류의 거점을 만들어내고 장시의 발달로 이어진다고 보는데, 장시의 발달은 필경 문화의 접변과 발달과 동행하게 된다고 본다. 이것이 본고에서 말하고자 하는 무속음악에서 품바타령까지의 문화적 재창조에 바탕이 되었다는 점이며, 무안의 민속음악을 해명하기 위해서는 이 대목에 주목을 요한다.

무안은 서해 바다 쪽 보다 영산강이라는 큰 강의 본류가 흐르고 많은 지류를 형성시키고 있는 동남부 쪽에서 많은 변화를 가져왔다. 영산강의 중하류는 원래 넓은 만灣이 내해內海를 이뤄 하나의 수운권水運圈으로 동일한 문화권과 경제권을 형성하고 있었다. 넓은 만은 광활한 간석지潮間帶로 놓여 있었으며 골짜기의 산자락에는 군데군데 크고 작은 마을들이 들어서 있어 주민들이 생활하고 있었다. 조사에 의하면, 영산강은 1970년대 4개 댐과 1980년대 하구둑 축조 이전에는 영산포까지 조수가 도달할 만큼의 흐름이 완만한 큰 강이었다.[2] 영산강을 통해서 수많은 물류가 이동하고, 그에 따라 문화가 이동되었다는 반증들이다.

무안의 동부지역에 위치한 영산강 물길의 강상포구의 특징을 살펴보면 첫째, 영산강 고대문화가 발달하면서부터 해상과 육상을 연결하는 뱃길에서 중요한 역할을 하였음을 알 수 있다. 둘째는 물길과 뱃길과 관련하여 인접지인 함평 영광 나주와 무안 영역을 비롯한 교류가 있었다는 점을 알 수 있다. 셋째, 영산강변에 발달한 강나루들은 상대지역인 나주나 영암을 왕래하는 나루터의 구실도 하였지만 목포와 영산강을 오가는 고대의 뱃길에서 중요한 중간기착지나 징검다리 역할을 하였다. 넷째, 뱃길이 열려있었을 당시에 영산강변의 포구를 중심으로 물류가 이루어져 포구민의 삶은 다른 지역보다 풍부하며 문화 선진지였다. 나주와 무안 해창 이산진 몽탄진 등이 그 예라 하겠다. 다섯째, 포구는 어업뿐만이 아니라 첨단산업 발달의 관문역할도 하

2 문병채, 『무안군의 문화원형』, 목포대도서문화연구소 · 무안군, 2007.

였다.[3] 이같은 물길은 뱃길을 열어 물류와 문화를 이동시키고 필수적으로 그 결절지에 장시를 서게 하였는바, 이 지역 장시의 시원을 이루었다고 하는 것이다.

고석규에 의하면, 무안은 장시의 시원을 이루고 있는 지역이다. 최초의 장시가 경인년 즉 1470년에 열렸고, 그 장소가 전라도였는데, 그 중에서도 특히 유일하게 거론되고 있는 읍명이 무안이었다는 점에서 이를 엿볼 수 있다. 즉, 『성종실록』을 보면 전라도 지역에서 흉황의 자구책으로 시포를 열고 장문이라 칭하는 교환, 교역기구를 만들었다고 하였고. 첫 발생지는 전라도의 무안 등 여러 고을이었다고 하는[4] 기록이 그것이다. 또, '열승교역列昇交易'한다고[5] 특별히 지적되고 있을 만큼 교역이 번성했다는 것은 서남해도서지역의 물자가 풍부했음을 반증해주는 사실이기도 하다. 이런 점에서 장시의 시발점으로서, 무안을 중심으로 한 서남해안지역이 지니는 상업사상의 위치는 매우 주목할 만하다는 것이다. 장시는 장문場門 또는 향시·허시虛市라고도 하였다. 1472년(성종 3) 7월 임술의 기록을 보면, "전라도全羅道 무안務安 등 여러 고을에서 상인들이 장문이라 일컫고 여러 사람이 모여 폐단을 민간에 끼친다."는 지적에 따라 장문의 치폐 여부를 묻는 왕의 전교가 있었다. 즉 장문은 왕의 전교가 있기 전에 이미 전라도 여러 고을에서 매월 두 차례씩 열리고 있었음을 말해준다. 장문이 열린 최초의 시기는 1470년(성종 1, 경인)으로 확인된다. 그 장소는 전라도였는데, 그 중에서도 특히 유일하게 거론되고 있는 읍명은 무안이었다. 그런 점에서 무안은 장시의 발상지였다.[6]

장시의 발상 혹은 교역의 증대는 자연스럽게 장터의 문화와 연결된다. 일차적으로 장터의 문화는 유통문화라 할 수 있다. 그러나 물류의 유통 속에서

3 변남주, 『무안군의 문화원형』, 목포대도서문화연구소·무안군, 2007.

4 『성종실록』 권27, 성종 4년 2월 임신.
庚寅之荒 全羅道人民 自相聚集 以開市肆 號爲場門

5 『新增東國輿地勝覽』 35, 전라도.

6 고석규, 『무안군의 문화원형』, 목포대도서문화연구소·무안군, 2007, 311~319쪽.

기능했던 각 지역 간의 문화적 유통도 눈여겨 볼 필요가 있다. 즉, 장터에서 자연스럽게 벌어진 놀이문화, 혹은 난장 문화를 거론할 필요가 있다는 뜻이다. 따라서 이 판에서 벌어진 이런 저런 놀이의 형식들이 후대에 오면서 일정한 틀거리를 갖추었을 것으로 보아도 큰 무리는 아니라고 본다. 강용안이나 강태홍이 창극을 만들고 가야금산조를 새롭게 짠 것도 이런 문화적 배경과 무관하지 않다고 보는 것이 본고의 입장이다. 무속연희가 어떻게 창극과 산조로 재창조되었는가에 대해서는 보다 진솔한 성찰이 필요하지만, 어쨌든 무안이 장시의 발상지이고, 이 고장의 대표적 인물들에 의해서 이같은 민속예술들이 재창조된 사실만은 인정해야 하기 때문이다.

나아가 무안의 품바타령을 장시와 연결시킬 수 있는 것은 난장이 벌어진 판에서 기능하던 연행 종목이라는 점에 있다. 주지하듯이 이들은 기예를 팔아 생계를 이어가는 전통을 가지고 있다. 흔히 유랑패, 혹은 놀이패라고 하는 것으로, 전통적으로도 풍각장이, 초란이, 광대, 사당패, 남사당패 등과 연결된다. 품바타령패들은 군집생활을 하거나 사회에 반항하는 이슈를 만들어 내는 등, 유랑패들의 전통과 그 맥락을 같이 한다는 뜻이다. 이런 점들을 종합해 보면, 현재 일로를 품바타령의 발상지라고 부르는 이유가 장시의 발상과 불가분의 관계에 있음을 짐작해 볼 수 있다.

결국, 장시는 각 지역의 문물과 문화를 소통 혹은 교차시키는 멀티센터라고 할 수 있다. 여기서 조용호의 논의를 적용해 보면, 장터는 무안반도 혹은 섬사람들의 물류뿐 아니라 애환과 즐거움이 탄嘆하고 탄呑되는 일종의 난장이었던 셈이다. 일종의 삶을 토해내고 수용하는 깊은 내면의 기제라고 할 수 있는데, 이는 무안의 문학작품을 통해서 일견되는 맥락이기도 하다. 조용호는 이를 무안의 문학가인 정기눌과 정풍섭 부자의 유고집을 통해 드러내었다.[7] 이같은 점들을 종합해보면 무안의 장터는 난장이기에 갖가지 유랑패들

7 조용호, 『무안군의 문화원형』, 목포대도서문화연구소 · 무안군, 2007, 463~481쪽.

이 활동할 수 있었을 것이고, 이런 맥락을 가진 품바타령패들이 무안읍 일로에 본거지를 둘 수 있었을 것으로 추론해볼 수 있다.

3. 무안민속음악 명인들의 음악전개와 부침浮沈

무안군에서는 이미 무안국악원에 예적비(1998) 등을 설립해서 강용환, 강태홍, 강남중 세 사람을 무안군의 인물로 선정한 바 있다. 무안을 미래지향적 민속음악의 메카로 구축해가겠다는 취지에서 본다면 이 분야를 세밀하게 분석하고 그 원형성을 논의할 필요가 있다. 이미 조사되어 있듯이, 강용환은 우리나라 창극의 시조로 알려져 있는 인물이고, 그의 아들 강태홍은 산조 중에서 가장 가락이 잘 짜여져 있다는 강태홍류 가야금산조의 시조로 널리 알려져 있는 인물이다. 판소리가 세계무형문화유산으로 지정된 바 있는 현 시점에서 창극의 시원과 전통을 무안이라는 지역을 통해서 조명해본다는 것, 그리고 가야금 유파 중의 하나이긴 하지만 민간 기악의 대명사인 가야금산조의 한 맥락을 무안을 통해서 조명하는 것은 전통이 중요시 되는 시대적 경향으로 봐서도 매우 중요하다. 강태홍가의 가계도를 도식해보면 그림1과 같다.

인물별로 열거해보면, 강윤학(1836~1901)은 강태홍가의 정점에 서 있는 인물로 평가된다. 무안의 국악명가를 이룩한 사람이 되는 셈이다. 도표에서도 나타나듯이, 현경면 현화리 27번지에서 출생하여 무안읍 교촌리 664번지에서 거주한 인물이다. 또한 현경면 구산리에서도 거주한 것으로 조사되고 있으며, 판소리 춘향가를 잘 했다고 한다. 동편제 수령 박만순에게 판소리를 배운 것으로 전해진다.

강준안(1863~1924)은 강윤학의 장남으로 판소리는 물론, 대금, 해금의 명수였다고 전해진다. 남원 운봉 가야금 산조의 명인이었던 장재욱에게서 대금과 해금을 배웠으며, 특히 고법과 가야금 산조가 특기라고 알려져 있다.

강용안(1865~1938)은 무안읍 교촌리 664번지에서 출생하였다. 강용환으로도 불린다. 창극의 시조로 불리기도 하는데, 이것은 원각사 초기 창극이 발아되던 시기에 판소리의 극화를 꾸준하게 시도하였던 맥락에서 붙여진 칭호라고 볼 수 있다. 종9품의 참봉에 제수되었으며, 22세 때 전국명창대회에서 장원을 한 것으로 알려져 있다. 당대 국창급 명성을 가지고 있던 김창환과 이날치에게서 사사하였으며 춘향가 중의 옥중가가 특징이었다고 전한다. 이 밖에 강용안에 대한 기록을 간략하게 살펴보면, 이날치의 문도로서 고종 당시 희대의 대가였으며, 풍신도 좋았고, 어려서 익힌 한학으로 재기와 문식을 겸한 천재요 귀재라 하였다. 판소리 12마당을 무불통섭하고 춘향전, 심청가를 잘 불렀고, 적벽가는 출중하게 잘 불렀다. 창극 춘향전, 심청가, 변강쇠타령을 만들었고, 창극 최병두타령을 창작하는 등 창극의 일인자였다.[8]

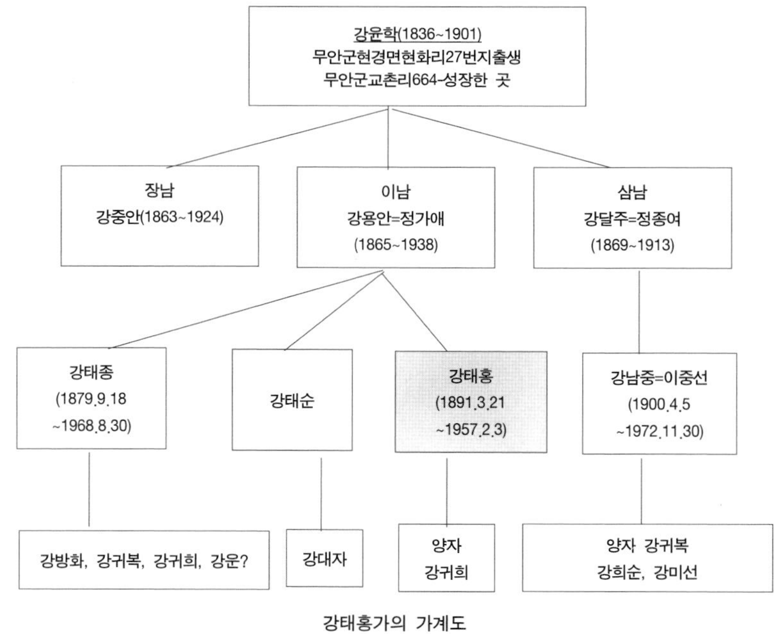

강태홍가의 가계도

8 백혜숙, 「한국근현대사의 음악가 열전(v) - 효산 강태홍의 생애와 음악 - 」, 『한국음악사 연구』 8, 한국음악사학회, 1992.

강태종(1879~1968)은 강용안의 장남으로 무안군 현경명 현화리에서 출생하여 무안읍 교촌리 664번지에서 거주하였다. 전북 남원, 운봉의 박한용 및 장영대에게서 강백천(친척관계임)과 함께 대금을 사사하였으며, 대금의 명수로도 알려져 있다.

강태홍(1891.3.21~1957~2.3)은 호가 효산이다. 다른 이름으로는 강태환으로도 불린다. 무안군 교촌리 664번지에서 출생하였으며, 고향을 등진 후로 경주권번, 당성권번 등에서 가야금 선생으로 활동하였다. 가야금산조뿐만이 아니라, 가야금병창, 무용, 양금, 해금, 단소 등에도 특기를 가지고 있던 다재다능한 명인이었다. 1930년에 조선악협회와 조선성악연구회에서 활동하였으며, 1951년경 가야금산조 단모리를 완성했다고 알려져 있다. 이를 구연우, 신명숙 등에게 전수하게 된다. 1957년 65세로 작고하였지만, 1989년 강태홍류 가야금산조보존회가 발족되고 부산 무형문화재 제8호로 지정받게 되었으며, 1993년에는 효산 강태홍선생 탄생 100주년 기념제가 개최되는 등 추모의 물결이 이어지고 있다.

강남중(1900.4.5~1972.11.30)도 특이할만한 인물로 여겨진다. 호는 오현梧峴으로 백범 김구로부터 하사받았다고 한다. 판소리 수궁가 중 토끼타령과 홍부가 중 박타령, 새타령 등이 특기였다고 전한다. 오태석, 송만갑, 정정열에게 사사하였으며, 한양창극단을 조직해서 만주, 북해도, 동경 등지에서 공연하였다. 특기가 곱사춤이었다고 하며 일본말로 공연하지 않는다고 고문을 당해서 평생 귀머거리로 살았다고 알려져 있기도 하다. 박초월, 박귀희, 김여란 등의 제자들 두었다. 이화중선의 동생인 이중선을 사랑하여, 혼인하였으나(강남중의 호적등본에서 확인할 수 있다) 이후 이혼하는 아픔도 겪는다. 이를 통해서 보면 무안 국악 명가 강윤학의 집안은 3대에 걸쳐 5명의 명인을 배출한 것을 알 수 있다. 특히 중앙으로 진출하여 창극, 가야금 산조분파 등의 새로운 장르를 개발하거나 독립운동을 하는 등 활동을 한 것으로 나타난다.

다음으로 품바타령에 대해 살펴볼 차례다. 품바타령은 이제 축제가 벌어지는 자리에는 으레 공연되는 감초격의 놀이이자 노래가 되었다. 전통시대로부터 지금까지 가히 하나의 장르로 정착되고 있다고 해도 과언이 아닐 정도로 급속한 확장 속도를 보여주고 있다. 이것은 품바타령을 중심으로 하는 연희패들이 단순히 걸인들이 벌이던 유희적 놀이판이 아님을 말해주는 현상으로 보인다. 사람들이 보고 즐기고 때로는 놀이판에 직접 참여하는 명실상부한 민속콘텐츠라고 말할 수 있다는 것이다.

특히 주목할 것은 품바연극이다. 품바의 대표격으로 알려진 김시라 연출의 노래극 '품바'의 장기 공연뿐 아니라, 영화로도 제작될 만큼 가히 품바의 전성시대를 열었던 것이다. 그만큼 시대적 수요가 많은 콘텐츠임이 증명된 셈이다. 이에 2000년 1월, 무안군에서도 '천사마을'로 불리던 무안군 일로읍 의산리 소지마을 언덕에 '품바의 발상지'라는 비를 세우기에 이르렀다. 물론 그 맥락을 정리하는 작업이나 각설이타령과 연결시키는 작업이 동시에 이루어진 것으로 보이지는 않지만 품바의 시대적 위상을 엿볼 수 있는 현상임에는 틀림없어 보인다. 이는 걸식을 중심으로 집단화되어 있던 천사마을 사람들의 맥락을 각설이타령 등의 연희활동을 하던 집단과 연결시키는 맥락에서 비롯된 것이다.

일명 '천사'로 불린 이 사람들은 걸인행각도 벌였지만 품바타령 등의 놀음을 통해 한 시대를 풍자했다고 알려져 있다. 특히 품바타령은 각설이타령의 별칭이라는 점에서 유랑패들의 역사적 맥락을 천사촌 사람들과 연결시킬 수 있는 현재적 소재가 된다고 말할 수 있다. 다만 아쉬운 것은 본 글에서 무안군의 민요적 맥락과 품바타령의 맥락을 드러내지는 못한다는 점이다. 무안군의 민요적 문화원형을 천착하기 위해서는 응당 고찰해야 할 부분이긴 하지만 일명 '천사촌'이 무안군에만 존재했던 것은 아닐 것이기 때문에 유랑패에 의한 연희적 전통을 무안군의 민요적 전통으로만 한정할 수 없다는 뜻이다. 그러나 현재 천사촌과 품바타령의 맥락을 연결시키는 물적 증거가 일로읍에 현저하게 남아있기 때문에 다른 지역에 비해 그 관련성이 높은 것만은 사실이라고 하겠다.

품바타령은 각설이타령과 동일한 뜻으로 이해할 수 있다. 모두 유랑패들에 의해 연행된 시대 풍자적 노래라는 점에서 동일하기 때문이다. 이 유랑패들이 은거하거나 정착한 곳 중의 하나가 사실은 천사촌으로 알려져 있다. 이에 대한 본격적인 논의는 좀 더 면밀한 분석을 전제하는 문제이지만, 대체로 품바타령은 전통적으로 유랑패들에 의해 연행되어 오던 각설이타령에 대한 근대적 명칭으로 해석될 수 있다. 물론 백과사전이나 박전열이 쓴 기존의 논고들을 참고해보면 조선 말기에도 품바라는 명칭이 사용되고 있었음을 말하고 있다. "품바가 처음으로 기록된 문헌은 신재효의 한국판소리 전집 중 『가루지기타령(변강쇠타령)』이다. 이에 의하면 품바란 타령의 장단을 맞추고 흥을 돋우는 소리라 하여 조선 말기까지 '입장고'라고 불리게 되었다. 그 후 일제강점기를 거쳐 제2공화국, 제3공화국 시절에 이르기까지는 '입으로 뀌는 방귀'라 하여 '입방귀'라는 의미로 일반화되었고, 현재는 장터나 길거리로 돌아다니면서 동냥하는 각설이나 걸인의 대명사로 일반화되었다." 따라서 현존하는 품바타령의 맥락은 전통적으로 연행되어 오던 각설이타령에 있지만, 조선말기부터는 품바라는 명칭이 같이 쓰이고 있었다고 이해할 수 있겠다.[9]

이러한 유랑패들을 보는 사람들의 시각은 그렇게 부정적이지만은 않았던 것으로 보인다. 실제 일로읍 천사촌에 정착했던 사람들에 대한 시각도 딱히 부정적이지만은 않았던 것으로 나타난다. 품바타령의 연행패들이 걸인 행위를 예술적으로 승화시키거나 시대를 풍자했다는 맥락에서 우호적으로 평가하는 것이 아닌가 여겨진다. 물론 천사촌 사람들이 모두 예술적으로 승화된 품바타령의 명인들이었다고 말할 수는 없다. 오히려 생계를 위한 걸식행위에 초점을 두고 있었던 사람들이 많았을 것이기 때문이다. 그럼에도 불구하고 이를 우호적으로 평가하는 것은, 사회에서 소외되거나 도피하는 사람들,

9 박전열, 「각설이의 기원과 성격」, 『한국문화인류학』 11, 한국문화인류학회, 1979.

혹은 이데올로기 등의 시대상황을 품바타령이라는 예능으로 풀어내는 측면을 더 우선하여 평가한 때문으로 보인다.

한편 품바타령이 오늘날 전국의 모든 축제에서 불러질 만큼 확장된 배경에는 김시라의 '품바'가 톡톡히 역할을 했다고 말해도 과언이 아니라고 본다. 이는 품바타령을 노래극 혹은 연극이라는 예술형식으로 이해하거나 수용하는 태도를 전제하는 것이기 때문에 실제 천사촌 사람들의 실생활이라는 측면에서는 다소간의 거리감이 있어 보인다. 그럼에도 불구하고 전통적인 각설이패를 비롯한 유랑패들이나 현대의 천사촌 사람들은 사회에서 소외되거나 또는 사회를 비판하는 세력들이 속해 있었다는 점에서 유사성이 있다. 그래서인지 품바란 민초들의 마음 깊숙한 곳에 쌓였던 울분과 억울함, 그리고 그들에 대한 멸시나 학대 등이 한숨으로 뿜어져 나오는 한이 깃든 소리라고 주장하는 사람들도 있다. "예로부터 가난한 자, 역모에 몰린 자, 소외된 자 등 피지배계급에 있는 자들이 걸인행세를 많이 해왔는데, 그들은 부정으로 치부한 자, 아첨하여 관직에 오른 자, 기회주의자, 매국노 등의 문전에서 '방귀나 처먹어라! 이 더러운 놈들아!'라는 의미로 입방귀를 뀌어 현실에 대한 한과 울분을 표출했다" 라는 것이다. 이런 주장을 모두 수용할 수는 없지만, 시대풍자라는 부분적인 의미에서는 충분히 수용할 가치가 있는 주장이라고 본다.

품바타령의 전신으로 여겨지는 각설이타령은 언제부터 불러져 왔는지에 대한 논의는 박전열(각설이의 기원과 성격)에 의해서 자세하게 다루어진 바 있다. 조선시대의 재인이나 광대에 대한 기록에 의하면 이들이 유랑하며 걸식했다고 하지만, 각설이란 구체적인 명칭이나 각설이타령을 불렀다는 것은 조선 후기 문헌에서 나타난다. 각설이는 이런 재인 출신들일 가능성이 높고, 민간의 노비들, 몰락한 농민, 그 밖의 천민계층의 사람들이 헐벗고 굶주림 때문에 거리에 나가서 행걸하는 동안 각설이패에 들기도 했다는 것이다. 각설이라는 구체적 기록은 신재효 판소리사설집이 처음이다. 1875년 전후 광대가 등의 단가와 다섯 마당의 판소리 사설을 쓰면서 당시의 사회를 배경으로 잘 묘사하고 있다. 박타령과 변강쇠가에는 각설이의 출현 뿐만 아니라 장타령 즉 각설이타령까지도 문자로 정착되어 있다. 여기서 박전열은 걸식과 음악 즉 민요와의 관련성을 조선의 정재인 층이 궁외에서 걸식하게 되면서 음악을 사용했을 것으로 추정하고 있다. 각설이를 예인계층으로 파악하고 있음을 보여준다. 실제 예능계통의 유랑패들은 풍각장이, 초란이, 광대, 걸립패, 남사당, 사당패 등을 들 수 있는데, 이들은 민요뿐만이 아니라, 여러 가지 예능의 전문가 집단이었다.[10] 지금 목격하는 품바타령 연희자들의 품바타령 연희 양상과는 사뭇 다른 모습을 보여준다. 이것은 광대나 기타 연희전문가들이 모인 유랑패들은 활동의 목적을 걸식에 둔 것이 아니라 재능 연기에 두었기 때문이다. 이런 점에서는 각설이패와 차이를 두고 해석하는 것이 옳다고 하겠다.

각설이들의 주 활동 무대는 장터였다. 주로 5일장을 찾아다니며 주로 돈을 얻었고, 호호방문을 하면서 곡식이나 음식을 얻었던 것이다. 또 잔치집을 찾아가 각설이타령으로 흥을 돋우어 주고 그 대가로 음식과 돈을 얻어가기도 한다. 걸식하며 각설이타령을 할 때는 박자를 맞추기도 하고 또 주목을 끌기 위해서 심하게 몸을 흔들거나 어깨춤을 추기도 한다. 발장단을 곁들이며 '품바 품바…'라는 입방구 장단으로 흥을 돋운다. 때로는 병신춤 등의 해학적인 흉내를 내기도 한다.

대체로 풍각장이, 초란이, 광대, 사당패, 남사당, 각설이 등은 걸식은 하되 그냥 받지 않고 가진 기예를 팔아서 거기서 얻는 대가로 생계를 이어가는 집단이다. 물론 광대나 남사당의 경우에는 강한 예술성을 띠어서 흥행적 요소를 보이지만 풍각장이나 각설이는 엄격한 수련이나 고도의 예술성을 추구하는 것이 아니기 때문에 동일한 맥락으로 보기에는 다소 무리가 따른다. 각설

10 위의 글.

이는 빌어먹기 위한 수단으로 각설이타령을 부르되 적선해주고 싶은 마음을 유발하기 위해 오락적 색채와 함께 효과적 구걸을 위해 축원의 가사를 담기도 한다.

이들의 생활은 대체로 집단을 형성한다. 구걸하러 다닐 때나 본거지가 되는 마을이나 움막을 이룰 경우에도 이들끼리만 모여 사는 가운데 서로 의지하면서 약점을 보상한다. 생활수단이 될 만한 일이면 어떤 역할이라도 감당해 낸다. 전문적 기능이나 커다란 노동력을 지니지는 못했으나 모든 계층사회가 그렇듯이 최하계층으로서의 역할을 담당한 셈이 되는 것이다. 금기의 대상자가 되어 상대적으로 사회의 신성을 유지시키는 기능을 하기도 한다. 각설이는 구걸하되 우는 소리로 빌지 않고 흥겨운 각설이타령에 축원의 뜻을 담아 주로 장시 등의 연희판에서 놀았다.

품바타령의 악식樂式은, 장타령은 4박자로 된 4소절이 반복되는 경우가 많으나 간혹 8소절도 눈에 띄고, 각설이타령은 4박자에 6소절, 8소절로 된 경우가 많다. 대부분 같은 악식과 곡조로 반복되는 경우가 많으나 다른 노래와 판이하게 다른 것은 타령이 시작될 때와 끝날 때 '품바'라는 입방귀를 뀌어 시작을 끝을 알림이 특이한 점이다. 또한 상황에 따라 타령의 분위기가 다양한데 경사나 잔치집에선 흥겹고 신명나게, 초상집이나 제사집 등에선 애절하거나 숙연하게 부르는데 때로는 위로한답시고 우스운 동작이나 재미있는 사설로 웃기는 경우도 있어, 같은 사설 같은 곡조지만 상황에 따라 눈물과 웃음이 크게 교차한다. 속도나 모양 면에 있어서도 당겼다, 늘였다, 늘어뜨렸다, 뽑아 올렸다가 경우에 따라 발림도 넣고 힘있는 드렁조에서 살며시 빠져나오는 인어걸이, 완자걸이 등, 그 기술이 변화무쌍하다. 장단 또한 자진모리, 휘모리, 엇모리로 맞추기도 하고 일정한 장단 없이 자유분방하게 아니리로 처리하기도 한다. 타령은 부르는 사람에 따라 그 맛이 달라서 걸직걸직 넘어가는가 하면 한이 서린 애조로 가슴을 치기도 하고, 판소리처럼 사설조가 많은가 하면 민요처럼 구성지게 부르는 경우 등 다양하다.[11]

한편 장성수는 「각설이타령의 담당층과 구조 연구」에서 각설이타령의 민요적 맥락을 고찰하고 있다.[12] 장성수의 결론 부분을 인용하여 각설이타령과 장시와의 관련성을 살펴본다. 무안군을 품바타령의 발상지뿐만이 아닌 장시의 발상지로 본다는 점과 관련이 있기 때문이다. 이는 각설이패들의 활동 영역이 주로 장시였다는 점에서 매우 주목할 만한 가치가 있으며, 천사촌 사람들이 직접적인 연희패의 맥락을 전승한 것은 아닐지라도 지역적 맥락이 이를 승계했을 가능성을 점쳐볼 수 있는 까닭이다.

각설이란 단어는 사설의 어희적 성격으로 보아, 쓸데없는 소리라는 뜻의 각설客說이란 말에, 다른 말 밑에 붙어 사람이나 사물을 뜻하는 '이'가 붙어 형성된 것으로 본다. 각설이타령은 구조나 수사가 세련되고 정제된 형태를 보이기 때문에 단순한 구걸 집단을 각설이타령의 담당층으로 보기는 어렵다. 각설이타령의 서두에는 "얼씨구씨구 들어간다. 절씨구씨구 들어간다. 작년에 왔던 각설이 죽지도 않고 또 왔네"라는 구절이 관용적으로 나타나는데 이는 걸립패나 남사당패들이 마을의 언덕빼기에서 한바탕 재주를 뽐내던 행위와 동일한 기능을 한다. 곧, 마을 사람들로부터 곰뱅이를 트는 역할을 하는 것이다. 이와 같은 관용적 어구의 노래를 불렀던 각설이들은 걸립패나 남사당패로부터 이탈했던 이들로부터 자연스럽게 형성되었다고 보기도 한다. 처음에는 '월풀이'와 같은 기존의 민요를 차용해 구걸을 행하던 각설이는 이들 남사당패나 풍각장이들이 담당층에 합류함으로써 도입부나 종결부를 갖춘 정연한 형식의 각설이타령을 부르게 되었다고 본다는 것이다.

각설이타령은 구비 전승의 현장에서 가창자에 따라 각편이 이루어지기 때문에 원형을 찾기는 힘들지만 대체로 도입부, 숫자풀이나 달풀이와 같은 어희요, 종결부로, 이루어져 있다. 먼저, 도입부는 자신의 출현을 알리는 부분

11 http://www.koreartnet.com/wOOrll/sori/pumba/pumbaran.html

12 장성수, 「각설이타령의 담당층과 구조 연구」, 『문학과 언어』 16, 문학과언어연구회, 1995.

으로서 결립패나 남사당패의 행위에서와 같이 자신의 존재를 확인시키고 허락을 얻는 부분이라고 할 수 있다. 연희 집단이 자신들의 최고 기량을 발휘하듯이 각설이들도 자신의 신분을 높여 관심을 유도하기도 한다. 또한 스스로 잘한다고 떠들어댐으로써 호응을 얻어내기도 한다. 이때의 사설은 대개 관용적인 표현들이 많이 애용된다. 이는 창자의 뛰어난 표현 형식을 전승 고정화한 차용적 표현으로 반복법의 일종이다. 운율적인 효과를 낼 뿐 아니라 창자에게는 기억을 도와 가사를 잊었을 때 대치하게 하고 청자에게는 이해를 돕는데 기여한다. 어희요는 흥미를 담아 보는 이들의 관심을 끌면 되므로 달풀이, 장만센가와 같은 노래들도 끌고 왔을 것으로 여긴다. 여기에서도 상투적이고 관용적인 비유, 열거, 반복, 과장, 대구 등의 표현이 많이 나타난다. 교술적 성격이 많이 드러나므로 제시부와 풀이부로 나누어진다. 각설이들이 소멸되고 일반 민중들에게 전승되는 과정에서 기억이 용이한 숫자풀이를 중심으로 한 이들 어희요가 바로 각설이타령으로 인식되기도 하였다.[13]

이상은 박전열과 장성수의 논의를 인용해 각설이타령의 역사적 맥락과 민요적 맥락을 살펴본 것이다. 그러나 앞서 살펴보았듯이 각설이타령 즉 품바타령의 맥락을 무안군의 민요적 맥락에 연결시켜 논의하는 것은 보다 정밀한 작업들이 전제되어야 하기 때문에 일방적으로 연결시켜 말하기는 어렵다. 그럼에도 불구하고 전통적인 유랑패들의 연희적 전통이 오늘날의 천사촌 맥락으로 일부분 승계되었다고 볼 수 있기 때문에, 그런 맥락에서 무안의 품바타령이 역사적 맥락을 지니고 있는 문화원형적 성격이 있지 않은가 추정해볼 수 있을 것이다. 이는 무안군이 장시의 발상지라고 하는 맥락에서 충분히 검토되고 재논의되어야 할 부분으로 생각된다. 품바타령패 뿐만이 아니라, 각설이패들의 활동 무대가 장시였다는 점에서 그렇다.

13 위의 글.

4. 무안민속음악의 재창조 전통과 지역성

앞서 살폈듯이 무안군의 전통음악문화의 핵심은 두 가지로 분류할 수 있다. 하나는 강태홍가를 중심으로 하는 무속음악과 관련 예술가들의 예맥이라고 할 수 있다. 강용안의 창극 창시와 강태홍의 가야금 유파 창시가 모두 전통음악을 시대정신에 알맞게 재창조해 낸 저력을 바탕으로 하고 있다는 점에서 그렇다. 즉, 무안군의 민속음악은 전통적인 계승의 맥락과 새롭게 창조하는 창달의 맥락이 동시에 들어 있는 문화적 힘을 갖고 있다고 말할 수 있다는 뜻이다. 무안군을 원적지로 삼고 있는 품바타령 또한 전통의 재창조를 통한 새로운 장르의 출현이라고 볼 수 있으므로 강용안의 창극 창시나 강태홍의 가야금 유파 창시에 비견될 중요한 창조성이라고 말할 수 있다. 창극의 창시자와 그 예술적 원천이 된 무안 음악의 전통성을 재조명하는 작업을 확대해 나갈 필요가 여기에 있다.

2007년 현재, 강씨 일가의 전통성을 기리기 위해 설립되었다고 생각되는 무안군립국악원의 현황을 통해서도 이 맥락은 점검된다. 가야금, 판소리, 사물놀이를 강습하고 있는데 주 타겟은 중학생이다. 가야금 강사로는 김화숙(남원)–강태홍류 가야금 산조를 교습하고 있고, 판소리 강사로는, 이승이(고창)–동초제(김연수 바디) 및 박초월 바디를 교습하고 있다. 사물놀이강사로는 임상욱(무안)이 있다. 한편, 〈승달전국국악대제전〉도 이같은 무안의 민속음악적 맥락으로부터 비롯된 것으로 볼 수 있다. 현재 고법, 판소리, 기악, 무용 4분야의 기량을 경쟁하는 대회로 치러진다. 문화부장관상 3개, 농림부장관상 2개 총 5개의 장관상이 수여된다. 이 대회는 무안국악원의 활성화와 무안 명인명창들의 대외 홍보에 역점을 두고 시작되었다고 할 수 있다. "승달우리소리 고법보존회"에서 주관하고 있다. 지역의 민속음악 자원을 적절하게 활용하고 있는 사례라고 할 수 있다.

한편 품바타령은 앞서도 거론하였지만, 김시라의 연극이 시작된 곳이 무안이라는 맥락 외에 일로읍 천사마을과의 관련성 속에서 찾을 수 있다. 일로읍 의산리 소지마을 천사촌은 아마도 해방 이후로 일부 유랑인들에 의해 정착되었던 것으로 보인다. 현재는 빈터만 남아있고 또 '품바타령 발상지'라는 비석만 덩그러니 세워져 있지만 당국에 의해 유랑인들이 해산되기 전까지만 해도 약 6가구 이상이 집단적으로 거주했던 곳이라고 한다. 특히 일로읍의 천사촌이 품바타령의 발상지라고 소개된 까닭은 김시라의 연극 '품바'가 전국적인 호응을 얻으며 장기 공연되었던 것에 크게 의존한다고 볼 수 있다. 2000년 1월 1일 무안군수 이재현에 의해 세워진 것으로 되어 있는 비문에는 다음과 같은 글귀가 새겨져 있다.

> 이곳 천사촌은 우리 민족의 한과 울분의 역사를 마감하고 희망찬 새시대의 도래를 염원하는 우리 모두의 소망을 담은 상황 연극의 효시인 『품바』가 탄생한 곳이다. 『품바』는 1981년 당시 일로읍 공회당에서 시인이며 극작가인 이고장 출신 김시라의 각색, 연출과 정규수(1대품바) 출연으로 초연한 이후 국내외 4,000여 회의 최장기 공연으로 최다 관객을 동원하는 기록을 수립하였다.

비문에도 나와 있듯이 이곳 천사촌의 맥락은 앞서 역사적 맥락에서 볼 수 있었던 풍각장이나 각설이패들의 맥락을 전승한 것이 아니라, 김시라의 연극 『품바』의 발상지임을 명시하고 있다는 점이다. 일로읍 의산리 소지마을에서 천사촌 사람들의 생활을 가까이 보아 온 박복일에 의하면 천사촌 사람들이 예능활동을 한 적은 없다고 한다.[14] 특히 구걸활동을 중심으로 생활한 사람들이며 일부 사람들은 뱀을 잡아서 생계에 보태기도 했다고 한다. 일명 오야붕이라고 불리는 김작은은 어린 딸을 업고 다니며 걸식을 했다고 한다. 이때 당시의 멤버들로는 김광진, 박동현, 정연산, 김홍래 등이고 이외에 곰보

14 제보자 : 박복일(77, 일로읍 의산리 6구, 농업).

라는 멤버도 같이 생활했다고 한다. 김작은의 딸은 김광진과 결혼하여 신안 팔금도에서 살고 있다. 사위인 김광진이 품바타령에 일가견이 있어, 공중파 방송에서 품바타령 관련 보도가 있을 때는 으레 품바타령을 부른다고 한다. 이를 통해서 보면 소지마을을 피해서 외지에 나가 구걸활동이나 연희활동을 했던 것으로 보인다.

제보자 김재선에 의하면 오야붕은 김작은이 아니라 정00영감이라고 한다.[15] 정영감이 가장 먼저 이곳 천사촌으로 들어와 천막생활을 시작했다고 한다. 이때 김작은은 일로읍의 옥과매라는 곳에 터를 잡고 살고 있다가 후에 정영감이 있는 이곳으로 합류했다. 그런데 본래 이곳 천사촌 사람들은 영암 신복촌 하소마을이라는 곳에서 집단생활을 했을 가능성이 높은 것으로 보인다. 왜냐하면 제보자 김재선이 본래 영암 사람인데, 이곳 일로읍 의산리로 이사 와서 보니, 영암 하소마을에서 집단 생활하던 사람들이 이곳으로 옮겨왔더라는 것이다. 이외에 천사촌 사람들의 출신이 섬사람들이 많았다고 한다. 교도소에서 출감한 사람들이나 도피하는 사람들이 많았다고도 한다. 제보자에 의하면 김작은은 이곳 천사촌에서 밥을 지어서 팔고, 멤버들은 구걸한 식량이나 돈을 그 대가로 지불했다고 말한다. 그러면서 하나 둘 거처가 늘어나 6가구가 형성되었다는 것이다. 어쨌든 이들이 천사촌을 중심으로 생활하면서 각처로 나가 구걸을 하였고, 일부는 가정을 이루며 살았던 것이라고 할 수 있다.

이들 천사촌 사람들은 이곳을 '짐자리'라고 불렀다. 유랑생활을 하면서 짐을 풀어놓은 곳이라는 뜻으로 이해된다. 더러는 마을 사람들의 일손이 부족할 때 일손을 거들고 품삯을 받기도 했다고 한다. 그러나 주된 생활은 걸식이었음이 분명해 보인다. 이렇게 생활하다가 당국에 의해서 부랑자들이라는 이유로 강제 해산을 당하게 되었다. 마지막까지 천사촌에 남아 있던 사람은 정연산이라는 사람인데 현재 월암마을로 이사하여 거주한다고 한다.

15 제보자 : 김재선(70, 일로읍 의산리 6구, 농업).

따라서 의산리 천사촌 사람들의 생활은 주로 거주지를 피해서 외지로 나가 구걸활동을 했던 것으로 정리할 수 있다. 또 정영감이라는 사람이 천막을 치고 정착한 이후에 오야붕으로 알려진 김작은이 이곳에 합류하면서 그 세를 넓히게 되었고, 이후 6가구에 해당하는 사람들이 집단으로 기거했다고 볼 수 있다. 이들은 때때로 장을 찾아다니며 품바타령 등의 연희활동을 했을 것으로 보인다. 김작은의 사위인 김광진이 현재도 품바타령에 일가견이 있다고 하는 것은 이를 반증해준다고 볼 수 있다. 또 마을 사람들의 일을 거들기도 하면서 품삯을 받기도 하고, 뱀을 잡아서 생계에 보태기도 했음을 알 수 있다. 다만 이들의 활동이 전통적인 남사당패나 각설이패들의 전통을 그대로 승계했는가의 문제는 또 다른 차원에서 해석할 여지를 남겨두고 있다고 본다. 왜냐하면 이들이 예능활동을 목적으로 하는 집단이 아니었기 때문이다. 그럼에도 불구하고 이들이 사회에서 소외되거나 도피한 사람들의 집단이라는 점에서 전통적 각설이패들의 맥락을 부분적으로 승계했다고 볼 수 있다.

대신 이곳 출신인 김시라가 품바를 연극무대에 올리면서 이들의 활동이 새롭게 조명되기 시작한 것이 사실이다. 연극 '품바'는 일인극으로 일제 압박의 식민지 시대부터 자유당 말기까지 전국을 떠돌며 살다간 한 각설이패 대장(천장근)의 일대기를 무안군 일로읍 인의예술회(연출 김시라)가 주관하는 향토 창작 연극제에서 1982년 12월에 초연되어 4천여회 이상 국내외 공연한 향토극의 대표적인 작품이다. 작품의 배경인 무안군 일로읍 의산리가 품바의 고향으로 일로역에서 동남쪽으로 무안 중학교를 지나 인의산을 가는 길목인 밤나무골 공동묘지 아래가 천사촌이다. 어느 해인가 한해가 들었는데 이곳 일로에만 유독 걸인들이 모여들어 주민 대표들이 모여 "어찌 한해가 들었는데 이곳으로만 모여드느냐?"고 불평했더니, "타향에서 괄세 받고, 푸대접 받다가 이곳 일로에 오니 문전박대 않고 한 끼니만 있어도 나누었는지라, 고향에 온 기분으로 떠나지 않고 눌러 앉았다."고 걸인들이 대답하니 주민들은 오히려 그들의 사정을 불쌍히 여겨 더욱더 도와준 후로 천사촌이 이루어졌다는 일화가 전해 내려오고 있다. 주인공에 대해서는 여러 가지 이야기들이 나돌고 있지만 정작 마을 사람들은 이에 대해서 긍정도 부정도 하지 않는 눈치다. 어쨌든 작품의 주인공 천장근은 별명은 김작은이, 본명은 천팔만으로 알려진 인물이다. 그는 일제치하에서 목포에서 태어나 부두 노동자로 일하다가, 일본으로 실어나가는 공출미 때문에 파업을 일으켜 수배를 받던 중, 일로로 피신하여 걸인 행세를 했으며, 6·25 때 좌익들에 협조하지 않는다는 이유로 부인을 잃고 자유당 때부터 100여명을 휘하에 두게 되어 천사회(걸인회)를 조직해서 율법을 세우고 민폐를 끼치는 자는 엄하게 다스렸다고 전한다. 그 후 공화당 시절 주민등록 관계로 걸인들이 연고지를 찾아 떠나고, 구걸도 금지되자, 땅꾼, 막노동꾼으로 지내며 1972년 60여세로 타계하였다고 전한다.

이상으로 무안의 국악적 맥락과 품바의 맥락을 지역성과 관련하여 살펴보았다. 이 같은 무안의 장시와 품바, 혹은 전통음악은 비록 고난의 삶을 嘆하거나 呑하는 맥락을 지니고 있기는 하지만, 역으로 끊임없이 새로운 지역문화적 전통으로 승화되어 왔음을 도처에서 확인할 수 있다. 장시의 터전은 이미 S-프로젝트나 무안공항의 개항을 통해 남도지역의 물류중심지로 승화되고 있다고 말할 수 있다. 이미 장시의 발상을 통해 예견되어 있었던 '기억된 미래'인 셈이며, 향후에는 시베리아 등의 내륙철도를 통해 세계로 뻗어나가는 초석으로 기능하게 될지도 모른다. 난장에서 판을 벌이던 품바타령도 이미 김시라라는 무안사람을 통해 노래극으로 연출되어 10여대에 이르는 품바와 수많은 공연으로 승화된 바 있다. 무안음악도 판소리를 극화하는 재창조 작업에 단초를 제공하는 것으로 승화되었으며, 강태홍은 독창적인 연주법으로 산조의 일가를 이루어내기도 하였다.

5. 나가며

본고는 무안 강용안 일가의 민속음악 창조 작업과 김시라의 품바극 작업을 통해 민속음악적 저력이 재창조되는 맥락을 고찰한 글이다. 본문에서 살펴보았듯이, 민속음악적 저력은 창극과 가야금산조로 승화되어 전국적으로 확장되어 있으며, 지역적으로는 무안국악원과 승달국악대제전 등으로 이어지고 있다고 할 수 있다. 품바극은 김시라의 작업 외에도 다양한 형태의 축제공연물로 승화되어 확산되고 있음을 볼 수 있다.

이 창달 작업에 몇 가지 제언을 보태보겠다. 현재의 승달전국국악대제전의 확장 및 승화를 도모할 필요가 있다. 창극 경연의 무대로 확장할 필요가 있다는 뜻이다. 전통극을 현대극으로 번안한 총체극 축제로 확장하는 것도 한 방편이라고 생각한다. 이 취지는 한국소리극의 대명사인 창극의 시조가 탄생한 고향이라는 점을 부각하기 위해서이다. 특히 민요를 시대정신에 맞게 업그레이드시킨 품바의 본향으로 새로운 버전의 창극 공연을 주도할 필요가 있다. 물론 이같은 확대 개편에는 무안군의 행정적 지원이나 예산의 유무를 따져야 할 사안이므로 보다 정밀한 분석이 필요한 부분이라고 하겠다. 예를 들어 국악 브랜드 카피를 "한국의 오페라, 그 창극의 시원지 무안" 정도로 생각해 볼 수 있다.[16] 무안 군립국악원을 전통음악은 물론이고 창작위주의 강좌와 이벤트를 실시하도록 확대 개편하는 것도 필요하다. 왜냐하면 전통성과 창조성이 강한 맥락을 전승창달 시키는 것이 강태홍 일가의 맥락과 무안국악원의 전통을 살리는 길이기 때문이다. 특히 강용안, 강태홍, 김시라(천팔만) 등의 맥락을 살려낼 필요가 있다.

16 또, 초의선사 등의 다도와 관련된 인물 등을 문화자원 캐릭터화, 혹은 브랜드화시킬 필요가 있다. 특히 무안의 문화원형성을 추출해내는데 있어, 전통문화자원과 전통문화의 원리를 논리적으로 연결 짓는 방안이 요구된다. 따라서 현재 무안군을 대표하는 황토색, 그리고 개펄색(회색) 등을 문화이론으로 견인해내는 작업이 필요할 것이며, 이것이 국악, 다도, 염색, 연꽃 등의 당대 브랜드로 연결될 필요가 있다.

한 가지 주의할 것은 일로읍 의산리 천사촌과 각설이타령 및 품바타령을 바로 연결시키는 것은 다소 무리가 따른다고 판단된다. 왜냐하면 일로읍 의산리 천사촌 사람들의 실생활은 구걸이었기 때문이다. 이 사람들의 출신지가 주로 섬이었다고 전해지거나 혹은 영암에서 본래 집단생활을 하던 사람들이었다는 점, 혹은 섬 출신들이 많았다는 점도 고려할만한 사항이다. 예능활동이나 출신지역을 가지고는 무안군만의 한정된 해석을 끌어내기가 어렵다는 뜻이다.

그럼에도 불구하고 김시라의 연극 '품바'가 세계적인 지명도를 자랑하며 4,000여 회 공연되었다는 맥락에서 그 의미를 찾아볼 수 있다고 생각한다. 김시라가 바로 천사촌의 일명 오야붕이었던 김작은을 소재로 연출한 것이기 때문이다. 다만 이것이 일정한 픽션을 전제한 연극인 까닭에 이를 토대로 원형질을 고찰하는 것은 보다 정밀한 연구가 뒤따라야 한다고 본다. 천사촌이 무안에만 있었던 것도 아니고, 예능활동을 하던 사람들이 무안군에만 있었던 것이 아닌 까닭이다.

따라서 품바타령을 통해서 무안군의 문화원형성을 추출해보는 것은 무안군이 장시의 발상지라고 하는 맥락이라고 생각한다. 이것은 품바타령이 주로 장시를 중심으로 활동하던 예능인들에 의해서 불러졌다는 점에서 상당한 인과관계를 가질 수 있다고 보기 때문이다. 현재 알려진 일로읍 천사촌 사람들이 전통적인 맥락의 각설이를 승계하지 않았다고 하더라도 최초의 장시를 출현시킨 무안군의 지역적 전통으로 보면 이를 연결시킬 수 있는 구도가 되기 때문이다. 이것은 무안군을 토대로 하는 장시라는 문화 경제적 환경 속에서 여러 지방의 사람들이 각설이타령 등의 문화 활동을 행하였고, 그 부분적인 모습이 일로읍 의산리라는 천사촌의 형태로 남아 있었다는 점이다. 특히 이들의 출신이 사회에서 소외되거나 도피하는 사람들이라는 점에서 전통적인 각설이패들의 출신과 연결된다고 본다.

돌이켜 말하면 탄嘆과 탄呑의 논리는 품바에서 그치는 것은 아니다. 삶에 대한 애환을 문학으로, 혹은 예술로 승화시키는 전통 재창조의 흐름이 무안 무속음악에도 면면히 흘러왔기 때문이다. 특히 강용안과 강태홍 부자는 각각 한국 창극의 시조요, 가야금산조의 유파적 시조라는 점에서 시사적이다. 왜냐하면 이들 창극과 산조의 원류적 맥락들이 그들의 신분조건이기도 했던 무안 무속에 그 뿌리를 두고 있다고 볼 수 있기 때문이다. 즉, 이러한 무안의 문화원형들은 전통을 고수하는 차원이 아니라, 끊임없이 지리적, 혹은 예술적 기량들을 탄嘆하거나 탄呑하는 작업들을 통해 재창조된 것이라고 할 수 있다.

따라서 이 문화원형들은 디지털시대의 문화콘텐츠로 새롭게 재창조되어야 할 또 다른 기공起工의 현장에 서 있다고 말할 수 있다. 장시의 발상지를 호남상업 혹은 전국 상업의 발상지로 널리 홍보하고 그에 걸맞은 물류 거점을 확보, 개발하는 일이나, 이를 토대로 하였던 품바와 전통음악들을 발상의 거점으로 구축하고, 다양한 문화콘텐츠로 개발해 내는 일들이 그것이다. 이미 무안의 선현들에 의해 발상지라는 토대가 구축되어 있기 때문에, 이를 재창조해내는 것은 무안사람들의, 그리고 이런 논의를 행하는 우리 모두의 책무로 인식하는 자세가 필요한 때이다.

(광주전남발전연구, 2008.12.30).

〈진도북춤〉의 유파별 특성을 통해서 본 놀이와 춤의 상관성

1. 서론

민속무용 중의 하나인 진도북춤은 한국 북춤의 대표적 형태로 꼽힌다. 특히 양손에 채를 쥐고 춤을 추는 '양북' 혹은 '쌍북'이라는 점 때문에 그 무용학적 가치가 매우 높다. 양북춤의 형태는 진도지역 고유의 연행양식으로 알려져 있다. 양북춤은 양손을 운용한다는 점에서 외북춤과 변별적이다. 또 장구처럼 어깨에 메고 허리끈으로 조인다는 점도 다르다. 이것은 북을 몸에 밀착시키기 위한 방안으로, 몸짓과 관련된 다양한 시사점들을 제공해준다.

진도북춤은 북놀이와 북춤이라는 양면성을 가지고 있다. 동일한 연행 형태를 놓고 북놀이라는 용어와 북춤이라는 용어를 혼용하기 때문이다. 일견, 놀이는 군무이고 춤은 독무라고 생각하는 예들이 있으나, 그것은 옳지 않다. 군무가 있는 까닭이다. 동일한 형태를 지칭하는 용어일지라도 생성의 맥락은 물론 다르다. 여기서 춤과 놀이의 상이성相異性과 상사성相似性에 대한 논점을 추출해볼 수 있다. 이 논거는 놀이와 춤의 변별적 기능 외에도 한국무용사와의 관련 속에서 일정한 유용성을 제공해줄 수 있다고 본다.

진도북춤의 기원설은 들노래에서 기원했다는 '모방구기원설'과 장구대신 사용했다는 '장구대용설', 소포농악 등의 신청농악에서 기원했을 것이라는 '농악기원설' 등으로 압축된다. 연구자들 간에도 진도들노래의 못북을 진도북춤의 원류라고 인식하는 경우(김은희, 1993/ 이홍이, 1996)나, 소포 마을굿이나 씻김굿에서 진도북춤이 발전했다는 경우(김마리아, 2003) 등 몇 가지 학설을 인용하는 것이 눈에 띈다. 그러나 이 기원설 모두 일반론으로 주장될 뿐 그 타당성과 인과관계에 대한 논의는 심화시키지 못했다.

진도북춤의 갈래는 4개의 유파로 정리된다. 전남도지정 무형문화재의 예능보유자로 지정된 고 양태옥, 박관용, 고 장성천을 포함해 북춤 문화재로 지정되지 않았으나, 북춤 연행을 왕성하게 행하는 박병천(씻김굿 예능보유자)을 포함한 것이 그것이다. 이들 유파에 대해서는 부분적으로 많은 논의들이 있어왔다. 그만큼 진도북춤에 대해 학자들의 관심이 있었다는 증거다. 진도북춤에 관한 직접적인 논문은 「진도북춤에 관한 연구」(박성희, 1988), 「진도북춤에 관한 고찰」(김은희, 1993)과 「날뫼목춤과 진도 북춤의 비교연구」(문근성, 1998), 「진도북춤의 춤사위 연구」(백혜경, 2000), 「장고춤과 진도북춤 수행시 심폐기능 및 에너지대사량 변화에 관한 비교연구」(김지영, 2001), 「진도북춤의 지도방안에 관한 연구」(김마리아, 2003), 「박관용류와 박병천류의 진도북춤사위 비교연구」(이현진, 2004) 등의 학위논문과 「박병천 진도북춤의 본질과 구조적 재 정립에 관한 발전 방향 모색」(오승지, 2004), 「진도북춤 춤사위에 나타난 미적 특징」(이미영, 2004), 「박병천류 진도북춤 수행시 심폐기능 분석을 통한 동강도와 에너지소비량의 평가」(조남규 · 송정은, 2001) 등의 학회지 논문이 있다.

그러나 이들 모두 춤사위를 개별적으로 분석하거나 양자의 북춤을 비교하는 등의 춤사위 분석에 치중하였을 뿐 그 춤사위 혹은 가락이 갖는 문화적 해석에 이르지는 못했다고 판단된다. 따라서 본고에서는 4개 유파가 가지는 놀이적 요소와 무용적 요소를 비교분석하여 그 가락과 사위가 갖는 배경 및 인과성을 따져 묻고자 한다. 이것이 진도북춤이 가진 놀이와 춤의 특징을 가장 유형적으로 드러내줄 것으로 기대하기 때문이다. 따라서 비교분석의 대상은 4개 유파에 제한되는 셈이다.

진도북춤은 본래 즉흥적인 측면이 많아 백인백색의 특징을 갖는 것이라고 말하기도 한다. 그러나 현재는 그 춤사위들이 일정한 형태에 종속되는 경향을 보이게 되었다. 이른바 큰 스승을 중심으로 유파를 형성하게 된 것인데, 유파 형성의 표면적 배경은 문화재 지정으로 보인다. 4개의 유파는 일정한 내부적 불문율을 가지고 있는 듯하며, 이것이 춤사위의 변별성을 확보하고 있다고 보여 진다. 북춤에 대한 미학적 준거가 유파마다 다르게 적용되는 부분이 존재한다는 뜻이다. 물론 유파별 변별성은 그 유사성에 비하면 그 범주가 매우 작다. 일단 진도 고유의 '양북'이라는 점에서 모두 동일하기 때문이다. 그럼에도 불구하고 상이성相異性에 주목하는 것은 개인적 기량의 차이로 치부하기에는 그 유파적 특징이 강하다는 것이다. 이 유파들은 각각 특징적인 춤사위와 가락들을 구비하고 있으므로 이에 대한 비교분석은 진도북춤의 총체적 맥락을 고찰하는 데도 유용하다고 본다.

진도북춤과 진도북놀이의 상관성을 살피기 위해서는 먼저 용어 사용에 대한 맥락을 점검하는 것이 필요하다. 대개 북춤은 춤사위를 중심으로 하는 몸짓을 지칭하는 용어임이 확실해 보인다. 그러나 북놀이의 경우에는 구체적으로 어떤 형태를 지칭하는 것인지 불분명해 보인다. 하지만 진도북놀이가 춤과 가락으로 구성되어 있음에 주목할 필요가 있다. 즉, 진도북놀이는 가락과 춤의 합성체이다. 춤은 사위로 드러나며 가락은 타고打鼓로 드러난다. 바꾸어 말해 사위는 춤 요소를 담고 있으며 타고는 가락 요소를 담고 있다. 이것은 북놀이와 북춤이라는 용어의 사용과 관련하여 하나의 시사점을 제공해준다. 독무의 경우에는 북편의 가락을 주고받는 타법을 중심으로 하고 군무의 경우에는 연희자 양편의 가락을 주고받는 타법을 중심으로 한다. 이 타법의 운용은 경우에 따라 대형隊形이 교차하는 등의 안무 형식으로 전개되기도 한다. 가락과 대형의 주고받는 형식을 통틀어 '놀이한다'고 말한다(장성천,

1989/ 박병천, 1995). 결국 북놀이라 함은 몸짓을 중심으로 하는 무용적 요소보다는 가락의 운용적 요소에 비중이 있음을 알 수 있다. 따라서 본고에서는 북가락과 춤사위의 변별성을 드러내는 것을 통해 북놀이와 북춤의 상관성을 살펴보고자 한다.

여기서의 문제는 가락이나 사위를 나타내는 용어가 현재 통일되어 있지 않다는 것이다. 이것은 학계에서 합의한 용어를 사용하거나 현지인들이 사용하는 용어를 사용하는 것이 옳다고 본다. 그러나 이 용어가 합의된 것으로 보이지는 않으며 현지인들도 사위나 가락마다 이름을 붙여 부르지도 않는다. 가장 보편적인 용어인 '다듬이질사위'도 사실은 무용학자에 의해서 붙여진 이름이 현지인들에게 소통되는 경우에 해당된다(장성천, 1989). 어쨌든 용어사용은 비교적 소리의 특성을 들어 설명하는 것과 사위의 특징을 들어 설명하는 것으로 나뉘어있다고 본다. 전자의 대표적인 예는 '다듬이질사위'이고 후자의 대표적인 예는 '나비춤사위'이다. 따라서 본고에서는 기왕의 논자들이 적용하였던 소리 및 형태에 따른 표현 용어를 준용하되, 진도씻김굿에서 보편적으로 활용되는 춤사위의 명칭을 차용하고자 한다. 왜냐하면 일부 춤사위의 경우 지전춤의 춤사위와 동일한 형태이며, 특히 진도예술이라는 측면에서 상호 영향을 주고받았을 것이 틀림없기 때문이다.

2. 이론적 배경

1) 진도북춤의 형성 배경과 전개

진도북춤은 한국북춤 가운데서도 독특한 양상을 가지고 성장하였다. 대개 한국의 북춤은 궁중북춤을 제외하면, 진도북춤을 비롯해 밀양백중놀이 가운데 오북춤, 전국 농악대의 설북춤, 탈춤에서의 양주별산대, 고성오광대에서의 북춤과장 등을 대표적으로 들 수 있다(이홍이, 1996). 이러한 북춤은 북과 유사한 형태의 악기를 지닌 다른 나라와는 달리 한국에서만 볼 수 있는 매우 독창적인 춤의 형태로 보기도 한다(고은미, 2003). 그런데 진도북춤은 다른 지역과는 다르게 양손에 채를 쥐고 치는 양북춤이라는 점에서 더욱 특이하다.

앞서 거론했듯이, 진도북춤은 흔히 '북춤'과 '북놀이'로 혼용해서 부르고 있다. 사람들은 흔히 군무를 중심으로 북을 메고 추는 춤을 북놀이라 하고 독무를 중심으로 북을 메고 추는 춤을 북춤이라고 인식한다. 다만 전남도지정 무형문화재로 지정될 당시 북놀이로 지정되었으므로 〈북놀이〉라고 부르는 것이 타당하다는 주장도 있다(이희춘, 2004). 진도의 북은 양손에 채를 쥐고 친다고 하여 흔히 '양북'이라고도 하고 채를 쌍으로 들고 춘다고 해서 '쌍북'이라고도 한다. 혹은 어깨에 메고 친다고 하여 '걸북'이라고도 한다. 그러나 대개 다른 지역과는 다르게 양손에 채를 쥐고 친다는 의미의 '양북'이라는 용어로 통칭하는 것이 관례화 되어 있다.

진도북춤의 유래에 대해서는 다양한 학설들이 있다. 그 중에서도 들노래에서 보이는 '모내기'나 '지심메기' 등에서 유래되었다는 '모방구기원설'과 풍물(농악)의 북놀이에서 유래되었다는 '농악기원설', 장구를 대신했다는 '장구대용설'이 대표적이라고 할 수 있다. 각 기원설의 대표적 주장을 보면 다음과 같다(이윤선, 2006).

〈표 1〉 기원설의 특징

종류	주장	특징	사례
모방구 기원설	들노래 등의 모(모내기)북에서 비롯되었다.	진도는 '북'이 풍물을 이끄는 경우가 많다.	남도들래의 삿갓북수
농악 기원설	소포농악 등의 풍물에서 비롯되었다.	진도농악 편성은 북을 중심으로 한다.	소포농악의 북수
장구 대용설	장구제작 비용이 많이 들어 북으로 대용했다.	진도북은 장구처럼 잔가락을 많이 친다.	잔가락의 활용

진도북춤이 중앙에까지 널리 알려진 것은 1983년에 문화재위원인 정병호 위원이 도깨비굿 조사를 위해 진도에 들렀다가 의신면 청룡리의 노인들이 북춤 추는 것을 보고 중앙에 적극 홍보하면서부터라고 알려져 있다. 이때 진도의 설북이 양손에 채를 쥐고 치는 양북이라는 점이 알려지면서 점차 중앙에까지 북춤공연이 성행하게 되었다는 것이다.

널리 회자되는 진도북춤의 명인들은 셀 수 없을 만큼 많다. 그만큼 진도북놀이가 광범위한 예술적 인프라를 형성하고 있다는 뜻이기도 하다. 구한말과 일제 강점기에는 김행원(1878 ~1935, 진도읍 출신, 고법 예능보유자 김득수의 부친)이 호남 일원에 그 명성을 떨쳤다고 전해진다. 흔히 다섯째 아들이라는 뜻으로 '오바'라고 불려진다. 이 외에 김기수, 김성남, 임장수, 박태주 등의 북수들이 이름을 떨쳤다. 이 중 소포리의 박태주는 북을 잘 쳤다고 해서 흔히 '북태주'라고 불린다. 진도 최초의 고법 예능보유자로 지정되었던 김득수의 경우도 일명 '오바'로 알려진 선친의 예술적 기질을 타고 태어났기 때문에 명인의 반열에 올라섰다고 볼 수도 있다(이윤선, 2006).

이런 전통을 이어받아 북춤을 전문으로 다루는 사람들이 생겨나게 되었다. 양태옥(1919~2003, 군내면 정자리 출신), 장성천(1923~1993, 임회면 석교리 출신), 박관용(1921~현재, 진도읍 출신), 곽덕환(임회면 상만리 출신), 박병천(1933~현재, 지산면 인지리 출신) 등이 선조들의 기예를 창조적으로 계승하고 발전시킨 주역들이라고 말할 수 있겠다(이윤선, 2006).

진도북놀이는 역사와 전통 속에서 연행되어 오다가 문화재 지정기를 지나면서 조직화되기 시작하는데, 1984년 2월 16일에 진도 북놀이보존회를 창립하게 된 것이 그 시발이 된다. 초창기 북놀이보존회는 장성천이 주도하여 이끌었으며 1984년 10월 25일 국립극장에 초청되는 등 전국적인 공연행사에 주도적으로 참여하게 된다. 1985년 제 7회 명무전에는 진도북춤이라는 이름으로 박관용과 한순자(북춤의 구음)가 출연하기도 하였다. 같은 해 1985년 양태옥이 전국국악기악부문 경연대회인 제 3회 신라문화제에서 입상하였다.

이어 1987년 9월에는 전남도지정 무형문화재로 진도북놀이가 지정되었다. 북놀이 예능보유자로는 장성천, 양태옥, 박관용이 지정되었다(진도군지, 2006). 이런 추세를 타서 시야를 전국적으로 돌리던 진도북놀이는 후학을 가르치거나 연구하는 일을 병행하게 된다. 1987년 박관용이 의신면 진설리에 북춤연구원을 연 것도 이런 사례 중의 하나라고 할 수 있다.

양태옥의 경우를 보면, 1988년 3월 1일에 광주에 전수학원을 마련하게 된다. 양태옥류의 북춤은 신청농악에서 비롯되었다고 전해진다. 왜냐하면 비무계로서 신청에 가입했던 경력이 있고, 소방대 농악을 이끌며 북춤을 계승해왔다고 할 수 있기 때문이다. 이는 정병호가 그의 책 『농악』에서 보여줬듯이, 진도의 농악을 '신청농악'이라고 규정한데서도 드러난다(양태옥, 1998). 박관용의 경우를 보면, 1984년 8월 호남농악경연대회에 출전하여 최우수상을 받게 된다. 또 1987년 5월 전주대사습경연대회에서 북춤으로 입선하고, 1984년 광주에서 열린 전국예술제 무용부에서 장려상을 받았다. 1985년 제 14회 남도문화제 북춤 개인 연기상을 수상하기도 했다. 한때는 광주 북동에 무용학원을 열어 후진양성의 뜻을 펼치기도 했다. 1979년 서울예고 8회 명무전 출연을 비롯해 1984년 서울예술제에 북춤을 발표했고, 같은 해 서울 국립극장의 명무전에 출연하였다. 1985년에는 서울국립극장 북춤발표회도 가졌다(박관용, 2000). 장성천의 경우에는 임회면 십일시에 전수관을 열어 북춤뿐만 아니라 판소리, 가야금 등을 후학들에게 가르치기도 하였다. 특히 북놀이 보존회를 이끌면서 진도북놀이의 조직화에 힘썼던 것으로 알려져 있다. 타계 후에는 1997년 6월 24일자로 김길선이 예능보유자로 승계되었다(장성천, 1989). 박병천의 경우에는 서울의 집(코리아 하우스)에서부터 재창조된 북춤으로 전국의 유명한 명인들을 가르치기도 하였다. 개인 학원에서뿐만 아니라 한국예술종합학교와 근래에는 전남의 대불대학교에서 무속음악을 중심으로 한 진도북춤을 가르치고 있다(박병천, 1996). 따라서 진도북춤은 수많은 명인들에 의해 그 형태가 발전되어 왔으며, 사실상 4개 유파에 의해 고정되어가고 있다고 말할 수 있다.

2) 4개 유파의 특징

진도북춤의 특징은 가락의 운용법과 춤사위의 활용법으로 나누어 살펴볼 수 있다. 이중에서 가장 주목할 수 있는 가락은 양손을 사용하기 때문에 발생하는 다듬이질가락과 원박을 피하여 가락의 기교를 부리는 엇박가락의 활용에 있다고 할 수 있다. 춤사위로는 진도씻김굿의 지전살풀이춤에서 보이는 바람막이춤사위와 외바람막이 춤사위, 가세치기춤사위 등이 활용되고 있음을 볼 수 있다. 그러나 4개 유파에 따라 가락의 운용법과 춤사위의 활용법이 다른 점 또한 두드러지기 때문에 비교의 관점에서는 비교적 논점을 형성한다고 할 수 있다. 각각의 특징들이 갖는 문화적 해석을 달리할 수 있기 때문이다. 따라서 4개 유파에 대한 전승의 맥락과 특징들을 차례로 열거하면서 논해보고자 한다.

첫째, 양태옥류의 북춤은 흔히 걸북춤이라는 이름으로 알려져 있다. 어깨에 메고 친다는 뜻에서 붙여진 이름이다. 양태옥 북춤의 특징은 원박을 치면서 오른쪽 팔과 다리를 올렸다가 내리치는 춤사위를 즐겨하는 데 있다. 내리딛었던 발을 들어 올릴 때는 평균 45°가 넘게 안쪽으로 다리를 끌어올렸다가 발을 구르기 때문에 제기차기 동작을 연상하게 한다. 따라서 '제기차기 사위'라고 부를 수 있으며 내려치는 동작은 '다구질 사위'라고 부를 수 있다. 또 '다구질 사위'에서 오른손을 직선으로 들어 멈춘 형태는 마치 깃대를 들어 올리는 모양과 흡사하므로 '깃대들기 사위'라고 할 수 있다. 이들 모두 양태옥 북춤의 가장 큰 특징으로 삼을만하다.

둘째, 박관용류의 북춤은 주로 여성적인 측면이 강하다고 알려져 왔다. 지산면 소포리의 박태주의 본을 받았다고 알려져 있으며, 이후 지산면 인지리의 조태홍의 춤가락을 곁들였다고 한다(진도군지, 2006). 박관용의 북춤은 느린 살풀이, 중머리, 당악, 휘몰이까지 정연한 가락으로 구성되어 있다. 굿거리부터 휘모리까지 가락도 일정하다. 각 장단별로 약 4회 정도의 유사한 가락과 춤사위를 반복하는 구조로 짜여있다. 예를 들어 굿거리에서는 대개 3회에서

4회 정도의 반복되는 가락을 사용한다. 대신 빠르기의 변화와 소리의 강약조절로 장단을 조절하는 것이 특징이다. 특히 박관용북춤의 가락은 '더더구'가락이라고 부르기도 하는데, 이 가락을 일반적으로 많이 사용한다는 뜻이다. 첫박은 길고 강하게 두드리지만 다음 가락부터는 유연하게 넘기는 것이 보통이다. 손목을 먼저 들어 올려 누르듯 북을 두드림으로써 북의 울림을 부드럽게 조절한다. 자진모리 가락에서는 주로 강강술래처럼 원을 그리며 뛰어다니는데, 종종 투스탭을 사용하기도 한다(이윤선, 2006). 따라서 첫박을 강하게 두드리면서 점차 약하게 두드리는 소리 조절은 박관용북춤의 특징 중의 하나에 속한다. 양태옥북춤에 비해 다듬이질가락을 많이 사용한다. 가락이 다듬이질하듯 몰아치다가 맺고 춤으로 어우르는 동작이 많다는 뜻이다. 다듬이질사위에 관한 한 박관용류와 장성천류가 가장 많이 활용한다. 이 때문에 논자들은 박관용류와 장성천류를 동질의 북춤으로(김마리아, 2003) 해석하기도 한다.

셋째, 장성천류의 경우는 일반인들에게 많이 알려지지 않은 북춤에 속한다. 연구자들에게도 장성천류의 북춤은 크게 알려진 바가 없다. 오히려 고 장성천의 뒤를 이은 김길선을 연구의 대상으로 삼은 경우가 있을 뿐이다(김마리아, 2003). 장성천의 북춤은 굿거리, 자진모리, 당악, 구정놀음 등으로 구성된다. 여기서의 구정놀음은 버꾸놀음으로 대치될 수도 있으며 흔히 휘모리로 알려져 있다. 그러나 일반적으로 알려진 휘모리 가락과는 가락 운용과 춤사위가 동일하지 않다. 장성천류의 북춤은 고 곽덕환을 중심으로 하는 진도군 임회면 사람들의 유파라고 할 수도 있다. 왜냐하면 장성천류의 북춤에서 가장 유형적인 가락과 사위가 사실 곽덕환 등의 장기였기 때문이다(박관용, 2000). 박병천류의 북춤이 모리(맺음장단)가락에서 왼손의 손등을 전면으로 보이면서 사뿐히 넘기는 것에 비하면 장성천류의 북춤은 왼손 바닥이 전면을 보일 수 있게 뒤집어서 넘기는 가락을 특징으로 한다. 물론 이때는 허리를 곧게 세우거나 아예 뒤로 젖히기도 한다. 특히 첫박을 강하게 치는 경우와 첫 박부터 아예 엇박으로 치는 경우가 혼용된다. 다른 유파들이 엇박을 주로

2박자 이후의 박에서 운용하는 것과는 사뭇 대조적이다.

넷째, 박병천류의 북춤은 문화재로 지정된 상기 세 유파보다 더 많이 알려져 있다. 그만큼 동호인 확보가 잘 되어 있다는 뜻이다. 그러나 진도 내에서 박병천류의 유파가 형성되어 있는가에 대해서는 의문을 표시하지 않을 수 없다. 왜냐하면 전국적인 지명도에 비해 진도 내의 유파 형성이 아주 미약하기 때문이다. 이것은 두 가지 가설을 말해준다. 하나는 박병천류의 북춤이 후대에 새로 만들어진 북춤이라는 점, 다른 하나는 진도 내에서 박병천류 북춤의 전승이 단절되었다는 점이 그것이다. 논자들은 비교적 전자를 기정사실화하는 것으로 보인다. 새롭게 창작한 북춤이라는 인식이다.(백혜경, 2000) 그러나 박병천의 북춤이 형태는 새롭게 안무되었을지언정 그 맥락까지 창작으로 보기는 어렵다는 점에서 쉽게 재단할 수 있는 사안은 아니라고 본다. 물론 박병천류의 북춤은 진도 내에서는 동호인 그룹이나 유파를 형성시키고 있지 않다. 다만, 전국적인 동호그룹의 범위가 넓기 때문에, 전국적 유파를 형성하고 있다고 말할 수 있겠다. 전국적으로 양북을 추는 대다수의 그룹들은 사실 박병천류의 북춤을 계승한 경우로 보아도 무리가 없다. 각 유파의 특징들을 대별해보면 아래와 같다.

〈표 2〉 유파별 주요 특징

유파		주요 특징	가락 및 사위 관련성
양태옥류	가락	다양하며 채편으로 넘기기 가락 많음	장구가락의 혼용
		무용 중에도 첫박을 치는 경우 많음	기능적 가락의 운용
		북테를 치는 가락을 통해 장단 넘김	몸짓보다 가락에 중점 둠
	사위	한 손을 머리위로 곧게 들어 정지함	깃대들기:다구질 전(前)동작
		왼팔을 앞으로 내서 어우르는 동작	외바람막이 사위
		양손을 감아올리는 사위	가위치기의 변형
		한 발을 안쪽으로 쳐 올리는 발동작	제기차기 사위
		굴신을 많이 주며 발동작 큼	기능적 몸짓(노동성)

박관용류	가락	다듬이질 하듯 넘기는 가락	다듬이질(더더구)가락
		맺음장단 전에 점진적으로 몰아감	전형적인 앗는 가락
	사위	양팔을 약 45°가량 늘어뜨리고 굴신	굴신 바람막이 사위
		양손을 어깨높이로 들어 너울거림	나비춤 사위
		양손을 머리위로 둥그렇게 올림	반꽃봉오리 사위
		반쯤 앉아서 옆으로 이동하며 다듬이질	게걸음 사위
		가볍게 딛고 사뿐사뿐 움직이는 스탭	춤적 요소
		전후로 갈듯 말듯 움직이는 몸짓	전후 갈둥말둥 사위
장성천류	가락	다듬이질 하듯 넘기는 가락	다듬이질가락
		맺음장단 전에 점진적으로 몰아감	앗는 가락
		원박보다는 엇박을 첫박으로 즐겨 사용	즉흥성 및 난장성
	사위	왼손을 채편으로 뒤집어서 강하게 침	왼손 뒤집어치기 사위
		왼 발 45° 좌측전방 벌려 모리장단	기능적 몸짓(무게중심 오른발)
		양팔을 일직선으로 펴고 멈춤	전형적인 바람막이 사위
박병천류	가락	우향으로 크게 돌면서 모리가락	춤적 몸짓이 강조된 가락쇠퇴
		북테를 제한적으로 사용	몸짓 관련된 북테 가락만 사용
		장구의 후두룩(품앗이) 가락을 사용	악사와 품앗이, 공연화된 요소
	사위	한 손을 수평으로 들어 어우름	전형적인 외바람막이 사위
		수직된 양팔을 15°가량 틀어 겨눔	겨누기 사위, 남성적 사위

다만 위 특징에서 몇 가지 짚고 넘어갈 부분이 있다. 양태옥의 북춤가락은 변화가 확실하며 굿거리, 자진모리, 휘모리 등 분명한 차이를 보여준다. (김은희, 1993) 양태옥 춤사위들에서 주요 특징들은 '제기차기 사위'와 '깃대들기 사위' 등 발동작을 크게 하는 것이라고 할 수 있다. 발동작을 크게 하면서 굴신을 주는 것은 내리 딛는 동작을 위한 사전 어우르기로 볼 수 있다. 이 가락이나 춤사위들은 양태옥 개인적인 단계에 머물러 있는 것이 아니라 하나의 유파를 형성하면서 공유되고 있다.

박관용류와 장성천류에서 특징적으로 나타나는 점진적인 몰이가락은 다듬이질가락으로 넘기기 위해서 준비하는 단계적 특성을 가지고 있다. 이것을 '앗는 가락'이라고 표현할 수 있다. '앗다'는 '품앗이'하다는 뜻도 있지만

‘무엇인가를 점차 깎아낸다’는 뜻도 가지고 있는 말이다. 따라서 다듬이질가락을 위해 점점 좁혀나간다는 뜻에서 이렇게 표현할 수 있다. 여기서 ‘품앗이 가락’이라는 용어를 쓰지 않는 것은 주고받는 가락이라는 뜻으로 ‘품앗이 장단’ 혹은 ‘품앗이 가락’이라는 용어가 사용되는 것과 구분하기 위해서이다.

장성천류의 특징 중의 하나는 원박 보다 엇박을 즐겨 사용한다는 것인데, 특히 첫 박에서부터 엇박을 사용하는 예들이 종종 나타난다. 이것은 즉흥성과 난장성을 엿볼 수 있는 것으로 다른 유파에 비해 제의성이 있는 축제적 경향이 강한 것으로 볼 수 있다.

박병천류의 특징 중의 하나는 춤을 추는 도중 회전하기 직전에 오른손의 채를 돌려 잡는 춤사위를 구사하는 것이다. 특히 또 왼쪽 북면을 치고 오른쪽으로 넘길 때, 북채를 북 앞으로 감싸듯하면서 몸을 앞으로 숙이는 형태가 특기이다. 이는 장성천류의 ‘왼손 뒤집어 치기 사위’에서 허리를 곧게 세우는 형태와 상반된다.

박병천류, 박관용류, 양태옥류에서 나타나는 외바람막이 사위는 한 손으로 테를 치거나 채를 돌려잡는 기법들이 발달한 요인이 되었다고 볼 수 있다. 양태옥류에서 ‘깃대들기 사위’도 사실 동선이 없다는 점 외에는 한 손을 운용하는 형태에 속한다. 다만 외바람막이를 적극 활용한 양태옥류에서는 북테를 치는 잔가락 활용이 많고 소극적으로 활용한 박관용류에서는 북테를 치는 잔가락 활용이 없는 편이다.

3. 연구결과 및 논의

1) 북춤과 북놀이의 유파별 상이성相異性

위에서는 4개 유파의 특성에 대해, 가락의 관점과 무용의 관점에서 분석해보았다. 그러나 실제 무언의 동작을 문자로 표현하는 것에 한계가 있기 때문에 동작 자체를 밀도 있게 분석할 수는 없었다. 그럼에도 불구하고 유파별 특성들이 개괄적으로는 드러났다고 보기 때문에 이제 이 특성들에 담긴 상이성을 분석해보고자 한다. 그 변별적 혹은 유사적 의미가 무엇인지를 고찰해야 하기 때문이다. 위에서 분석한 4개 유파의 가락 특징들을 비교해보면 아래와 같다.

〈표 3〉 가락적 요소의 비교

상이성	양태옥류	박관용류	장성천류	박병천류
다듬이질	장단 한배로 제한되는 다듬이질	장단한배, 강약 조절의다듬이질	손목 뒤집는 다듬이질	사용 안함
타고 형태	팔굼치 들어 올려 내려찍듯 타고	손목을 먼저 들어올려 누르듯 타고	손목을 뒤집어 내려찍듯 타고	손등 수평 유지 및 강약 조절
타고 조절	절도 있는 박력	세심한 강약조절	자유스런 박력	박력+유연성
첫박 타고	강한 첫박	강한 첫박 후 점진적 강세조절	첫박 보다는 엇박의 강세	강한 첫박
맺음(모리)장단	맺음가락으로 몰아 장단 넘기기	맺음가락으로 몰아 장단 넘기기	맺음가락으로 몰아 장단 넘기기	맺음가락으로 몰아 장단 넘기기
북테두리 타법	보편적 활용	활용하지 않음	활용하지 않음	제한적 (모리장단)활용

앞서 제시한 형태와 위 표를 합해 가락을 유형별로 나누어보면, 대개 '다듬이질가락', '다구질가락', '모리(맺음장단)가락', '앗는 가락', '품앗이 가락' 등 5개로 압축된다. 이중 다듬이질가락을 '홑다듬이질가락'과 '겹다듬이질가락'으로 분리하면 6개의 요소로 나누어질 수 있다. 여기서 '홑다듬이질가락'이라 함은 왼쪽 채를 오른쪽 북편으로 넘기지 않고 제 북편만을 다듬이질하듯 두드리는 가락을 말하며 '겹다듬이질가락'이라 함은 오른쪽 북편으로 넘기는 가락을 말한다. 실제 장성천류의 전승자로 예능보유자가 된 김길선의 경우에는 '홑다듬이질가락'을 애용하는 편이다. '다듬이질가락'은 박관용류와 장성천류에서 유형적인 특성을 보여주며, 양태옥류에서는 많이 축소된 경향을

보인다. 박병천류에서는 아예 '다듬이질가락'이 나타나지 않는다.

'다듬이질가락'은 비교적 헤미올라형으로 분절화되어 나타난다. 예를 들어 3소박 4박자 장단의 굿거리를 2소박 6박자로 넘기는 경우다. 장단의 길이는 같지만, 3소박을 2소박 3묶음으로 끊어가기 때문에 분절화된 느낌을 주게 되는 것이다. 이는 당초 지속적인 넘기는 가락이었을 것으로 생각되는 '다듬이질가락'이 변화했음을 추정할 수 있게 해준다.

모리(맺음장단)가락은 네 유파 모두 공통적으로 운용하고 있는 가락에 속한다. 이 모리장단을 통해서 다음 장단으로 넘어가는 구성을 취하고 있음을 알 수 있다. 박병천류에서는 당악 거리에서 모리장단을 사용하여 북춤 자체를 마무리하는 마무리 가락으로 활용하기도 한다. '앗는 가락'도 박관용류와 장성천류에서는 전형적으로 사용하고 있는 것으로 보인다. 특히 '앗는 가락'은 모리가락을 위한 예비가락의 성격을 가지기 때문에 점진적인 몰입으로 들어가는 구성을 취하게 된다. 대신 '품앗이 가락'은 가락 자체가 악사와 품앗이를 한다는 전제가 있기 때문인지 박병천류에서만 활용될 뿐 나머지 세 유파에서는 두드러지지 않는다. 이를 통해서 보면 박병천류가 타 유파에 비해 악사를 전제하고 있는 춤적 요소가 많다는 점을 알 수 있다.

다구질 가락은 매구굿에서 일어날 수 있는 기능성을 엿보게 한다. 왜냐하면 매구굿의 기능 자체가 축귀의례 중의 하나인 마당밟이인 까닭에 힘 있게 땅을 구르는 기능성 동작이 필요했을 것이기 때문이다. 그러나 다구질 가락은 양태옥류에서 전형적으로 보여줄 뿐 박관용류나 박병천류에서는 전혀 드러나지 않는다. 장성천류에서 소극적 활용이 있을 뿐이다. 이것은 양태옥류와 박병천류의 기능적 특성과 무용적 특성을 변별해 주는 증거로 해석해볼 수 있다.

이 맥락을 북놀이와 북춤이라는 관점에 대입해보면, 가락의 운용은 대체로 무용적 요소 보다는 놀이적 요소에 중점을 두고 있음을 확인할 수 있다. 여기서 놀이적 요소라 함은 노동적 기능이나 의례적 기능을 수행하는 민속놀이를 전제하는 개념이다. 흔히 〈민속예술경연대회〉에서 민속놀이로 출전하는 종목들을 포함한다는 뜻인데, 실제 경연대회에 출연하는 민속놀이들은 종합 의례적 성격과 놀이적 성격을 띠는 것들이 많다. 따라서 진도북춤과 진도북놀이의 주요 요소는 가락과 춤인데, 춤은 무용적 요소 즉, 진도북춤이고 가락은 놀이적 요소 즉, 진도북놀이라고 말할 수 있다. 바꾸어 말하면 진도북춤 혹은 진도북놀이에 있어서의 놀이적 요소는 대개 가락의 운용과 연결된 부분들이 많다는 것이다.

이 놀이적 요소에서 가장 특징적인 것은 '다듬이질가락'이다. '다듬이질가락'은 장성천류와 박관용류에서 전형적으로 활용됨을 살펴보았다. 그러나 박병천류에서는 전혀 다루어지지 않는다. 박병천류가 북놀이 보다는 북춤에 가깝다는 뜻으로 해석할 수 있다. 그런데 양손을 사용하는 것 자체가 사실은 무용적 요소와 놀이적 요소를 동시에 전제하고 있다고 볼 수 있다. '다듬이질가락'은 양손을 사용하는 양북춤 때문에 생겨난 가락이다. 밀양 오북 등 전국의 외북 가락은 한 손을 사용하기 때문에 다듬이질 사위가 발전할 수가 없는 것이다. 따라서 진도북놀이는 양손을 사용하기 때문에 자연스럽게 춤사위로 발전할 수 있었다고 본다. 가락을 치고 난 팔의 동선을 고려할 것이기 때문이다. 결국 '다듬이질가락'은 양손을 사용한다는 전제에서 생겨난 가락이며, 또 그것으로 인해 춤이 발전되었을 것이라고 추정해볼 수 있다. 다음으로는 각 유파별 무용적 요소에 대해 주요 몸짓의 특징을 비교해 보겠다.

〈표 4〉 무용적 요소의 비교

몸짓 구분	양태옥류	박관용류	장성천류	박병천류
어깨	주로 많이 사용	거의 사용치 않음	어깨+팔까지 사용	사용하되 유연함
한쪽 팔	좌우팔 균일 사용하되, 좌팔 어우름 회수 많음	굴신 바람막이 사위 등 투박한 자세 많음	양팔 포함하여 비틀어 올리는 경우 많음	겨루기사위 및 외바람막이 혼용
양 팔	깃대들기 사위 등 곧게 드는 사위 사용	양팔을 동시에 올리되, 꽃봉오리 사위 애용	전형적인 바람막이 사위 사용	바람막이와 외바람막이의 혼용

가위치기	깃대세우기 사위 전에 가위치기 사위로 예비동작	장단 넘기는 신호로 머리 위에서 가위치기 사용	원박 및 강박 치기 위해 팔을 들어 올리기 전 가위치기	표면적으로는 드러나지 않음
디딤새	발을 제기차기사위로 높게 들어 올림	발끝을 들지 않고 뒤꿈치로 누르듯 딛음	발을 자유롭게 들되, 크게 이동하지 않음	회전동작을 많이 사용하며 당악장단에서는 옆차기 사위 사용
회전	제자리 회전이나 전후좌우로 이동	자진모리부터 원무(圓舞) 사용하며 때때로 투스탭 사용	동선 반경 크지만 스탭 사용은 미미	투스탭 및 원스탭을 유연하게 병행
회전방향	주로 우회전 사용	주로 우회전 사용	주로 우회전 사용	우회전 사용 및 좌회전도 사용
이동반경	제자리 및 이동반경 적음	원형 회전 및 이동반경 약간 큼	제자리 및 이동반경 적음	회전동작 사용, 이동반경 큼
동선	춤사위가 활발하지만 무게감이 있음	춤사위가 활발하지만 부드러움 있음	춤사위가 역동적이고 무게감이 있음	춤사위가 박진감+무게감 있으나 동선이 고운 편임

앞서 전제했던 춤사위를 종합해서 나열해보면, '다듬이질 사위', '바람막이 사위', '외바람막이 사위', '굴신바람막이 사위', '꽃봉오리 사위', '반꽃봉오리 사위', '가위치기 사위', '깃대들기 사위', '제기차기 사위', '왼손 뒤집어치기 사위', '게걸음 사위', '나비춤 사위', '겨누기 사위', '북채 돌려잡기 사위', '북채 던져서 잡기 사위', '좌우 갈둥말둥 사위', '전후 갈둥말둥 사위', '옆으로 발차기', '굴신 옆으로 발차기' 등 19개의 유형으로 압축된다. 이상의 춤사위를 대별해가면서 무용적 요소를 분석해보기로 한다.

가락에서도 언급된 '다듬이질 사위'는 박병천류만 제외하면 공히 사용하는 사위에 속한다. 대신 '바람막이 사위'는 장성천류에서 전형적으로 사용되는 사위임을 확인할 수 있다. 대신 양태옥류와 박병천류에서는 '외바람막이 사위'를 전형적으로 사용하고 있다. 이는 춤과 관련된 것으로 보이는데, 사실 '바람막이사위'는 춤의 운용법이라기보다는 그 기능성에 중점이 있는 사위라고 할 수 있다. 바람막이 사위는 진도씻김굿에서 가장 보편적으로 애용되는 춤사위에 해당한다. 독수리가 공중에서 일정한 자세를 유지하고 날고 있는 형상을 본뜬 춤사위다. 동작은 다리를 굴신한 상태에서 팔을 일자로 벌린 상태다. 이 춤사위가 앞바람을 막는 것으로 간주할 경우, 이는 은유화하여 바람을 막듯 사람에게 닥쳐올 액을 막는다는 2차적 의미를 갖게 된다(김지원, 2006). 대신 '굴신 바람막이 사위'는 박관용류에서 전형적으로 활용되고 있으며 나머지 세 유파는 사용하지 않고 있음을 확인할 수 있다. '굴신 바람막이 사위'는 의례적 기능에서 무용적 기능으로 이전하는 중간단계의 춤이라고 할 수 있을 만큼 어정쩡한 춤사위다. '굴신 바람막이 사위'에서 손을 위로 약간 올리게 되면 '반꽃봉오리 사위'가 된다. '반꽃봉오리 사위'도 박관용류에서만 활용되는 사위에 해당한다. 여기서 한 단계 무용 쪽으로 진행된 것이 사실 '꽃봉오리사위'라고 할 수 있는데, 양팔을 완전하게 둥그런 모양으로 올리면 꽃봉오리를 만들게 되기 때문이다. 이것은 특히 박병천류에서 전형적으로 활용되고 있다. 장성천류나 양태옥류에서는 사용되지 않는 춤사위에 해당된다.

'가위치기 사위'는 사실 전형적으로 드러나는 유파가 없다. 큰 가락을 치거나 원박을 치기 전에 양 손을 감아올리는 형태가 대부분이기 때문이다. 따라서 가위치기 사위는 씻김굿의 지전춤같이 완벽하게 X자를 그리기보다는 약간 변형된 형태로 활용되고 있다고 볼 수 있다. '깃대들기 사위'는 '제기차기 사위'와 더불어 양태옥류에서 전형적으로 활용된다. '왼손 뒤집어치기 사위'는 유독 장성천류에서만 발견되는 독특한 형태다, 이것은 곽덕환을 중심으로 한 임회면 사람들의 유형적 형태에 속한다(박병원, 2004). 사실 손을 뒤집는 것은 무용보다는 가락의 강세를 전제하고 있는 사위다. 반대편 북편일지라도 힘 있게 내려치기 위해서는 손을 뒤집어 내려치는 것이 좋기 때문이다. 실제로 장성천류의 북춤에서 뒤집어 치는 강도가 매우 높아서 역동적으로 비춰지기도 한다.

'게걸음사위'와 '나비춤사위'는 박관용류에서만 발견되는 독특한 춤사위다. '게걸음사위'에서 전후로 움직임을 주면 '전후 갈등말등 사위'로 이어진다. 그래서 '전후 갈등말등 사위'도 박관용류에서 적극적으로 활용되고 있으며 나머지 유파에서는 소극적으로 활용되고 있다. 그런데 좌우로 갈까 말까 하는 '좌우 갈등말등 사위'는 박병천류에서 특화된 사위라고 할 만하다. '전후 갈등말둥사위'보다 훨씬 역동적으로 비춰지기 때문에 사실 박병천류의 북춤을 남성답다고 인식하는 이유는 이 춤사위의 역할이 크다고 할 수 있다.

'겨누기 사위'는 박병천류 이외에는 전혀 사용되지 않는다. 이것 또한 박병천류의 특징이라고 할 수 있는데, 역동적인 반면에 기량의 차이에 따라서는 무척 고운 자태로 비춰지기도 한다. 박병천류의 전형적 형태는 사실 이 '겨누기 사위'에 있다고 해도 과언이 아니다. 그만큼 고도의 테크닉을 요구하는 북춤사위라고 할만하다. 더불어 북채 돌려 잡기 사위도 고도의 테크닉을 요구하는데, 박병천류에서만 발견된다. 비슷한 형태로 '북채 던져놓고 잡기 사위'가 있는데 이것은 고도의 테크닉이라기 보다는 놀이성이 강조된 사위에 속한다. 박관용류에서만 보이는 사위 중의 하나이다. '옆으로 발차기'와 '굴신 옆으로 발차기'는 박병천류에서만 발견되는 춤사위들이다. 이상의 가락 및 사위를 표로 비교해 보면 아래와 같다.

〈표 5〉 4개 유파별 가락과 춤사위 비교표

〈보기/ ●:전형적인 활용 ○:적극적 활용 △:소극적 활용 × 사용 안함〉

	가락 및 사위 명칭	양태옥류	박관용류	장성천류	박병천류
가락	다듬이질가락	△	●	●	×
	다구질가락	●	×	○	×
	모리(맺음장단)가락	●	●	●	●
	앗는 가락	○	●	●	○
	품앗이 가락	×	×	×	○
무용	다듬이질 사위	○	○	○	×
	바람막이 사위	○	○	●	○
	외바람막이 사위	●	○	○	●
	굴신 바람막이 사위	×	●	×	×
	꽃봉오리 사위	×	△	×	●
	반꽃봉오리 사위	×	●	×	○
	가위치기 사위	△	△	○	△
	깃대들기 사위	●	×	△	×

	제기차기 사위	●	×	×	×
	왼손 뒤집어치기 사위	×	×	●	×
	게걸음 사위	×	●	×	△
	나비춤 사위	×	●	△	△
	겨누기 사위	×	×	×	●
	북채 돌려잡기 사위	×	×	×	●
	북채 던져서 잡기 사위	×	●	△	
	좌우 갈둥말둥 사위	×	×	△	●
	전후 갈둥말둥 사위	△	●	△	△
	옆으로 발차기	△	×	×	●
	굴신 옆으로 발차기	×	×	×	●

다리에 굴신을 주고, 양팔을 아래로 내려뜨려 다음 동작을 어우르는 동작은 양태옥류에서뿐 아니라 박관용류의 춤사위에서도 보여주는 특징이라고 할만하다. 특히 가락을 몰아치고 난 다음 장단에는 대부분 이 동작을 통해 호흡을 가다듬는다. 양손을 감아올리면서 오른손을 높이 치켜드는 동작은 양태옥류의 특징이다. 오른발을 땅에 딛고 마당밟이 하는 동작이 특징이다. 이것은 풍물판을 기본으로 하는 마당밟이에서 그 형태가 모사된 것으로 보인다. 실제 이 춤의 기능자라고 할 수 있는 양태옥은 1950년대 소방대농악을 이끌면서 진도농악 발전에 기여한 사람이다(양태옥, 1998). 오른발을 들어 땅을 찍는 춤사위는 마당밟이 형태의 전형적인 모습으로 보인다. 살풀이 가락으로 춤을 출 때도 첫 박을 강하게 두드리며 춤사위를 진행하는 경우가 많다. 이것 또한 동선과 박자에 강세가 들어가 있다는 것을 보여준다. 또 발을 교차하지 않고 앞부리를 내려 이동하거나 안쪽으로 45° 이상 높이 들어 춤을 춘다. 발이 교차한다는 것은 춤사위가 들어감을 말한다. 그러나 발이 크게 교차하지 않는 양태옥의 동작들은 춤사위보다는 내려딛는 기능에 중점을 두고 있음을 알 수 있다.

김길선이 승계하고 있는 장성천류 즉, 곽덕환계열의 북놀이는 '놀이'에 가까운 안무가 중심이라고 할 수 있다. 이것에 비하면 박관용계열의 북놀이는 부드러운 춤사위가 특징이다. 양태옥 계열의 북놀이는 특히 북을 비스듬히 뉘여서 메고 치는 것이 특징이다. 이 북놀이를 계승하고 있는 박강열(양태옥의 전수조교) 그룹을 보면 세 유파 중에서 가장 남성적인 북놀이라고 할 수 있다. 박병천류의 북춤은 연희성이 강한 맥락을 보여준다. 발 디딤새의 보폭을 크게 한다든가, 첫박을 강하게 내리 딛는다든가, 또는 '갈둥말둥 춤사위'로 역동성을 살리는 기법을 가미하면서 노동 기능적 맥락을 보여주는 북춤의 역동성을 습합시켰다고 볼 수 있다. 대신 세 유파에서 공통적으로 나타나는 다듬이질사위를 아예 생략하면서, 가락보다는 춤에 치중한 북춤을 재창조시켰다고 볼 수 있다.

상호간의 영향관계에 있어서도 위의 표는 많은 시사점을 준다. 예를 들어 제기차기 사위와 옆으로 차기 사위의 친연성을 들 수 있다. 이것은 양태옥류와 박병천류의 소통관계를 짐작해볼 수 있는 증거가 되기 때문이다. 박병천류 당악장단에서 주로 보여지는 '옆으로 발차기 사위'나 '굴신하여 옆으로 발차기 사위'등은 매우 독특하다. 박병천류를 제외하면 세 유파 모두 상하로 뛰는 형태는 희소하기 때문이다. 그러나 양태옥류에서 보여준 '제기차기 사위'에 상하 굴신과 뛰기 동작을 포함하게 되면 박병천류의 '옆으로 발차기 사위'와 유사한 형태임을 추정할 수 있다. 실제 박병천의 북춤 스승이 양태옥이므로(박병천, 1995) 이 가락이 관련되었을 개연성은 매우 높다고 할 수 있겠다.

2) 진도북춤 미학의 준거

이상의 과정을 통해서 얻은 유파별 특성들을 보면 대개 놀이성이 강한 유파와 무용성이 강한 유파로 구분할 수 있다. 또 〈표 5〉를 통해서 알 수 있는 것은 유파별 가락의 상이성보다는 춤사위의 상이성을 통한 비교가 훨씬 두드러짐을 확인해볼 수 있다. 이것은 진도북춤의 분화과정이 가락적 측면보다는 무용적인 측면에서 더 강화되었을 가능성을 시사해준다. 즉, 유파 모두 양손에 채를 쥐고 가락을 치기 때문에 타고라는 점에 있어서는 변별성보다는 유사성이 높을 것이라는 뜻인데 이것을 역으로 말하면 유파별 유형적 변별성은 춤사위에서 더 높게 나타날 수 있다는 뜻이다.

따라서 춤사위에서 의례를 포함한 놀이적 기능을 하는 측면과 무용적 측면이 보다 더 선명하게 구분되는 것이라고 생각한다. 특히 전자는 군무를 중심으로 하는 기능성에 중점이 있으며 후자는 타자에게 보여주는 공연의 측면에 중점이 있다고 할 수 있다. 실제 놀이적 기능과 무용적 기능의 양단에 있다고 판단되는 장성천류와 박병천류의 특징들을 비교해보면 이것이 쉽게 드러난다. 즉, 전자는 연희자 자신이 몰입하여 그 행위 자체를 향유하는 〈북놀이〉라고 할 수 있으며 후자는 몰입 보다는 기교와 춤사위를 통해 관객들에게 어떻게 아름답게 보여줄 수 있을 것인가를 전제하고 있는 〈북춤〉의 성격이 높다고 하는 것이다.

이상을 통해 양손에 채를 쥐고 북을 치는 동일한 진도북춤 내에서도 유파별 변별성을 보여주는 다양한 모습들을 발견할 수 있었다. 이것은 유파별 민속미학의 준거라고 말할 수 있다. 유파별로 그것이 가장 아름다운 몸짓과 가락의 운용법이라고 생각한다는 것이다. 이처럼 유파별 미학의 준거들이 다른 이유는 각각의 유파들이 생성되고 전개되어 온 북춤의 역사와 밀접한 관련이 있다고 볼 수 있다. 왜냐하면 진도북춤 자체가 선조들로부터 이어져 온 몸짓의 모사를 통해서 형성된 것이라고 생각하기 때문이다.

진도북춤의 연희자들은 모두 누구누구로부터 전승받았다거나 보고 배웠다는 전제를 가지고 있다. 그만큼 정통성 및 전통성을 강조하려는 의지를 갖고 있다고 본다. 그러나 실제로 진도북춤이 판소리처럼 일대일의 도제식교육을 통해 전승되어 온 것이 아니기 때문에 눈으로 넘겨 배우는 집단간의 방식이 가장 일반적이었을 것으로 추정된다. 따라서 이렇게 이어받은 집단 간의 특성에 연희자 자신의 미학적 더늠을 추가했을 가능성이 매우 높다. 결국 현 단계의 북춤은 선조로부터 이어받은 몸짓과 가락에 연희자 자신의 몸짓과 가락을 보탠 것이라고 말할 수 있다. 이런 맥락에서 각 유파의 특성들을 살펴본 것은 그 집단간의 공유 미학 및 연희자의 미학적 준거를 드러내 보일 수 있는 기회가 되었다고 생각한다.

각 유파에서 취사선택되거나 응용된 가락과 춤사위는 진도북춤에 대한 유파별 인식의 척도를 나타낸다. 진도북춤에 대한 미학적 준거를 나름대로 선택한 몸짓과 가락에 대고 있다는 뜻이다. 앞서 비교분석한 것처럼 양태옥류의 경우에는 오른손과 오른발을 땅에 강하게 내려딛으면서 가락을 치는 것을 북춤의 미학으로 여기고 있다. 박관용의 경우에는 가락의 강약을 조절하는 유연함과 여성스런 춤사위를 북춤의 미학으로 여기고 있다. 장성천류의 경우에는 왼팔을 뒤집어서 넘겨 치는 '다듬이질 사위'를 북춤의 미학으로 여기고 있다. 이런 특징들은 거의 유파별 변별성을 갖는 독특한 미학적 준거라고 할만하다. 그것이 자기들 북춤을 아름답게 해주는 가락의 운용법 또는 춤사위의 운용법이라고 느낀다는 것이다. 만약 그것을 미학적 준거로 인정하지 않는다면, 특성 있는 몸짓과 가락이 공유될리 없기 때문이다. 몸짓과 가락이 일정한 집단간의 특성으로 고착화되어 있기 때문에 개별적 기호의 문제로 치부하기에는 그 상이성이 너무 뚜렷하다는 것이다.

따라서 이것을 개인적인 기량의 차이로 제한하는 것은 불합리하다고 본다. 개인적 기량 혹은 성향의 차이에서 나온 춤사위의 변별성이라면, 유파 내에서도 춤사위는 달라져야 맞다. 그러나 유파 집단들의 성향이나 몸짓들이 대부분 본인이 속한 유파의 특징들을 닮고 있기 때문에 보다 근원적인 특징으로 해석하는 것이 옳다고 본다. 이처럼 유파 내의 춤사위 성향이 유사한 점은 본인들의 스승을 모사하는 집단간의 성향 때문으로 보인다. 스승에게 그렇게 배웠기 때문에 사위의 유사성이 높다는 뜻이다. 이것은 유파별 창시자들에게도 마찬가지로 적용된다. 창시자들도 다른 사람들과 마찬가지로 매구굿이나 들노래판에서 혹은 다시래기나 유희판에서 추어지던 북춤 중의 하나를 모사하거나 수용했을 것이 틀림없기 때문이다. 이상의 내용을 정리하여 4개 유파의 특징을 간추리면 대략 다음과 같이 표현할 수 있다.

〈표 6〉 4개 유파의 특징

특징	양태옥류	박관용류	장성천류	박병천류
가락	가락이 남성답고 힘차다	가락이 여성답고 부드럽다	가락이 힘차고 역동적이다.	가락의 정중동이 잘 배합되어 있다.
즉흥성	모리장단을 제외하면 장단과 춤동작이 즉흥적이다.	장단과 춤동작이 정형화되어 있다.	모리장단을 제외하면 즉흥적이다.	장단과 춤동작이 비교적 정형화되어 있다.
춤사위	구성지고 신명나는 사위로 연결된다.	정적이고 유연한 동작으로 연결된다.	주로 군무 중심의 역동성을 가진다.	춤사위의 정중동이 잘 배합되어 있다.

이처럼 유파별 미학이 있는 반면, 그 이면의 준거가 있을 것으로 생각된다. 이런 특성들은 유파별 특징에서도 보이지만 진도북춤이라는 전체적인 맥락 속에서도 찾아질 수 있다는 것이다. 이 논리를 더 확대시키면 한국에서의 진도북춤에 대한 특징이 찾아질 수 있을 것이고, 아시아에서의 한국북춤에 대한 특징이 찾아질 수 있을 것이다. 즉, 한국의 북춤을 북방계의 춤과 남방계의 춤으로 나눈다면 진도북춤이 적용될 영역이 있을 것이기 때문이다. 예를 들어, 장고춤이 도약무 형식을 취하는 것에 반해 북춤은 답지무 형식을 취하는 것이 보통이다. 대개 도약무는 북방계 강신무 속에서 산견되는 춤의 형식에 속하고, 답지무는 남방계 세습무 속에서 연행되는 춤에 속한다. 따라서 근원적으로 북춤은 남방계의 춤사위에 뿌리를 두고 있다고 말할 수 있다. 특히 강신무가 동적인 유목민의 유전자를 지니고 있다면, 세습무는 정적인 농경민의 유전자를 지니고 있다. 북방계의 춤 특징으로는 활달, 당당, 위세, 발작적, 전투적, 거친 동작, 도약적 등의 성향이 있다고 본다. 이른바 축귀춤, 무기춤, 작두타기 등의 신통행위들을 통해 무당 자신이 접신한 겸험을 전달하는 형태라고 할 수 있다(이병옥, 2001). 그러나 남방계의 춤은 비교적 이와는 대조적 현상을 보여준다.

그런데 앞선 분석을 통해서 볼 때, 진도북춤은 가락과 사위의 운용에 있어 남방계와 북방계를 습합한 형태처럼 보인다. 박병천류에서 보여주었던 '굴신 옆차기' 등의 도약적 사위나 장성천류에서 보여주었던 '바람막이 사위' 형태들이 각각의 증거이다. 이런 측면에서 본고의 분석은 진도북춤이 남방계의 북놀이와 북방계의 장고춤이 습합된 춤의 형태에서 근거를 찾을 수도 있다는 가설을 열어둔 셈이 된다고 본다. 이는 장고대용설을 뒷받침할 수 있는 가설로 설정될 수도 있다. 그럼에도 불구하고 전 유파를 통해서 드러나는 춤사위나 가락의 운용은 그 숫적 강세에 있어 남방계적 성격이 매우 강하다는 점을 확인할 수 있다.

북을 매는 형태에 따라서도 그 특성은 찾아질 수 있다. 남방계로 내려갈수록 북의 형태가 수평을 지향한다. 수평을 지향하는 것은 놓고 치기 쉬운 형태를 말한다. 놓고 치기 위해서는 가능하면 두 손을 사용하는 것이 유리할 것이 분명하다. 예를 들어 인도네시아의 가물란 등에서는 전통적인 북들이 대부분 뉘어져 있다. 그러나 북방으로 올라갈수록 북은 세로로 세워진다. 세로로 세워진다는 것은 북을 휴대하기 편리하게 사용한다는 점이다. 휴대한다는 것은 한손으로 들고 한손으로 친다는 점을 전제한다. 그렇지 않으면 몸에다 북을 매달고 손으로 치는 형태로 발전해왔을 것이다. 북방계 무속인들의 전통적인 북이 왼쪽에 손잡이가 달려있고 오른쪽만 북판을 사용하게 제작되어 있는 것을 통해 이를 증거할 수 있다. 북방계의 북이 세로로 세워지는 경향은 동적인 활동에 북을 사용한다는 증거이다. 남방계 북들이 가로로 뉘어져 있는 것은 농경적 경향이 강해 정적인 활동에 북을 사용했다는 반증이다.

예를 들어 제주도의 칠머리당굿에서 볼 수 있는 북의 형태는 약 30도 정도 기울여 대나무뿌리로 북을 치는 것을 볼 수 있다. 물론 왼편의 손을 오른편의 북판으로 옮겨 다양한 가락을 구사한다. 이것은 남방계의 가로로 뉘어진 북의 형태를 많이 닮아 있다는 것을 뜻한다. 물론 제주에서는 진도처럼 그 북을 매고 춤을 추지는 않는다. 그러나 진도에서는 다시래기뿐만이 아니라 거의 모든 민속놀이에서 양손으로 북의 양면을 치는 북놀이가 중심이 된다.

진도북을 세로로 완전히 세우거나 가로로 뉘어서 매지 않는 것은 넘김가락을 전제한 양손의 역할을 중시하기 때문으로 보인다. 또 약 45도로 비스듬하게 세워서 매는 것은 북판이 있는 오른손의 역할을 중시하는 때문이다. 양태옥북춤의 경우는 아예 거의 80도 이상 뉜 상태로 북을 맨다. 거의 서양악대의 작은북을 매는 수준이라고 할만하다. 이렇게 북을 매는 이유는 아마도 북을 힘 있게 내려치기 위한 것이며 90도로 완전히 뉘지 않는 것은 왼손의 역할을 고려한 때문으로 보인다. 그래서 가락의 구성도 오른손에 주로 정박의 기능이 주어져 있고 왼손은 곁가락의 기능들이 주어져 있다. 이런 조건 때문에 진도북춤의 가장 큰 특징인 다듬이질가락과 다듬이질사위가 발전할 수 있었다고 생각한다.

엇박이 발달한 것은 장구와 북의 기능이 습합되면서 북놀이에서 북춤으로 변화되는 과정을 함의하고 있다고 볼 수 있다. 민속놀이에서는 군무가 중심이 되고 상대가 존재하기 때문에 교차의 기능 속에서 엇박의 효능이 존재하기 때문이다. 그러나 독무로 전환되면서 군무의 가락 기능을 모사하기 위해서는 엇박의 기능을 살리는 것이 효율적이다. 겨루기의 기능이 춤으로 전환되었다고 볼 수 있는 것이다. 즉, 진도북춤은 북가락이라는 민속놀이와 춤사위라는 무용이 만나 재창조된 형태가 다양한 문화접변과 문화충돌을 통해 변화해 오면서 굳어진 형태라고 말할 수 있겠다.

따라서 원천적으로 진도북춤은 세 개의 관념을 가진 것으로 나누어 볼 수 있다. 의례성과 축제성을 가진 유파와 노동성을 가진 유파 그리고 연희성을 가진 유파로 대별해 볼 수 있다는 것이다. 앞서 분석한 가락의 운용과 사위의 활용을 대입해보면 축제성과 의례성은 양태옥류에서, 노동성은 장성천류에서, 연희성은 박관용류와 박병천류에서 각각 드러난다고 말할 수 있다. 축제성과 의례성은 '마당밟이' 등의 기능을 모사하는 사위를 통해서, 노동성은 강하면서도 즉흥적인 엇박의 사용을 통해서, 그리고 연희성은 보다 정제되고 안무된 춤사위 등을 통해서 드러난다고 할 수 있기 때문이다. 여기서 축제성과 노동성을 민속놀이라는 측면에서 살펴보면 대개 놀이적 요소와 무용적 요소로 대별해볼 수 있게 된다. 이를 통해서 본고가 의도하였던 진도북놀이와 진도북춤이라는 변별성 혹은 양면성을 드러내게 된 셈이다.

이것을 놀이적 강세를 나타내는 북춤부터 순서대로 나열해보면 〈장성천류←양태옥류←박관용류←박병천류〉라고 나타낼 수 있는데, 반대로 무용적 요소가 강세를 나타내는 북춤부터 순서대로 나열해보면, 〈박병천류←박관용류←양태옥류←장성천류〉로 정반대임을 알 수 있다. 특히 전자의 경우에 박병천류는 놀이적 기능이 거의 은닉되어 무용적 요소만 두드러지는 북춤에 해당된다. 다만 후자의 경우, 예를 들어 장성천류는 놀이적 기능이 은닉되지 않고 가시적인 형태로 드러나고 있음에도 불구하고 무용적 요소도 적지 않게 드러나고 있다는 것을 알 수 있다. 따라서 놀이적 요소는 은닉되거나 약화된 형태로 드러나는 것이 보통이고 무용적 요소는 유파별로 정도의 차이는 있을 지언정 모두 포함되는 것이라고 말할 수 있다. 따라서 진도북춤을 통괄하여 정리해 보면, 놀이적 기능이 우세한 북놀이 보다는 무용적 기능이 우세한 북춤의 경향이 강하다고 할 수 있겠다.

4. 결론 및 제언

본고는 진도북춤의 대표적인 유파라고 할 수 있는 양태옥류, 박관용류, 장성천류, 박병천류의 4개 유파를 비교 분석하여 그 특징들에 대한 상이성을 드러내보고자 한 글이다. 이 상이성을 통해 유파별 변별성은 물론 진도북춤이 궁극적으로 가지고 있는 놀이성과 무용성의 맥락을 살필 수 있었다. 특히 그간의 진도북춤에 대한 논고들이 북춤의 무용적 요소들만을 분석하는 작업에 치우친 것에 반해 본고에서는 진도 최대 유파를 망라한 4개 유파의 가락과 춤사위를 비교분석함으로써 그 북놀이적 요소와 북춤적 요소에 대한 변별성을 추출해내고 그를 통해 기원론으로 회자되어 온 맥락들을 거론했다는데 의의가 있다고 하겠다.

진도북춤은 대개 가락과 춤사위로 그 특징들을 드러낸다. 따라서 각각의 유파들은 동일한 양북춤(양손에 채를 쥐고 추는 춤)이라는 상사성에도 불구하고, 가락과 춤사위에서는 상이성이 두드러진다. 양태옥류는 힘있게 구르는 발동작과 첫박을 강하게 내리치는 가락의 운용 등을 통해 매구굿(마당밟기)에 가까운 형태를 보여주었다. 장성천류는 다듬이질 사위 및 역동적인 엇박 운용, 그리고 바람막이 등의 소박한 춤사위를 통해 들노래의 모방구(모내기할 때 치는 북) 및 축제판에 가까운 형태를 보여주었다. 박관용류는 다듬이질 사위와 부드러운 가락의 운용 및 한춤의 동선을 활용한 춤사위를 통해 연희판(다시래기 등에서 노는 판)에 가까운 형태를 보여주었다. 박병천류는 첫박을 강하게 때려치는 역동적인 가락과 살풀이춤을 활용한 춤사위를 통해 연희판과 매구굿 기능을 습합시킨 형태를 드러낸다고 보았다. 진도북춤은 이처럼 4개 유파별로 변별성을 지니고 있지만 엇박과 즉흥적인 가락을 운용한다는 점, 그리고 바람막이와 가세치기 등 살풀이춤사위를 운용한다는 점에서는 공통점이 있다고 보았다.

특히 미세하나마 진도북춤에 대한 몇 가지 시사점을 얻을 수 있었다. 첫째는 노동기능을 모사한 변별적 요소들을 추출할 수 있었다는 점이다. 이 노동 요소적 배경으로는 모방구를 포함한 어로생활의 풍장북까지 포함시킬 수 있다. 유파 중에서는 대개 장성천류 가락과 사위가 노동적 요소들을 담고 있다고 본다. 모방구와 마을굿에서는 그 북의 타고가 노동활동을 지휘하거나 제액과 축귀를 상징하는 것이기 때문에 북 자체가 견고하거나 가락 자체가 투박할 수밖에 없다. 장성천류의 왼손 뒤집어치기 사위에서는 허리를 곧게 세우거나 아예 뒤로 젖히기도 한다. 이것은 다듬이질가락의 소리와 관련되어 있다. 소리를 크게 하기 위한 동작으로 볼 수 있다는 것이다. 반면에 박병천류에서는 왼쪽 북면을 치고 오른쪽으로 넘길 때, 북채를 북 앞으로 감싸 듯하면서 몸을 앞으로 숙이는 형태가 특기이다. 이는 장성천류의 '왼손 뒤집어 치기 사위'에서 허리를 곧게 세우는 형태와 상반된다. 전자는 소리를 중시하는 형태고 후자는 무용을 중시하는 형태다. 따라서 전자는 신호소리 등을 포함한 노동기능을 중시한다고 볼 수 있으며 후자는 사람들에게 어떻게 아름답게 보일 것인가에 초점을 둔 무용기능을 중시한다고 볼 수 있는 것이다. 바꾸어 말하면 전자는 노동적 요소를 담고 있고, 후자는 연희적 요소를 담고 있다.

둘째는, 매구굿 등의 풍물과 관련된 변별적 요소를 추출한 점이다. 양태옥류의 가락과 사위가 비교적 매구굿의 요소를 담고 있다고 보았다. 이 경우는 논자에 따라 농악춤이라고 표현하기도 하는데, 이 응집성은 '집단성원에 수반되는 보상'과 '집단성원 및 수행임무에 대한 매력'과 같다고 말한다. 집단 구성원들이 자기 마음에 들고 자기를 기쁘게 할 때, 그 집단에 머물 것이고, 자기를 유쾌하지 못하게 하는 자들의 집단으로부터는 떠나려 한다는 것이다. 따라서 집단 자체가 욕구의 대상이 될 수 있다고 한다(정은희, 1999). 이것은 농한기를 통해서 결집의 원동력을 만들어내고 사회구성원들로 하여금 추수 등의 집중적이고 힘이 큰 노동력을 확보한다는 것이다. 이런 집중적 노동력의 확보를 위해서는 농한기의 어떤 이벤트를 통해서 노동의 동력을 끌어모으는 사회적 시스템이 필요하였다고 본다. 일사분란하게 움직이거나 힘을 결집하는 기제로 기능한 것이 이른바 축제의 카타르시스이다. 실제 전쟁에 동원되는 인력을 확보하기 위해서는 사회적으로 이런 형태의 힘의 저축 장치가 필요했을 수도 있다. 양태옥류의 '다구질 가락'은 이런 특성을 보여준다. 또 양태옥류에서 전형적으로 활용되고 있는 '깃대들기 사위'와 '제기차기 사위'도 축귀의 마당밟이를 유추할 수 있게 해준다.

셋째는, 연희와 관련된 변별적 요소들을 추출한 점이다. 여기에는 비교적 박관용류와 박병천류가 해당된다고 할 수 있다. 흔히 논자들은 박관용류를 장성천류와 동일시하는 경향이 있다. 이것은 가락 자체가 소박하고 또 진도 북춤의 대표적 형태인 다듬이질 가락을 전형적으로 활용한다는 점만을 보기 때문이다. 그러나 가락보다 춤사위의 변별성이 크다는 점을 전제하고 보면 박관용류는 춤을 중시하는 측면이 훨씬 강함을 확인 할 수 있다. '굴신바람막이 사위', '반꽃봉오리 사위', '게걸음 사위', '나비춤 사위', '전후 갈등말등 사위' 등은 모두 박관용류에서 전형적으로 다루어지는 춤사위다. 그러나 장성천류에서는 '바람막이 사위'와 '왼손 뒤집어치기 사위'를 전형적으로 다룰 뿐 무용적 기반이 적음을 살펴볼 수 있었다. 따라서 박관용류와 장성천류를 동일 계열로 보는 것은 의문의 여지가 있다. 어쨌든 박병천류의 춤사위는 의심의 여지없이 연희기원설의 변별적 요소들을 담고 있다고 말할 수 있다. 예를 들어 박병천류의 첫 박을 때려 치는 기법과 양태옥류의 내리치는 기법은 강세를 준다는 공통점이 있지만, 그 기능성에 있어서는 변별적이라고 할 수 있다. 전자는 춤사위를 전제한 타법에 가깝고 후자는 마당밟기라는 기능적 타법에 가깝다고 말할 수 있기 때문이다. 또 박병천류에서 전형적으로 사용하는 '외바람막이 사위', '꽃봉오리 사위', '겨누기 사위', '북채 돌려잡기 사위' 등은 모두 고도의 테크닉을 요구하는 무용적 요소라고 할 수 있다.

다만 이 유파별 변별적 요소들이 각각의 특성을 지니고 있다고 해서 곧바로 진도북춤 기원설에 대입하는 것은 무리다. 모든 예술이 어느 하나로 유추될 수 있는 것은 아니기 때문이다. 따라서 진도북춤의 가락과 사위 분석을 통해 놀이적 요소와 무용적 요소로 대별해 보고 그것이 가지는 문화적 해석을 했다는 점에서 일단의 성과는 찾을 수 있다고 본다. 결국 진도북춤은 민속놀이적 기능과 무용적 기능이 습합된 〈북춤놀이〉로 정의할 수 있으며 유파별 특징에 따라 매구굿(마당밟기)기능, 노동판 기능, 연희판 기능이 비교우위를 갖는 형태로 나타난다고 말할 수 있다.

(무용학회지 2006. 8.30).

남해신사南海神祠 해신제海神祭 복원과 의례음악 연출 시론試論

1. 들어가며

'남해신사南海神祠'는 흔히 '남해당南海堂'이라고 부르는데, 폐허로 남아 있다가 1998년에 영암군에서 매입하여 2001년 이후 복원하여 오늘에 이르고 있다. 원래 이곳 남해신사는 나주목에 속해있던 곳으로, 현재는 영암군 시종면 옥야리 산 1005번지에 속하고 지방기념물 제 97호로 지정되어 있다. 2002년 1월 15일에 위폐를 봉안하고 2003년 4월에 영암군수가 초헌관으로 제를 모시게 되었다. 해신사의 복원과 더불어 그 의례까지 복원한 셈이다.[1] 영암군의 의지에 의해 옥야리에 신당을 조성함으로서 연차적인 복원화 사업이 시작되었다고 할 수 있다.[2] 사지祠址 부근에서는 옹관묘 등의 선사유적들까지 출토되어 선사시대로부터의 지정학적 중요성을 말해주는 듯하다. 실제 영산강을 통한 도서·내륙간의 해양 루트라는 측면에서도 시종면의 지정학

1 남해신사제례보존회, 『남해신사의 역사적 배경과 연혁』, 프린트물(총 3쪽), 2002, 3쪽.

2 영암문화원, 『월출의 맥박』 통권117호, 2001, 19쪽.

적 위치는 매우 주목할 만한 곳이다. 임진왜란 및 병자호란의 공도정책시 진도군민들을 소개시켜 약 80여년을 살게 한 장소이기도 하다. 내륙과 도서해양을 잇는 지정학적 요충지였기 때문에 가능한 일이었다고 생각된다.

남해신사에 대해서는 대개 『증보문헌비고增補文獻備考』, 『신증동국여지승람新增東國輿地勝覽』, 『국조오례의國朝五禮儀』 등에서 정보를 취할 있는데, 거의가 단편적인 수준이기 때문에 구체적인 내용을 재구해내는 것이 쉽지 않은 일이다. 더군다나 당시의 의례음악이라든가, 해당지역 원주민들의 민간신앙 형태에 대해서까지 추정하기는 매우 어려운 상황임을 알 수 있다. 그럼에도 불구하고 현 단계에서는 남해당이 복원되면서 연행되고 있는 의례 및 의식음악에 주목할 필요가 있다. 해신제라는 이름으로 연행되고 있는 의례 및 의식음악의 맥락에 대해 고찰할 시의성과 필요성을 말해주기 때문이다.

이런 시의성을 감안하여 본고는 영암 남해신사의 복원과 더불어 진행되고 있는 해신제 및 그 의례음악 구성의 가능성에 대해 고찰해보고자 한다. 특히 해신제 혹은 용왕제라는 이름으로 시도되고 있는 현 단계의 제의음악 구성에 대해 그 가능성을 타진함을 목적으로 삼고자 한다. 시론이라고 전제하는 이유는 남해신사의 해신제에 관한 정보들이 매우 빈약하다는 점을 전제하는 까닭이다. 특히 『국조오례의國朝五禮儀』의 내용 중에 "악해빈의 신좌는 북쪽에서 남쪽으로 향하고 중춘과 중추에 제사한다. 맹춘에 먼저 원장제를 행한다. 신위마다 찬구를 채우고 술잔과 제의는 국운뢰제와 같되 음악은 없다. 축은 국민성휘라 일컫는다. 해신제의 방위는 오방색에 따른다." 등의 내용을 참고해 볼 때, 음악절차가 아예 없었다는 점에 주목할 필요가 있다. 전통적인 맥락을 복원하는 차원이라면 현 단계의 남해신사 용왕제에 음악 구성을 배제하는 것이 합당하다는 뜻이다.

그러나 한편으로 생각해볼 수 있는 것은 남해당이 위치한 옥야리의 당산제 전통에 관한 것이다. 현재 복원된 남해신사지가 사실은 옥야리 사람들의 마을제의인 남해당터이기 때문이다. 따라서 제의의 선후나 규모, 시기 등은 면밀한 검토 후 밝혀질 일이긴 하지만, 일정한 기간 동안 전승되어 온 남해당의 해신제 혹은 용왕이라는 신격을 제의 대상으로 삼아 전승해 온 당제가, 현단계에서 복원 재현되고 있는 남해신사 해신제와 긴밀하게 연결되어 있다고 볼 수 있다.

실제 일제강점기 초기까지만 해도, 시종면 옥야리 남해포에서는 '남해당제'라는 이름의 마을제가 연행되었다. 신격은 '신당대왕'이지만 '남해포 강안 수로' 언덕에서 춘추 연 2회 제의를 올렸으며, 제관은 초헌, 아헌, 종헌관으로 구성되어 있었다.[3] 폐한지 오래되어 그 자세한 내용을 알 수는 없지만, 춘추 2회 제의를 올렸다는 점 등을 앞서 밝힌 중춘과 중추의 시기에 대입해 보면, 남해신사의 의례절차와 불가분의 관련이 있었음을 추정할 수 있게 해준다. 또 옥야 1구의 서촌 당산제도 국가적 해신제였던 남해신사의 성격과 마찬가지로 풍농과 풍어를 기원하는 성격이 매우 짙다.[4] 특히 제후에 '걸궁'이라는 풍물음악을 연행했다는 점을 참고할 필요가 있다. 한 가지 아쉬운 것은 인근 마을이 모두 제후에 '걸궁'을 연행했음에 비해 남해포 당제의 풍물 여부는 알 수 없다고 기록한 점이다. 어쨌든 옥야리 당제는 동일 지역에서 행하던 남해신당의 제의가 국가적 제의였음에 반해 마을적 제의 형태의 해신제였다는 점만 다를 뿐, 해신제라는 맥락은 동일하다고 볼 수 있다.

따라서 남해신사가 복원되고 2003년 이후 제의식과 의례음악이 연행 되고 있는 현 단계에서 제기해보고자 하는 것은 국가적 행사였던 남해신사 용왕제와 마을단위의 행사였던 옥야리 당제의 전통을 오늘날의 실정에 맞게 추출해내는 일이라고 말할 수 있겠다. 남해신사의 복원 자체가 영암군의 지역 문화자원 활성화와 관련되어 있고, 궁극적으로 영산강을 중심으로 하는 문화권의 주요한 축제로 기능할 수 있어야 한다고 보는 까닭이다. 이런 맥락에

3 영암군 · 목포대학교박물관, 『영암군의 문화유적』, 1986, 별지표 〈표 1 영암지방의 동제신앙 문화내용〉 조사시점이 1980년대 중반인데, 약 60여년 전에 폐당된 것으로 기록된 점을 참고하였다.

4 영암군 · 목포대학교박물관, 『영암군의 문화유적』, 1986, 326쪽~327쪽.

서는 남해신사를 정점으로 하는 제의성 있는 축제가 궁극적으로는 옥야리를 중심으로 하는 원주민들과 괴리되어서는 그 의미가 반감된다고 보는 것이 옳다. 결국 본고는 국가적 행사로 치뤘던 남해신사 용왕제 및 옥야리 당제의 역사적 전통을 살펴보는 것 자체보다는 향후 전개될 남해신사 해신제의 의례 음악적 구성을 어떤 맥락으로 연출하는 것이 합당한가를 고찰하는 것을 목적으로 한다고 말할 수 있겠다. 이를 위해서는 남해신사의 역사와 전통 속에서 행해졌던 의례와 옥야리 당제의 전통을 간략하게 살펴본 다음, 현 단계에서 추출 가능한, 그래서 재창조할 수 있는 영암 당제의례 방안을 고찰해보는 순으로 전개하고자 한다.

2. 남해신사의 역사와 전통

'남해신사南海神祠'의 제의는 고려시대 전남지방의 국제國祭 중의 하나로 알려져 있다. 『증보문헌비고增補文獻備考』에는 '고려 현종顯宗 19년(1028)에 이르러 비로소 사전祀典에 올렸다'라고 기록되었다. 이보다 앞선 신라시대 국제를 지냈던 곳은 영암 월출산과 완도 청해진으로 알려져 있고, 고려 때의 국제는 지리산과 무등산, 금성산 등이다.[5] 조선시대의 『여지도서輿地圖書』에는 국사로 모신 삼대 해신사를 기록하고 있다.[6] 동해를 수호하는 동해묘東海廟를 강원도 양양에, 서해를 수호하는 서해단西海壇을 황해도 풍천에, 남해를 수호하는 남해신사南海神祠를 전라도 나주에 두었으며, 북쪽은 바다가 없어 해신海神을 모시는 대신 강신江神을 모셨다는 내용이 그것이다. 앞서 밝혔듯이 여기서의 나주는 나주군 종남면으로, 1895년 행정제도 개편에 의한 영암 시종

5 『增補文獻備考』 輿地考, 4집, 56면.

6 「한국민족문화대백과사전」이나 영암지역에서는 '남해당'으로 부르고 있다. 한국정신문화연구원, 『한국민족문화대백과사전』 15권, 1997, 594쪽. "시종면 옥야리에서는 남해당제를 지낸다."

면 일대를 지칭하는 것이다.

삼대 해신을 모신 사당의 이름이 각각 '묘廟'와 '단壇', 그리고 '사祠'로 표기된 것은 아마도 해당 해역海域의 전통적인 마을제 등의 신앙형태와 관련 있을 것으로 추정된다.[7] 그러나 부르는 이름이 다르긴 하지만, 모두 국가적인 해신 숭묘의 제의터라는 점에서는 공통적이다. 따라서 남해신사가 고려시대 이후로 국가적인 제의를 모시던 곳 중의 하나라는 점에서 충분히 주목할 만한 가치가 있다고 여겨진다.

남해당제는 한일합방까지 나주목사가 헌관이 되어 제를 올렸다고 전해진다. 망국 이후 폐지되었는데, 당시 영암읍에 거주하면서 평의원의 경력을 가진 김재현이라는 사람이 집안의 번영을 위해 이곳을 매입하여 당집을 헐고 그곳에 부친 김주빈의 묘를 조성했다고 한다. 그 이후 묘를 조성했던 김씨 집안은 몰락하여 죽거나 전부 고향을 등진 것으로 알려지고 있다.[8] 그러나 앞서 언급하였듯이 남해포 당제가 약 80여년전까지 연행되고 있었다는 점을 전제하면 국가적인 해신제 이후 동일한 자리에서 마을당제가 이루어졌고, 상당한 시간이 흘러 자연스럽게 폐당되었던 것이 아닌가 추정된다. 어쨌든 이후 계속 폐사되어 유적지만 남아있던 것을 1990년대 후반 영암군과 목포대학교 박물관이 발굴 복원하면서 그 의미를 재고할 수 있게 된 것은[9] 이런 점에서 매우 고무적인 일이라 아니할 수 없다.

남해신사에 대해서는 한 편의 설화가 전해온다. 이는 고려현종과 백발의 수신 즉, 남해용왕과 연관되어 있다. 전해오는 바에 따르면, 고려 성종은 1010년에 거란족의 침입을 피해서 남쪽으로 피난을 하였다. 이때 시종면 옥

7 '南海神祠'가 일반적으로 '南海堂'으로 불리는 점에 대해서는 한국의 '祠'와 '堂'을 총체적으로 분석함은 물론, 역사적 연원이나 지역적 특성을 고려한 고찰이 필요할 것으로 생각되므로, 차후 고를 달리하여 접근해보기로 하겠다.

8 영암문화원, 『월출의 맥박』 통권117호, 2001, 19쪽.

9 남해신사지 복원과 관련된 내용은, 목포대학교박물관이 1997년부터 조사한 『靈巖 南海神祠址』에 소상하게 기록되어 있으므로, 부가적인 설명은 피하기로 한다.
목포대학교박물관 · 영암군, 『靈巖 南海神祠址』, 목포대학교박물관 학술총서 제68책, 2000.

야리의 남해포에서 잠을 자게 되었는데, 꿈에 백발의 수신이 나타나서 몽탄으로 피하라는 현몽을 하였다.[10] 이에 따라 현종이 즉시 피난을 하였고, 적으로부터 위험을 피하게 되었다는 것이다. 이에 현종은 자기를 도와준 백발수신을 위해 당을 짓고 인근 6개 고을인 나주, 영암, 해남, 강진, 영광, 함평의 수령들에게 일년에 한 차례씩 제사를 지내게 했다는 내용이다.[11]

남해신사에 관한 기록으로는 "주의 남쪽 45리에 있다. 사전에 중사로 기록되었으며, 춘추로 향과 축문을 내려 제사를 지낸다."[12]는 내용이 있고, 같은 책에 남해신단에 대해 기록하고 있는데, "남쪽으로 40리에 있는데, 중사를 모셨다"라고[13] 기록하고 있다. 남해신사지에서는 해신제로서 어로와 관련된 출토유물과 민속적인 자료도 엿볼 수 있다. 우리나라에서 제사를 지내던 해신제 가운데 시설물의 흔적이 유일하게 확인된 곳이기도 하다.[14]

남해신사 내부는 2단으로 분류하여 묘당이 설치되어 있는 상단과 제사를 모시기 위해 대기하고 있는 하단으로 구성되어 있다. 상단은 제사를 모시는 장소로서 방형의 묘당시설이 조성되어 있고, 묘당으로 연결되어 있는 보도시설은 석재를 이용하여 양쪽 경계부분을 조성하였다. 이처럼 단을 만들어 구분하고 다시 석축시설을 축조함으로서 신성함에 대한 차별성을 다시 한 번 강조한 것으로 해석되고 있다.[15] 이런 영험성이나 신성성은 '하마비下馬碑'를 통해서도 확인된다. 지금은 매몰되어 그 위치를 확인할 길이 없지만, 일정한 신성공간 영역 경계에 '하마비'를 두어 신분의 고하를 막론하고 말에서 내려서 당에 들어가도록 했기 때문이다. 또 정성이 부족하면 제사를 지내던 수령이 급사를 당하는 경우가 많아 2명씩 순서를 정하여 제사를 모셨다고

10 여기서의 '수신'은 '해신'이라고 부를 수 있으며 보편적으로는 '용왕'을 지칭하는 것으로 이해할 수 있다. 이런 맥락에서는 '해신제'나 '용왕제'가 동일한 맥락에서 거론되거나 쓰일 수 있다.

11 남해신사제례보존회, 『남해신사의 역사적 배경과 연혁』, 프린트물(총 3쪽), 2002, 2쪽.

12 『신증동국여지승람』 Ⅳ, (재) 민족문화추진회, 1985, 524쪽.

13 위의 책, 538쪽.

14 목포대학교박물관 · 영암군, 『靈巖 南海神祠址』, 목포대학교박물관 학술총서 제68책, 2000, 109쪽.

15 위의 책, 109쪽.

전한다. 특히 군의 수령들이 가장 두려워했던 묘당은 가장 상단에 위치하고 있었는데, 용이 사방에 조각되어 가까이 접근하기를 꺼려했다고 한다. 서까래나 용마루는 모두 용각과 용비늘이 단청되어 있어서 그 형상이 마치 살아 움직이는 듯 보였다는 것이다. 이를 '남해신' 혹은 '용신'이라고 인식했는데, 제사를 지낼 때면 무안군 일로면 청호리의 주용량에서 용이 나타나 남해포로 들어오는 현상을 볼 수 있었다고 한다.[16] 이는 물을 관장하는 용신에 대한 관념과 습합되어 현재 복원된 백발 수신의 용신도까지 이어졌다고 볼 수 있다. 물론, 이런 전통적인 관념은 남해포의 당제와도 밀접한 관련이 있을 것으로 추정된다.

3. 남해신사의 의례와 풍물구성의 전제

여기서 검토해볼 사항은 남해신사의 제례와 관련하여 향토적 풍물을 복원하는 이유와 절차에 관한 것이다. 앞서 언급하였듯이, 남해신사의 해신제가 중단 없이 이어져 온 것이 아니며, 그 음악 또한 존재하고 있지 않기 때문이다. 결론적으로 말하면, 영암군의 의지에 의해서 해신당이 복원되듯이, 당대 현지인들의 의지에 의해서 해신제와 관련된 의식음악 또한 복원될 수밖에 없다고 본다는 뜻이다. 특히 남해당제를 상당기간 동안 전승해 온 옥야리 원주민들의 의지가 가장 중요하다고 볼 수 있으며, 이 속에서 남해당제의 의식과 의례음악적 구성이 일정 부분 차용되거나 복원되어야 함을 역설적으로 말해준다고 하겠다.

그러나 앞서 살펴보았듯이, "술잔과 제의는 국운뢰제와 같되 음악은 없다"라고 한 점을 염두에 둘 수밖에 없다. 본래의 남해신사 제의가 그러했기

16 김범수 외, 『남해신사 해신도제작기』, 영암군 · 범해 회화문화재 연구소, 2004, 2~3쪽.

때문인데, 이런 맥락 때문에 향후 전개될 남해신사 해신제의 제의음악은 일정한 제한점을 가질 수밖에 없을 것으로 생각된다. 남해신사 본연의 전통적인 제의를 전승하기 위해서는 아예 음악적 구성을 배제하는 방안이 강구될 수밖에 없다는 뜻이다. 그러나 옥야리나 시종면, 혹은 영암군의 주체적 입장에서는 제의음악적 구성을 배제시킨 복원이 능사라고 볼 수는 없다. 왜냐하면 현 단계의 복원이 국가적인 차원에서의 해양신앙을 도모하는 것이 아니기 때문이다. 다시 말하면 남해신사의 국가적 제의절차를 그대로 복원하느냐 아니면 옥야리에서 전통적으로 전승시켜 온 남해당제의 전통과 습합시켜 재창조해내느냐의 문제에 봉착하게 된다.

결국, 영암군의 남해신사 복원 의지와 지역문화콘텐츠의 재창조라는 측면에서는 후자의 방법으로 의례 및 의식음악을 복원시키는 것이 합당하지 않겠는가 생각한다. 옥야리 및 시종면 혹은 영암군민들이 행하는 바의 음악적 구성을 택하여 남해신사 제례를 복원하는 것이 현실적이라는 뜻이다. 왜냐하면 2003년 복원 이후의 남해신사 해신제는 전통의 맥락을 고수하는 신앙의식이 아니라, 영암군민 혹은 관심 있는 모든 사람들이 참여하는 현대적 축제로 기능할 수 있어야 하기 때문이다.

위와 같은 사항들을 종합하여 보면 대개 다음 세 가지 방향에서 의례음악 구성의 전제가 있다고 볼 수 있다. 전제의 첫 번째는, 남해신사의 배경 및 연혁의 전통에 따라 음악을 두지 않고, 절차를 중시한 제례를 진행하는 방법이다. 이것은 기왕의 오례의와 관련한 제례 기록이나 고려 현종에 대한 설화를 배경으로 하여 복원하는 경우에 해당된다. 따라서 절차와 전통을 중시하는 측면에서라면 이같이 제례 중심의 복원으로 가야 한다. 다만, 역사의 변천이나 시대적 추이를 감안한다면 국가의 제사라는 측면을 또 다른 형식으로 드러낼 필요도 있을 것으로 보인다. 곧, 국제였기 때문에 국가적 규모의 제례의식과 의식음악을 도입하는 것도 한 방법일 수 있다는 뜻이다. 이런 경우에는 의식음악을 전문으로 하는 국립국악원의 정악반이나 남도국악원의 정악반을 활용할 수도 있다. 특히 진도군에 국립국악원이 설치되어 있으므로 그러한 국가적 기관을 활용하는 것도 하나의 방법일 것이다.[17] 그러나 이것은 남해신사의 국가문화재 격상이나 남해신사제례가 국가적 위상으로 격상되는 것을 또한 전제하는 것이 합리적 방안일 것이기 때문에 현실성은 떨어진다고 하겠다.

전제의 두 번째는 원래 남해당의 위치가 우리나라의 3대 해신사 중의 하나였으므로, "해신"이라는 의미를 강조하여 그와 관련한 의례 및 의례음악을 복원하는 방법이다. 이것은 우리나라 해안지방에 산재해 있는 당제와 관련된 음악을 전제로 하는 복원이다. 해신제라 함은 어민들의 수호신을 모시는 경우를 말하는데, 남해신사 또한 영산강을 통한 지정학적 요충지라는 점에서 해신의 역할이 강조되었을 것으로 판단된다. 일반적으로 해신의 신격은 흔히 서낭, 선왕 등으로 불리는 배의 수호신이나 해안가에서 조화를 부린다는 영감, 참봉 혹은 도깨비신, 바다의 동서남북을 의미하는 사신용왕, 또 중앙의 용왕황제 등 다양한 상을 말한다. 이중에서도 대부분 용왕을 모시는 지역이 많은 편이다. 따라서 이러한 형식의 해신제는 일반적으로 잘 알려진 어장제, 서낭제, 풍어제, 용왕제 등과 그 형식이나 내용을 같이 한다고 볼 수 있다. 학자에 따라서는 해신제라는 용어 자체가 일제강점기에 만들어진 조어이므로 사용하는 것을 금해야 한다고 주장하기도 한다.[18] 그러나 복원된 당이 '남해신사'이고, 역사적 문헌에서도 그 유래를 찾아볼 수 있다는 점에서 용어사용이 크게 문제될 필요는 없어 보인다. 어쨌든 나주목의 바닷길에 위치해있을 뿐 아니라 영산강을 통해 주로 해양문화와 교섭한 지역에 남해신사가 위치하고 있다는 점에서 이같은 해신 중심의 복원에 대한 검토는 가능한 사안이라고 본다. 두 번째의 전제를 수용한다면, 해신제례와 관련된 풍물

17 영암군 시종면과 진도군과의 밀접한 관련은 양란 이후 공도정책을 통해서 이루어졌음을 앞서 밝힌 바 있다.

18 하효길(전 국립민속박물관장)은 '해신제'나 '해신사'라는 명칭이 부적절하다고 말한다. '용왕제' 및 '해신당' 등으로 부르는 것이 격에 맞다는 뜻이다. 〈2006, 목포대학교도서문화연구소 콜로키움에서 밝힌 견해임〉.

구상이 뒤따라야 한다. 다시 말하면 해신제에서 구성하고 있는 의식절차와 마을 사람들이 참여하는 풍물을 어떻게 구성할 것인가가 필요하게 되는 것이다.

그럼에도 불구하고 남해신사의 해신도를 참고해보면, 청룡, 황룡의 두 마리 용과 구름, 물결 등을 배경으로 하고 있는 시왕도의 대왕상을 모태로 하고 있으므로 음악이나 제례 또한 그 이미지에 알맞은 형식으로 구성되는 것이 어울린다고 본다.[19] 현재 영암군에서 복원한 제례의 방식에 있어서도 영암군수를 초헌관으로 모시는 절차 등으로 미루어 유교적 절차를 중시하고 있는 것으로 판단된다. 그러면서도 또 한편으로는 해신제라는 점에서 따로 용왕굿 절차를 진행시키고 있음을 본다. 결국 두 가지 의식절차가 섞여있는 셈이다. 어쨌든 남해신사의 복원을 통해, 천년 전의 해신제를 복원했다고 광고하는 영암군의 이면에는 남해당의 지역문화자원화라는 또 다른 측면의 의지가 있다고 판단된다.

그러나 두 번째 전제도 온전한 해결방안이라고 볼 수는 없다. 해안가 마을의 용왕제나 풍어제 형식의 복원만으로 제의나 제의음악을 구성하는 것이 적절해 보이지 않는다는 뜻이다. 특히 해안 마을제의 진행이나 진설은 초헌관, 아헌관, 종헌관의 순서나 절차를 중시하는 제례방식과는 상당한 차이가 있으므로 이 형식으로 복원하는 경우는 남해신사 관련자들의 합의가 필요하다고 생각한다.[20]

전제의 세 번째는 알려진 바와 같이 1910년 일제강점기 이전의 당제를 복원하는 방법이다. 즉. 옥야리 남해포 당제의 맥락을 복원시키는 것이 가장

19 김범수 외, 『남해신사 해신도제작기』, 영암군・범해 회화문화재 연구소, 2004, 2~3쪽.
본래 있었던 남해신사 해신도를 지역민들의 구술 등을 조사하여 제작한 것이기 때문에, 이 화상을 통해서도 전통적인 맥락은 추정된다고 볼 수 있다.

20 참고로 제주도의 해신당에서 열리는 해신제의 절차를 보면, ①초감제, ②소지와 소원성취 기도, ③제비잡고 쌀점 보기, ④산판점, ⑤용왕지 바다에 던지기, ⑥시걸명, ⑦철변 혹은 철상 등의 순서로 이루어진다. 현재 이루어지고 있는 남해신사의 제례의식과 비교해보면 상당한 차이가 있다는 점을 알 수 있을 것이다.

효율적인 방법 중의 하나라고 생각한다. 그러나 아쉽게도 남해포 당제와 관련된 정보가 남아있지 못하기 때문에 현실성은 떨어진다. 특히 국제로서의 남해당제와 마을제사로서의 남해당제가 어떻게 같고 다른지에 대해서 실증적인 조사가 이루어지지 않았음에 주목할 필요가 있다. 이것은 다시 두 가지 사항을 전제하게 된다고 보는데, 하나는 이후 실증적인 조사를 행하는 방안과 다른 하나는 같은 옥야 마을이기 때문에 현재 복원 가능한 옥야리 당제 및 인근 마을에 행해지는 의례음악을 참고하는 방안이다. 결국, 본고에서도 전자의 실증조사를 차후로 기약하면서, 후자의 방안을 가지고 논의를 전개할 수밖에 없다. 같은 마을인 옥야리 1구 서촌당산제의 제의음악 구성은 이런 측면에서 시사하는 바가 매우 크다.

> 제사 후 제관과 화주가 동네 밖에 나와 농악가락을 치면서 당산 앞에서 "출신아 출신아 다른 재앙 물러가소"라고 외치면서 무레밥을 던진다. 또 제후에 헌관집에 차일치고, 떡. 술, 밥 등으로 차려서 어른들 대접하고, 마당밟이 하면서 걸궁을 친다. 걸궁은 집집마다 돌면서 하는데, 나락, 돈, 초, 쌀 등을 차려내놓는다. 걸궁은 징, 장고, 소고, 방구, 나발, 꽹쇄로 구성된다.[21]

따라서 이상 세 가지의 내용을 전제로 실현 가능한 의식음악의 복원을 고찰해 보면 대개 다음 네 가지 방안이 도출될 수 있을 것으로 본다.

첫째, 전술한 국가적 차원의 의식음악을 현재의 제례에 습합시킬 것인가 아니면 해양무속음악을 기반으로 하는, 예를 들어 용왕제 음악을 습합시킬 것인가를 의례 주체인 지역민들이 합의해야 한다는 점이다. 문화와 민속은 당대의 현지인들이 만들어가고 구성하는 것이다. 따라서 외부의 누군가가

21 영암군 · 목포대학교박물관, 『영암군의 문화유적』, 1986, 327쪽.
박경래, 「민속조사」, 영암시종편, 『향토문화유적조사』, 향토문화개발협의회, 1985, 188~190쪽 재인용.

조언을 해줄 수는 있을지언정 결정권을 가질 수는 없다. 다시 말하면 역사적 복원이나 의식음악의 복원도 당대의 현지인들이 합의하고 결정해야 된다는 점을 주목해야 한다. 이런 점에서 국가적 차원의 의식음악을 수용할 수도 있고, 해양무속음악을 수용할 수도 있을 것이다. 문제는 전술한 바와 같은 맥락이 있음을 주지하고 주민들 스스로 주체적인 입장에서 그 선택을 하는 것이 중요하다고 본다.

둘째, 남해신사가 위치한 마을이나 인근 마을에서 전통적으로 행해져오던 마을굿 즉, 당제의 성격을 복원하는 방안이 있다. 다만, 앞서 말한 바와 같이 1910년 이전의 남해포 남해당제를 복원하는 것이 복원의 의미를 가장 잘 살려줄 것으로 보인다. 문화주체로서의 현지인이라는 입장에서 본다면, 이것이 가장 현실적인 방안일 수 있다. 여기서도 영암 혹은 시종면 사람들의 의지로 그것을 수용할 것인지를 판단하는 것이 필요하다. 남해신사가 영암군의 의지에 의해서 복원된 것처럼 의식음악이나 풍물 구성 또한 영암군의 의지에 의해서 구성될 필요가 있다는 뜻이다.

한편으로는 의식의 절차나 의식음악의 수용 또한 기존에 행해지던 영암의 당제나 풍물관련 의례들을 참고할 필요가 있다. 먼저는 남해포 및 옥야리 당제의 전통을 살리는 방안을 강구하되, 그 절차와 음악을 그대로 수용하거나 모방하면 될 것으로 보인다. 나아가 시종면 혹은 영암군의 당제 및 의식음악들을 차용하거나 수용할 필요가 있다. 예를 들어 인근에서 전승되거나 현재 연행되고 있는 것들을 참고할 필요가 있다는 뜻이다. 대표적으로는 도포제 줄다리기나 여석산 쌍패농악, 여석산 천지북놀이 등이 그것인데, 만약 남해신사 관련 마을이나 조직에 연행자들이 없다면, 이들을 활용하여 해신제의 음악을 연행하는 방안도 검토 가능하다고 본다.

넷째, 시종면이 영산강을 통해 도서해안지역의 출구기능을 맡았던 곳이므로 도서해안지역의 당제나 풍물들을 채용하는 방안이 있다. 특히 진도 같은 경우는 공도 정책 하에서 근 1세기에 가까운 기간을 시종에서 기거하였으므로 문화적 유사성은 상대적으로 높을 것으로 판단된다. 따라서 해신이나 용왕을 주제로 하는 당제, 혹은 풍물이 있다면 그것을 벤치마킹하는 것도 하나의 방안일 수 있다. 이 방안은 언뜻, 전적으로 남해신사를 관광 상품화 하기 위해 창안하는 방안으로만 비쳐질 가능성이 있다. 그러나 현지인들이 합의하고 그 합의를 바탕으로 한 문화적 맥락을 들추어낸다면 오히려 이전 시대의 문화를 복원해내는 성과도 거둘 수 있는 방안이라고 생각한다. 문제는 당대의 영암 군민들 특히 시종 사람들이 어떻게 이 남해해신사를 이해하고 해석하는가의 문제라고 본다.

4. 의례음악 연출 방향

전술한 바와 같이 남해신사 당제와 관련된 풍물 구상은 현지인들에 의해서 적극 구상되고 도입될 필요가 있다. 따라서 본고에서 전개하는 풍물 구상은 가능성 있는 하나의 예로써 읽혀져야 한다. 또한 앞서 살펴본 역사적 맥락과 지역적 현황을 참고는 하되, 전적으로 그에 따른 것이 아님을 이해할 필요가 있다. 배경은 역사적 고증에 두었으되, 현대적으로 재창조된 풍물 구성이라고 할 수 있겠다.

따라서 영암군에서 행해지고 있는 도포제 줄다리기나 여석산 쌍패농악, 여석산 천지북놀이 등을 참고하였다.[22] 혹시 남해신사 해신제의 풍물을 연출하거나 기획하는 사람이 있다면 이런 맥락을 감안하고 본고에서 제시한 방안을 참고할 수 있겠다. 어쨌든 전술한 바와 같이 옥야리 당제를 중심으로 인근 지역에서 행해지고 있는 풍물(농악)의 절차를 준용하여 해신사 풍물과 관련한 풍물의 구성을 시도해보겠다. 결국 남해신사의 해신제는 첫째, 유교

22 이 풍물음악들은 현재 어떤 형태로든지 연행되고 있는 까닭에 여기서 특별하게 언급할 필요는 없다고 본다.

적 의식, 둘째, 무속적 용왕제, 셋째, 마을 주민들이 모두 참여하는 풍물로 구성되는 셈이다.

1) 해신제의 진행과 의례음악 절차 구상

이 진행절차를 도식하면 다음과 같이 나타낼 수 있겠다. 여기서 살필 수 있는 것은 ①굿의 시작과, ②굿의 마무리에 해당한다.

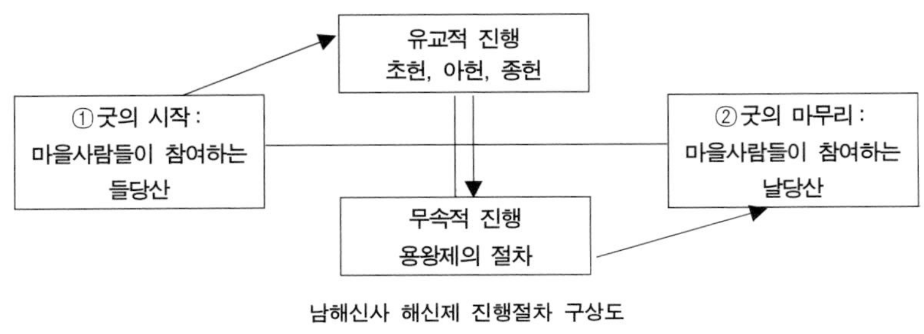

남해신사 해신제 진행절차 구상도

2) 남해신사 해신제 의례음악 구상

해신당이므로 농악에서의 덕석기나 농기가 있듯이 용왕기를 중심으로 꾸려지는 것이 필요하다고 본다. 이른 근거로 남해신사 해신제 풍물패를 구상해보면 다음과 같이 구성할 수 있으리라 본다.

*풍물참여인원 및 담당

용왕기 1인 : 남해신당에 모셔진 주신을 상징함.

삼대 해신기 1 : 남해신사가 한국의 3대 해신사 중의 하나였음을 상징하는 깃발

군기(郡旗) 6 : 해신제를 1년에 한 번씩 모셨던 6개 고을인 나주, 영암, 해남, 강진, 영광, 함평의 군기와 수령을 상징한다.

영기 2 : 들당산과 날당산을 열고 닫을 때 사용

인솔집사 1 : 풍물패의 진행을 인도

쇠(꽹과리) 3~4인 : 풍물굿의 전반적인 진행을 이끔

나발 1인 : 들당산과 날당산에서 나발을 불어 입당과 출당을 천하에 알릴 수 있다.

징 : 3~4인

장구 : 5~10인

북 : 10~15인

반고 : 10~15인

소고 : 15~20인

일반적으로 농악에서 구성되는 조리중, 포수, 양반 등의 잡색은 용왕제라는 측면에서 꼭 필요한 것은 아니라고 판단된다. 참여하는 인원은 옥야리뿐 아니라 영암군 차원에서 참여할 수 있는 최소한의 숫자로 구성해보았다. 도열순서는 용왕기부터 소고순으로 이어서는 것이 보편적이라고 생각된다.

*제당 참여인원

제례집사 2 : 진설 및 제례절차 수행

초헌관, 아헌관, 종헌관 각 1 : 영암군수 이하, 혹은 6개고을의 군수가 참여하면 상호 문화자원을 네트워킹한다는 맥락을 드러내는 데 매우 유용할 수 있을 것이다.

용왕제 집례(무당) 1~2인 : 주무

용왕제 음악반주자 3~5인 : 삼현을 중심으로 한 악기 연주자

3) 복색 및 풍물도구

구체적인 복색에 대해서는 영암의 풍물 복색을 검토한 후에 제시하는 것이 순서일 것이다. 특히 6개 군의 깃발 및 의복을 면밀히 검토할 필요가 있

을 것으로 생각된다.

4) 풍물 진행절차 구상

A. 출발－진행 : 이름굿 및 질굿

출발지를 어디로 선택하느냐에 따라서 풍물가락이 달라질 수 있다. 일반적으로 이름굿-2채-3채를 거쳐 질굿으로 이동하는 것이 무리가 없을 듯하다.

B. 들당산굿 : 제당이 바라보이는 곳에 도착하면 들당산굿을 친다. 이곳을 당산굿터라고 명명할 수도 있다. 제당 안에 있던 제관이 영기쪽으로 온다. 가위표로 세워져 있는 영기 앞에 와서 풍물패 중에서 유고가 있는 사람이 있는지, 혹은 정결치 못한 사람이 없는지 살핀다. 이것은 대화로 구성할 수도 있다. 제관이 풍물패의 진입을 허락할 것인지, 풍물패가 제관의 입장을 허락할 것인지는 내용 구성 검토 및 현지민들이 합의하여 결정하면 좋을 듯하다. 나팔소리로 입당을 알려도 좋을 듯하다. 옥야리 서촌마을 당제에서 '나발'이 사용되었음이 밝혀졌으므로, 이 맥락을 살리는 것이 좋다.

C. 질굿 : 유고없음을 확인하면 이때부터 질굿을 치면서 제당으로 이동한다.

D-1. 문굿 : 제당 문앞에 와서 문굿을 친다.

D-2. 샘굿 : 샘이 있을 경우에는 샘에서, 샘이 없을 경우에는 마당 한쪽에서 2채를 중심으로 마당판을 벌인다.

E-1. 마당굿 : 제당 앞으로 들어오면 일렬로 열을 지어 원형, 나선형, 용트림형 등으로 안무하여 마당굿을 친다. 안무시에 용왕이 용트림으로 제당으로 입당하는 절차를 고려하는 것이 좋다. 왜냐하면 기왕의 남해신사에 새겨져있던 용문양과 현재의 용왕도가 가지는 전통적인 맥락을 드러내는 것이기 때문이다. 일반적으로 용트림은 빠른 걸음이나 달음질로 나선형을 그려나가면서 연출하는 것이 보편적이다.

E-2. 개인놀음 혹은 장기자랑 : 개인놀음이나 벅구놀이가 가능한 경우에는

시도해도 좋을 듯 하다. 일반적으로 당제를 포함한 우리의 모든 의례는 제후의 난장이 가장 중요한 맥락을 가진다. 이 난장을 통해 공동체의식을 고취하고, 심신으로 네트워킹하는 판을 벌였기 때문이다.

F. 인사굿 : 당일 남해신사의 해신제가 열림을 천하에 고하는 굿거리라고 볼 수 있다. 일반적으로 상쇠잽이가 맡는 것이 좋을 듯하다. 이 선포를 통해서 유교식 제례 시작한다. 안무는 용왕기와 삼대 해신기를 가운데 놓고 6개 군의 군기가 깃대인사를 하는 것도 고려하면 좋을 듯하다.

이후 유교식 제례와 용왕제를 진행한다. 유교식제례는 초헌, 아헌. 종헌관의 제의절차를 준용하면 되므로, 여기서는 생략한다. 또 용왕제는 무속인이 신맞이부터 종천에 이르기까지 일련의 무속절차를 밟는 것이므로 여기서는 생략하기로 한다. 특히 용왕제에서 일반적인 굿거리 절차가 진행될 것이므로 풍물굿에서는 조왕굿, 성주굿 등의 절차굿은 생략하는 것이 좋다. 풍물패들은 제례가 진행되는 동안 일반 구성원으로 참여할 필요가 있다.

G. 이룸굿 : 용왕제가 끝나면 다시 굿을 이룬다.

H-1. 마당굿 : 들어올 때의 마당굿과 반대로 안무하여 진행한다.

H-2. 개인놀음 혹은 장기자랑 : 이 부분을 앞쪽에 배치하기 곤란하면 여기에 넣어도 될 것으로 보인다. 물론 앞쪽에서 구성되었으면 여기서는 제외한다.

I. 축복굿 : 호호굿 혹은 헐사굿에 해당한다. 제당 주위를 3번 돌며 영암땅에 축복이 내리기를 기원하는 굿거리라고 생각하면 되겠다. 한번 돌고 나서 영암군민들에게 축복하고, (청령굿의 의미 : 상쇠가 선창하면 풍물패가 전체 받을 수도 있고 축복의 말을 가락과 함께 짜도 될 것임), 두 번 돌고나서 전남도민들에게 축복하고 세 번 돌고나서 대한민국국민들에게 축복하는 것도 한 방법이라고 생각한다. 남해신사 해신제가 국가적 제의라는 점을 부각시키기 위해서이다. 해신(용왕)이 즐겁게 놀다가 가실 시간이므로 영암 사람들에게 복을 내려주기 위한 굿거리로 보면 되겠다.

J. 질굿 : 질굿으로 당산굿터로 이동한다.

K. 날당산굿 : 날당산굿을 친다. 나팔로 출당을 알린다.

L. 굿내는 굿 : 날당산굿이 끝나면 제당이 보이지 않는 곳을 선택해 굿내는 굿을 친다. 짚불을 피우고 악기와 풍물패들을 넘게 하여 굿을 끝낸다.

5. 마무리하며

이 글은 영암 남해신사의 복원과 그 음악적 구성에 대한 방안을 시도해본 것이다. 밝힌바와 같이, 이글에서는 남해신사의 전통적인 맥락을 분석하거나 고증하는 작업을 한 것이 아니다. 국가적 행사였던 남해신사 해신제와 마을단위의 행사였던 옥야리 당제의 전통을 오늘날의 실정에 맞게 추출해내는 시론적 작업을 감행한 것이기 때문이다. 이것은 남해신사의 복원 자체가 영암군의 지역문화자원 활성화와 관련되어 있고, 궁극적으로 영산강을 중심으로 하는 문화권의 주요한 축제로 기능할 수 있어야 한다고 보는 시각 때문에 시도된 것이기도 하다.

이런 맥락에서 본래 제례음악이 없던 남해신사 해신제와는 다르게, 남해포의 남해당제를 비롯해 옥야리 전체의 당제적 맥락을 통해 풍물을 중심으로 한 제의 연출을 구상해 본 것이다. 한편 이 생각은 남해신사를 정점으로 하는 제의성 있는 축제가 궁극적으로는 옥야리를 중심으로 하는 원주민들과 괴리되어서는 그 의미가 반감된다는 민속문화적 철학에 기반해 있기도 하다. 나아가 영암군에서 행해지고 있는 도포제 줄다리기나 여석산 쌍패농악, 여석산 천지북놀이 등을 참고로 하여, 해신사 풍물과 관련한 음악 구성을 시도해보았다. 특히 시종면과 역사적으로 밀접한 관련이 있는 진도의 풍물가락도 준용하였다. 다시 말하면, 남해신사 용왕제 또는 당제를 한 축으로 하고, 풍물굿을 한 축으로 하는 남해신사 의례음악을 구성해본 셈이 되겠다.

본문에서 세 가지 전제와 네 가지 방안을 제시했는데, 남해신사 해신제가 미래지향적이고 국민적인 축제가 되기 위해서는 이들 방안들의 장점을 모아서 살리는 방안이 필요하다고 생각했다. 그렇게 하기 위해서 첫째, 유교적 의식, 둘째, 무속적 용왕제, 셋째, 마을 주민들이 모두 참여하는 풍물로 구성하는 방안을 제시하였고, 그 절차와 연출방안에 대해 세세한 설명을 부가하였다. 결론적으로 이 방안은 필자의 예시에 불과한 것이다. 가장 중요한 것은 이런 역사와 전통 속에서 옥야리 및 시종면 혹은 영암군민들이 이를 어떻게 받아들이고 또 재창조해내는가의 문제라고 생각한다. 이른바 역사와 전통을 재창조해내는 영암사람들의 의지가 가장 핵심적인 해답일 것이기 때문이다.

(도서문화 2006.12.30).

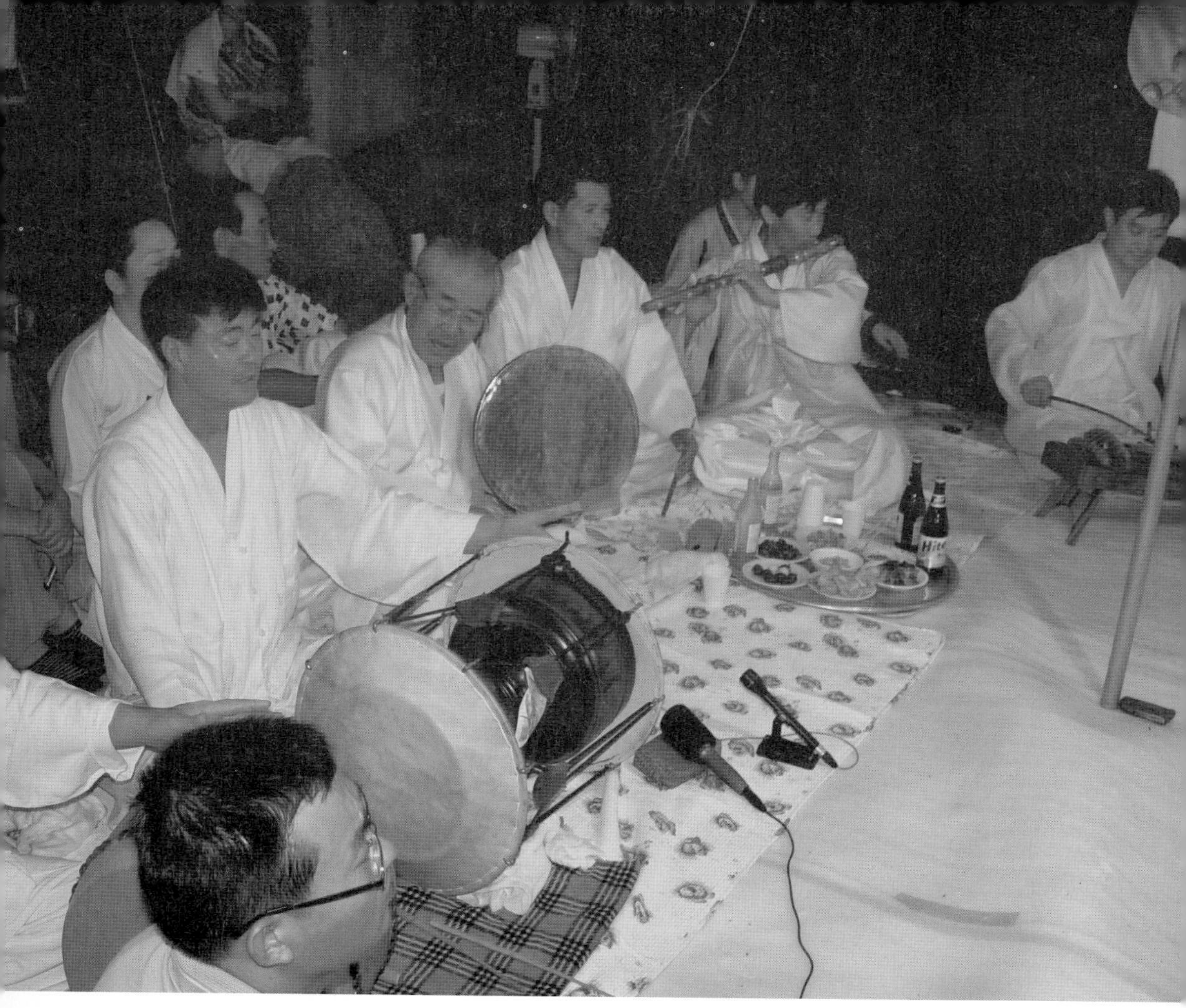

제4부 남도민속음악, 연행자와 연행판

서남해지역 민속음악의 무속기반과 재창조 전통–한국무속학 2007. 8.30.

서남해민속음악의 전개와 연행자–섬학회지 2007. 6.30.

소포만의 간척기 민속음악 변화연구–도서문화 2006. 6.30.

서남해지역 민속음악의 무속巫俗기반과 재창조 전통

–무속 연행자 및 민속음악 재창조 관련 인물을 중심으로–

1. 들어가며

본고는 산조와 창극을 중심으로 한국 서남해지역의 민속음악이 어떻게 전개되었는지 개괄하고 그 특징과 관련 인물들을 살펴보는 것을 목적으로 한다.[1] 주지하듯이 산조 발생설의 중심에 서있는 가야금의 김창조 등이 이 지역출신이기 때문이다. 이 목적을 위해서 먼저 서남해라는 지리·문화적 범주를 규정할 필요가 있다고 본다. 영산강을 중심으로 한 서남해지역의 지리·문화적 배경이 이 지역 민속음악의 틀을 일정정도 규정하고 있다고 생각하는 까닭이다. 다만, 지역에 기반을 둔 대부분의 전통음악이 그렇듯이 고대의 음악까지 거슬러 올라가 논의하는 것 자체가 어려운 상황이기 때문에,

1 본고에서 사용하는 민속음악이라는 용어 사용과 관련된 문제를 짚고 넘어가겠다. 이 지역의 전통음악을 논함에 있어 민속음악, 국악, 전통음악, 지역음악, 남도음악, 전남음악 등 유사한 형태의 용어들이 혼용되고 있음이 주지의 사실이다. 음악 장르별 접근이라는 맥락에서는 국악이라는 용어가, 지역을 전제로 한 맥락에서는 남도음악이나 전남음악이, 전통을 전제로 한다는 맥락에서는 전통음악, 혹은 한국음악 등의 용어가 사용되고 있기 때문이다. 그러나 마을 및 지역음악이 차지하는 비중으로 보면 거의 대부분 민요, 무악, 마을굿 등이 중심이 된다는 점을 주목할 필요가 있다. 음악만으로 형성된 장르가 아니라, 마을공동체적 사회구조, 문학, 의례, 연희 등이 유기적으로 연결된 종합예술의 성격을 띠고 있다는 뜻이다. 따라서 이들 모두를 포괄적으로 아우를 수 있는 것으로 '민속음악'이란 용어를 사용하고자 한다. 물론 용어가 함의하는 세부적 개념들은 관점과 접근태도가 다르기 때문에 차이가 있을 수밖에 없음도 주지하는 바와 같다.

주로 근대 이후의 음악을 논해야 하는 한계가 있음을 밝혀둔다. 이것은 구비문화에 근간한 민속음악의 특징 때문이기도 하며, 인용할 수 있는 근거들이 주로 구술 자료를 토대로 구축되어 있기 때문이기도 하다. 본고에서도 필자가 직접 조사한 바를 제외한 인용들은 주로 선학들에 의해 조사되거나 재인용된 구술 자료를 토대로 하게 된다.

민속음악의 범주는 매우 넓기 때문에 본고에서 다 다룰 수는 없다. 따라서 시나위 음악에 기반해 있다고 추정되는 산조음악의 발현과 민속음악의 정수라고 얘기되는 판소리, 나아가 창극의 시도 등을 본고의 대상으로 제한하고자 한다. 이들 민속음악이 서남해 지역의 무속음악 기반을 일정하게 드러내주는 장르라는 판단 때문이다. 물론 후술할 민속음악을 무속적 기반을 지니고 있다고 추정하는 것은 매우 조심스러운 일이다. 대부분의 민속음악인들이 자신들의 음악이 무속적 기반 속에서 잉태되거나 전개되어 왔다는 점을 애써 부인한다는 점에서 그렇다. 심지어는 '민속음악'이라는 용어를 사용하는 것 자체도 조심스럽기까지 하다. 민속음악인들이 폄하되거나 천시되어 온 그간의 내력을 못마땅하게 생각하기 때문이다. 이것은 '민속' 혹은 '무속'이라는 용어가 가지고 있는 시대적 해석에서 비롯된 것이라고 생각하는데, 머지않아 이런 인식들은 바뀌어 질 것으로 기대한다. 물론 본고에서 인용하는 사람들이 모두 무속적 배경이나 경향을 가지고 있다고 오해되어서는 안 된다. 서남해지역의 민속음악이 발달해 온 배경과 경향이 특히 무속인들의 모임체인 신청 등을 통해서 그렇게 발전해왔다는 맥락을 말하고자 함이지, 개별적인 사람들을 일일이 지칭하는 것은 아니라는 뜻이다. 어쨌든 필자가 본의 아니게 거론한 실명들이 당사자들에게 누를 끼친다면 그것은 전적으로 필자의 무지와 무능에서 비롯된 것이니 그 책임 또한 필자에게 있음이 자명하다.

2. 서남해의 지리·문화적 범주

흔히 한국 서남해라 함은 협의의 서남해와 광의의 서남해로 구별된다. 협의의 서남해는 목포를 중심으로 한 신안, 진도, 완도를 지칭하는 것이 보통이다. 그러나 광의의 서남해라 함은, 충청 경기를 포함한 서해와 경상남도 권역의 남해까지 망라한 개념으로 이해된다. 이것은 각종 광역권의 문화사업이나 특별법 등의 사례에서도 드러나는 현상으로, 관점에 따라 혹은 접근하는 태도에 따라 달리 표현하고 있음을 알 수 있다.[2] 다만, 일반적인 서남해라는 지역 범주는 주로 전라남도의 서해와 남해를 지칭하는 것으로 볼 수 있고, 특히 영산강을 중심으로 한 도서권역을 아우르는 개념으로 사용된다고 말할 수 있다.

이 지역적 범주에서 주목해야 할 것은 이들 연해와 도서가 바로 영산강을 중심으로 한 문화접변과 경제 교류가 빈번히 이루어진 지역이라는 점이다. 영산강만을 놓고 보면, 전남 전역을 아우르기 때문에, 서남해의 범주가 전남 전역으로 이해되어도 무방하다.[3] 그러나 서남해의 중심된 지역만을 따졌을 때는 대개 바다와 인접한 지역을 의미하는 까닭에 현재의 목포를 중심으로 하여 무안군, 영암군, 해남군, 강진군 등의 내륙지역이 포함되며, 도서지역으로는 신안군, 진도군, 완도군 등이 해당되는 셈이다. 이외 나주와 함평, 장흥 지역을 포함시켜 협의의 서남해라 부를 수 있지만, 본고에서는 그 중심이라고 판단되는 〈그림 1〉의 원형 안쪽 지역만을 대상으로 삼고자 한다.

〈그림 1〉을 통해서도 볼 수 있듯이, 서남해라는 범주에서 가장 주목해야 될 곳은 섬과 강이다. 섬이 가장 많은 지역이 전남지역이다. 이 섬들은 영산

2 2007년 발의된 서남해안 특별법에는 목포, 신안, 무안 세 지역만 포함되어 있는데 반해, L자형 관광벨트 계획에 의하면 전남권을 넘어서는 광역권이 설정되고 있음을 볼 수 있다.

3 사실 영산강은 서남해에 국한되는 강이 아니라, 전남 내륙 전부를 포괄하고 있는 강이라고 할 수 있다. 영산강의 연원이 대개 여덟 군데라고 하는데, 담양의 추월산, 평창의 서봉산, 장성의 백암산, 노령산, 광주의 무등산, 능주의 여첩산, 나주의 학천, 장성의 장성천 등이기 때문이다.

강을 중심으로 내륙과 소통하였다. 주지하듯이 전남지역만 국한시켜도 전국 3,201개의 섬 중에서 1,980개의 섬을 보유하고 있다. 한국 섬의 63%를 차지하는 섬 밀집지역이라고 할 수 있다.[4] 이 섬들은 주로 거점지역을 중심으로 내륙과 교류하였는데, 예를 들어 목포라는 신도시가 생기게 된 것도, 일제강점기의 수탈의 거점이라는 아픈 맥락도 있지만 섬지역과 내륙지역의 교류와 접변이 있었기에 가능했다는 점을 주목할 필요가 있다. 이것은 결국 영산강이라는 물류 이동의 루트를 통해 내륙과 도서가 끊임없이 소통되면서 만들어 낸 범주인 까닭에 문화 또한 이러한 맥락을 담고 있다고 말할 수 있는 것이다.

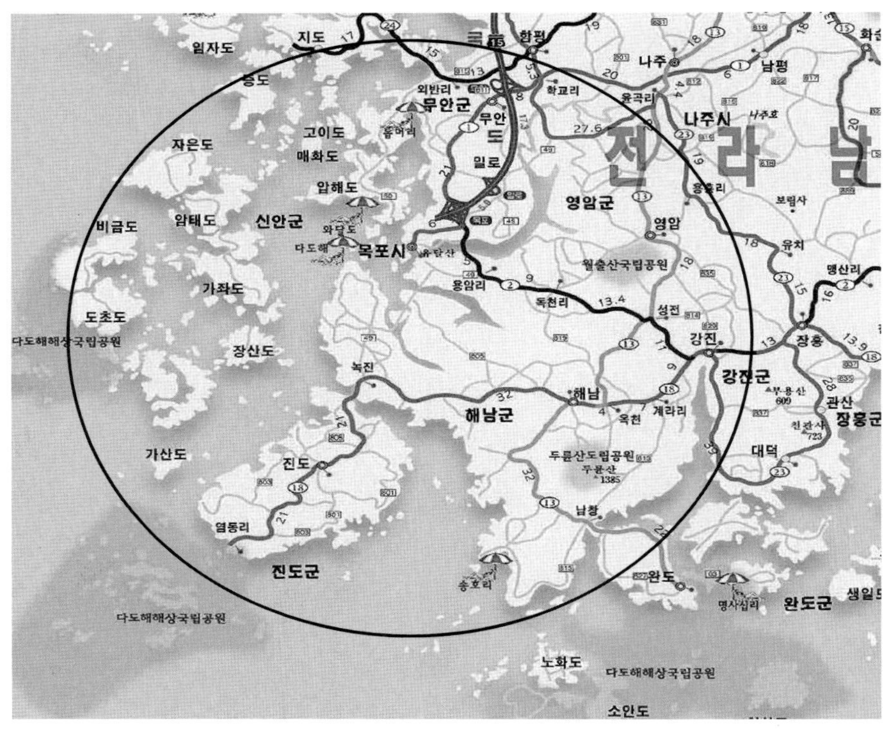

협의의 서남해지역 범주

4 『도서지』, 전라남도, 1995, 33쪽. 이중 유인도서는 286개, 무인도서는 1,694개로 나타난다.

거슬러 올라가보면 영산강을 중심으로 한 이 지역의 문화는 농경문화와 어로문화가 밀접하게 관련되어 있음을 확인할 수 있다. 농경문화는 항상 어로문화와 융합되어 발전하게 되는데[5] 이것은 서남해의 지리문화적 배경을 단적으로 말해주는 것이기도 하다. 리아스식 해안과 영산강이 만나는 교접문화의 전형성을 지니고 있기 때문이다. 먼저 서남해의 내륙방면을 이야기할 때 거론할 수 있는 것은 무안군 양장리에서 발굴된 선사문화다. 광주 신창동 유적과 함께 이 지역의 농경문화를 알려주는 대표적 유적이기도 하다.[6] 이것은 농경문화의 흔적임과 동시에 노동요와의 접맥 가능성을 높여주는 단서가 되기도 한다. 직접 대입은 어렵지만, 적어도 단체노동과 관련된 노동요와의 관련성을 추정해볼 수 있으며[7] 마한의 '탁무'까지 연결시킬 수 있다고 생각하는 까닭이다.

또한 일반적으로 거론되는 것이 마한문화다. 마한은 농업을 중심으로 하는 농경문화 집단이었다고 알려져 있다. 특히 이 지역에서 발굴된 옹관과 고분 등을 통해 그 성격이 드러난 바 있다. 이들 옹관고분은 영산강 중·하류지역에서 4세기로부터 6세기 전반 경까지 유행한 고분으로 당시 고대사회의 성격을 보여주는 대표적인 유적이다.[8] 좀 더 해양쪽으로 나가보면, 국제도시 기능을 했던 흑산도 상라산성을 예로 들 수 있다. 흑산도 읍동리 일대의 사지와 제사지, 나아가 관사지 등의 다양한 유지가 조합상을 이루며 모여 있는 것은 통일신라 후기에서 고려시대에 이르는 시기의 흑산도의 번영을 보여주

5 농경문화는 수렵문화와는 달리 대개 단백질의 섭취를 물고기를 통해서 하기 때문에, 농경과 어로는 역사적으로 융합되는 사례들이 많다.
이시 히로유기 외, 『환경은 세계사를 어떻게 바꾸었는가』, 경당, 2003 전반적인 내용 참고.

6 최성락, 「무안지역의 농경문화」, 『무안군 문화원형 찾기』, 목포대도서문화연구소, 2007, 231~234쪽 참고.

7 졸고, 「무안 농경문화의 시원과 들노래」, 『무안군 문화원형 찾기』, 목포대도서문화연구소, 2007, 597~598쪽.

8 그러나, 이 지역의 고분문화는 백제의 고분문화와는 차이가 있는 독특한 면을 보여주는 토착적인 문화라고 말하기도 한다.
최성락, 「고문문화의 시원」, 『무안군 문화원형 찾기』, 목포대도서문화연구소, 2007, 216~229쪽 참고.
이들 내용은 아래 조사자료들을 토대로 하고 있다.
최성락·이영철·한옥민, 『무안 인평고분군』, 목포대학교 박물관. 1999; 최성락·이정호·윤효남, 「무안고읍고분 수습조사보고」, 『문화유적시·발굴조사 보고』, 목포대학교 박물관. 1999; 최성락·이정호·윤효남, 『무안 고절리 고분』, 목포대학교 박물관, 2002.

기에 충분하기 때문이다.[9] 이외에도 백제시대 왕인을 중심으로 한 일본과의 교역을 통해서 영산강 유역이 고대 국제무역 항구였다는 점이 증명되기도 한다.[10] 장보고의 활약상 또한 익히 알려진 바와 같이 청해진을 중심으로 하는 서남해를 교두보로 삼은 것임은 재론의 여지가 없다. 서남해가 재당과의 일대일 관계 보다는 라・당・일의 무역에 초점을 둔 교역지였기 때문이다.[11] 이같은 교역지로서의 맥락은 영산강 하구의 내륙지역인 무안반도에도 적용된다. 장시의 시원을 이루고 있는 지역이기 때문이다. 최초의 장시가 경인년 즉 1470년에 열렸고, 그 장소가 전라도였는데, 그 중에서도 특히 유일하게 거론되고 있는 읍명이 무안이었다는 점에서 이를 엿볼 수 있다. 『성종실록』을 보면 전라도 지역에서 흉황의 자구책으로 시포를 열고 장문이라 칭하는 교환, 교역기구를 만들었다고 하였고. 첫 발생지는 전라도의 무안 등 여러 고을이었다고 하는[12] 기록이 있다. 또, '열승교역列昇交易'한다고[13] 특별히 지적되고 있을 만큼 교역이 번성했다는 것은 서남해도서지역의 물자가 풍부했음을 반증해주는 사실이기도 하다.[14]

이런 점에서 장시의 시발점으로서, 영산강과 무안을 중심으로 한 서남해안지역이라는 점은 매우 주목할 만한 것이다. 즉, 장시의 발상 혹은 교역의 증대는 자연스럽게 장터의 문화와 연결된다. 일차적으로 장터의 문화는 유통문화라 할 수 있다. 그러나 물류의 유통 속에서 기능했던 각 지역간의 문화적 유통도 눈여겨 볼 필요가 있다. 즉, 장터에서 자연스럽게 벌어진 놀이

9 강봉룡, 「고대 한중 횡단항로의 활성화와 흑산도의 번영」, 『흑산도 상라산성 연구』, 목포대학교 도서문화연구소/신안군, 2000, 148쪽.

10 왕인은 영암의 상대포에서 여러 기술자와 함께 일본으로 떠나면서 뒤를 돌아고보고 또 돌아보았다고 해서 붙여진 이름의 '돌정고개'다. 왕인의 역사는 우리보다 일본에서 더 잘 알려져 있다.
『백제왕인박사 사적연구』, 한국교원대박물관/ 전라남도/영암군, 1995, 50쪽; 국민대학교 사학과, 『영산강 문화권』, 역사공간, 2006, 73쪽.

11 허일 외, 『장보고와 황해 해상무역』, 국학자료원, 2001, 220쪽.

12 『성종실록』권27, 성종 4년 2월 임신
庚寅之荒 全羅道人民 自相聚集 以開市舖 號爲場門

13 『新增東國輿地勝覽』 35, 전라도.

14 고석규, 「무안장시의 어제와 오늘」, 『무안군 문화원형 찾기』, 목포대도서문화연구소, 2007, 263~271쪽 참고.

문화, 혹은 난장 문화를 거론할 필요가 있다는 뜻이다. 따라서 이 판에서 벌어진 이런 저런 놀이의 형식들이 후대에 오면서 일정한 틀거리를 갖추었을 것으로 보아도 큰 무리는 아니라고 본다는 것이다.[15]

전술한 몇 가지를 통해 확인할 수 있는 것은 서남해지역이 도서지역과 영산강을 매개로 끊임없이 도서와 내륙이 서로 만나서 새로운 문화를 창조해내거나 변화시키는 문화접변의 현장이었다고 말할 수 있다는 점이다. 다시 말해 무엇인가 끊임없이 창조해내는 능력이 지리적 조건을 통해서 생태적으로 잉태되었던 지역이 아닌가 생각한다는 것이다.

3. 서남해 민속음악 관련 무속 연행자와 신청神廳

서남해지역의 민속음악의 전개과정은 영산강과 도서해양을 중심으로 하는 문화권역 속에서 마한에서 백제로, 백제에서 고려 및 조선으로 이어지는 장구한 세월동안 그 정체성이 확립되어 왔다고 생각된다. 그러나 대개의 민속음악사가 그러하듯이 기록 자료가 거의 없으므로, 그 역사적 전개과정을 또렷하게 알 수 있는 방법은 없는 듯하다. 다만, 몇 가지 정황을 통해서 그것을 유추해낼 수 있을 뿐이다. 따라서 기록된 자료로 접근하는 것은 근대 이후의 음악사에 한정될 수밖에 없다.

전술한 맥락대로 영산강을 중심으로 하는 마한문화권의 기록으로 가장 흔하게 인용되는 것은 대개 삼국지三國志 위서魏書 동이전東夷傳 마한조와[16] 양서梁書 열전列傳 등의 기록이다.[17] 물론 남도음악 전반에 걸쳐 인용되는 부분이

15 졸고, 「장시와 품바의 시원, 그 嘆과 呑」, 『무안군 문화원형 찾기』, 목포대도서문화연구소, 2007, 599~600쪽 참고.

16 晋 陳壽著, 팽구송 김재선 편저, 『原文 東夷傳』, 서문문화사, 2000, 69쪽.
常以五月下種訖, 祭鬼神, 羣聚歌舞飮酒, 晝夜無休, 其舞數十人, 俱起相隨, 踏地低昂, 手足相應, 節奏有似鐸舞, 十月農功畢, 亦復如之

17 姚思廉著, 梁書卷五十四, 列傳, 팽구송 김재선 편저, 위의 책, 94쪽. 其俗喜歌舞, 國中邑落男女, 每夜羣聚歌戲.

기도 하다. 이 기록을 통해서 보면, 모든 사람들이 모여서 춤추며 술 마시고 노는데, 춤을 출 때는 수십 명이 한꺼번에 일어나서 서로 뒤를 따르면서 땅을 밟고 높이 뛰고 놀았음을[18] 알 수 있다. 또 밤마다 여럿이 모여서 노래하고 노는 것은 물론이고,[19] 풍속이 음란하여[20] 남녀가 서로 도망가고 유인하기도 했다는 사실들을[21] 알 수 있다. 이것들은 대개 마을제의의 형태나 두레풍장의 형태로 이해되기도 하고, 강강술래의 전형으로 이해되기도 한다.[22]

이후 삼국시대 백제의 경우를 보면, 6세기 무렵 일본에 횡적, 군후, 막목 등의 악기와 무舞를 전했다고 한다.[23] 이외 백제에 고鼓, 각角, 적笛, 공후箜篌, 우竽, 지篪 등의 음악이 있었다는 기록이 있고,[24] 선운산, 무등산, 방등산, 정읍, 지리산 등이 백제속악이란 이름으로 『고려사』에 전해오기도 한다.[25] 그러나 이들 음악들이 본고에서 살피는 서남해와 어떤 연관이 있는지는 필자로서는 알 길이 없다. 고려시대의 음악에서도 '정읍'이 고려시대 성악곡으로 불려졌다는 정도 외에는 서남해와 관련되는 맥락들을 아직 찾아보지 못하였다. 다만, 전술한 서남해의 교역지로서의 맥락을 전제해볼 때, 해로를 통한 문화적 교류가 상당히 활발하게 이루어졌을 것임을 미루어 짐작할 수 있을 따름이다. 따라서 서남해의 민속음악은 남도라는 큰 지리적 범주 속에서 형성되어 나오면서 오늘날의 민속문화적 형태로 전승 발전해왔다고 말할 수 있겠다.

18 김재선 외, 『한글 동이전』, 서문문화사, 2000, 78쪽.
오월이 되어 씨를 뿌리고 나면 신령에게 제사를 올린다. 이때는 모든 사람들이 모여서 노래하고 춤추며 술 마시고 놀아 밤낮을 쉬지 않는다. 춤을 출때는 수십명이 한꺼번에 일어나서 서로 뒤를 따르면서 땅을 밟고 높이 뛴다. 이 춤추는 모습은 꼭 鐸舞와 같다. 시월에 농사 일이 끝나면 또 다시 앞서 하였던 것과 같이 한다.

19 위의 책, 111쪽. 그들의 풍속은 노래 부르고 춤추는 것을 좋아해서 온 나라 촌락에서는 밤마다 여럿이 모여서 노래하고 논다.

20 姚思廉著, 梁書卷五十四, 列傳, 팽구송 김재선 편저, 위의 책, 94쪽. 其俗好淫,男女多相奔誘

21 김재선 외, 앞의 책, 112쪽. 그들의 풍속은 음란한 것을 좋아해서 남녀는 서로 도망가고 유인한다.

22 나승만, 『전남지역 들노래 연구』, 전남대박사학위논문, 1990, 153쪽; 졸고, 「강강술래의 역사와 놀이구성에 관한 고찰」, 『한국민속학』 제40호, 한국민속학회, 2004, 369~396 참고.

23 『日本書紀』 卷50, 欽名天皇 15年 2月條.

24 『三國史記』 卷32.

25 『高麗史』 卷71.

근대의 음악은 보통 개화기를 기준으로 고찰하는 것이 일반적인 듯하다. 예를 들어 진도의 음악의 경우에는, 개화되기 이전의 전통적인 음악문화가 유지되던 때를 1기로 잡고, 1960년대까지 현대사의 격변과 함께 변천을 거듭한 시기를 2기로, 1960년대 이후 문화재지정기부터 현재까지를 3기로 설정하기도 한다. 이중 1기는 이전부터 전승되어 오던 들노래와 뱃노래, 만가 등의 민요가 지역민들에게 건강하게 유지되던 시기로 설정하게 된다.[26] 필자도 진도민속음악사를 고찰하면서, 1900년대 민속음악의 흐름과 개화 이후의 음악, 해방 이후의 음악, 문화재 지정 이후의 음악, 진도민속음악의 새시대 등으로, 상기 분류를 준용하여 접근한 바 있다.[27]

무속음악의 연원도 대개 상고시대로 거슬러 올라가는 것으로 말한다. 그만큼 그 역사가 오래되었다는 뜻이다. 그러나 현행되거나 보고된 무속자료들이 고래의 형식이나 절차를 지니고 있는가에 대해서는 확인하기 어렵다. 심증은 있되 물증은 없는 셈이다. 서남해의 무속음악은 주로 진도씻김굿을 통해서 세계적으로 알려져 있다. 다른 지역에 비해 훨씬 강고한 무속기반과 시나위 기반의 음악들이 전승되어 왔다는 점은 이런 맥락에서 매우 주목해야 할 대목이라고 생각한다. 서남해 무속음악은 진도씻김굿 외에도, 바다와 관련된 용왕제와 뱃고사 등이 이 지역 무속의 특성을 드러내준다고 할 수 있다.

지역별로 간략하게 무속 기반을 살펴보겠다. 먼저 완도군의 무악은 당굿, 시낌굿, 손님굿, 넋건지기굿, 성주굿 등이 연행되어 온 것으로 나타난다.[28] 무속음악의 편성이나 당골제도는 진도지역과 거의 흡사한 것으로 보인다. 완도 씻김굿의 경우, 조왕, 성주, 오구, 조상, 제석, 손님굿, 고풀이, 넋놀림, 시낌, 길닦음, 중천멕이, 해원굿 등으로 구성된다. 1980년대에는 정복례, 추

26 김혜정, 「진도 민속음악의 계승발전 방향」, 『남도민속연구』 제6집, 남도민속학회, 2000, 31~35쪽.

27 졸고, 「도서해양민속과 문화콘텐츠」, 민속원, 2006, 297~335쪽 참고; 졸고, 「진도민속음악의 회고와 새시대 전망」, 『예향진도』 제34호, 진도문화원, 1999를 수록한 글임.

28 장단은 살풀이, 진양, 대왕놀이, 덩덕궁이, 굿거리, 천근, 염불 등이 쓰인다.

도영의 처 등이 무악을 연행했던 것으로 나타난다.

신안군의 경우, 1980년대만 해도 관내에 8가구의 세습무계가 있었다.[29] 무가 중심으로 이들이 연행한 절차를 보면 부정경, 안당굿, 성주굿, 살살제왕경, 초가망석굿, 손굿(손님풀이), 제석굿(오시더라, 서서조달말, 명당사설, 앉은 조달말, 연불말, 시주내력 조달말, 명당경, 성주말, 입춘말, 명당경, 안신경), 오구풀이, 고풀이, 넋풀이, 십왕탄일 넋풀이, 씻김굿, 길닦음굿, 망자굿, 중천회원굿 등이다.[30]

목포지역의 무속으로는 넋풀이, 오구풀이, 세왕탄일, 고풀이굿, 안당굿 등이 있다.[31] 물론 항구도시이기 때문에 행선고사, 풍장굿 등이 연행되기도 하였다. 풍장굿에서의 풍장놀이 사설은 만선을 읊은 것이어서,[32] 조도 닻배노래나 가거도 멸치잡이노래 등과의 친연성을 보여주기도 한다.

영암지역의 무속에서는 무악활동가들을 주목할 필요가 있다. 목포, 진도 등의 인접지역과 끊임없이 교류한 흔적들을 발견할 수 있기 때문이다. 정화점(1942년생)과 박오례 등의 당골이 활동하였으며, 장고에 박재성(1936년생), 강현복(1939년생), 피리 및 젓대에 김경달(1914년생)이 활동하였는데,[33] 박재성(1936년생)의 조부는 진도출신이다. 박재성은 목포에서 신치선에게 판소리 홍보가, 춘향가를 배운 바 있다. 김경달은 김보배로부터 삼현육각 및 시나위 음악을 배웠다. 강현복은 보성 출신으로, 공대일, 정응민, 김상용에게 판소리를 배운 사람이다.[34] 여기서 영암 당골 박재성의 조부가 진도출신이라는 점, 진도 당

29 흑산도 성리에 사는 공영심(1917년생), 한행당(1912년생), 도초도 만년리에 사는 양군심(1013년생), 비금도 한산리에 사는 유점자(1924년생), 장산도 마초리에 사는 강부자(1931년생), 진금순(1933년생), 안좌도 창머리에 사는 김안순(1923년생), 임자도 대기리에 사는 김사장심(1911년생) 등이 그들이다.
최덕원, 『남도민속고』, 삼성출판사, 1990, 499~500쪽.

30 위의 책, 506~545쪽.
신안군 무악으로는 싯김굿이 대표적이며, 음악편성으로는 안당, 제왕놀기, 성주풀이, 중굿, 오구물임, 넋올리기, 고풀이, 시낌, 길닦기, 해원 등이다.

31 『목포문화 제5집 올뫼나루문화』, (사)목포문화원, 1992, 143~149쪽.

32 『마파지』, 목포문화원, 1994, 63~66쪽.

33 영암지역의 무굿으로는 망자와 관련된 시낌굿(씻김굿), 주당굿 등이 있고, 집안굿과 관련된 고사굿, 성주달이(새집들이), 의전굿(병굿) 등이 있으며, ,마을굿(당굿)과 관련된 용왕굿, 당산굿 등이 연행된 것으로 보인다. 이외에 넋건지기 곽머리굿 등이 전해온다. 영암 무악은 주로 피리, 젓대, 장구 징으로 편성된다. 장단으로는 선부리, 진양, 중모리, 살푸리, 대왕놀이(엇모리), 자진모리 등이 쓰인다.

34 『전라남도 국악실태조사』, 문화재관리국 문화재연구소, 1980, 209~214쪽.

골 이완순의[35] 시댁이 영암이라는 점 등도 진도와 영암 무계의 친연성을 높여주는 맥락이다. 특히 음악적 구성에 있어, 삼현육각의 특색 있는 편성이라든지, 장단의 유사성은 적어도 무악권 내에서는 동류임을 보여준다는 점에서 주목할 필요가 있다. 영암지역은 내륙지역이고, 진도지역은 섬지역이다. 그러나 무굿의 형식이나 연행내용을 보면 비교적 유사한 형태들이 드러남을 알 수 있다. 이것은 진도 공도 이후 영암군 시종면 일대로 소개되었던 임란 이후의 정황과 매우 친연성이 있는 문화현상이 아닌가 여겨진다. 물론, 서남해지역의 무속음악 중 유독 진도만이 오구굿이 연행되지 않는 이유가 무엇인지에 대해서는 아직 파악하지 못하였다.

진도의 무악은 서남해 무속음악의 대표성을 띤다고 해도 과언이 아니다. 무인으로는 진도읍의 박선내(1889년생)가 가장 대표적으로 거론된다. 대표적 굿으로는 기도(도신), 성주굿, 용신굿, 용왕굿(넋건지기), 씨금굿, 혼사신굿 등이 있다. 무악장단으로는 살풀이, 덩덕궁이(자진모리), 삼장개비, 흘림, 선부리, 대왕놀이(엇중모리), 굿거리, 진양, 중모리 등이 있다. 박선내(1889년생) 당시의 씻김굿 절차는 주왕방, 초가망, 가망굿, 서낭굿, 손굿, 선영굿, 지석놀이, 조상굿, 군웅, 액막시, 고풀이, 씻김, 대잡기, 왕풀이, 넋풀이, 천금풀이, 희설, 중복풀이, 질닦음, 맹인모심, 하적, 사제빌기, 거리굿, 오방돌기 등이다.[36] 현재 연행되는 씻김굿의 절차와 비교분석할 맥락이 많음을 알 수 있다. 진도씻김굿 음악의 명인들로는 대개 박순례(1907년생), 박병천(1932년생), 채길인(1907년생), 한운기(1911년생) 등이고 현재는 박병천이 대표적으로 거론된다.

서남해지역은 물론 전남지역의 세습무가는 당제음악과 마찬가지로 무가,

35 이완순은 21세에 전남 영암으로 출가하였다. 혼인 후 시어머니와 작은 시아버지인 김기태에게 학습하고 굿을 하였다. 35세까지 15년 동안 영암의 굿판에서 활동 한 후, 남편과 헤어져 진도로 옮겼다. 이후 임회면 김귀봉을 만나 진도의 굿 생활에 전념하였다. 초기에 고군, 군내, 지산 등지의 당골판을 가지고 활동하였다. 당골판과 도부제(봄과 가을에 받이들이는 식량)가 없어지면서 활동영역을 넓히게 되었다. 진도씻김굿이 무형문화재로 지정되면서 전수생으로 들어가고 이수자가 되었다. 허스키한 목구성과 진솔한 굿판 운영으로 많은 사람들에게 귀감이 되었다.

36 『한국민속종합조사보고서』 전라남도편, 문화공보부 문화재관리국, 1969, 229쪽.

춤, 놀이를 통한 예술성, 연희성이 강조되는 특성을 갖는다.[37] 무속음악만으로 끝나는 것이 아니라, 예술음악으로 재창조되어 왔다는 뜻이다. 특히 이 예술음악의 재창조에는 신청으로 불리는 장악청의 역할이 지대했음에 주목할 필요가 있다. 신청은 각 군현에 설치되어 있던 음악기관인데, 장흥신청의 경우 대동계라 칭하는 100여명의 무부계원이 있었고, 나주신청의 경우 70여명의 무부가 참여하는 조직이 있었다.[38] 여수신청의 경우도 여수영당을 관리하면서 해마다 신청제사를 지내던 조직이 있었다.[39]

본래 신청은 광대청·장악청·풍류방·공인청이라고도 한다. 경기도·충청도·전라도 각 군에 두었는데, 총수인 대방大房과 그 아래 각 도의 책임자인 도산주都山主, 그리고 그로부터 행정적인 지시를 받는 각 군 소재 재인청의 우두머리인 청수廳首로 구성되었다. 각 군의 광대와 재인들에 관한 행정적 업무는 청수가 거느린 공원公員과 장무掌務가 처리했는데, 주된 임무는 무당의 반주음악을 담당한 무부巫夫의 무속음악과 그 당시 백성을 상대로 펼친 재인·광대들의 오락적 연예활동을 행정적으로 다스린 것으로 보인다. 그런 전통의 일부가 일제강점기 때 서울 노량진에 있던 풍류방에서 전승되었고, 신청이라는 이름으로 지금까지 전라도 지방에 전승되고 있다.

서남해지역의 대표적 신청으로는 주로 진도지역이 거론된다. 진도신청은 진도읍 성내리에 있었는데, 장악청으로 불리기도 했다. 개화기만 해도 신청 주위에 26호~27호 정도의 당골 집안들이 거주했다고 한다. 당시 한참사, 임참사, 박참사 등 신청을 중수하기 위해 헌금한 사람들의 명단이 신청 벽에

37 이경엽, 「무속신앙」, 『전라남도지』 제19권, 전라남도지편찬위원회, 1995, 304~363쪽.
전남무악의 예술적 특성은 세습무계라는 사회 상황과 밀접하게 연관되어 있다. 이에 관한 논의는 아래의 논고를 참고하면 도움이 된다.
이경엽, 『지역민속의 세계』, 민속원, 1995, 260~266쪽.

38 赤松智城 秋葉隆, 심우성 역, 『조선무속의 연구』, 동문선, 1991, 283~284쪽.

39 2007, 3월 필자, 이경엽 외 조사.
여수지역의 신청(재인청)에 대해서는 이경엽을 중심으로 자세한 조사가 이루어졌으나, 본고의 대상지역이 아니기 때문에 생략한다. 자세한 정보는 이경엽, 이용범, 이윤선, 송기태, 『여수영당, 풍어굿, 재인청』, 민속원, 2007을 참고하면 된다.

붙어있었다. 아마도 이들을 중심으로 대동계를 조직해서 운영했던 것으로 보인다. 이후 양태옥(북놀이 문화재) 등이 참여하여 신청농악 및 기악학습에 참여하기도 한다. 신청에서 사용된 악기로는 북, 장고, 쇠, 거문고, 가야금, 양금, 피리, 젓대 등이었다. 5바탕 판소리도 수학했던 것으로 보인다. 물론 박선내(1889년생) 등을 통하여 일반적인 무업도 연행된다. 여기서 선생으로 있던 사람들로 채길인(1907년생) 및 강강술래 문화재로 지정되었던 양홍도가 거론된다.[40]

다만, 진도지역의 신청이 언제 시작되고, 구체적으로 어떻게 운영되었는지에 대해 알려진 바는 없다. 구체적인 정보가 없기 때문에, 그 의의나 의미를 평가하는 것도 조심스러울 수밖에 없다. 그러나 진도의 신청이나 예기원의 역사를 통해 해방 후 1957년에 송일 정의현이 진도 최초로 사설 국악원을 설립하는 등의[41] 음악발전으로 이어졌고, 군단위에서는 전국 최초로 국악협회 지회를 승인받게 되었다는 점은 명백해 보인다. 이외 사당패의 영향을 받은 대시래기패나[42] 협률단의 활약도 이런 맥락에서 평가할 수 있으며, 국립남도국악원이 진도에 설립된 것도[43] 이런 도도한 흐름이 있었기 때문에 가능했다고 말할 수 있다. 이런 점에서는 이 지역의 무속인과 무속집단, 그리고 무속음악에 대한 보다 질 높은 평가가 뒤따라야 한다고 생각한다.

40 『한국민속종합조사보고서』 전라남도편, 문화공보부 문화재관리국, 1969, 225쪽. 기본적인 내용을 참고할 수 있음.

41 이때 진도국악원의 강사로는 김활량(고흥출신), 최일원(전주 출신), 이병기(진도 판소리 선생으로 큰 활약을 함)이, 김득수(고법 예능보유자가 됨), 시조에에는 이정식, 무용에는 양태옥(진도북놀이 보유자가 됨) 등을 자비로 초빙하였고 가야금은 정의현이 맡아 후진양성을 하였다. 이곳을 통해 이임례(광주시 판소리 예능보유자), 손판기 명창, 한순자 명창, 안득윤 명창, 함양옥 명창, 강숙자 명창(한승호의 부인), 박옥진(중앙대 김성녀의 모친) 등이 배출되었다.

42 '대시래기'와 '다시래기'에 대해서는 아래의 논고를 참고하면 도움이 된다.
이경엽, 「진도 다시래기 연희본의 비교 연구」, 『공연문화연구』, 한국공연문화학회, 2005.

43 졸고, 「국립남도국악원의 출범과 기대」, 『남도민속연구』 제9집, 남도민속학회, 2003 전반적인 내용 참고.

4. 신청神廳 사람들의 활동과 산조음악의 전개

신청조직이 서남해지역의 기악 발전에 지대한 공헌을 한 것은 자명해 보인다. 이들이 기악 및 시나위 음악 등을 현저하게 발전시켰다는 점을 도처에서 발견할 수 있다. 진도지역의 예를 보면, 1759년(영조 35) 『여지도서』에 장악원 악공 1명, 악공보 10명, 악생 2명이 진도의 관속으로 있었다는 기록이 있다. 1871년(고종 8) 『진도부읍지』에는[44] 취수吹手 12명, 기녀 4명이 관속으로 있었다는 기록도 보인다. 이미 이 시기 훨씬 이전부터 진도에 삼현육각의 악기편성과 악사들이 존재했으며 활동하고 있었음을 확인해 볼 수 있다. 이것을 신청의 전신으로 이해할 수 있는 것은 대금산조의 창시자이자 진도신청의 중심인물로 알려진 박덕인이 바로 이곳 소속이었기 때문이다.

신청은 또한 예기원(예기조합)이란 이름으로도 활동한 것으로 보인다. 진도에서 흔히 거론되는 대금의 박종기, 창(소리)의 최상준, 박동준 등이 이곳 예기원 출신으로 알려져 있기 때문이다. 이외에 진도에 판소리를 보급하였던 신치선과 강강술래 초대 예능보유자였던 양홍도 등을 거론하는 사람들도 있다. 또 신청의 대방大房으로 알려진 채다인의 부친 채상준과 풍물의 대가로 알려진 박동준 외 4형제들도 거론된다. 이곳 출신들이 이후 '아성창극단'을 비롯한 다양한 활동들을 펼치게 되는데, 양태옥 같은 이는 비무계로 신청에 출입하여 이후 북놀이 무형문화재로 지정되기도 한다. 한편 진도읍과 오일시에 초가로 지은 예기조합을 두고 활동하게 된다. 이곳에서는 대개 기악, 창악, 농악, 무악의 전수와 걸립이 행해진다.

이 조직은 형태를 달리하여 전승되는데, 해방 후에 송일 정의현에[45] 의해 진도최초의 국악원이 설립되는 것이 그 예이다. 1957년 전국 군단위로는 최

44 『진도부읍지』.

45 정의현은 같은 해 150여 쪽에 달하는 국악교본을 저술하기도 하였다. 배재학당에서 서양음악을 공부한 경력을 활용해 국악에 접목한 예라고 할 수 있다.

초로 국악협회 지회를 승인받고, 자택인 진도읍 서외리에 진도국악원을 설립하게 된 것이다. 이때 가야금은 예기조합의 김진권(1892)을 중심으로 장통일(1916), 김해천(1902), 임태호(1914), 박경준(1892), 박석주(1900), 양태옥(1919), 정의현(1920), 장성천(1922), 박만흠(1926), 이추월(임례)(1931) 등이 연마를 했다. 산조아쟁의 경우, 이병기 등을 중심으로 채다인(1912), 양태옥(1919), 강한수(1927), 채계만(1914), 이해룡(1940)등이 전승해왔다. 해금의 경우, 남사당 노랑쇠를 통해 전해졌다는 설도 있으나, 이덕순(1897) 등이 거론된다. 퉁소는 박종기와 허자선(1881~1956)을 중심으로 허장수 등 10여명이 거론된다. 피리는 무속음악에서 활용도가 큰 악기인 바, 의신면 김대언을 중심으로 김해천(1902), 강한수(1929)등이 거론되며 다시래기 예능보유자 김규봉과 씻김굿 보유자 박병원 등이 계승하고 있다. 대금은 박종기(1879)를 중심으로 그의 부친 박덕인, 조부 박헌영 등이 원조격으로 알려져 있고 박병천의 자녀 박한영이 대표적으로 전승하고 있다고 볼 수 있다. 이같은 정황은 서남해지역 전반에 두루 적용된다고 생각된다. 본고에 기록하지 못하는 것은 그 기록들을 필자가 찾아내지 못하였을 뿐이라고 생각한다.

이상에서 볼 수 있듯이, 서남해지역의 신청은 주로 무계 예술인들이 모여 각자의 기능을 연마하거나 우의를 다지던 모임체였다고 생각된다. 특히 본고에서 주목하는 것은 이 모임체와 구성원들을 통해 산조 음악이 왕성하게 연희되거나 발전해왔다고 하는 사실이다. 그 중의 대표적인 것이 가야금과 대금이 아닌가 생각한다. 가야금으로는 창시자로 알려져 있는 영암의 김창조와 그 손녀인 김죽파, 영암출신의 김병호, 무안의 강태홍, 그리고 강진의 함동정월을 들 수 있고, 대금으로는 대금산조의 중시조로 불리는 진도의 박종기를 거론할 수 있다. 물론 산조 자체의 발현이나 발전은 김창조 이전에도 한숙구, 심창래 등의 명인들이 활동한 바 있다. 그래서 이보형 등은 산조를 전기산조와 후기산조로 나누고, 전기산조를 심방곡과 연결시켜 논하기도 한다.

김창조의 경우, 1865년 영암에서 태어나 만년에 광주에서 활동하다가

1919년 혹은 1920년에 타계하였다.[46] 시나위나 봉장취 등과 같은 무속 기악곡을 바탕으로 판소리의 가락을 넣어서 오늘날과 같은 가야금산조의 기틀을 만든 사람이다. 가야금뿐 아니라 거문고, 해금, 대금 등 여러 가지 악기에 능하여 오수관, 이소향 등에게 가야금병창을 가르치기도 하였다. 그의 문하로 한성기, 최옥삼, 김병호 등이 있으며 유파 시조로 불리는 강태홍도 영향을 받은 것으로 보는 이가 많다. 손녀인 김죽파에게 산조를 가르쳐 오늘날 수많은 제자들을 양성하는 계기가 되었다.[47] 김병호는 1910년 영암 출신으로 김창조에게 가야금을 배웠고, 엇모리가락을 삽입하여 김병호류 산조를 만들어 내었다. 국립국악원 악사로 재직하면서 양연섭, 이재숙, 강문득 등의 제자를 길러내었다.[48] 김죽파는 김창조의 손녀이다. 김창조에게 가야금을 배운 후 한성기에게 사사받았다. 1911년 영암에서 태어나 1922년부터 1923년까지 김창환이 이끄는 협률사에 참가하여 광주, 진도, 해남, 강진 등지에서 공연활동을 하였다. 이재숙, 양승희, 문재숙 등 수많은 제자들을 길러내었다. 함동정월은 김창조의 제자인 최옥삼에게 가야금산조를 배웠으며, 이재숙, 윤미웅, 성애순 등의 많은 제자가 있다. 함동정월의 본명은 금덕인데, 1917년 강진군 병영면에서 태어났다고 하고,[49] 일부 기록에는 장흥출신으로 나오기도 한다.[50]

가야금의 새로운 유파를 창시한 바 있는 강태홍은 무안 출신이다. 조부인 무안군 현경면 현화리의 강윤학(1836~1901)은 무안지역의 세습무계였다. 백부인 강중안(1863~1924)과 부친 강용환(1865~1938)이 모두 예술방면에 뛰어

46 출생에 관하여 1865설이 있고, 1856년설이 있다.
이보형, 「김창조의 가야금산조와 후기(근대)산조 전승론」, 『『산조연구』, 영암군/가야금산조현창사업추진위원회, 2001, 49~50쪽; 양승희, 『가야금산조 창시자 김창조와 가야금산조』, 1999, 17쪽을 재인용. 몰년도 1919년설이 있고, 1919년설이 있다. 김기수, 『국악입문』, 1972, 325쪽을 재인용.

47 김우진, 「전통음악」, 『전라남도지』제23권, 전라남도지편찬위원회, 1995, 175쪽.

48 이보형, 앞의 책, 51쪽.

49 김우진, 「전통음악」, 『전라남도지』제23권, 전라남도지편찬위원회, 1995, 177쪽.

50 이보형, 앞의 책, 52쪽.

났던 사람들이다. 강용환은 원각사 시절의 창극활동으로 창극의 시조로 불리기도 한다. 큰 형인 강태종(1879~1938)도 남원의 강백천과 함께 대금을 공부한 국악집안이다.[51] 강태홍류 가야금산조는 표현을 절제하여 담백한 맛이 난다고 한다.[52]

다음으로 대금산조를 들 수 있다. 대표적인 이는 박종기다.[53] 박종기는 조선말기에(1880~1947) 활동한 대금산조의 명인으로 꼽힌다. 1933년 조선성악연구회에 참여하여 많은 연주활동을 하였다. 이후 강백천과 서로 영향을 주고받으면서 각각 대금산조를 짰으며, 대금산조의 시조로 불린다.[54] 가야금과 마찬가지로 박종기의 예술적 기량 또한 면면히 흐르는 선조들로부터 찾을 수 있다. 박종기 부친인 박덕인에 대한 1896년의 기록 속에서 박덕인의 예술세계를 짐작해 볼 수 있다. 당시 진도에 유배 당하여 머무르고 있던 무정 정만조가 만난 박덕인朴德寅이라는 사람이 창, 가야금, 퉁소, 무용 등에 능한 악공이었음을 기록하고 있기 때문이다.[55]

목포시의 기악을 보면, 함평 출신의 이대조(1880년대생)가 국악기를 잘 다루어 명성이 높았다고 전해진다. 해남 출신의 한학률(1915년생)은 이대조의 문하생으로 출발해서 많은 제자를 양성해 냈다고 한다. 한씨는 30세 때부터 이대조에게 가야금의 잔풍류, 뒷풍류 등을 배웠다.[56] 해방 이후 목포시에서 기

51 졸고, 「민속음악의 전통과 재창조」, 『무안군문화원형찾기』, 목포대도서문화연구소/무안군, 2007.

52 백혜숙, 「강태홍」, 『부산인물사』, 선인, 2004, 282쪽.

53 아버지 덕인(德寅:일명 基順) 또한 예능(노래, 춤, 가야금, 피리)에 뛰어났고 50세 되던 1879년에 둘째 아들 종기를 낳았다. 덕인은 종기를 낳은 후 가업인 무업(巫業)을 그만두고 20여년간 집안일에만 전념했고, 종기가 다섯 살 되던 해에 몸이 약한 부인 김씨가 죽자 어린 종기를 데리고 3년간 매일 30리나 되는 부인의 묘를 찾았다고 한다. 바로 이 기간에 종기는 아버지로부터 여러 예능을 이어 받았을 것으로 보이고, 스스로 여귀산(임회면) 황죽(黃竹)을 이용하여 직접 대금을 만들었다 한다. 그 후 박종기는 20세를 넘기자 5촌 조카인 동준(東浚)의 주선으로 서울에 올라와 활동을 시작했다. 1906년에 처음으로 유명 인사들 앞에서 이화중선 · 임방울 등 명창과 함께 대금(大笒:절대)을 연주하였다. 1930년대 판소리가락을 엮어 음악성이 매우 뛰어난 대금산조(大笒散調)를 만들었다. 이러한 그의 가락을 '소리더늠 대금산조'라고 부른다. 이 가락은 한주환(韓周煥) · 이생강 등에게 전수되었고, 권부자(權富子)가 배워 연주한 것이 채록되어 악보화되었으며 교육용으로 사용되고 있다. 그는 1933년 창립된 조선성악연구회에 가입해 남도음악을 연구하고 후진양성에도 힘썼다.

54 『도서지』, 전라남도, 1995, 57쪽.

55 정만조, 『恩波遺筆』, 진도향토사자료 영인본 제2집, 진도문화원, 1993.
박덕인을 예찬한 시구(詩句) 중에서 관련된 내용으로는, "빠른반주 나오면서 어깨미동 일어나니/ 뜨락의 화초들도 같이 춤을 추는구나/ 춤추는 모양은 난간주렴에 비가 씻기는 것 같고/ 옷깃 휘날리는 모양은 비단결 노니듯 한다/ 입으로 거문고 타고 손으로 노래하니/ 보지 않은 사람들 그 누가 믿으리오/ 열두줄 조절하여 새소리도 내어보니" 등으로 구성되어 있다.

악으로 이름 난 사람들 가운데는 가야금, 단소, 세피리를 잘 연주했던 임금돌(1922년생)이 있고 가야금 연주에 신안 출신의 김덕봉(1916년생), 목포 출신의 장월중선(1920년생), 목포 출신의 박만윤(1880년생), 양금 연주에 목포 출신의 조준채(1900년생), 젓대에 목포 출신의 김상근(1919년생), 거문고에 진도 출신의 허병수(1910년생), 광주 출신의 임석윤(1910년생), 장고에 해남 출신의 송태선(1919년생) 등을 꼽을 수 있다.[57]

완도지역도 주목할 만하다. 아마도 완도의 수산업 등 경제적 기반이 기악의 저변이 확장되는데 일조한 것이 아닌가 생각된다. 장흥출신의 임완규(1898년생), 김동욱(1880년생)은 판소리에도 능한 사람이며, 피리와 시나위 연주를 잘했다. 완도출신의 박수병(약 1880년대생)은 가야금과 산조를 잘했다고 한다. 박태근(1850년생)은 삼현과 시나위의 명인으로 알려져 있는데, 젓대 산조의 명인으로 꼽히는 진도의 박종기가 종종 찾아와서 배웠다고 한다.[58]

이상은 무계와 직접 혹은 간접적으로 영향관계에 놓여있던 민속음악 그룹들의 배경과 경향을 살펴본 셈이 된다. 해당 인물 및 그 인물의 선생이 신청에 직접 관련되어 있거나 지역간의 교류 및 이동을 통해서 간접적으로 관련되어 있다고 생각되기 때문이다.

이외에도 서남해의 풍류음악 그룹을 참조할 필요가 있다. 이 그룹에도 신청 관련 인물들이 간접적으로 참여하였기 때문이다. 강진의 경우 율계가 형성되어 있었고, 이 계를 통해 매일 혹은 3일에 한 번씩 풍류를 즐겼다고 한다. 당시에 가야금에 김두현, 박창두, 거문고에는 오동준, 장고에 김광(1897년생), 양금에는 손치구(1900년생), 김병량, 단소에 김형식(1904년생) 등이 참여하

56 한학률이 이대조에게서 이수한 잔풍류는 세령산 5장, 가락돌이 3장, 잔도드리 7장, 하현 4장, 염불 5장, 타령 5장 등이 해당된다. 뒷풍류로는 계면 5장, 양청 5장, 우조 7장, 굿거리 5장 등이다. 이 장수를 모두 합하면 48장이 되는데 이것이 '풍류 48장'이라고 하는 것이다.
『전라남도 국악실태조사』, 문화재관리국 문화재연구소, 1980, 41쪽.

57 위의 책, 40~41쪽.

58 위의 책, 288쪽.

였고, 계면, 양청, 우조, 굿거리 등을 연주했다. 이 중 김광은 강진읍에서 박선행에게 가야금과 양금, 단소, 장구 등의 풍류를 배웠다고 한다.[59] 이외 시조에는 차오녀(1880년대생), 박경순(18987년생) 등이 고제시조를 잘 하였다고 전해진다. 석암 정해암이 주도한 대한시우회 강진분회가 강진읍 수성당에 사무소를 두고 활발한 활동을 하였다.[60] 진도의 경우에도 비슷한 맥락의 그룹들이 활동하였는데, 주로 시조활동이 활발했던 것으로 보인다. 해방 이후 시조활동은 석두규昔斗圭가 중심이 되어 가창되었던 것으로 알려지고 있다.[61]

5. 서남해 판소리 광대와 창극 재창조 작업

서남해의 판소리(고법을 포함)는 기악의 저변이 확대된 것에 비해서는 약한 편이라고 할 수 있다. 가야금, 대금 등의 기악계의 시조로 불리는 이들이 대거 서남해지역에 분포해 있었던 것에 비해 그 정도가 약하다는 뜻이다. 따라서 무계의 배경이나 직간접적인 영향관계도 산조의 전개에 비해서 약한 것이 아닌가 생각된다. 판소리에 관한 한 오히려 담양, 광주, 화순 등 전남 내륙지역이 강세를 보여준다고 할 수 있겠다. 물론 이 차이가 어디서 오는가 하는 것은 또 다른 맥락에서 고찰되어야 할 문제이기 때문에 차후 고를 달리하여 살펴보기로 한다. 그럼에도 불구하고 남도 이외의 지역에 비한다면 민속음악사의 중요한 맥락뿐 아니라 풍성한 저력을 지니고 있기 때문에 본고

59 이들이 연주한 음악으로는 잔영산, 가락덜이, 상현, 잔도드리, 하현염불, 타령, 군악 등이었다.
위의 책, 172쪽.

60 위의 책, 173쪽.
1980년대에는 평시조 등 가창자가 약 100여명에 이르렀다. 대한시우회 강진분회 회장으로 최학열(1893년생) 부회장으로 최수열(1906년생) 등이 거론된다. 이들은 차오녀와 박경순에게 고제 평시조와 주심을 배웠다고 하며, 정해암에게서 석암제 평시조 등을 배웠다고 한다.

61 석두규는 선생도 악보도 없이 붓 뚜껑에 먹을 묻여 종기조각에다가 매듭 표시를 하고 고저장단을 대강 표시한 다음 무릎장단으로 배웠다고 한다.1970년대 후반에서 1980년대 중반에 진도시우회(珍島詩友會)를 결성하여 회장으로 활동하기도 했다.

에서 다루어져야 할 부분이라고 생각한다.

먼저, 진도지역의 판소리로는 김득수, 신치선과 신영희, 그리고 이병기 및 이임례, 양상식의 활약을 들 수 있다. 김득수의 경우, 본래 판소리를 전공하였으나 후에 고수의 길을 걸은 손꼽히는 명 고수 중의 한 사람이다. 어려서 채두인에게 잡가와 판소리를 배웠고 오수암에게 판소리를 배워 판소리 명창으로 이름을 떨쳤다. 협률사 공연에 참여하였으며 이후 조선성악연구회에 들어간다. 진도에서 판소리 명창으로 촉망받게 되는 허희許爔같은 이에게 판소리를 가르치기도 했다. 1934년부터 동일창극단 단원으로 활동하는 등 일찍부터 전국적인 활동을 개시하였다. 1948년 이후 박동실을 중심으로 꾸려진 〈국극협회〉에서 김소희, 한일섭 등과 호흡을 맞추었다. 적자운영으로 〈국극협회〉가 〈국극협단〉으로 개칭하고 광주의 박후성을 중심으로 꾸려지자, 다시 양상식, 오정숙 등과 합류하여 호흡을 맞추었다. 1956년부터는 예술원 국극단을 창단하였으며, 1964년부터 시울시립국악관현악단 악장으로 활동하였다. 1970년에는 한국국악협회 부이사장으로 활동하였다. 1985년에 판소리 고법으로 중요무형문화재 제 59호로 지정되었으나[62] 1991년 중요무형문화재 제 5호 판소리로 통합된 바 있다. 이외에도 조선창극단 단원, 국극협단단원, 국악사 단원, 우리 국악단 단원 등 다방면으로 활동한 바 있으며, 1990년 노환으로 사망하였다.

신치선은 1899년 전남 담양에서 신창연申昌連과 나주임 씨의 차남으로 태어났다. 유년을 담양에서 보내고 소년기는 목포에서 성장하였다. 당시 명창이던 김정문金正文(송만갑宋萬甲의 제자)에게 홍보가와 수궁가를 사사받았다. 1920년대 20세에 협률사에 들어가 활동하였다. 나이 40에 진도군 지산면 인지리에 정착하여 신영희申英姬 등 1남 1녀를 두었고, 1946년 임회면 석교리로 이사하여 진도사람들에게 판소리를 가르쳤다.[63] 제자 중에 지산면 인지리

62 고법 문화재는 1978년에 지정되기 시작하였다.

의 박병두는 촉망받는 명창이었으나 1960년대에 요절하였다. 의신면 초사리에서는 흥보가를 창극화하여 공연하기도 했다. 제자 안득윤安得潤은 군산, 인천 등지에서 크게 알려진 소리꾼으로 경기명창인 전숙희全淑姬를 가르치기도 했다. 이후 목포로 옮겨 안행년의 부친 안기선을 도와 목포 판소리 발전에 크게 공헌했는가 하면 춘향전을 창극화하여 전국순회공연 및 만주공연 등을 했다. 1959년 지병의 악화로 타계하였다.[64]

이병기는 정의현이 설립한 진도 최초의 국악원에서 판소리 강사생활을 하였다. 이외에도 진도 전역을 돌며 판소리 강습 및 창극지도 및 활동을 계속하였는데, 특히 지산면 안치리, 거제리, 고길리 등에 제자들을 길러냈다. 또 판소리 강습생이었던 이임례와 혼인하여 이태백을 낳았고, 자녀 이태백은 현재 아쟁 전문가로 목원대학교 국악과 교수로 재직 중이다.[65] 이외에 조도면 관매도 출신의 최귀선(1923년생)을 들 수 있다. 광산 송정리에서 임방울에게 적벽가와 수궁가를 배웠다. 이후 보성 정응민에게 심청가를 배웠다.[66] 신영희는 1942년 지산면 인지리에서 신치선의 1녀로 태어났다. 어려서 부친 신치선에게 판소리를 배웠고 뒤에 안기선, 장월중선, 강도근 등 수많은 명창에게 판소리를 배웠다. 목포국악원에서는 당시 국창급 명창이던 안행련과 동문수학했으며, 여명창 3걸로 불리기도 했다. 1975년에 서울에 올라가서 김소희에게 판소리를 배워 명창으로 이름을 떨치었다. 김소희 문하에서 수업하여 종요무형문화재 제5호 판소리 춘향가 예능보유자 후보로 인정되었다.[67] 이임례는 1941년 군내면 지막리에서 출생하였다. 16세부터 23세까지

63 1948년 의신면 초사리로 옮겨 1남을 더 두었고, 판소리 강습을 계속하였다. 이때 제자들이 安得潤, 朴連洙, 朴玉洙, 신홍기, 신천행, 회동리의 허휘 등이었다.

64 허옥인, 『의신면 향토지』, 의신면노인회/향육회, 2005, 132~136쪽.
신치선의 장남 신규종 등의 구술자료를 토대로 신치선 관련 이야기를 소개한 글을 필자가 요약하였다.

65 이에 앞서 장남 이해룡(李海龍, 진도읍 남동리)은 〈남도들노래〉 조교로 활동하였을 뿐 아니라 가야금이나 소리에 능해, 온 가족이 국악인으로 생활하는 집안이기도 하다. 이병기는 가야금 산조도 강습했는데, 가야금 산조는 최일형에게 배운 것으로 보이며 韓成基가락과 비슷하다고 한다. 1남인 이해룡은 〈남도들노래 준보유자〉로 지정되었다가 아쉽게도 1992년 타계하였다. 이병기에게 판소리를 배워 현재까지 활동 중이거나 『이병기 소리』를 하는 제자들로는 지산면 소포리의 박병임, 지산면 고길리의 이민석, 지산면 거제리의 박병기 등이 있다.

66 『전라남도 국악실태조사』, 문화재관리국 문화재연구소, 1980, 313~314쪽.

진도국악원에서 판소리를 가르치던 이병기에게 소리를 배웠으며 이병기와의 사이에 이태백을 두었다. 당시에는 사사받은 소리로는 심청가沈淸歌, 열사가 중의 유관순전劉寬順傳, 안중근전安重根傳, 또 숙영낭자전淑英娘子傳 등을 배웠다. 26세 때 부터는 목포국악원의 금상용金相用에게 춘향가를, 금흥남金興男에게 흥보가와 심청가를 배웠다. 또 박보아에게 소리를 배웠고, 해남지역에서 소리강사 생활을 하기도 한다. 이후 국창 성창순에게 보성소리를 사사받고, 1998년 광주시 무형문화재 판소리 예능보유자로 지정받았다.

완도군의 판소리 명창으로는 임방울제 소리를 잘했던 장흥 출신의 임완규(1898년생)를 들 수 있다. 판소리 외에도 피리, 젓대 등의 악기에 능하여 삼현육각 및 시나위를 잘했다. 김동옥(1880년생)은 김채만제 소리를 잘하였다. 추생은(1904년생)은 해남 출신으로 해남 명창인 김영준에게 판소리를 배웠다. 이후 국창 김창환에게 춘향가, 심청가, 흥보가, 적벽가 등을 배웠다. 보성출신의 최남춘(1921년생)은 판소리 및 무속음악에 능한 사람인데, 보성에서 정응민에게 춘향가를, 완도에서 임완규에게 춘향가를 배웠다. 이외 송만갑, 정정열, 이화중선, 임방울 등이 완도에 자주 내왕하면서 판소리 공연을 했다고 한다.[68] 이처럼 완도에 해남, 보성, 장흥 등지에서 이주해 정착한 판소리꾼들이 다수였다고 하는 점, 특히 당대의 국창급이던 송만갑, 정정열, 이화중선, 임방울 등이 완도에 자주 내왕했다는 사실을 눈여겨 볼 필요가 있다. 완도지역이 가진 경제적 풍요를 말해주는 것이기도 하거니와 무계의 진출 및 판소리 학습 맥락을 엿볼 수 있기 때문이다.

해남군의 경우, 국악의 효시라고 말해지는 김홍봉이 있다. 가야금과 피리에 능했고, 판소리에도 두각을 나타냈다고 한다. 그 외 거문고와 피리를 잘했던 천홍표, 창을 잘했던 공경환, 한숙구, 추정남, 김춘학 등이 거론되며, 고

67 진도군 지산면 인지리에서 성장하다가 의신면 초사리로 이사하였고 다시 아버지를 따라 목포로 이주하였다.

68 『전라남도 국악실태조사』, 문화재관리국 문화재연구소, 1980, 280~281쪽.

법에는 김홍봉, 김흑석, 추정남, 홍광표 등이 있다. 해남군 북평면 출신 정철호는 판소리 작창과 창에 능할 뿐 아니라, 아쟁산조의 창시자로도 알려져 있다. 고법문화재로 활동 중이며, 전남도립국악단을 이끌기도 했다. 해남군 삼산면 출신의 천대용은 국립창극단 고수로 활동하였다. 추정남은 고향에서 후학들을 많이 양성해냈으며, 판소리 및 고법에 재능을 지니고 있어, 도지정 무형문화재로 지정된 바 있다. 황산면 출신의 최용규는 서예인이지만, 고법에 능하여 최초 국악협회 해남지회를 창설하기도 한다. 해남읍 출신의 박방금은 판소리 대통령상 수상자로, 목포 등지에서 후학을 가르치고 있다. 황산면 출신의 이난초는 남원시립국악원에서 활동 중이며, 강도근의 수제자이기도 하다.[69]

영암지역의 경우, 박재성을 들 수 있다. 조부는 진도출신인데, 목포에서 신치선에게 판소리 홍보가, 춘향가를 배운 바 있다. 김경달은 김보배로부터 삼현육각 및 시나위 음악을 배웠다. 강현복은 보성 출신으로, 공대일, 정응민, 김상용에게 판소리를 배운 사람이다.[70] 다만, 신안군에서는 판소리관련 맥락이 거의 드러나보이지 않는다. 하의도 이홍채 등이 진도 조도출신의 김순자(목포)에게서 판소리를 배워 신안군의 판소리꾼으로 알려져 있는 정도다. [71]

목포에서는 안행련의 부친인 나주출신 안기선(1900년생)이 활약했으며, 장흥출신 김상용(1920년대생)이 목포국악원 원감으로 재직하면서 많은 제자들을 양성한 바 있다. 김상용은 장흥출신으로 정응민에게 춘향가, 심청가, 수궁가, 적벽가를 배웠고, 1978년경 작고하였다. 김상용 문하에서 수학한 이로는 신영희, 안행련, 오비연, 안애란, 박소연 등이 있다. 이밖에도 판소리계에서 널리 알려진 장월중선, 조상현 등이 목포에서 활약하기도 했다.[72] 이외에 해남

69 『해남군지』, 해남군, 1995, 1512쪽.

70 『전라남도 국악실태조사』, 문화재관리국 문화재연구소, 1980, 209~214쪽.

71 이홍채에 관한 개괄적인 내용은 아래 글을 참고하면 된다.
최성환, 「하의도를 지키는 소리꾼 이홍채」, 『신안문화』 14호, 신안문화원, 2004, 26~28쪽.

72 『전라남도 국악실태조사』, 문화재관리국 문화재연구소, 1980, 39쪽.

의 추정남(고법)도 김상용에게서 수학한 바 있다. 이후 김흥우(1925년생)가 판소리 사범으로 재직하였으며, 이어서 안애란이 판소리 사범으로 재직하면서 근래까지 많은 제자들을 양성하게 된다. 특히 목포의 경우, 불운하게 요절한 국창급의 안행련도 주목해야 할 필요가 있다.

이외 서남해 출신은 아니지만, 목포를 거점으로 활동한 사람들도 있다. 김일구는 본래 화순군 이서면 사람인데, 21세 되던 해에 목포에서 장월중선에게 아쟁산조를 배웠으며, 김상룡에게 춘향가 등을 배웠다.[73] 조상현(1939~)도 26세부터 32세까지 7년간 목포국악원의 전신인 유달국악원의 판소리 사범으로 활동하기도 했으며,[74] 1966년 목포MBC 국악방송을 전담하기도 하였다.[75] 한농선은 1934년 일본에서 태어났지만, 해남의 외가에서 살다가 12세에 목포로 이사하였다.[76] 이때 진도의 양상식에게 심청가를 배웠다. 장월중선(1925~)은 곡성출신인데, 24세 때 목포에서 한갑득에게 거문고산조를 배웠고, 25~26세 때 목포에서 이동안에게 진쇠춤 등의 여러 가지 춤을 배우기도 한다.[77]

다음으로 거론해볼 수 있는 장르는 창극이다. 판소리를 극화하여 종합연희물로 재창조한 장르라고 볼 수 있기 때문이다. 서남해지역의 창극에서 가장 먼저 거론할 사람은 무안의 강용환이다. 창극의 시조로 불릴만큼만 그 역할이 컸다고 할 수 있다는 뜻이다. 1865년 무안에서 출생하여 이날치에게 사사하였고, 고종시대에 명성을 떨친 사람이다. 강용환은 1900년경 상경하여 광무대 협률사에 참가하고 김창환의 주선으로 고종 앞에서 소리를 하였는데, 이를 계기로 종구품의 참봉직을 받게 된다. 이후 강용환은 청계천의

73 박황, 『판소리 이백년사』, 사사연, 1987, 328~329쪽; 김우진, 「전통음악」, 『전라남도지』 제23권, 전라남도지편찬위원회, 1995, 159쪽.

74 김우진, 위의 책, 165쪽; 문화재관리국 문화재연구소, 『판소리유파』, 1992, 81~83쪽을 재인용.

75 박황, 『판소리 이백년사』, 사사연, 1987, 326쪽.

76 김우진, 앞의 책, 166쪽; 문화재관리국 문화재연구소, 『판소리유파』, 1992, 92~95쪽을 재인용.

77 위의 책, 167쪽; 문화재관리국 문화재연구소, 『판소리유파』, 1992, 167~169쪽을 재인용.

청인 거리에 있는 창희관에서 하는 경극을 보고 판소리를 입체화시킬 궁리를 하게 되었다. 1902년 원각사 간부로 있으면서 춘향가를 창극화하였고, 이에 힘을 얻어 심청가까지 극화하여 대성공을 거두게 된다. 이때의 최병두타령이 대단한 인기를 끌었다고 하며,[78] 춘향가 원본에도 없었던 〈어사와 나무꾼〉은 현재까지도 인기리에 공연되는 종목 중의 하나가 되어 있다.[79] 강용환의 시도가 이후 창극의 발전으로 이어져 다양한 단체와 레퍼토리로 발전되었음은 주지하는 바와 같다. 이후 1908년 원각사에서 현재의 창극 형태로 발전하게 되었고, 원각사가 문을 닫으면서 광무대와 단성사 등지에서 공연을 하다가, 이후 김창환협률사와 송만갑협률사 등이 조직되어 지방공연을 하게 되었기 때문이다.[80] 따라서 강용환을 창극의 시조라고 하는 것은 한국 최초의 실내공연장이었던 협률사에서 '신연극', '구연극' 혹은 '구파극'이라는 이름으로 판소리 명창들의 '분창'방식으로 공연되던 시기를 창극의 1시기(1902~1930)로 잡는데,[81] 연유하는 것으로 보인다. 강용환의 아들인 강남중도 창극계에서 활발하게 활동한 명창 중의 한사람이다. 1935년 줄타기 명인 임상문의 부친인 임종원이 만든 대동가극단에 참여하는 등의 활동을 하게 된다.[82]

이후 본격적인 창극은 1946년 국악원 산하에 〈국극사〉, 〈국극협회〉, 〈조선창극단〉, 〈김연수창극단〉, 〈임방울과 그 일행〉 등의 5개 창극단체가 조직되면서 확장된 바 있다. 이 당시 박동실(화순 출신)이 단장으로 있던 〈국극협회〉에 진도의 김득수 등이 참여한다. 이후 박동실이 물러나고 〈국극협단〉으로 개칭한 이후에도 김득수가 참여하였으며, 〈김연수창극단〉시절에는 진도의 박병두, 박보아, 박옥진 등이 주도적으로 참여하면서 전성기를 구가하게 된다.[83]

78 박황, 앞의 책, 160~162쪽.

79 2007년 현재도 진도향토문화회관에서 공연되는 〈토요민속공연〉에서는 다시래기 예능보유자 강준섭을 중심으로 한 〈어사와 나무꾼〉 단편극이 비교적 강용환시대의 원형을 간직한 형태로 공연되고 있으므로, 관람이 가능하다.

80 유민영, 「초창기의 창극운동」,『세계화 시대의 창극』, 국립중앙극장, 연국과 인간, 2002, 36~37쪽.

81 김창화, 「이상적인 창극의 무대화」, 『세계화 시대의 창극』, 국립중앙극장, 연국과 인간, 2002, 172쪽.

82 박황, 앞의 책, 215쪽.

83 전지영, 『근대성의 침략과 20세기 한국의 음악』, 북코리아, 235~236쪽 참고.

한편, 진도지역의 창극 움직임에 대해서도 주목할 필요가 있다. 1908년에 진도읍의 한명리韓明履(일명 한참사로 불림, 1886~1967)가 중심이 되어 '진도협률단'이 꾸려지기 때문이다. 전국적으로 보더라도 원각사가 해체된 것이 1906년임을 전제하면 매우 이른 시기에 국악공연단을 꾸린 셈이라고 하겠다. 특히 진도에서의 활동에 머무르는 것이 아니라, 당시 제주도에 유배되어 있던 박영효朴泳孝(1861~1939) 궁내부대신의 위안공연을 갔다고 하는 사례 등은 매우 주목할 만 사건이라고 하겠다. 당시는 농악, 민요, 창극 등이 주 레파토리였던 것으로 알려져 있다.[84]

이후 신청 출신들로 추정되는 이들이 꾸린 〈아성창극단我聲唱劇團〉은 서남해 도서지역을 순회하면서 활발한 공연활동을 펼치게 된다. 단장은 박종복朴鍾福이[85] 맡았으며, 김득수, 양상식, 박후성, 박보아 등이 참여한 것으로 알려져 있다. 또, 1945년 이후에는 재민동포 구제를 목적으로 〈공화창극단〉이 결성되어 〈돌아오라 반도야〉라는 창극을 공연하기도 한다. 단장은 진도읍 쌍정리의 허전(1910)이 맡았으며, 서남해 지역을 순회공연 했다고 한다. 〈공화창극단〉의 공연 내용으로는 승무와 명창들의 소리, 남도민요, 창극 등이 있다. 이 당시 목포로 이주하기 전의 신치선과 이병기 등이 활동하였다.[86]

특히 창극의 전개과전에서 큰 역할을 했던 박옥진 등의 활동을 주목할 필요가 있다.[87] 박옥진은 1934년 전남 진도에서 명창 박동준씨의 2녀로 태어나 판소리를 배웠다. 14세에 조선성악연구회에 입단한 후 아성창극단, 김연수창극단, 임춘앵국극단 등에서 활동했다. 부친 박동준은 사형제 중 장남으로,

84 제보 : 진도읍 박석주, 의신면 향교리 김은선, 조사 : 허옥인

85 당시 국회의원에 출마하였던 박준육의 부친

86 허옥인, 『진도의 속요와 보존』, 광주일보출판국, 1986, 467쪽.

87 박옥진은 진도군 의신면 송정리에서 판소리 명창 박동준과 모친 강삼단 사이의 2녀로 태어났다. 언니인 박보아는 1921년 12월 14일(음력) 2남 3녀 중 장녀로 태어났다. 부 박동준은 젓대의 명인 박종기의 한 집안으로 서준, 남준, 북준 등의 4형제들과 함께 진도 풍물의 전반을 리드했던 사람들이다. 박옥진의 자녀로 국악인이자 중앙대학교 교수로 있는 김성녀가 있고, 진도씻김굿 예능보유자로 지정된 조카 박병원도 있다. 이외에도 진도씻김굿 예능보유자인 박병천과 직계손 관계이므로 진도의 대표적인 국악인 가족이라고 할 수 있다. 대금산조의 창시자 박종기는 박보아의 조부 박종삼(비국악인)과 오촌간이고 진도 씻김굿인간문화재 박병천과 박보아는 팔촌간이다. 유족으로는 국악인 김성녀씨를 비롯해 성일 성애 성희 성자 성아 등 1남 5녀가 있다. 자녀들도 모두 진도민속음악을 바탕으로 한 예술가의 기질을 가지고 있다.

객지 생활을 많이 하였으며 가야금과 〈육자배기〉를 잘했다. 한 집안사람인 박종기와 함께 방송, 음반 취입 활동도 하였다. 박옥진은 50~60년대 언니 박보아씨와 함께 여성 국극의 명인으로 큰 인기를 모았다. 1956년 언니와 함께 삼성국극단을 창단, '원술랑', '구슬 공주', '견우와 직녀' 등을 무대에 올려 여성 국극 붐을 일으키기도 했다. 1999년 작고한 남편 김향씨는 삼성국극단의 기획자 겸 연출가였다. 57년에는 김향씨가 감독한 영화 '대춘향전'에서 춘향 역을 맡기도 했다. 그는 '육자배기', '흥타령', '개고리타령' 등 남도잡가의 명창으로도 명성을 누렸다. 조선성악연구회에서 박옥진 및 박보아 형제가 목격한 국악인은 이동백, 송만갑, 김창룡, 정정렬, 백점봉, 조상선, 강장원, 정남희, 오태석, 박록주, 김연수, 김여란 등이다. 박보아는 잘나가던 '삼성'이란 여성국극단체의 대표로 있었다. 삼성은 보아 씨의 남동생인 박병기, 여동생인 박옥진 등 삼남매가 운영한다고 해서 붙여진 이름이다.

6. 마무리하며

지금까지 서남해지역의 민속음악 중에서 산조의 발현 혹은 전개와 판소리 및 창극의 전개과정을 관련 인물들을 중심으로 다소 거칠게 살펴보았다. 논란의 여지는 있지만 한 가지 확인할 수 있는 것은 이들 민속음악의 연행자와 배경이 무계巫係에 무게중심을 두고 있다는 사실이다. 본고에서 관련 여부를 상세하게 증명하지 못한 것이 사실이지만 어쨌든 무속음악과 민속음악의 대표성을 가지고 있는 산조와 판소리 등은 그 관련 정도가 보다 직접적인가 간접적인가의 차이가 있을 뿐, 무속음악적 배경을 무시하고는 성립할 수 없다고 생각한다. 물론 서론에서도 밝혔듯이 무계와 상관없는 경우도 있다. 따라서 산조와 판소리 등의 서남해 민속음악 연행자 전체를 무계로 오해하거나 또 불필요한 논란을 벌일 것까지는 없다고 생각한다. 다만, 본고에서 말하고자 하는 하나의 맥락은 서남해 민속음악의 전반적인 흐름과 재창조 과정이 주로 무계출신인 예술가들에 의해서 주도되었으며, 그것이 오늘날 우리가 민속음악의 정수라고 얘기하는 산조며 판소리 중흥의 바탕이 되었다는 점을 드러내는 점이라고 하겠다. 이들이 있었기에 민속음악이 올곧게 전승될 수 있었고, 또 끊임없는 재창조의 과정을 감당해 왔다고 믿기 때문이다.

결국 본고에서는 무속음악이 서남해민속음악사에서 토대적 맥락을 가지고 있다고 본 셈이다. 당제음악과 마찬가지로 서남해지역은 물론이고 전남지역의 세습무가 자체가 무가, 춤, 놀이를 통한 예술성, 연희성이 강조되는 특성을 갖기 때문이다. 예술음악으로 재창조되어 온 맥락을 전제한다는 뜻이다. 이 재창조적 맥락 속에서 산조가 짜여지고, 판소리가 전개되며 또 창극이 시도되었다고 본다. 다만 한 가지 아쉬운 것은 필자의 역량이 그에 미치지 못하여 무속음악을 분석하지 못하고 평면적인 서술에 그쳤다는 점이다. 이는 본고가 가진 성격이 주로 인물을 중심으로 한 사적史的 고찰의 경향을 가지기 때문이기도 한데, 부족한 부분은 계속 보완해나갈 생각을 가지고 있다.

한편 이 예술음악의 재창조에는 신청으로 불리는 장악청의 역할이 지대했음에 주목할 필요가 있다고 보았다. 이러한 도도한 흐름은 갖가지 국악 관련 협회나 단체들로 발전하고 급기야 서남해 민속음악의 중추지라고 판단되는 진도지역에 국립남도국악원을 설립하게 되는 토대로 작용했다는 점을 강조하였다. 특히 신청조직은 서남해지역의 민속음악 중에서도 기악 발전에 지대한 공헌을 한 것으로 보았다. 가야금의 김창조를 비롯해, 박종기 등의 명인들이 이런 맥락을 갖고 있다고 생각하기 때문이다. 이것은 전남 내륙지역이 판소리 전승의 맥락을 강하게 지니고 있는 점에 비교되는 부분이기도 한데, 필경 영산강을 중심으로 하는 지리문화적 배경과 관련 있을 것으로 추정하고 있다. 이 또한 보다 면밀한 지리문화적 고찰이 뒤따라야 되겠기에 고를 달리해서 살펴보기로 한다.

어쨌든 이런 저력들은 다시 창극의 재창조를 포함한 민속음악의 재창조로 이어진다고 보았다. 창극의 시조로까지 불리는 무안의 강용환이 그 대표적 사례라고 보았다. 가야금의 김창조, 강태홍을 비롯해 대금의 박종기 등 일련의 맥락은 이 지역이 가지는 위상 및 의의를 말해주는 충분한 단서라고 말해도 큰 무리는 아니라고 본다. 결국 서남해지역은 상고시대부터 현재에 이르기까지 도서지역과 영산강이 끊임없이 만나고 소통하는 공간이라는 점을 확인한 셈이며, 도서와 내륙이 영산강을 매개로 끊임없이 서로 만나서 새로운 문화를 창조해내거나 변화시키는 문화접변의 현장이었다고 말할 수 있다고 보았다. 다시 말해 무엇인가 끊임없이 창조해내는 능력이 지리적 조건을 통해서 생태적으로 잉태되었던 지역이 아닌가 생각한다.

(한국무속학, 2007. 8.30).

서남해지역 민속음악의 전개 양상과 연행자

−당제와 민요·민속놀이의 연행자를 중심으로−

1. 당제와 풍물연희의 전개

당제는 제천의례祭天儀禮의 하나로, 흔히 마을굿이라고도 표현된다. 마당밟이 등의 풍물음악만 기능하는 것이 아니라, 의례와 연희가 어우러지는 종합예술체라고 할 수 있고 고대의 제천의식의 성격을 부분적으로 엿볼 수 있는 형태라고 할 수 있다. 따라서 현행되는 민속음악 중에서 가장 긴 역사적 연원을 가진 음악인 셈이다. 다만, 현재 확인되는 음악적 구성이 어느 정도의 유사 형태로 전승되어 왔는가에 대해서는 또 다른 고찰을 필요로 하는 문제라고 생각한다.

산제山祭·동제洞祭와 더불어 한국 마을제의 기본형이며, 온 마을의 주민이 참가하는 특징을 갖는다. 다만, 당제가 갖는 신격의 다양함 때문에 제천의례가 곧 천신에게 제사를 지낸다는 의미로 이해되는 것은 또 다른 해석의 여지를 남겨두고 있다고 본다. 전남지역 전체적으로 보면, 내륙지역에서는 당산제라고 부르고 해안도서지역에서는 당제라고 부르는 경우가 많다. 부르는 이름은 다르지만 마을을 지켜주는 수호신에게 마을사람들의 무병과 안녕,

나아가 풍요를 기원하는 공동제사라는 점에서는 동일하다(이윤선, 2003). 따라서 서남해를 전제로 하고 있는 본고에서는 당제라고 통칭하기로 한다.

당제의 형태 또한 산고사, 동고사, 별신굿, 장승제, 용왕맞이, 풍어제, 배서낭굿, 거리제 등 신격의 종류만큼 다양하다고 할 수 있다. 제례의 방식에서도 제례 집행자의 선정에서부터 마을사람들의 참여에 이르기까지 기능과 구조가 복합적으로 나뉘어져 있다. 예를 들어 일반적인 마을의 당제에서는 생기복덕을 봐서 가장 깨끗한 사람을 제관으로 선정하는가 하면, 중부지역의 도당굿이나 서해안의 풍어제 등에서는 무당이 주재하기도 한다. 제주도에서는 심방이라는 전문적인 사제가 주재하기도 한다(이윤선, 2006; 132). 한국민속종합보고서에 의하면 전남지역의 마을굿(당제)으로, 당산, 상당, 산신당, 삼신당, 제당, 하당, 당상, 철륭당, 기타 당 등으로 나온다(문화공보부 문화재관리국, 1969; 245). 이 중 제례의식을 빼면 거의 모두가 풍물을 중심으로 하는 음악과 가무가 뒤따른다고 볼 수 있다.

먼저 해남지역의 당제를 보면, 기타 마을제와 큰 차이는 없어 보이지만, 도제, 거릿제, 산제, 용왕제, 당산제, 당제 등의 다양한 용어를 사용하고 있고, 주로 허수아비놀음을 중심으로 한 풍물굿이 사용되었음을 확인할 수 있다.[1] 1986년의 경우, 농악이 현행되고 있는 마을이 22개 마을이고, 농악 등의 풍물음악이 있었으나 사정상 폐지한 마을이 15개로 나타나는 것으로 나타난다. 이 중 의례음악으로 농악이라는 용어를 사용하는 마을이 32개 마을이고, 이외에도 걸궁, 매구, 매구치기, 금고, 굿물, 굿물놀이, 군물, 샘굿, 지신밟기, 금구, 대동제 등의 용어를 단독 사용하거나 혼용하고 있는 것으로 나타난다(해남문화원, 1999; 58). 따라서 대부분의 동제에서 풍물이 사용되었음을 확인할 수 있다. 송지면 묵동리 동제의 경우, 마을의 아낙네들이 거지, 곱추병신 등으로 분장하고 가면을 쓴 채 풍물패를 뒤따르기도 한다(정윤섭, 1997; 202). 이

1 본고의 1장은 『한국무속학』 제15집에도 인용되므로, 소략한다.

것은 서남해 도서지역에서 보여주는 전형적인 뒷풀이 굿이라고 볼 수 있다. 완도 덕우도 파방굿의 사례에서도 마을 사람들이 갖가지 탈을 만들어 쓰고 나와서 한바탕 춤을 춘다.[2]

완도군의 경우, 마을굿(당제) 중에서 연행되는 풍물을 지역에서 부르는 명칭대로 분류해보면, 지신밟기가 11마을, 걸궁이 14마을, 마당밟기가 5마을, 농악이 19마을, 매굿이 1마을, 금고가 1마을로 나타난다. 이외에 풍물형태를 기록하지 않은 마을이 11마을이 있으나(목포대학교박물관 · 완도군, 1995; 312~316), 조사 보고 되지 않았을 뿐 비슷한 유형의 마을굿 풍물을 연행했을 것으로 추정할 수 있다.

무안군 동제의 경우, 대부분의 마을들이 마당밟이, 샘굿, 거릿굿을 포함하여 당산굿을 치는 것으로 나온다. 1986년 조사된 바에 의하면 31개 마을의 동제가 줄다리기가 중심이 되어 있고, 입석감기를 하는 것으로 드러난다(목포대학교박물관 · 무안군, 1986; 191~196).

신안군의 경우, 1987년 현재, 농악놀이가 21곳, 마을회의가 21곳, 음복을 하는 곳이 19곳으로 나온다. 이 또한 풍물이 전승되다가 사라졌을 가능성이 농후하다는 맥락에서 풍물음악이 전반적으로 연행되었을 것으로 추정할 수 있다(목포대학교박물관 · 신안군, 1987; 265~268, 목포대학교도서문화연구소 · 신안군, 2000; 562~590). 특히, 흑산도 수리 당제는 풍어제라고도 부르는데, 마치 한판의 연극을 보는 듯 연행하면서 무가 사설의 노래를 곁들이는 것이(강진군, 1989; 147~154) 특징적이라 할 만하다. 이것은 원해지역과 연해지역이 다른 경향을 보이는데, 하의도 대리당제의 경우는 전형적인 유풍의례를 취하고 있다는 점에서(최덕원, 1983; 88~95) 내륙적 형태라고 말할 수 있다.

진도지역의 경우, 농악이라는 용어를 사용하고 있는 곳이 27곳으로 나타

2 2007년 발의된 서남해안 특별법에는 목포, 신안, 무안 세 지역만 포함되어 있는데 반해, L자형 관광벨트 계획에 의하면 전남권을 넘어서는 광역권이 설정되고 있음을 볼 수 있다.

나고, 음복을 시행하는 곳이 35곳으로 나타나지만(목포대학교박물관 · 진도군, 1987; 271~275), 걸궁, 파제굿 등의 용어들을 혼용하는 사례와 그간의 변천과정을 감안해보면, 대부분의 마을에서 풍물음악을 수반한 동제가 시행되었을 것으로 추정할 수 있다. 특히 진도 동제의 약 70%가 거리제라는 이름으로 진행된 것은 다른 지역과 비교하여 특이한 점 중의 하나이다.

영암군의 경우, 농악놀이를 하는 곳이 5곳, 지신밟기1곳 등으로 나타나는데(목포대학교박물관 · 강진군, 1989; 418~419), 조사자료가 많지 않다는 점을 전제하면, 맥락은 다른 시군과 유사하다고 말할 수 있다. 목포시의 경우도 개항 이후 유달산을 중심으로 도처에서 당제가 연행되었다고 한다. 그러나 현재 확인되는 것은 소수에 불과하다. 한편 영암군에서는 풍물음악을 시행하지 않았던 형태도 보인다. 국가적인 제의형태인데, 시종면 옥야리 남해포의 '남해당제'라는 이름의 마을제가 그것이다.[3] 국조오례의 등에 의한 해신제의 성격을 가지는 의례인데, 이후 당제로 변화하기 이전까지는 음악편성이 없었기 때문이다(이윤선, 2006).

당제 외에도 종합예술적 연희형태는 부정기적인 용왕제의나 기우제, 풍어제 등으로 나타난다. 목포시 고하도의 탕건바위놀이는 탕건모양으로 생긴 바위에 지내는 기우제를 말한다. 제의를 마치고 줄당기기와 강강술래 한마당을 벌이는 형식이다. 큰 줄로 탕건바위를 감고 끌어당기는 모의행위를 하면서 노래하는 기우제이다(목포문화원, 1990; 111~119). 이 또한 농악과 비는소리가 어우러진다는 측면을 주목해야 할 것 같다. 일반적인 기우제가 제의적 성격이 두드러지는 데 반해, 이 경우는 음악이 함께 하는 까닭이다. 따라서 일반적인 마을제사 때의 풍물음악과 관련하여 살펴볼 필요가 있겠다. 이외에도 다른 지역에서도 가뭄 때면 기우제가 실시되곤 했다. 무안의 경우 기우제

3 사실 영산강은 서남해에 국한되는 강이 아니라, 전남 내륙 전부를 포괄하고 있는 강이라고 할 수 있다. 영산강의 연원이 대개 여덟 군데라고 하는데, 담양의 추월산, 평창의 서봉산, 장성의 백암산, 노령산, 광주의 무등산, 능주의 여첩산, 나주의 학천, 장성의 장성천 등이기 때문이다.

소가 무안읍 감방산 등 11곳 정도 있었다(무안군, 1981; 262~263). 그러나 기우제와 함께 풍물이나 음악을 연주했다는 기록은 없다.

이렇듯, 마당밟이, 매구굿 등으로 표현되는 당제음악은 마을 내에서 뿐 아니라, 전문적인 연희형태로 발전되기도 한다. 흔히 마을굿이나 농악으로 통칭되는 형태가 그것이다. 신안군의 경우, 걸궁굿 등으로 표현된다. 신안 걸궁굿의 편성을 보면, 포수, 창부, 쇳꾼, 영기, 징, 장구, 북, 법구, 각씨, 조리광대 등이다. 대표적인 농악으로는 압해도 풍장굿, 지도농악 등이 있다. 영암 구림면 구림리 농악의 경우, 고사굿, 줄다리기굿, 여름철 풍장굿, 걸립굿 등이 연행된 것으로 보고된 바 있다. 상쇠 최찬섭이 보고한 열두머리 채굿이 일채부터 십이채까지 연행되었음을 알 수 있으며 이외 걸궁굿, 마당밟기, 장원놀이 등이 연행된 되었음을 알 수 있다(문화재관리국, 1980; 204~208). 완도지역의 걸궁굿 편성은 창부, 포수, 쇳꾼, 영기, 징, 장구, 북, 소고, 화동, 무동, 호적수 등이다. 대표적인 상쇠로는 완도읍 출신의 이복실이 거론된다(문화재관리국, 1980; 274~279). 해남군 황산면 우수영 걸립패 등도 이 맥락에서 거론할 수 있다. 당산굿을 친 다음에 '질꼬노리'를 하는 것 등이 특색 있다 하겠는데, 명인으로는 황산농악의 박정기(1902년생) 등이 거론된다(문화재관리국, 1980; 193). 무안 농악은 걸궁, 마당밟이 등으로 불린다. 편성은 영기, 큰기, 대포수, 조리중, 잡색, 쾡과리, 쟁, 장구, 북, 소고 등으로 이루어지는 보편적 구성이며, 굿의 진행절차는 마당굿, 정지굿, 고사굿 등이 연행된다. 판놀음에서는 상쇠놀이, 설장구놀이, 쌍장구놀이, 소고놀이 등이 연행된다. 1970년대 전후 대표적인 무안의 상쇠는 원장순(1897년생)이라는 사람인데 진도 지산면 출신이다. 진도에서 도판쇠(1880년대생)에게 상쇠수업을 받았다(문화재관리국, 1980; 217~218). 1940년대에 무안으로 이주하여 무안 농악에 주도적 역할을 한 것으로 보인다.

진도지역의 마을굿으로는 들노래의 풍장굿, 정초의 매구굿 및 걸궁굿, 동제의 당산굿 등이 있는데, 걸궁굿을 신청농악이라고 부르기도 한다. 마을마다 특색 있는 농악이 있었다고 볼 수 있으며, 현재는 지산면 소포걸궁농악이

2006년 도지정 무형문화재로 지정된 바 있다. 걸궁굿의 편성으로는 농기, 쇠, 징, 장구, 북, 소고, 포수, 조리중, 이외 도깨비굿 등이 거론될 수 있다.

서남해지역에서 전문연희의 형태로 발전한 마을굿은 임란과 연결되는 맥락이 강한 편이다. 특히 해남의 산정십이채 농악과 진도 지산면의 소포농악은 서산대사로부터 이어오는 맥락을 가진 농악으로 알려져 있다. 이외에도 완도의 상정리 금고단도 임란을 전후한 결군과 관련되어 있다. 이중 '영산다드래기'는 당산굿이라고도 하며 대열을 정열하는 놀이라고 알려져 있다.[4]

해남 산정십이채농악은 서산대사진법군고라고도 한다. 미황사군고를 계승한 것으로 알려져 있다. 미황사군고는 서산대사 5대법손인 설봉(1678~1738)에 근원하는데, 서산대사 10대 법손인 혼허에 이르러 중단되었다고 전한다(정윤섭, 1997; 220~224). 해남지역 서산대사진법군고는 산정면 출신 유공준에 의해 12채가락이 발굴 전승된 바 있는데(해남문화원, 1999; 109, 황도훈 외, 1991), 이는 4대 상쇠인 군사 박경규로부터 사사받은 것으로 알려져 있다. 마을굿의 형태로 풍물이 전승되어 온 것은 주로 구술자료에 의해서 증명되는 데 반해, 서산대사진법군고는 17세기까지 그 연원을 추적할 수 있으므로, 풍물음악의 역사 추적에 도움이 된다고 하겠다.

소포농악은 흔히 걸군, 걸궁이라고 한다. 1967년 문화재관리국의 「무형문화재 조사보고(호남편)」를 통하여 소개되기 시작했다. 소포걸군농악은 1978년 전 진도문화원장 차근현車根炫 씨가 이전에 농악대 집사를 맡아오던 지산면 고야리사람인 당시 97세의 주찬계朱贊桂(1896~1980) 씨로부터 받은 제목미상의 농악관련 문헌과(진도문화원, 1993; 168)[5] 주씨의 구전을 바탕으로 재현시켜온 농악이라고 한다. 차근현은 이보다 10여 년 전인 1967년 제1회 옥주문화제 때부터 집사를 30여 년 간 계속해왔다고 하는데 그로 보면 차씨가 소포마을

4 『해남군의 문화유적』, 목포대학교박물관 · 전라남도 · 해남군, 1986, 399~402쪽의 내용의 일부가 다시 아래의 책에 인용되어 있음.

5 2001, 설과 대보름에 행한 당제를 필자, 이경엽 조사.

에 전승되어온 소포농악에다 그가 말하는 '소포걸군악보' 책의 내용을 복원하여 보강한 것이라 할 만하다. 이 책은 농악의 진법기록으로서 임진왜란 당시 얻어먹고 돌아다니면서 농악으로 가장을 한 의병들의 작전놀이 기록이라고 주장되기도 하는데(진도문화원, 1993; 168) 농악과 관계되는 진도의 또 다른 문헌들과 마찬가지로 군악적인 성격이 강한 진도농악의 특성을 증거 해주는 자료라 하겠다. 『진도군 향토사료 영인본』 2집에는 이 책과 함께 「군고청령 및 진법軍鼓聽令及陣法」이라 명시된 박정규의 기록과 해남 황산면 옥연리의 김수영이 1964년 설쇠인 박정규 씨의 구술을 중심으로 기록한 「농악대 상식서」가 실려 있는데 다른 마을로 걸립을 갈 때 알아야 할 사항들을 적은 것이다. 이 두 문헌은 모두 진도읍 박복남 소장 자료들이다.

한편, 걸립을 중심으로 하는 진도농악은 신청농악으로 불리기도 한다(정병호, 1986; 17). 신청을 중심으로 걸립풍물을 연행했기 때문이다. 현재의 소포농악과 신청농악과의 관계는 좀더 깊은 고찰을 필요로 하는 부분이지만, 어쨌든 신청농악은 걸립을 통해서 활동 반경을 넓혀온 것으로 볼 수 있다.[6]

따라서 완도의 상정리 금고, 해남산정의 서산대사진법군고 즉, 십이채군고와 진도 소포농악은 모두 임란과 관련되어 있거나, 서산대사와 관련되어 있다고 말할 수 있겠다. 해안과 왜구의 출현 등과 관련되어 있는 역사와 음악편성을 하고 있다는 뜻이다. 전문적인 풍물음악은 관련 명인들을 배출해내기도 했다. 특이한 것은 내륙지역에서 장고의 명인들이 많이 출현한 것에 비해, 서남해지역에서는 북의 명인들이 많이 출현했다는 점이다. 이것은 서남해의 지리적 배경과 만선풍장 등의 어로문화가 갖는 북 위주의 풍물편성에 기인하는 것으로 해석할 수 있다. 대표적인 것은 진도의 북춤과 관련된 명인들인데, 이런 맥락 때문에, 진도북놀이가 무형문화재로 지정되기도 했다.[7]

6 영암군 · 목포대학교박물관, 『영암군의 문화유적』, 1986, 별지표 〈표1〉 영암지방의 동제신앙 문화내용임, 조사시점이 1980년대 중반인데, 약 60여 년 전에 폐당된 것으로 기록된 점을 참고하였다. 신격은 '신당대왕'이지만 '남해포 강안수로' 언덕에서 춘추 연 2회 제의를 올렸으며, 제관은 초헌, 아헌, 종헌관으로 구성되어 있었다.

2. 민요와 민속놀이의 전개

삼국지위지 동이전 마한조의 '탁무'적 형태가 강강술래 등의 민요 구연형태나 춤사위, 마을제의 등에서 두루 인용한다는 점을 전제할 때, 민요도 오랜 역사적 연원을 가지고 있다고 말할 수 있다. 오랜 세월 민중들에 의해 입에서 입으로 전해내려 온 음악양식인 까닭이다. 물론 그 형태의 변천에 대해서는 또 다른 고찰이 필요한 것이 사실이다.

서남해지역 민요의 특징은 내륙지역과 도서지역이 권역으로 나뉠 수 있다는 점과, 도서해양을 기반으로 하는 어로요 등이 많이 출현하고 있다는 점이다. 논농사노래를 중심으로 한 들노래의 형태를 예로 들면, 도서해양지역에서는 주로 여성들에 의한 노래가, 영암, 강진, 무안 등의 연해 내륙지역에서는 남성들에 의한 노래가 주류를 이루고 있다는 사실을 알 수 있다. 이것은 도서지역과 내륙지역이 갖는 사회구성과 어로활동이라는 배경이 밀접하게 관련되어 있기 때문이라고 말할 수 있다. 물론 연해 내륙지역의 들노래와 도서지역의 어로요가 권역으로 나뉠 수 있음도 주지하는 바와 같다.

다만, 서남해의 민요권은 논매는 소리를 중심으로 해남군, 진도군, 신안군을 절로소리권으로, 섬진강 유역권역을 산아지타령권으로, 영산강을 중심으로 한 서부평야지역을 긴소리권으로 분류한다. 절로소리는 신안, 진도, 해남을 중심으로 북으로는 영암군까지, 동으로는 장흥까지 영향권에 있다(나승만, 1990). '긴소리'를 부르는 지역은 영산강 유역을 포함한 지역으로 나주, 무안, 영광, 함평군 일대와 광주, 담양, 영암을 포함한다. 이외 신안군에서만 불리는 '더덜기소리'가 있어, '더덜기소리권'으로 분류하기도 한다. 특히 절레소리 혹은 절로소리의 중심권은 신안군과 진도군이다(최상일, 1993; 37~38). 따라서 민요권역만을 놓고 따져보면, 서남해의 가장 핵심이 되는 지역은 목포를

7 이 농악은 삼상향굿, 삼작굿, 영산다드래기(당산굿), 중택놀이, 삼로오행굿, 문제비굿, 고수놀이굿, 노름굿 등으로 이루어져 있다.

중심으로 하는 진도, 신안지역이라고 말할 수 있다.

농요와 관련해서는 주로 논일노래를 중심으로 채집되었는데, 진도지역에서는 산타령, 보리타작소리, 응해소리, 맷돌질소리, 다구질 소리, 방아타령 등이 해남군 농요에서는 밭매기소리, 보리타작소리, 방아타령, 둥덩이타령 등이 발굴된 데 비해, 무안, 신안, 영암, 강진 등지에서는 주로 논일노래를 중심으로 채록되었다(지춘상, 1986). 전술했듯이, 전남의 동남부 해안, 도서지방에서는 모찌기, 모심기를 여성이 주도한다. 소리로는 방애타령, 두월래, 세우자소리, 사리랑타령, 호호타령 등으로 다양하게 나타난다. 진도의 모심는 소리는 시집살이요에서 나오는 전형적인 갈등을 짤막하게 부르기도 하고, 신안의 모찌는 소리는 시집살이요의 사사적 사설이 길게 이어지기도 한다.[8]

신안군의 민요는 어로요를 포함한 노동요뿐 아니라 다양한 민요들이 전승되어 왔다. 해녀노래나 멸치잡이노래는 전형적인 어로요라고 할 수 있으며 논매는 소리나 보리타작노래는 전형적인 일노래인 셈이다.[9] 이외에 장모타령 등의 각종 타령도 전승되어 왔다. 장산들노래는 1982년 제23회 전국민속예술경연대회에서 국무총리상을 수상한 바 있다.[10]

진도민요의 경우, 진도아리랑, 육자배기, 흥타령의 기본적인 민요 외에 개고리타령, 엿타령 등의 타령류가 있고, 특히 씻김굿 길닦음을 차용한 것으로 보이는 만가가 일반적으로 불려지고 있음을 확인할 수 있다(지춘상, 1980). 진도민요 중에서 특이한 것은 '살랭이놀이'라고 할 수 있다. 엽전을 가지고 놀면서 노래하는 형식을 취한다. 밭일노래를 보면, 의신면 화중밭 매는 소리 외에도 다양한 노래들이 있다. 밭일노래는 모내기나 김매기처럼 공동 작업

8 168쪽에는 '소포걸군악보'라는 이름으로 수록되었다.

9 박동준, 박남준 등이 상쇠를 맡았고, 설북에는 고법 기능보유자였던 김득수의 아버지 김행원, 설장고에는 채백주, 조리중에는 김북동 등이 있었으며 기악부분은 김해천, 한운용, 박경준, 이순이 등이 있었다. 창악부분에는 박보아, 박옥진, 오가네, 박종익 등이 기량을 연마했고, 무속에는 박선내가 있었다.

10 물론 진도북놀이는 그 기원설에 따라, 들노래 등의 기원설이 있기 때문에 마을굿 측면에서만 접근하는 것은 아니다. 이와 관련된 논의는 아래의 글을 참고할 수 있다.
졸고, 「진도북춤의 유파별 특성을 통해서 본 놀이와 춤의 상관성」, 『무용학회논문집』, 대한무용학회, 2006.

하는 경우가 적어서 흔히 독창이나 음영요로 불려지게 된다. 예를 들어 홍그레타령을 보리밭을 매면서 부르면 보리밭노래가 되는 셈이다. 따라서 진도에서 보존되고 전승되는 일인 가창요는 사실상 밭일노래라고 할 있으며 논일노래를 포함하여 농요 속에 포함된다고 하겠다. 특히 의신면에서는 보리밭노래, 화종밭(미영밭) 매는 소리, 콩밭매는 노래 등으로 이름으로 부르는 노래들이 있고, 이외에도 장꼬방노래, 이노래, 언문노래, 홍근애노래(홍그레타령), 법구노래 등이 전승되어 왔다.

강진의 노동요는 주로 논일소리를 중심으로 하는 들노래가 조사 보고된 바 있다. 필자를 포함한 연구진들에 의해 조사되어, 2006년 도지정 무형문화재로 지정된 강진신전들노래를 중심으로 강진읍 기룡리 들노래 등이 비교적 알려져 있는 편이다. 강진들노래는 제25회 남도문화제 종합우수상, 제39회 전국민속예술경연대회 민요부문 우수상 등을 수상한 바 있다.[11]

영암지방의 민요로 논농사와 관련된 노동요, 밭맴소리 등의 밭농사노래, 등짐소리, 상량소리 등의 노동요 등이 전승되어 왔다.[12] 이 중 어로요가 전승되어 온 것은 영산강을 중심으로 한 연해지역의 특성을 드러낸 것이라고 말할 수 있다. 이외에 물골소리, 밭매는 소리, 물레타령, 집터닦는소리, 상량소리 등이 조사보고 된 바 있다(문화재관리국 문화재연구소, 1980; 199~203). 영암지역 장부질 민요의 경우는, 인분과 농업이 상호 유기적으로 연결되어 있음을 드러내주기도 한다(전라남도농업박물관; 45~55).

강진의 민요로는 머슴날이나 유두날 행해졌던 땅뻿기놀이가 있는데, 이때 농부가 등의 노래가 불린다. 강강술래도 지속적으로 전승되어 온 것으로 보

11 밭매는 소리의 경우, 고흥, 신안, 진도 등 동남부와 해안, 도서지방에서는 흥글소리와 함께 다른 노래들도 부른다. 예를 들어 진도에서는 염장, 매화타령, 방아타령 등의 선후창 노래들이 발달되었다.

12 잠노래, 미녀노래, 둥뎅이타령, 해녀노래, 보리타작노래, 강강술래, 갈뫼봉, 노래가락, 성주타령, 식기타령, 어매타령, 옛님, 콩밭메는 소리, 땅 다구는 소리, 들노래, 논매는 소리, 모뽑는 소리, 모심는 소리, 보리타작 노래, 상여소리, 줄 맬때 부른 소리, 논맨소리, 상여소리, 기매기노래, 모내기노래, 모찌기노래, 성제가, 시집살이요, 자장요, 방아타령, 사랑가, 노동요의 노래, 논매는 소리, 물레놀이, 뱃노래, 어머니죽음, 달꿍달꿍, 멸치잡이노래, 타령, 자장노래, 뱃놀이타령, 의붓엄마, 중가리, 흥타령 등이 조사보고 된 바 있다.

이는데, '동자놀이' 등이 있는 것이 특색 있어 보인다. 베틀노래는 어느 지역이고 연행되었던 노동요로 강진지역에서도 다른 노래에 비해 많이 불려졌던 것으로 보인다. 이외 청자놀이에서 불려지는 흙을 치는 노래 등의 노동요가 청자나 옹기와 관련하여 특색 있어 보이고, 줄다리기나 선돌감기에서 불려지는 '줄드리기', '줄감는 소리' 등의 민요도 주목해볼만 하다. 주로 내륙지역에서 보이는 풀베기 노동의 '초군노래' 등도 발견된다.[13]

해남지역의 우수영을 중심으로 하는 부녀요는 1972년 전국민속경연대회에서 국무총리상을 수상하며, 그 맥을 이어오고 있다. 우수영 부여요는 길노래, 들노래(김메는 소리), 돌개노래(도리깨소리), 방아타령, 둥덩애 타령 등으로 주로 전작농업과 관련되어 있는데, 이는 해남군 화산면이 전작 중심의 농업이 발달되어 있기 때문이다(정윤섭, 1997; 216). 해남 우수영의 모내기소리, 김매기소리, 밭매기 소리, 질꼬내기(풍장)소리, 도리깨질 소리, 방아타령, 둥덩애타령, 애기 재우는 소리 등이 조사보고 된 바 있다.

목포민요에서 시집살이요, 엿타령 등의 일반적인 민요 외에, 욕설요, 혼유요, 종달새요, 꿩요 등이(목포문화원, 1990, 111~119) 채록된 것은 목포의 상업문화와 관련되어 있다고 판단된다. 이들 민요가 유곽이나 여흥과 관련되어 있다고 생각되기 때문이다. 유선가, 종달새노래, 꿩노래 등은 자연을 읊은 노래처럼(목포문화원, 1994; 56~62) 보이지만, 실은 남녀간의 사랑을 읊은 노래라는 점에서 목포의 상업적 환경과의 친연성을 보여준다고 생각한다.

완도민요에는, 노동요, 의례요, 유희요 등의 일반적인 민요 외에 창민요로 불리는 운동가요들이 있다. 이중에 항일투쟁가, 동학운동가, 독립군가, 행진곡 농민가, 응원가, 아가는 피어나는 조선의 꽃, 새야새야 파랑새야 등이 눈

13 이 내용들을 종합하여 다시 단행본으로 출간하였다.
허경회, 『신안지역의 설화와 민요』, 도서문화연구소, 1996, 민요부분 참고.
신안군 장산면 민요의 경우, 아들타령, 둥당이타령, 산타령, 개구리타령, 상여소리, 장산들노래, 자탄가, 아리랑, 잡가, 사돈타령, 심청가, 비둘기노래, 다리타령, 장타령, 자장가, 장모타령, 시어머니타령, 곰보타령, 성주타령 등이 있다.

에 띤다. 이런 경향은 특히 소안도의 민요에 집중적으로 나타나는데, 1913년 김사홍이라는 사람에 의해, 〈중화학원〉이라는 민족의식을 고취하는 소학교가 세워지는 것과[14] 밀접한 관련이 있다. 사회적인 영향뿐만이 아니라, 민요에도 큰 영향을 끼쳤기 때문이다. 이 곡들은 대부분 항일투쟁 공간에서 불려졌던 민요라고 할 수 있으며, 서남해지역 민요 중에서도 완도가 가지는 특징을 보여주는 사례에 속한다.[15]

다음으로 서남해지역의 도서해양적 정서를 드러내주는 민요를 보면, 대표적인 것으로 가거도 멸치잡이 노래와 진도 닻배노래를 들 수 있다. 가거도 멸치잡이 노래는 1988년 12월 23일 도지정무형문화재 제22호로 지정된 바 있다. 구성은 놋소리, 멸치모는 소리, 그물 넣는 소리, 술비소리, 그물 올리는 소리, 빠른 배젓는 소리, 풍장소리 외에 배내릴때 소리, 놋소리, 멸몰이소리, 그물지른소리, 긴소리, 잦은놋소리, 역수타는 소리, 긴뱃소리, 잦은 뱃소리, 풍장소리 등으로 꾸려져(최덕원, 1990; 442~450) 원해지역의 특성을 지니고 있는 것으로 파악된다. 메김소리와 받음소리 외에 샛소리 등을 넣어 다양한 효과음들을 내는 형식을 취하고 있다(전라남도, 1995; 73). 이것은 어로활동이 가지는 특색뿐 아니라, 서남해지역 나아가 남도문화의 특색 중의 하나로 해석할 수 있으며, 헤테로포니적 기법이라고 말할 수 있다.

연해지역의 어로요로는 진도의 닻배노래가 있는데, 음악편성이나 노래의 구성은 크게 다르지 않다.[16] 이들 음악편성의 특성 중의 하나는 장구가 사용

14 이외에 강진과 관련된 문화를 개괄적으로 살피는 데도 이 책이 유용하다.
강진신전들노래와 관련된 자세한 정보는 아래 책을 참고.
나승만, 이경엽, 이윤선, 『부활하는 대지의 소리 강진 들노래』, 강진군, 목포대도서문화연구소, 2003.

15 기왕에 조사 보고된 바 있는 영암군의 민요를 보면, 노동요로 모찌고 심는 소리, 논맴소리(들머리, 아리사구나 류, 들래기류, 세화자, 에염소리, 만드리 풍장소리 등), 장원질소리, 밭맴소리, 도리깨질소리, 물품는소리, 길쌈노래, 제분요(디딜방아, 절구방아찧기), 노작요, 소부림말, 등짐소리, 나무꾼소리, 터다짐소리, 상량소리, 어로요 등이다. 동요로 새, 곤충 등을 소재로 한 것, 다리헤기, 애기어룸소리(들강달강 류), 자장가, 깍쟁이돌리기, 잇빨빠진 호대감씨 등이 수집되었다. 여흥민요는 놀이요와 일반요로 나눌 수 있는데, 놀이요로는 강강술래, 춘향놀이, 둥당애당 등이 있고, 일반민요로는 시집살이류, 사춘성님, 엿, 남녀간의 사랑, 신세자탄, 담배 등이 있다. 이외 산아지타령, 아리랑, 양산도, 흥타령, 육자배기 등이 있다. 의식요로는 줄멤소리, 혼인가마소리, 상여소리, 비손, 독축, 농악 굿소리 등이 수집되었다.

16 남도문화재 출전 등을 비롯해, 가사, 연행 내용 등을 참고할 수 있다.

되지 않고, 북을 중심으로 연행된다는 점이다. 이외에 진도의 빈지래기타령과 완도의 오징어타령 등도 해물을 통해 민중의 삶을 풍자한 서남해권역의 독특한 민요라고 할 수 있다(이윤선, 2006).

서남해지역 민요의 특성 중의 하나는 의례요에 있다. 특히 만가와 밤달애, 다시래기 등에서 연행되는 음악이 특징적이다. 이것은 전남권 내에서도 서남해지역에 집중적으로 나타나는 음악양식이자 놀이형식이다. 특히 북이나 장구 등의 풍물을 곁들인 만가형식은 기록에 나타난 것만으로도 18세기 이전으로 거슬러 올라간다. 김이익(1743~1830)이 지은 순칭록(1804)을 보면, 진도의 상여 행렬에서는 요령 대신 북을 친다는 대목이 나오는 까닭이다. 소치 허련(1809~1892)이 1873년 진도군수에게 건의한 변속팔조變俗八條에도 거전타고擧前打鼓를[17] 금하라는 내용이 있다. 이런 일부의 기록들을 통해서, 상여 앞에서 악기를 치면서 운구하는 진도의 상례 풍속이 오랜 전통을 가지고 있음을 확인해볼 수 있다. 사실 이것은 진도뿐만이 아닌 고려시대의 기록에서도 보이는 전국적인 민간 습속 중의 하나였다. 따라서 이 기록들은 다른 지역에서 이미 없어진 풍속이 진도에 오랫동안 남아 있는 증거라고 말할 수 있다.

원래 진도에서는 만가를 상여소리라고 했는데,[18] '상여소리를 한다', '상여 운구를 한다', '생애喪輿 나간다' 등의 동사動詞적 개념으로 사용해 오던 말이다. 대체로 진도만가는 두 가지 유형으로 나눠진다. 씻김굿의 길닦음곡을 차용한 연희집단의 유장한 만가輓歌 즉, 신청집단의 상여소리가 있는가 하면, 일반적으로 진도 내에서 행해지던 상여소리가 있다. 전자는 전남도지정 무형문화재 제19호로 지정되어 있는 '진도만가'를 지칭하는 것이고, 후자는 '애소

17 노동요로 보리타작노래, 가래질하는 노래, 말박는 노래, 목도하면서 부른 노래, 맷돌질, 방아찧으면서 부르는 노래, 아기보면서 부르는 노래, 노저으면서 부르는 노래, 멸치잡으면서 부르는 노래, 집터 다질 때 부른 노래, 나무하거나 풀 베면서 부른 노래, 길쌈할 때 부른 노래, 바느질에 관한 노래, 김발하면서 부른 노래, 그물질하면서 부른 노래, 기타 고기잡으면서 부른 노래 등이 있고, 의례요로, 상여소리, 묘를 만들면서 부르는 노래, 혼례식에서 가마매는 소리 등이 있으며, 유희요로 산다이 하면서 부르는 노래, 널 뛰면서 부른 노래, 연을 날리면서 부른 노래, 강강술래하면서 부른 노래, 그네 뛰면서 부른 노래, 아이들이 놀면서 부른 노래 등이 있다. 창민요로는 육자배기 흥타령, 시집살이요, 서사민요, 기타 타령 등이 있다. 민족운동가로 일제때 야학에서 독립운동하자고 부른 노래, 갑오동학혁명 때 부른 노래, 야학교 교가, 마을 응원가 등이 있다.

18 허경회, 『완도지역의 설화와 민요』에서 재인용, 허경회, 『도서문화』에서 재인용.

리'와 '가난보살'소리를 위주로 하는 일반적인 상여소리를 지칭한다. 특히 신청집단의 상여소리는 재산이 넉넉한 집에서 전문연희패들을 불러서 행하는 것이므로 특수한 경우에 해당된다. 삼현육각의 반주가 곁들여지는 것이 이런 경우다. 진도를 제외한 서남해지역의 상여소리는 대부분 후자의 상여소리가 주류를 이룬다. 예를 들어 강진읍 기룡리의 상여소리는 '어널소리'와 '관암보살', '달구소리' 등으로 구성되어 있다(문화재관리국 문화재연구소, 1980; 161~169).

진도지역의 다시래기와 신안지역의 밤달애도 전형적인 서남해지역의 의례놀이라고 할 수 있다. 비금도 발달애의 경우, 노래의 순서는 서장가, 주문가, 본장인 밤달애노래, 종장인 매화타령 등으로 꾸려진다. 이외 잡가 등이 곁들여지는데, 개미타령, 다리타령, 신세타령, 단지타령, 시누타령, 이타령, 장모타령, 산풀베는 소리 등이 추가된다(최덕원, 1990; 458~474, 진도군, 1993; 349). 진도지역의 다시래기는 다시래기소리, 중타령, 개타령, 경문소리, 가래소리 외에, 진염불, 중염불, 하적소리, 제화소리 등의 상여소리를 곁들이는 구조로 되어 있다(진도군, 1993; 349).

그러나 무엇보다 서남해지역의 민요와 민속놀이 중의 특징은 강강술래에 있다고 하겠다. 강강술래는 고대의 의례와 굿판의 기능을 구현해내는 연행태로서 춤, 노래, 놀이가 삼위일체를 이루는 종합예술적인 구비전승으로 변화해 왔다고 할 수 있다. 특히 풍요기원이라는 의례적인 행위를 수행하는 신성지향의 가무가 전승집단의 성향에 의해 차츰 오락적인 성향이 강화되면서 세속지향의 노래로 변화했다고(서해숙, 1999; 112) 볼 수 있다. 따라서 원시종합예술기원설에 근거하여 강강술래를 정의해본다면, 강강술래는 '여러 사람이 둥글게 손잡고 늘어서서 춤추며 부르는 소리'이며, '여러 사람이 소리하며 둥글게 손잡고 돌아가며 추는 춤'이기도 하고, '여러 사람이 둥글게 손잡고 소리하고 춤추며 노는 놀이'라고(이보형, 1990; 138) 할 수 있다. 다시 말하면 강강술래는 노래, 춤, 놀이의 종합체이고 이면의 기능은 의례와 구애求愛를 중심으로 한다고 말할 수 있다(이윤선, 2004). 진도지역의 사례로는 은파유필恩波遺筆의[19] 기록도 참고할 만하다. 이 기록 중에서 강강술래를 읊은 시구詩句와 팔월 한가위의 풍속을 읊은 시구詩句들이 대체로 음악과 관련된 것이기 때문이다.[20]

3. 민속음악의 재창조 전통

본고는 한국 서남해지역의 민속음악이 어떻게 전개되었는지 개괄하고, 그 특징을 살펴보는 것을 목적으로 삼은 글이다. 먼저 서남해지역이 갖는 지리적 맥락을 간략하게 살펴보았다. 상고시대부터 현재에 이르기까지 이 지역은 도서지역과 영산강이 끊임없이 만나고 소통하는 공간이라는 점을 확인하였다. 따라서 도서와 내륙이 영산강을 매개로 끊임없이 서로 만나서 새로운 문화를 창조해내거나 변화시키는 문화접변의 현장이었다고 말할 수 있다고 보았다. 다시 말해 무엇인가 끊임없이 창조해내는 능력이 지리적 조건을 통해서 생태적으로 잉태되었던 지역이 아닌가 생각한다는 것이다.

각론에서는 당제 및 민요·민속놀이를 통해서 서남해지역의 민속음악이 어떻게 전개되거나 혹은 변천되었는지 검토해 보았다. 먼저 당제를 토대로 한 종합예술음악에 대해 살펴보았다. 당제는 도서해안 지역에서 행해진 전통적인 마을 굿이었고, 또 대부분의 마을에서 행해온 것임을 확인하였다. 나아가 이것은 전문적인 풍물음악으로 발전하여 관련 명인들을 배출해내기도 했다. 특이한 것은 내륙지역에서 장고의 명인들이 많이 출현한 것에 비해, 서남해지역에서는 북의 명인들이 많이 출현했다는 점이다. 이것은 서남해의 지리적 배경과 만선풍장 등의 어로문화가 갖는 북 위주의 풍물편성에 기인하는 것으로 해석할 수 있다고 보았다. 대표적인 것은 진도의 북춤과 관련된

19 자세한 내용은 아래의 글을 참고할 수 있다.
졸고, 「닻배노래의 교섭양상과 공연화에 나타난 변화 양상」, 『한국민요학』, 한국민요학회, 2006.

20 상여 앞에서 북을 치는 것.

명인들인데, 이런 맥락 때문에, 진도북놀이가 무형문화재로 지정되기도 했다는 것이다.

진도에서 북을 전문으로 다루었던 사람들로는 양태옥梁太玉(1919~2003, 군내면 정자리 출신), 장성천張成天(1923~1993, 임회면 석교리 출신), 박관용朴寬用(1921~, 진도읍 출신), 곽덕환郭德煥(임회면 상만리 출신), 박병천朴秉千(지산면 인지리 출신) 등이 선조들의 기예를 창조적으로 계승하고 발전시킨 주역들이라고 말할 수 있겠다. 이 뒤를 이어 회자되는 사람들은 대개 본명보다 속명으로 알려진 이들이 많은데, 조도 꼴기미의 최우물, 포산의 돌무채, 해남 옥동의 꼭지바 등이 그들이다.

민요에 있어서는 예를 들어 내륙지역의 논일노래가 남성들에 의해서 연행되는 데 비해 도서지역에서는 여성들에 의해 연행된다는 기왕의 사실을 재확인하면서 서남해는 이 양자가 적절하게 조화된 공간이라는 점을 드러내보이고자 했다. 특히 서남해지역의 민요와 민속놀이 중의 특징은 강강술래에 있다고 보았다. 강강술래는 고대의 의례와 굿판의 기능을 구현해내는 연행태로서 춤, 노래, 놀이가 삼위일체를 이루는 종합예술적인 구비전승으로 전승해왔음을 다시 한 번 확인하였다. 민요 중의 또 하나의 특징은 의례요에 있다고 보았다. 만가와 밤달애, 다시래기 등에서 연행되는 음악들은 전남권 내에서도 서남해지역에 집중적으로 나타나는 음악양식이자 놀이형식이기 때문이다. 특히 북이나 장구 등의 풍물을 곁들인 만가 등의 의례요 형식은 기록에 나타난 것만으로도 18세기 이전으로 거슬러 올라감을 확인하였다.

다만, 강강술래를 고대적 형태라고 유추함에도 불구하고 그 구체적인 형태를 확인할 수는 없다. 단지 신안군이나 진도군에서 조사된 바 있는 남녀통합의 강강술래 전통으로 볼 때, 전술한 국중대회의 형태들이 강강술래의 전형前形일 것이라는 추론을 할 수 있을 뿐이다. 서남해에서 강강술래가 전승보존되고 있는 지역은 아무래도 해남과 진도지역이다. 이것은 국가지정

무형문화재 8호로 지정된 맥락과도 무관하지 않아 보인다. 서남해지역의 강강술래는 대부분 임란과 연결시켜 해석하는 경향이 강하다. 해남과 진도뿐 아니라, 연해지역이 대부분 그렇다. 예를 들어 목포시의 고하도 강강술래도 임진왜란기원설과 밀접하게 관련되어 있다고 말한다. 이순신이 명량해전에서 대승을 거둔 후 고하도로 옮겨 100여 일 이상 머물면서, 고하도 진성 등을 축조한데서 연유한다는 것이다. 1970년대에는 그래서 충무강강술래라고 부르기도 했다(김경옥, 2004; 92~101, 목포문화원, 1990, 111~119). 고하도 강강술래의 순서는 주로, 느린달놀이, 부녀놀이, 거꾸로 돌기, 바르게 돌기, 돌면서 빨리 느리게, 같이 부르기, 병참놀이, 울둘목 물결놀이 등이 안무되며, 가사도 임진왜란과 상관된 가사들이 많이 불려진다(전라남도, 1995; 128~129). 그러나 임진왜란시의 강강술래에 관해서 원무圓舞 이외의 여흥놀이들이 전술로 활용되었다는 단서를 아직 포착하지는 못하였다. 어쨌든 여러 가지 맥락을 종합해봤을 때, 강강술래가 본래 서남해지역을 중심으로 전남권역에서 전승되어 오다가 전국적으로 전파된 민속놀이라는 말해도 큰 무리는 아니라고 생각한다.

(섬학회지, 2007.6.30)

소포만의 간척기干拓期 민속음악 변화연구*

-남도들노래, 진도만가, 진도북놀이를 중심으로-

1. 서론

본고는 진도군 소포만의 간척과 이 시기를 전후해서 일어난 민속음악, 특히 '중요무형문화재'로 지정된 남도들노래와 '무형문화재'로 지정된[1] 진도만가, 진도북놀이의 변화 양상을 추적해보고자 시도된다. 이 세 가지 무형문화재에 초점을 맞추는 이유는 이들의 본거지가 소포만에 속해 있기 때문이다. 물론 진도 전체의 7종의 무형문화재들이[2] 거의 모두 소포만문화권의 영향 속에 있음은 주지의 사실이다. 예능보유자로 지정된 구성원들이 대부분 이 권역에 속해있기 때문이다. 그러나 논의를 소포만이라고 하는 공간 속에 좀 더 집중시키기 위해서, 진도 전역을 망라하는 종목보다는 해당 종목의 본거지뿐만 아니라, 관련자들의 주거지가 소포만을 중심으로 하는 경우만을 선

* 이 논문은 2003년도 한국학술진흥재단의 지원에 의하여 연구되었음(KRF-2003-043-A00082).

1 국가가 지정한 무형문화재를 〈중요무형문화재〉라고 하고, 도나 시가 지정한 무형문화재를 〈무형문화재〉라고 한다.

2 진도에는 7종의 무형문화재들이 지정되어 있다.
국가지정 중요무형문화재 : 강강술래, 남도들노래, 진도씻김굿, 다시래기
전남도지정 무형문화재 : 진도만가, 진도북놀이, 남도잡가

택하였다. 따라서 진도씻김굿, 다시래기, 남도잡가, 강강술래 등 진도 전역에 걸쳐 관련자들이 분포하고 있는 종목은 본고에서 다루지 않기로 하였다.

시기적으로는 소포만이 간척되었던 1960년대 후반에서 1970년대가 대상이 되지만 80년대도 직간접적인 영향이 있으므로 함께 다루어진다. 공간적으로는 소포만을 중심으로 생업활동을 영위하던 지산면 및 임회면 일부, 진도읍 일부가 대상이 된다. 즉, 소포만이라고 하는 해로를 통해서 내륙 혹은 타 지역과 교류했던 권역이므로, 진도읍의 해창만과 임회면 십일시의 내만內灣을 포괄하는 전체 권역이 배경이 된다고 볼 수 있다.[3] 그러나 논의의 핵심은 지산면 중심의 진도 서부문화권이 될 것이다. 왜냐하면 본고에서 살피고자 하는 세 가지 무형문화재의 분포권이 이곳이기 때문이다. 대체적으로 남도들노래와 진도만가는 지산면 인지리와 소포리를 거론할 수 있겠고 진도북놀이는 지산면 소포리와 임회면 석교리를 거론할 수 있겠다.

흔히 진도의 문화권을 구분할 때, 진도읍을 중심으로 좌우를 나누는 것은 바로 소포만을 경계로 한 구분법이다. 이 구분에 의하면 조도면 일부를 포함한 지산면을 진도의 서부문화권으로, 진도읍·군내면·고군면·임회면일부를 묶어 진도의 중·동부문화권으로 나눌 수 있다. 본고에서는 이같은 맥락을 전제하여, 임회면 일부와 진도읍 일부를 포함한 지산면을 중심으로 하는 진도 서부문화권을 '소포만문화권'으로 통칭하고자 한다.

본고에서 주목하는 것은 민속음악의 변화이지만 그 배경으로 주목하는 것은 소포만의 간척이다. 간척은 바다가 농경지가 되었다고 하는 물리적 변화 외에도 보다 근원적인 변화의 맥락을 내포하고 있다고 보기 때문이다. 특히 1960년대 이후의 간척과 새마을운동은 근대화의 시대정신이라는 점에서 매우 닮아 있다. 물론 간척의 역사는 삼국시대로 거슬러 올라가지만 본고의 논

3 內灣과 外灣이 구분되는 것은 아니다. 다만 서술의 편의를 위해 지산면 소포리를 중심으로 하는 외만 즉, 소포만의 입구와 임회면 십일시를 포함하는 내만으로 구분하여 설명할 수 있겠다. 여기서의 해창만은 진도 서부 해로를 통한 진도읍의 관문이긴 하지만 소포만의 지류적 성격을 지니기 때문에 동일 권역으로 해석해도 무리는 없다고 생각된다.

점과는 다르기 때문에 언급할 필요는 없다고 본다.[4]

한편, 간척의 변화가 민속음악의 변화를 직접적으로 유도했는지를 본고에서 밝히고자 하는 것은 아니다. 민속음악의 변화가 간척의 변화를 이끌어냈을 수도 있기 때문이다. 따라서 이 양자의 관계가 어느 한편에 의해 유도되었음을 밝히기보다는 60년대 이후의 '조국근대화'라고 하는 시대적 이념을 고찰하는 편에 본고의 방향을 두고자 한다. 소포만이 간척된 시기적 혹은 시대적 경향에 초점을 두게 된다는 뜻이다. 이 시기는 새마을운동과 무형문화재지정이 한꺼번에 일어난 매우 주목할 만한 시점이라고 할 수 있는데, 공교롭게도 진도의 가장 크고 긴 소포만의 간척기와 맞물려 있다. 물론 이 시기가 진도만의 특성을 드러냈던 것은 아니다. 국가적 또 시대적으로 근대화라는 거대한 흐름 속에 포함되어 있기 때문이다. 즉, 이 시대의 경제적 행동을 규율하거나 문화적 행동을 강권했던 시대정신이 여러 가지 변화의 맥락 속에 들어있다고 말할 수 있다.

주지하듯이 이 시기를 전후해 전국을 강타한 새마을운동은 근대적 부강운동의 하나였다. 특히 농어촌사회에 강고한 이데올로기로 기능해온 바 있다. 이 이데올로기는 정치적, 물질적 영향뿐 아니라 정신적 면에서도 매우 큰 영향력을 행사했다. 지속가능한 발전에 대한 논의나 '오래된 미래'로서의 민속 즉, 사람들의 전통적 삶에 대한, 스스로 고민할 수 있는 틈을 주지 않은 채, 근대적 경제발전에 대한 논리로 우리 사회를 장악했기 때문이다. 이런 측면에서 새마을운동의 생산증가운동은 바다를 막아 농지로 바꾸는 간척의 정신과 무척 닮아 있다고 생각하는 것이다. 그런데 아이러니한 것은 동일한 시기에 국가에서는 전통을 보존하고 계승한다는 명목으로 문화재법을 만들고 문화재들을 지정했다는 사실이다. 시기적인 차이는 다소 있지만 소포만문화권

4 이런 논리에 따르게 되면 입도(入島) 이전의 고려시대 혹은 삼국시대 음악까지 다루어야 하는 상황에 이르게 된다. 따라서 본고는 간척 자체의 맥락이나 의미를 따져 묻기보다는 1970년대 전후에 일어난 민속음악의 시기적 변화에 초점을 두고자 한다.

의 경우 남도들노래, 진도씻김굿, 진도만가, 진도북놀이 등이 연차적으로 준비되거나 지정된다. 진도의 국가지정 및 도지정으로 지정된 '중요무형문화재'와 '무형문화재'가 7종임을 감안하면 이들 전술한 무형문화재를 포함하여 소포만의 민속음악을 논하는 것이 곧 진도의 민속음악을 논하는 것이나 다름없다고 해도 과언이 아니다.

본고에서는 소포만의 간척기라는 6~70년대의 시기적 배경 속에서 일어난 공간의 변화를 새마을운동의 정신적 맥락과 관련지어 살펴보고, 이어서 이 시기에 일어난 무형문화재 지정의 맥락을 살펴보고자 한다. 간척이라고 하는 상전벽해의 공간 변화처럼 문화재 지정 이전과 지정 이후의 민속 문화적 맥락도 변화했을 것으로 이해되기 때문이다. 결국 민속음악의 소통 혹은 배경으로 기능하던 소포만이라는 공간적 변화와, 민속음악 혹은 문화재지정음악이라고 하는 문화적 변화를 통해 사실상의 진도민속음악에 대한 변화의 맥락을 짚어보고자 하는 것이 본고의 목적이라고 할 수 있겠다.

2. 소포만의 역사와 지리적 배경

소포만은 진도군의 서부와 중·동부를 가르는 깊은 만을 말한다. 본래 소포만은 진도서부의 관문이자 통로였고 대외적, 대내적으로 나루를 통해 교통해온 문화와 물산의 루트였다. 물론 진도서부지역 뿐만 아니라 진도읍을 포함한 진도 중부의 일부지역까지도 전통적으로 소포만을 통해서 타지역으로 이동하거나 교류해 온 바 있다. 근대 이후 영산강을 통한 내륙과의 문물교류와 이동이 지산면 소포나루(소포만)와 진도읍의 고작굴나루(해창만)를 통해 이루어졌던 것은 주지의 사실이다. 목포 개항 이전부터도 영산강을 통한 남도내륙과의 교류 및 이동, 그리고 서해안으로의 이동이 소포만을 통해서 이루어졌다고 볼 수 있다. 역사적으로 삼별초의 입도나 이순신의 명량해전, 그리고 행정과 관련한 이동이 진도동부의 울돌목을 통해 이루어졌던 것과는 약간의 변별성을 가지고 있는 셈이다.

소포만의 핵심 지역인 지산면은 본래 내만內灣 끝쪽에 있는 임회면에 부속되어 있었다. 이것은 임회면과 지산면이 문화권적으로도 한 권역임을 시사한다. 조선시대 중엽에는 지산면 관마리에 관마청을 두고 감목관(정6품)을 배치하게 되는데, 이때부터 목장면이라 칭하고 면치를 시작하게 된다. 1813년에는 감목관제가 폐지되고 진도군수 치하에 편입되게 된다. 1895년인 고종 32년에는 소포만의 끝에 있는 석교리 등을 임회면으로 이관하고 지력산의 이름을 따서 지산면이라고 칭하게 된다.

따라서 현재의 지산면은 약 100여 년 전에야 그 이름을 얻었다고 할 수 있다. 그 이전인 백제시대에는 매구리현, 신라시대에는 탐진현에 속해 있었고, 조선시대까지 임회면 일대를 포함하여 목장면으로 불려온 것이다. 본래

〈그림 1〉 대동여지도에 나타난 목장면과 소포만

목장면으로 불리던 지산면의 호수를 보면 1759년 여지도서에 488호, 1871년 진도읍부지에 640호로 나온다. 이것은 임회면을 포함한 수치이므로 면적에 비해 상대적으로 적은 인구수를 말해준다.

〈그림 1〉의 지도는 이를 상징적으로 보여준다.[5] 소포만은 물론이고 서부권의 크기가 심하게 축소되어 나타나기 때문이다. 역사적으로 진도 내에서 크게 주목받지 못한 지역임을 상징적으로 보여주는 셈이다. 즉, 조선시대까지만 해도 현 단계의 소포만문화권이 존재하지 않았거나 거의 미미했음을 나타내주는 사례로 볼 수 있다. 마을의 입향조나 마을 유래를 통해서도 진도 중·동부지역에 비해 후대의 사례들만이 확인되는 것은 이러한 역사적 배경이 있기 때문이다.[6]

그러나 〈그림 2〉에서 볼 수 있듯이 간척 이전의 소포만은 동쪽의 진도읍까지 관통되는 해창만과 남쪽의 임회면을 포괄하는 즉, 진도의 서부와 동부를 관통하는 긴 만이었음을 알 수 있다.[7] 이 만은 해로라는 관점에서 보면, 대외적 교류는 물론이고 진도 내의 동서를 잇는 소통의 역할을 해 주었다고 말할 수 있다. 물론 외부 포구를 통해서도 교류가 이루어졌을 것이지만 특히 진도의 동서를 가르고 있는 지형적 조건에 주목할 필요가 있다. 동쪽과 서쪽이 서로 교류하기 위해서는 소포만 내에 속한 나루를 통해서 왕래했을 것이 틀림없기 때문이다.

해로를 통한 교류는 역사적으로 증명된다. 대표적인 것은 조운제도다. 조운은 선박에 의한 조곡의 운송을 말하는 것이지만, 고려나 조선에서 이러한 제도가 조정에 의해 운영된 것은 제정을 확보하기 위한 거의 유일한 방편이었기 때문이다. 특히 조선왕조가 그 재정기반을 구축하기 위하여 토지제도,

5 고대지도는 실측이 아닌 까닭에 제작자의 관심도에 따라 크기를 표시하는 사례들을 볼 수 있다.

6 예를 들어 진도동부지역의 고성마을은 삼한시대 이전의 치소로 알려져 있는데 반해, 진도서부지역은 조선시대의 관마청이 있던 지산면 관마리 등의 역사가 뚜렷할 뿐, 그 외는 이전시대의 역사가 뚜렷하게 부각되지 않는다.

7 GIS 복원지도 제공 : 문병채(목포대학교 도서문화연구소 공동연구원).

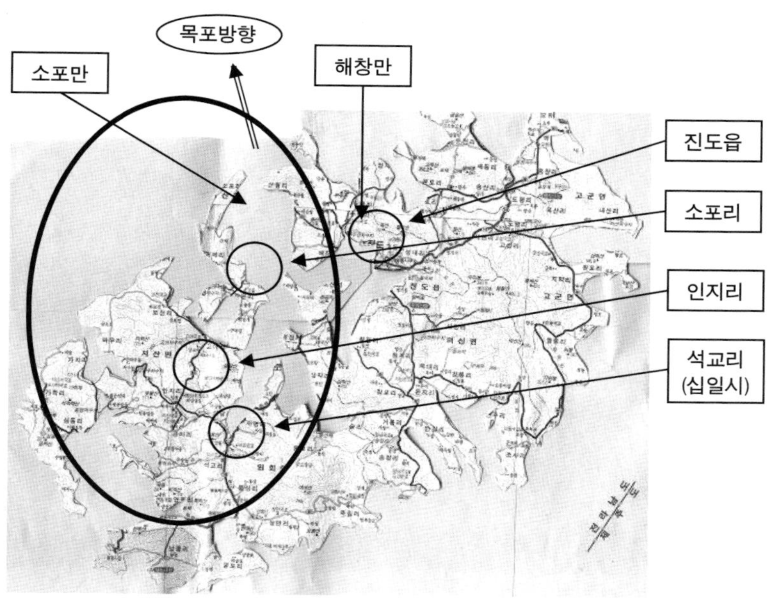

〈그림 2〉 간척이전의 소포만과 주요 마을

부역제도 및 공납제도 등 중앙집권적 수령제도를 완성하고, 전국 토지에서 징수한 조곡을 원활하게 운송하기 위하여 실시한 것이 부역제도에 의한 관선조운제도官船漕運制度였다.[8] 소포만의 지류인 해창만의 해창海倉마을도 진도읍의 관문이자 나루역할을 했다는 점에서 창倉의 역할을 수행했거나, 진도내의 곡물의 집하나 교역이 이루어진 현장이었을 것으로 추정된다.[9] 진도가 섬이었기 때문에 외부와의 교류가 해로를 통해 이루어졌음은 두말할 필요가 없지만, 특히 조선시대의 공도空島정책으로 인하여 영산강 포구의 영암 시종

8 최완기, 『조선후기선운업사연구』, 일조각, 1997, 247~248쪽.
고려는 물론이고 조선시대에도 강운(江運)이나 해송(海送)에 편리한 삼남지방 곡창지대의 연해나 하천가에 조창(漕倉)을 설치해두었는데, 조창의 주 기능은 그 지방에서 산출되는 조곡을 거두어 두었다가 소정의 기일에 경창으로 조운하여 국가의 재정에 충당하도록 하는 것이었다. 창고라는 개념보다는 소관지역으로부터 조곡을 거두어들이는 기능을 하는 국가기관이었다. 이원철, 「우리나 전통 물류조직과 그 활동에 관한 소고」『해운물류연구』 제45호, 한국해운물류학회, 2005, 211쪽 참고.

9 해창이라는 마을명은 바닷가에 창고가 있다고 해서 붙여진 이름이다.

으로 진도의 인구가 이주되어 87년간 섬을 비웠던 사실 등은[10] 진도읍의 지리적 위치 등을 고려할 때 소포만의 역할을 추정할 수 있게 해준다.

또, 소포만의 안쪽에 포구라는 뜻의 '포浦'자를 사용하는 마을이 소포 외에도 포산浦山, 포구浦口, 장구포, 포서浦西, 소포동素浦洞 등 여러 곳에서 나타나는 것도 포구와 직접적 관련이 있다고 할 수 있다. 십일시는 진도읍장과 더불어 진도의 대표적 십일장十一場인데, 소포만의 가장 안쪽에 위치한 진도 서남부의 대표적 나루였다는 점에서 주목할 만하다. 이 긴 소포만을 따라 사람과 문화가 교류하거나 물류가 이동했음을 추정하는 단서는 내륙 쪽의 도로가 준설된 시기를 통해서도 엿볼 수 있다. 석교리에서 고야리를 거쳐 소포에 이르는 지동선은 1933년에 12.4km 연장 개설되고, 고방천을 가로질러 개설된 임회면 석교리의 십일시교는 1942년에 연장 36m, 교폭 6m로 혼응토조로 건설되었는데 1994년에 연장 30m, 교폭 10.5m로 개축되었다. 이것은 개설 이전의 교류가, 육로가 아닌 소포만의 여러 나루를 통해서 이루어졌음을 간접적으로 증거 해주는 것이다.

이런 지리적 조건 속에서 지산면의 소포리는 진도서부문화권의 관문역할로, 인지리는 지산면의 소재로서의 중심지 역할로, 그리고 석교리는 십일장과 소포만의 가장 안쪽 나루로서의 문화와 물산의 집하지로 역할 했다고 볼 수 있다. 진도읍이 치소로써 진도문화의 중심지였음은 두말할 필요가 없다. 따라서 본고가 진도의 서부문화권을 배경으로 삼고 있기는 하지만, 소포만을 중심으로 해로를 통해 교역된 물산과 문화가 전승・발전 혹은 잔존해 온 지역이 굳이 진도 서부문화권에 한정되지 않는다는 점을 전제해 둘 필요는 있다.

10 『옥주의 얼』, 진도문화원, 1982, 21쪽.

3. 소포만의 간척과 새마을 운동

소포만은 1970년부터 1977년까지 약 7년여에 걸쳐 간척되어 현재는 농토로 경작되고 있다. 그러나 이것은 간척공사에 소요된 기간만을 말하는 것이므로, 준비 작업까지 포함한다면 훨씬 이전부터 사실상의 간척이 실시되었다고 볼 수 있다. 소포만 간척공사사업은, 행정구역으로 보면 지도읍 해창리, 지산면 소포리, 진도읍 산월리를 포함하고 있다. 설치확정 승인이 1968년 9월 17일이므로 우리나라 간척사업이 한참 무르익을 시기라고 할 수 있다. 지산면 소포리와 진도읍 동소포를 잇는 외만의 긴 제방 축조를 통해 구역면적 1190.55ha와 몽리면적 86.5ha가 간척되었다.

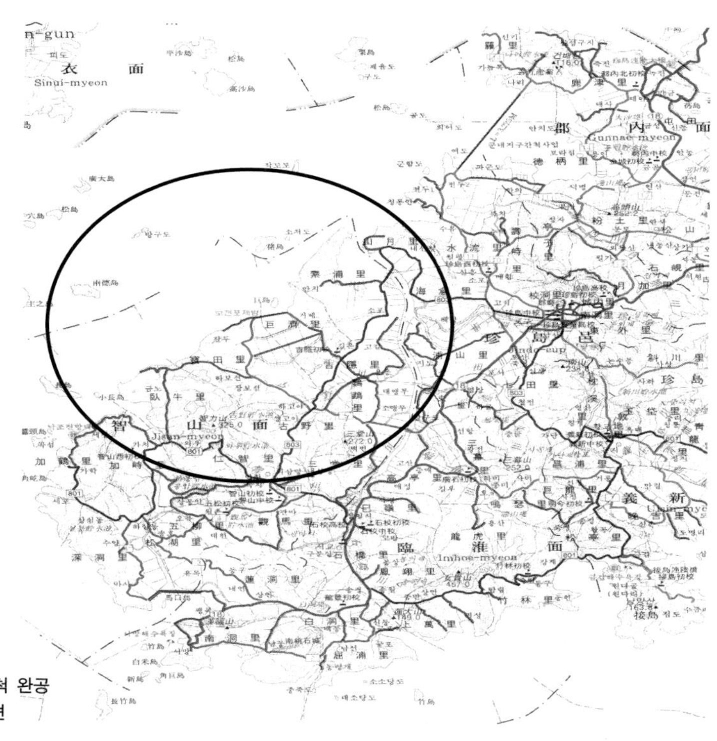

〈그림 3〉 1977년 간척 완공 후의 지산면과 임회면

〈그림 3〉에서 볼 수 있듯이, 긴 해로를 형성하고 있던 소포만은 〈그림 2〉와 매우 대조적인 모습으로 변해있다. 특히 소포만의 외만과 만의 중간지점인 앵무리에 도로가 개설되어 있음을 볼 수 있다. 나루를 통해 소통하던 해로가 육로로 바뀐 셈이다.

간척이 1960년대에 갑자기 일어난 것은 아니다. 가깝게는 일제강점기, 멀리는 고려시대까지 거슬러 올라갈 수 있기 때문이다.[11] 이 시기에 국가적 역량이 집중되었을 뿐이다. 지도에서도 나타나지만 리아스식 해안의 크고 작은 해안들은 역사 이래로 인위적이든 자연적이든 크고 작은 간척들이 지속적으로 이루어졌을 것임을 시사해준다.

한편 『신증동국여지승람』에는 "백성들이 고기와 소금에 의존하고 있으며 그다지 농사에 힘쓰지 않는다"라고 하였다. 이 시기까지는 농업보다 어업이 주된 생업이었음을 시사한다. 그러나 전라도 진도부읍지의 풍속조(1871)에는 "산이 바다가 되고 바다가 논이 되어 농업으로 생업을 삼는다"라고 하였다. 이때부터는 이미 간척이 이루어져서 생업화 되었음을 말해준다. 따라서 진도 내의 간척이 오랜 역사를 가지고 있었음은 이론의 여지가 없다고 하겠으나, 대규모 토목공사라기보다는 염생습지(Salt marsh)를 소규모의 점약한 흙제방으로 옥답沃畓화해왔다고 말할 수 있겠다.

그러나 본고의 배경이 되는 소포만의 간척은 역사 이래 일어난 진도의 간척 중에서 가장 규모가 큰, 그리고 근대적 공업기법이 활용된 사례에 해당된다. 이 시기의 간척은 국가적 정책이자 관심사였기 때문에 진도뿐만이 아닌 서해안의 리아스식 해안은 거의 전부가 간척의 잠재적 대상이었다고 볼 수 있다. 예를 들어 최근의 사회적 이슈로 떠올랐던 새만금 간척사업에 대한 일

11 고려시대에 진도에 간척이 있었을 것이라는 설은, 일부 지리학자들이 주장하는 것으로(문병채, 도서문화연구소 공동연구원) 진도를 거점으로 항몽활동을 펼치던 삼별초가 이전 거점이었던 강화도에서 간척을 했다는 기록에 근거한 것이다. 그러나 삼별초의 진도에서의 정주기간이 채 1년이 되지 않은 점들을 고려해보면 이 시기에 이들에 의한 간척이 실제로 일어났는지에 대한 문제는 보다 깊은 논의를 필요로 한다고 할 수 있다.

련의 과정도 사실 이런 국가적 정책의 배경이 지속적으로 이어져 왔기 때문이다.[12] 즉, 사라지는 농지 대체, 물 부족국가(2011년 18억 톤 부족)에 대처하기 위한 부족한 수자원 확보, 대규모 우량농지 조성으로 식량무기화에 대비, 그리고 통일시대 준비 및 기상이변, 국제 쌀시장의 취약성을 고려, 안정적인 식량지급 기반 마련 등을 목적으로 1991년 착공하였고,[13] 우여곡절을 거쳐 올해 물막이공사가 완료된 바 있다.

간척사업이 이 시기에 집중되었던 것은 우리나라의 근대적 산업화 및 이로 인한 도시화와 불가분의 관계에 놓여있다. 근대화는 수많은 공업 용지를 필요로 했고 수많은 인력자원을 필요로 했다. 공업용지의 확대는 상대적으로 농업용지의 부족을 가져왔고, 인력의 집중은 도시의 확장을 가져왔다. 그래서 상대적으로 부족해지는 토지의 확보를 위해 국가는 개간과 간척을 통해 토지면적을 확보할 수밖에 없었다는 것이 일반적인 논리다. 그러나 농업용지를 확보하기 위해서 간척만이 능사였던 것은 아니다. 1970년대까지의 토지개발은 주로 산지를 개간하여 농지화하는 것이었기 때문이다.

제 2차 5개년계획(1967~1971)이 실시되어 공업화가 본격화되고 도로 등 사회간접자본이 확대되면서 농지전용의 급증과 함께 산지전용도 증가하였다. 1971년까지 감소된 농지를 메꾸기 위한 개간이 이어졌다. 토지개발의 다음 대상은 간석지와 하천의 간척, 매립이었다. 1962년부터 1982년까지 이렇게 실시된 간척실적을 보면, 85.1%가 농경지였다.[14] 물론 간척된 땅의 활용이 농지에 국한되는 것은 아니다. 간척지로서의 이용은 대부분이 농업용지[田, 畓]로 이용되는 것은 사실이지만, 그밖에 초지, 잡종지, 염전, 수산양식지 등으로도 이용되고 있으며 매립으로 택지, 공업용지, 공용용지, 항만 등으로 이

12 http://sos.kfem.or.kr/ 이외에도 새만금 간척에 대한 정보는 인터넷을 통해 다양하게 구할 수 있다. 사회적 이슈가 컸던 만큼 다양한 사이트들이 만들어져 있기 때문이다.

13 심인보, 「새만금 간척지구 생태관광 개발방안」 『관광정보연구』, 한국관광정보학회, 2005, 166쪽.

14 「간척자원실태분석 및 활용방안연구」, 국토연 82-7, 국토개발연구원, 1982, 43쪽.

용되기 때문이다.[15] 이렇게 개발된 토지들은 땅값상승을 부채질하기도 하였다. 1960년대 이래 공업화, 도시화가 진전되면서 다른 물가보다 토지가격의 상승이 가장 현저했던 것이 이를 말해준다. 이를테면 1965~ 1980년 동안 도매물가는 약 10배, 주택가격은 38배로 오른데 비하여 지가는 무려 120배로 상승하였다.[16] 이러한 현상은 70년대 후반부터 두드러졌으며 특히 경기가 과열되었던 78년에는 한 해에 평균지가가 50%나 뛰었다.[17] 서남해안에 펼쳐있는 약 30만ha로 추정되는 간석지를 대상으로 한 간척자원조사는 이렇게 60년대 이래 7차에 걸쳐 행해졌다. 간척사업을 연도별로 보면 60년대에는 간척붐에 따라서 많은 사업이 인가된 것으로 나타난다. 1962년부터 1970년까지 9개년 동안의 허가건수는 총 면허의 93%에 이르고 있으며 면적으로는 거의 70%에 달한다.[18]

간척의 용도가 토지의 확보에 있다는 것은 식량의 증산과 직접적으로 연결된다. 식량의 증산은 당시 공업화의 목적 못지않게 중요한 목적이었다. 1910년부터 일제강점기에도 군수식량을 확보하기 위한 목적으로 근대적 기술의 대규모 간척사업이 호남평야를 중심으로 전개된 바 있다. 그러나 본격적인 '간척의 붐'이 일어난 것은 해방 이후의 식량난과 관련된다.[19]

즉, 간척지는 농경지의 개발이 핵심이 된다. 우리나라 간척의 궁극적인 목표는 간척지의 85%를 농경지화하는 데 있었다. 동일한 농경지라도 아시아의 간척지는 논으로 이용되나, 수리남Surinam에서는 재식농업에 이용되며 서구에서는 소맥이나 과수재배에 주로 이용되는 것과 다르다.[20] 해방 이후 우리나라는 400㎢ 이상의 면적이 간척 또는 매립에 의해 증가되어 농경지 또는

15 윤양수 · 지광효, 「우리나라 간척사업의 실태분석(1910년~현재까지)」『국토연구』, 국토연구원, 1982, 200쪽.
16 서울신문, 1983년 8월 6일자.
17 김동희, 「간척개발의 경제적 타당성 및 추진방안에 관한 고찰」『농업경제연구』 제25집, 한국농업경제학회, 1984, 107쪽.
18 윤양수 · 지광효, 「우리나라 간척사업의 실태분석(1910년~현재까지)」『국토연구』, 국토연구원, 1982, 207쪽.
19 길기현, 「한국 서남해안의 간척지에 대한 지리학적 고찰」『지리학연구』 9집, 국토지리학회, 1984, 127쪽.
20 위의 책, 133쪽.

공업용지 등으로 이용되고 있다.[21]

해방 후 1961년까지는 간척에 큰 진전이 없다가, 1962년 제3기에 들어 새로운 국면을 맞게 된다. 토지개량사업법의 제정에 이어서, 간척사업의 효과적인 시행을 위하여 조선공유수면매립법을 대체하는 공유수면매립법의 제정 공포와 제1차 경제개발 5개년계획의 실시로 식량증산을 위한 농지개량사업이 농지조성으로 전환됨으로써 국가시행 대규모 간척사업이 전면적으로 실시되게 된 것이다.[22] 이 기간 동안에 국가적 규모로 실시된 것 중에서 본고와 관련 있는 소포만이 포함되어 있다. 대개 우리나라 간척의 역사를 1910년 이후부터 3기로 나누는데, 소포만의 간척은 3기에 해당된다.[23] 1968년 9월 17일자로 '공유수면매립공사' 인허가를 취득한 소포만 매립공사는 1977년 7월 31일 8년간의 긴 공사를 마무리하였다. 이후 농지로 개간하면서 소포만 관할구역 내에 있는 지역민들에게 토지가 분할되었다.

이상에서 볼 수 있듯이, 소포만의 간척은 국가적 시책으로 이루어진 것이었고 그 목적은 농지의 확보와 식량의 증산에 있었다고 할 수 있다. 그런데 사실상의 식량증산계획은 간척의 붐보다 일찍 일어났다. 1953년에는 농업증산 5개년계획이 시행되었기 때문이다. 이것은 뒤이을 새마을운동과 직접적인 관련을 맺게 된다. 1958년부터 제2차 농업증산 5개년계획을 실시하고, 1962년에는 개간촉진법을 제정하여, 1960~1965년 사이에 논 8만 정보, 밭 15만 1천 정보를 개간하는 등의 일련의 조치가 이에 해당한다. 이윽고 1967년에 농업기본법이 제정되었으며,[24] 1960년대 말 이후 농가경제를 획기적으

21 윤양수 · 지광효, 「우리나라 간척사업의 실태분석(1910년~현재까지)」『국토연구』, 국토연구원, 1982, 198쪽. 우리나라 국토 면적은 1900년 이후 약 900㎢ 정도가 증가하였는 바 이는 모두 간척 및 매립에 기인한다. 대개 우리나라의 간척은 제1기(1910~1945), 제2기(1945~1961), 제3기(1962~현재)로 나눈다. 제1기는 주로 일제강점기의 곡량생산증가를 위한 정책으로 실시된 것들이다. 본격적인 우리나라 간척사업은 일제에 의해 시작되었다. 한국의 병점기지화에 따른 상미증산계획의 일환으로 토지개량사업으로, 국가의 적극적 뒷받침하에 대부분 민간 주도로 실시되었다.

22 윤양수 · 지광효, 「우리나라 간척사업의 실태분석(1910년~현재까지)」『국토연구』, 국토연구원, 1982, 202쪽.

23 위의 책, 201쪽.

24 이행 · 박섭, 「한국 근현대의 국가와 농민 : 새마을운동을 중심으로 해서」『한국정치학회 4월 월례발표회』, (사)한국정치학회, 1997, 133쪽.

로 개선한 경영사례가 다수 보고되었는데, 박정희정권이 새마을운동의 가능성을 발견하게 된 계기도 바로 이들 독농가의 탄생에 있었다.[25]

새마을운동이 시작된 것은 1970년 겨울이었다. 정부는 마을에 일률적으로 시멘트를 335포대씩 나누어주었으며 마을 개발위원들이 상의하여 평소에 원하고 있었던 일을 하도록 했다. 농민들의 반응이 예상외로 높았다. 이것이 자극을 받은 정부가 1971년 겨울부터 농촌개발 사업에 본격적으로 착수하게 된 것이다.[26] 이처럼 새마을운동은 박정희의 지시에 따라 내무부가 1970년 말 농한기부터 1971년 5월까지 반년 간에 걸쳐 전개한 '새마을가꾸기사업'으로부터 시작되었다.[27] 1970년대 중반에 사업의 중심이 초기의 환경개선사업에서 소득증대사업으로 옮겨지고, 운동의 추진주체로 새마을운동협의회가 설립되었던 것이다.[28]

여기서 짚고 넘어가야 할 두 가지의 문제가 있다. 하나는 자연영향에 가까운 소규모의 간척을 통해 농지를 확보하는 차원이 아니라, 대규모의 토목공사를 통해 인위적으로 시행하는 간척에 관한 것이다. 바꾸어 말하면, 간척을 가능하게 하는 인식의 배경에는 바다 혹은 갯벌은 무용지물이라는 관념이 전제되어있다는 점이다. 공유수면이 효율성이 떨어지기 때문에 경제적 효율성이 높은 농지 혹은 대체지로 바꾼다는 논리가 들어있다는 뜻이다. 이 관념은 고스란히 새마을운동으로 전이된다. 새마을운동의 핵심적인 이념은 근대화와 산업화에 있기 때문이다.

또 하나는 새마을운동이 표방하는 근대성에 관한 것이다. 새마을운동이 지향한 근대성의 내용은 1972년 개최된 전국지방장관회의에서의 결정 사항

25 서울대학교 새마을운동 종합연구소 편, 『새마을운동의 이념과 실제』, 1981, 152~155쪽.

26 이행 · 박섭, 「한국 근현대의 국가와 농민 : 새마을운동의 정치사회적 조건」, 『한국정치학회보』 31권 3호, 한국정치학회, 1997, 52쪽.

27 국무총리실, 『새마을운동의 성과분석』, 1972.

28 김홍순, 「근대화 프로젝트로서의 새마을운동에 대한 비판적 고찰 : 1970년대를 중심으로」, 『한국지역개발학회지』 제12권 제2호, 한국지역개발학회, 2000, 22쪽.

을 통해 구체적으로 드러난다. 회의는, 새마을운동의 성공적 수행을 위해서 국민의 정신계발이 중요한데, 특히 농촌의 비생산적 인습이 타파되어야 한다고 주장한다.[29] 새마을운동의 지향점을 낡은 것을 벗어버리고 새것을 추구하는 실천운동으로 규정하고, 새것이란 능률적이고 합리적인 것이라고 주장한다.[30] 새마을운동이 추구한 근대성은 진취적이고 자립적인 정신, 과학적이고 합리적인 정신과 생활양식, 위생적이고 합리적인 생활환경, 그리고 경제적인 풍요로움으로 설명되며 이중 경제적 성장은 나머지 제 근대성의 선결조건으로 제시된다.[31]

이러한 논의는 '농촌=낡은 것=비생산적 인습=가난'과 '새것=합리적인 정신=경제성장'이라는 이분법적 단순화로 대비되며, 자연스럽게 합리성의 현실적 체현인 서구에 대한 동경으로 연결된다. 즉, 새마을운동의 성격은 '(서구와 같이) 잘 살아보자'는 단순한 표어로 집약되는데, 새마을운동이 평가하는 서구는 우리와 다르게 '진취적이고 자립적인 정신을 지닌 덕분에 현재의 풍요를 누리고 있는 사회'로 인식된다. 따라서 이러한 제반 논의를 종합하면 새마을운동이 추구한 근대성은 일차적으로 서구적 합리성, 서구적 근대화의 실현이었다고 할 수 있다.[32] 따라서 새마을운동이 갖는 긍정적인 면을 인정한다고 하더라도 문화적으로 지적해야할 문제는 서구와 비교하여 버려야 할 어떤 것으로 우리의 전통을 상정하고 있다는 데 있다. 특히 문화의 종다양성을 전제하지 않은 채, 획일적인 일사분란함만을 강요했다는 점에서 새마을운동은 커다란 문제를 안고 있는 셈이다. 뒤에서 언급하겠지만 이 획일성의 잣대로 무형문화재가 지정되고, 그 잣대로 보호시키려고 함으로써 배타적이고 화석화된 상황을 조장했다는 비판을 면키 어렵다는 뜻이다.

29 내무부, 『새마을운동』, 1972.

30 주권, 「새마을운동의 이론적 초점」 『지역사회개발연구』 1, 1976, 23~25쪽.

31 김인진, 「새마을운동을 통해서 본 한국사회의 근대성형성에 관한 연구」, 서울대학교대학원 석사학위논문, 1999.

32 김홍순, 「근대화 프로젝트로서의 새마을운동에 대한 비판적 고찰 : 1970년대를 중심으로」 『한국지역개발학회지』 제12권 제2호, 한국지역개발학회, 2000, 26쪽.

4. 무형문화재지정과 민속음악의 변화

남도들노래는 지산면 인지리를 중심으로 전승되는 논일노래를 일컫는 말이다. 따라서 벼농사에 관련된 노래가 중심을 이루고 있다. 이 들노래는 1972년 국가지정 중요무형문화재로 지정되면서 세상에 널리 알려지게 되었다. 시기로 보면 소포만 간척공사가 무르익고 있을 때이다. 진도에는 남도들노래 뿐만 아니라, 의신면을 중심으로 한 대동두레놀이가 있다. 이것은 공동으로 목화밭 작업을 하면서 부르던 '화중밭 노래'와, 벼농사를 하면서 부르던 '들소리'를 총칭하는 용어로 사용되고 있다.[33] 따라서 진도들노래는 소포만을 중심으로 동편과 서편으로 특징적인 일노래가 전승되어 오고 있는 셈이고, 논일소리와 밭일소리로 또 구분되어 전승 보존되어 오고 있는 셈이다. 의신면 들노래와 지산면 들노래는 그 기량이나 음악적 구성면에 있어서도 약간의 차이를 보여준다. 학자들은 이를 들어 소포만을 경계로 한 서부문화와 동부문화로 나누어 해석하기도 한다.

논일소리를 중심으로 하는 들노래는 일하는 절차에 따라 노래들이 분화되어 있다. 모내기는 흔히 '모를 찐다'고 해서 '모찌는 소리'라고 한다. 모찌는 소리는 긴모뜨는소리, 자진모뜨는소리로 구분되고, 모심는소리는 긴못소리, 자진못소리로 구분된다. 또 김매기소리는 긴절로소리, 중절로소리, 자진절로 소리 등으로 구분된다. 세벌매기를 끝내고 상머슴을 소에 태우고 놀이하는 '질꼬냉이'는 다른 지역에서 흔히 '장원질소리'라고 하는 것으로 진도의 특유한 가락과 노래 구성을 보여준다.[34]

33 논일소리를 중심으로 짜여진 '남도들노래'와 비교되는 밭일노래를 보면, 의신면 화중밭 매는 소리 외에도 다양한 노래들이 있다. 밭일노래는 모내기나 김매기처럼 공동 작업하는 경우가 적어서 흔히 독창이나 음영요로 불려지게 된다. 예를 들어 흥그레타령을 보리밭을 매면서 부르면 보리밭노래가 되는 셈이다. 따라서 진도에서 보존되고 전승되는 일인 가창요는 사실상 밭일노래라고 할 있으며 논일노래를 포함하여 농요 속에 포함된다고 하겠다. 특히 의신면에서는 보리밭노래, 화종밭(미영밭) 매는 소리, 콩밭매는 노래 등으로 이름으로 부르는 노래들이 있고, 이외에도 장꼬방노래, 이노래, 언문노래, 흥근애노래(흥그레타령), 법구노래 등이 전승되어 왔다.

34 만물이 끝나는 날에는 그 해 농사가 가장 잘된 집과 그 집에서 가장 일을 열심히 한 머슴을 '상머슴'으로 골라 축하는 놀이가 '질꼬냉이'다. 내륙지역에서는 흔히 '장원질', '장원축', '만드리' 등으로 부른다. 진도에서는 이 날 큰 황소의 코뚜레에다

장단도 느린 것과 빠른 것, 12박자, 6박자, 4박자 등 다른 어떤 지역보다 다양한 구성을 갖추고 있다. 특히 육자배기토리뿐만이 아니라, 경기도 지역의 민요를 수용하여 적절하게 버무려 낸 '남도경토리'로 구성되어 있는 점이 특징적이라고 하겠다. 여기서의 '남도경토리'는 사당패에 의해서 유입된 서울지역의 민요를 수용하여 진도만의 노래로 재창조했음을 증거해 준다.

또 장단에 있어서도 논매는 소리에 있어서 진양조장단이 사용되고 있다는 점을 들 수 있다. 대개 남도민요의 일반적인 특징은 진양조, 중모리, 중중모리 등의 장단이 가장 많이 사용되지만 농요에 있어서는 노동동작과 관련되기 때문에 중모리, 중중모리 가락이 많이 사용된다. 질꼬냉이에서 삼박자 중심의 '삼장개비'장단이 사용되는 것도 특징 중의 하나라고 할 수 있다. 이 장단은 '진도아리랑' 등에서 사용되는 삼박자 계열의 장단이되, 매우 느리게 진행된다는 특징이 있다. 따라서 진도씻김굿에서 사용되는 '삼장개비' 장단이 아니라 '질꼬냉이형 삼장개비' 장단이라고 할 수 있을 만큼 느린 장단이라고 할 수 있다. 이것은 이미 1910년 이전부터 진도에 들어와 활동했던 남사당의 노래를 자기화한 경우라고 할 수 있으며, 이런 재창조의 과정은 진도의 여러 가지 민속음악적 사례에서 나타나는 현상들이다.

남도들노래에서 또 하나 특징적인 것은 큰 삿갓을 쓰고 치는 북이다. 북을 치는 사람을 흔히 '모방구', '못북' 등으로 부르는데, 일을 하는 사람들의 앞을 왔다 갔다 하면서 작업을 리드하거나 지휘하는 역할을 맡는다. 진도북놀이의 기원을 여기서 찾는 학자들도 있는데, 이를 '못북 기원설'이라고 한다. 혹자는 북은 지휘자의 역할을 맡기 때문에, 일반 풍물 구성의 편대에서 '법고'가 리듬악기 역할을 맡기 때문이라고 해석하기도 한다.[35] 여기서 한 가

가 흰 백목을 묶어 양편으로 늘어뜨리고 이 백목을 일꾼들이 잡고 행진을 한다. 소 몸에는 백목을 칭칭 감고 칡넝쿨, 혹은 담쟁이 넝쿨 등을 소 몸통에 감는다. 소를 탄 상머슴의 얼굴에는 솥검드렁(아궁이에서 긁어 낸 까만 재를 '검드렁'이라고 한다)을 칠하고, 긴 풀잎으로 만든 안경을 씌운다. 등에는 진흙으로 손바닥 도장을 찍고 삽을 어깨에 매게 한다. 이때 '질꼬냉이' 노래를 부르면서 행렬이 들과 동네를 지나게 되는데, 주인집에서는 이들을 맞이하고 술과 닭죽 등으로 음식을 차려 내놓게 된다.

지 짚고 넘어갈 점은 동경대의 이또오교수가 찍은 1972년 남도들노래 사진 속에는 여러 사람의 법고만 등장하지 못북은 등장하지 않는다는 점이다.[36] 이것은 당시에 현재의 못북이 없었다기보다는 들노래의 형식과 리듬이 다양했던 것처럼 악기의 편성이나 음악의 구성이 일률적이지 않았음을 말해주는 것으로 해석하는 것이 타당하다 하겠다. 왜냐하면 그 이전부터 못북이 존재했음을 여러 사람들이 증언하고 있기 때문이다.

남도들노래에서 빼놓으면 안될 맥락은 국가지정 중요무형문화재로 지정되기까지 일상적인 들노래 연행이 아닌, 보존회 설립이나, 들노래의 구성, 안무 등에 관여한 사람들이 있다는 점이다. 대표적인 학자로는 지춘상, 안무가로는 인지리의 박병천을 들 수 있다. 이들이 주도하여 1971년 진도들노래를 발굴하게 되고, 1971년 10월 제 12회 전국민속경연대회에서 국무총리상을 수상하게 된다. 이것이 1972년 '진도들노래'가 '남도들노래'라는 이름으로 국가지정 무형문화재 제 51호로 지정되게 된 계기가 되었다고 볼 수 있다. 당시 보유자는 설재천薛在千, 조공례曺功禮였으며, 두 분의 타계 이후로는 김영자, 박동매가 전통을 계승해 가고 있다.

진도만가는 지산면 인지리를 중심으로 연행되는 상여소리를 말한다. 진도만가珍島輓歌라는 이름은 1975년 남도문화제에서 입상하는 시기를 전후해서 이를 연구하거나 관여했던 학자들이 붙여준 이름이다. 원래 진도에서는 상여소리라고 했는데, '상여소리를 한다', '상여운구를 한다', '생애喪輿 나간다' 등의 동사動詞적 개념으로 사용해 오던 말이다. 대체로 진도만가는 두 가지 유형으로 나눠진다. 씻김굿의 길닦음곡을 차용한 연희집단의 유장한 만가輓歌 즉, 신청집단의 상여소리가 있는가 하면, 일반적으로 진도 내에서 행해지던 상여소리가 있다. 전자는 전남도지정 무형문화재 제19호로 지정되어 있

35 전남지역에서 농악 편성에 '법고'가 등장하는 것은 장흥지역과 고흥지역이 더 있다.

36 http://www3.aa.tufs.ac.jp/ 東京外國語大學アジア・アフリカ言語文化研究所情報資源利用研究センター.

는 '진도만가'를 지칭하는 것이고, 후자는 '애소리'와 '가난보살'소리를 위주로 하는 일반적인 상여소리를 지칭한다. 특히 신청집단의 상여소리는 재산이 넉넉한 집에서 전문연희패들을 불러서 행하는 것이므로 특수한 경우에 해당된다. 삼현육각의 반주가 곁들여지는 것이 이런 경우다.

이것은 1987년 진도만가라는 이름으로 도지정 무형문화재 제 19호 지정을 받았다. 지정연도로 보면 소포만의 간척기에서 한참 벗어나 있는 것으로 보이지만, 실제 지산면을 중심으로 한 상여소리가 '진도만가'라는 이름으로 대외적인 표현을 하기 시작한 것은 간척기와 맞물리거나 훨씬 이전의 변화들이라고 할 수 있다. 1975년 진도만가珍島輓歌('생이소리'라고 표현됨)가 남도문화제에서 우수상을 수상한 것도 이를 말해준다. 이미 1970년대부터 진도만가에 대한 외부적 관심이 높아졌음을 뜻한다. 이어 1979년 제 14회 전국민속경연대회에서는 문공부장관상을 수상하게 된다. 이후 진도만가는 축제와 상반되는 민속의례라는 점 때문에 부침浮沈을 거듭하다가, 무형문화재로 지정되었다. 당시 예능보유자로는 김항규와 설재복이 지정되었다. 지정 이유 중에 흥미로운 것은 질베 행렬에 대해 언급한 부분이다. "진도만가는 출상시, 북, 장고, 꽹과리, 피리 등의 악기를 치고 불면서 만가를 부른다. 이와 같은 진도의 출상 풍속은 육지나 다른 도서 지방과는 전혀 달라서 여자들이 상여 앞에 늘어뜨린 긴 베를 잡고 호상하고 만가를 부르면서 묘지까지 가며 또 봉분을 쓸 때는 달구질을 하면서 노래를 부른다."

중요한 것은 여기서 말하는 여자들로 구성된 호상꾼들의 질베행렬이 구체적으로 드러난 것은 1970년을 전후한 시기라는 것이다. 1970년대 정숙자가[37] 소포리에서 한춤을 가르치고 나서 그 기념으로 '호상계'를 조직하였는데, 1974년 한남례[38] 시아버지 출상에서 처음 시도했다고 하기도 하고,

37 씻김굿 예능보유자 박병천의 처, 간척기는 물론 오랫동안 지산면 인지리를 중심으로 씻김굿을 연행하였다. 소유 당골판은 지산면 소포리, 길은리를 비롯한 소포만을 중심으로 한 서부문화권에 있었다.

38 소포리 노래방지기로 민요계에 널리 알려진 소포만의 대표적인 향토 소리꾼이다.

1982년 전국민속예술경연대회 출연시 시도했다고 주장하기도 한다. 또, 1970년대 주재일에[39] 의해, 지산면 유목리에서 처음 시도되었다고 말하기도 한다.[40] 그러나 신치선이[41] 1959년 목포에서 타계하였을 때, 40여명 되는 제자들과 목포 유지들이 꽃상여를 만들고, 흰 질베로 상여 앞에 줄을 띄워 목포 시내를 돌았다는 증언을[42] 주목할 필요가 있다. 신치선이 본래 담양사람이지만, 지산면 인지리를 중심으로 반평생을 살면서 판소리 수학에 열을 쏟았고, 그 제자들이 훗날 진도의 판소리 명성을 유지했던 점을 보면, 진도에서의 질베 행렬에 대해서도 일정한 영향을 끼쳤다고 추정해 볼 수 있기 때문이다.

이를 종합해 보면, 북 등의 악기를 치면서 운구하는 상례풍속은 오랜 전통을 가지고 있는 것이지만, 질베를 잡고 상여의 앞쪽에서 두 줄로 호상하는 풍속은 오랜 옛날부터 이어져 온 것이 아니라고 할 수 있다. 또 이 풍속의 시발은 소포만의 관문 역할을 했던 지산면 소포리로 보는 견해가 우세하다. 특히 이것은 다른 민속음악자료들과 더불어 이 시기에 여러 가지 민속문화에 대한 창조적인 작업이 시도되었음을 엿볼 수 있는 귀한 자료라고 할 수 있다. 사물악기를 치면서 흥겹게 운구하는 것이 오래된 전통이라면[43] 오래된 것과 새로 만들어진 것이 함께 어우러져 새로운 민속음악을 창조해냈다고 말할 수 있겠다.

진도만가의 음악구성도 매우 유동적이다. 상여소리는 상여운구와 상례절

39 지산면 소포리, 미국 LA거주, 소포농악의 북수로 활동했으며, 강강술래 등을 안무해 서울, 미국 등지에서 공연활동을 펼치기도 하였다.

40 주재일 본인이 필자에게 직접 증언한 내용이다.

41 진도의 판소리 선생, 판소리명인 신영희의 부친.

42 허옥인, 『의신면 향토지』, 의신면노인회·향육회, 2005, 132~136쪽.

43 김이익(1743~1830)이 지은 순칭록(1804)을 보면, 진도의 상여 행렬에서는 요령 대신 북을 친다는 대목이 나온다. 소치 허련(1809~1892)이 1873년 진도군수에게 건의한 변속팔조(變俗八條)에도 거전타고(擧前打鼓, 상여 앞에서 북을 치는 것)를 금하라는 내용이 있다. 이런 일부의 기록들을 통해서, 상여 앞에서 악기를 치면서 운구하는 진도의 상례 풍속이 오랜 전통을 가지고 있었음을 확인해볼 수 있다. 사실 이것은 진도뿐만이 아닌 고려시대의 기록에서도 보이는 전국적인 민간 습속 중의 하나였다. 따라서 이 기록들은 다른 지역에서 이미 없어진 풍속이 진도에 오랫동안 남아 있는 증거라고 말할 수 있다. 따라서 직접적인 증거는 아니지만, 고려조의 기록을 통해 진도의 만가 전통을 짐작해 볼 수 있다.

차에 따라 음악이 구분되는데, 전문패들을 불러서 상례를 치를 경우, 관을 집에서 내올 때는 불교의식으로 염불을 외우고, 발인제를 지낸 후에는 삼현육각의 반주에 의해 불경 내용을 긴염불소리, 중염불소리, 자진염불소리로 나누어 부른다. 여기서 전문패들에 의해 불려졌던 상여소리는 또 두 가지 군으로 분류되기도 한다. 〈긴염불〉-〈중염불〉-〈자진염불〉로 이어지는 구조는 씻김굿의 길닦음 구조인 염불류의 악곡이며, 〈애소리〉-〈천근소리〉-〈제화소리〉 등은 민요 계열의 악곡이라고 한다. 따라서 앞에 것은 고정적으로 굿에 사용되는 기본적인 무가의 일종이며 뒤엣것은 민요에서 수용된 것들로 씻김굿에서 차용한 것이고, 그래서 유동적이라고 한다.[44]

진도북놀이가 문화재로 지정된 것은 80년대이지만, 못북설 등의 여러 가지 유래설에서 보듯이 그 변화는 간척기 훨씬 이전부터였다고 할 수 있다. 굳이 분류하자면, 군무를 중심으로 북을 메고 추는 춤을 북놀이라 하고 독무를 중심으로 북을 메고 추는 춤을 북춤이라고 부를 수 있다. 다만 전남도지정 무형문화재로 지정될 당시 북놀이로 지정되었으므로 '북놀이'라고 부르는 것이 타당하다는 주장도 있다. 진도의 북은 양손에 채를 쥐고 친다고 하여 흔히 '양북'이라고도 하고 채를 쌍으로 들고 춘다고 해서 '쌍북'이라고도 한다. 혹은 어깨에 매고 친다고 하여 '걸북'이라고도 한다. 그러나 대개 다른 지역과는 다르게 양손에 채를 쥐고 친다는 의미의 '양북'이라는 용어로 통칭하는 것이 관례화 되어 있다.

진도북춤의 유래에 대해서는 다양한 학설들이 있다. 앞서 살펴보았듯이 그 중에서도 들노래에서 보이는 '모방구' 혹은 '못방구'에서 유래되었다는 설과 풍물(농악)의 북놀이에서 유래되었다는 설이 대표적이라고 할 수 있다.[45] 유래설 중에는 풍물에서 장고 대신으로 북을 사용했다는 설도 있다. 이에 따

44 김혜정, 「씻김굿 상여소리의 사용양상과 민요, 무가의 관계」, 『공연문화연구』, 한국공연문화학회, 2006, 245~246쪽.

45 다른 지역의 풍물을 예로 든다면, 장고가 〈설장고〉 등으로 농악에서 분화 발전한 것처럼 북춤이나 북놀이는 독자적인 춤으로 발전시키지 못했었는데, 진도의 명인들에 의해 북춤과 북놀이로 발전했다고 한다.

르면 장고 구입이나 제작이 어려웠기 때문이라고 한다. 장고는 왼쪽 피와 오른쪽 피를 각각 개가죽이나 소가죽 등 다른 가죽을 사용해야 하고, 원철, 구철, 진홍사 등의 특수 부품이 필요한 악기이다. 따라서 손쉽게 구할 수 있는 북통과 북을 장구 대신으로 연주했다는 주장이다. 그래서 가락 자체가 장구 가락을 대신하는 잔가락을 많이 사용한다는 논리이다.[46]

진도에서의 북은 설북이라고 해서 설쇠가 풍물을 리드하는 것처럼 판을 리드하는 경향이 있다. 특히 모내기 등의 들노래에서는 설북이 지휘자의 역할을 한다고 알려져 있다. 진도씻김굿에서 징이 지휘자의 역할을 하는 점이나, 걸궁 농악에서 설쇠가 지휘자의 역할을 하는 것에 견주어 볼 수 있다. 따라서 모내기 등의 들노래에서는 징과 꽹과리는 따라붙지 않아도 북은 필수 악기였다고 할 수 있다. 이때 북수는 큰 삿갓을 쓰고 삿갓 끝이 물에 닿을 정도로 완만하게 곡선을 그리며 춤을 춘다. 또 북채를 지휘봉 삼아서 못군들을 지휘하는데, 홍을 돋우는 것은 물론이고 이 빠진 모나 줄 틀린 모를 지적하는 역할을 담당한다. 북춤은 흔히 매구굿 등의 걸립에서 사용하던 담배꽃 고깔을 사용하는 것이 특징이지만 이후 북춤이 변화하면서 특히 박병천 등에 의해 상투머리나 머리띠 등을 사용하는 예가 많아졌다.

진도북의 명인들은 무수히 많다. 그만큼 진도북놀이가 광범위한 예술적 인프라를 형성하고 있다는 뜻이기도 하다. 한말과 일제 강점기에는 김행원이[47] 북춤이 뛰어났다고 알려져 있다. 이 외에 김기수金基洙, 김성남金成南, 임장수, 박태주 등의 북수들이 이름을 떨쳤다. 이 중 소포리의 박태주는 북을 잘 쳤다고 해서 흔히 '북태주'라고 불린다. 진도북춤이 중앙에까지 널리 알려진 것은 1983년에 문화재위원인 정병호鄭炳皓가 도깨비굿 조사를 위해 진도에 들렀다가 의신면 청룡리의 노인들이 북춤 추는 것을 보고 중앙에 적극

46 특히 이 설은 현재 진도문화원장인 김정호에 의해서 주장되어 왔다.

47 金行元, 1878~1935, 진도읍 출신, 고법 예능보유자 金得洙의 부친, 김행원은 호남 일원에 그 명성을 떨쳤다고 전해진다. 흔히 다섯째 아들이라는 뜻으로 '오바'라고 불려진다.

홍보하면서부터라고 알려져 있다. 이때 진도의 설북이 양손에 채를 쥐고 치는 양북이라는 점이 알려지면서 점차 중앙에까지 북춤공연이 성행하게 되었다는 것이다.

그러나 진도북의 현재의 명인들을 중에 소수의 사람들을 제외하면 모두 소포만문화권 출신들임을 알 수 있다. 문화재로 지정된[48] 양태옥을[49] 제외하면, 장성천,[50] 박관용,[51] 곽덕환,[52] 박병천[53] 등이 소포만문화권 선조들의 기예를 창조적으로 계승하고 발전시킨 주역들이기 때문이다. 이 뒤를 이어 회자되는 사람들도 소포만문화권에 속해 있는 사람들로, 대개 본명보다 속명으로 알려진 이들이 많은데, 조도 꼴기미의 최우물, 포산의 돌무채 등이 있고, 삼당리의 김길선은 장성천의 뒤를 이어 북놀이 문화재 예능보유자로 지정되었으며, 소포리의 김내식은 일명 '북태주'의 북춤 사위를 가장 비슷하게 모사하는 북수로 이름을 떨치고 있다. 이외에도 북놀이보존회를 이끌었던 많은 북수들을 포함하여 마을마다 한 명 이상의 명인들이 있었다고 해도 과언이 아니다.

진도북춤은 다양한 가락과 춤사위를 곁들인 놀이이자 춤으로 연행되어 왔다. 그러나 1987년 전남도지정 무형문화재 제18호로 지정되면서 일정한 틀을 강요받게 되었고, 장성천, 양태옥, 박관용이 예능보유자로 지정되면서 일종의 유파를 형성하기에 이른다. 진도북춤의 특징을 한마디로 표현하면 '즉

48 진도북놀이 문화재로 양태옥, 박관용, 장성천이 지정되었으나, 양태옥, 장성천은 타계하였고, 장성천의 뒤를 이어 김길선(지산면 삼당리)이 예능보유자가 되었다.

49 梁太玉(1919~2003), 군내면 정자리 출신으로 비무계출신의 신청출입자이다. 신청농악에 관여한 경험을 살려 『신청농악』이란 책을 내기도 하였다.

50 張成天(1923~1993), 임회면 석교리 출신으로 북놀이보존회를 만들어 이끌면서 주로 진도북놀이의 조직화에 힘쓴 공로가 있다.

51 朴寬用(1921~), 진도읍 출신이나 유년시절부터 소포리에서 성장하면서 이른바 '북태주'의 북놀이를 전수받았다고 알려져 있다.

52 郭德煥, 임회면 상만리 출신, 다듬이질 사위가 일품인 북놀이의 명인으로 꼽혔으나, 무형문화재로 인한 상심과 지병 때문에 유명을 달리 하였다.

53 朴秉千, 지산면 인지리 출신으로 씻김굿 예능보유자이다. 남도들노래, 강강술래 등을 안무하고 지도한 사람으로 소포만은 물론이고 진도민속에 현저한 영향을 끼친 사람 중의 하나다.

홍성'과 '엇박'이라고 할 수 있다. 가락과 구성에 고정성이 없다는 뜻이다. 그만큼 자유분방하고 다채로운 구성이었음을 말한다. 양태옥류를 포함하여 무형문화재로 지정된 세 북놀이의 공통적인 특징은 왼쪽 채를 오른쪽 북면으로 연신 넘기면서 가락을 치는 '다듬이질 사위'를 위주로 연행하고 있다는 점이다. 이에 비하면 박병천 계열의 북놀이는 애초부터 춤으로 출발했기 때문인지 이 다듬이질 사위가 빠져있다. 북놀이와 북춤의 차이를 엿볼 수 있게 하는 대목이다. 어떤 유파든지 엇박을 잘 활용하는 것은 공통사항에 속한다. 따라서 진도북의 주요한 특징은 다듬이질사위를 사용한다는 점과 엇박을 잘 활용하고 있는 점이라고 할 수 있다.

지금까지 소포만문화권에 그 본거지를 두었다고 판단되는 진도의 민속음악 중에서 대표적인 세 가지에 대한 변화의 맥락을 살펴보았다. 이 변화는 대개 전통적인 것과 새로운 것의 습합에 의해 이루어지는 것임을 볼 수 있었다. 다시 말하면 끊임없이 외부의 문화를 받아들이고 또 그것을 본래의 것과 버무려서 새로운 문화를 창출해내는 메커니즘이 소포만이라고 하는 권역에 자리하고 있다는 것이다. 이러한 문화적 접변을 통한 변화를 가능하게 하는 요인은 시각에 따라 또는 처한 환경에 따라 다양하게 제시될 수 있으리라고 본다. 지리학자는 지리를 통해서, 사회학자는 사회의 현상을 통해서 볼 수 있다는 뜻이다.

본고에서는 이런 점 중의 하나를 소포만이라고 하는 지리적 조건으로 살펴본 셈이다. 즉, 소포만이 가진 지리적 위치는 해로를 통한 문화접변과 문화충돌을 통해 외부의 새로운 민속문화를 창출해낼 조건에 해당된다고 할 수 있다는 것이다. 이런 조건을 통해 특히 진도 동・중부지역에 비해 광범위하고 폭넓은 민속음악의 재창조작업들이 이루어졌을 것으로 보인다. 진도내의 다른 권역에 비해 소포만문화권이 무형문화재의 종목이 많다든가 관계자의 숫자가 압도적으로 많음이 이를 증거 해준다 하겠다. 일일이 증거 할 수는 없지만 소포나루와 해창나루를 통해 이입된 외부의 문화가, 때로는 거부당하기도 하고, 때로는 수용되어 새로운 문화를 창조해 냈다는 사실에 대한 간접적인 증거가 아닌가 한다. 외부로부터 들어와 진도에서 굿판을 벌린 사례들은 곳곳에서 확인할 수 있다. 소포나루를 통해 들어온 임방울창극단 등의 유랑패들이 소포리에 판을 벌이거나 지산면 인지리에 판을 벌였다는 증언들이 그것이다.[54] 이들 유랑패들은 일시적으로 진도에 머물기도 하고 아예 자리를 잡고 정주하기도 한다.[55] 일시적인 유랑패일지라도 현지민들에게 주는 충격은 매우 컸던 것으로 보인다.[56]

그런데 이런 민속음악에 대한 자극은 외부로만 주어지는 것은 아니었다. 내적으로도 충분한 조건이 성숙되어 있었던 것으로 보이기 때문이다. 이것은 몇 몇 노래선생들의 도제식교육시스템을 말하는 것인데, 주로 소포만을 중심으로 한 마을에서 이들 노래교습이 일어났던 것으로 보인다. 지산면 소포리, 안치리, 거제리를 중심으로 판소리 및 민요강습을 정기적으로 행하던 이병기가[57] 대표적 인물이다. 이병기에게 판소리를 배워 현재까지 활동중이거나 〈이병기 소리〉를 하는 제자들로는 지산면 소포리의 박병임, 지산면 고길리의 이민석, 지산면 거제리의 박병기 등이 있고 이병기 작곡이라고 전해지는 〈빈지래기타령〉을 포함하여 〈숙영낭자전〉 〈봄이 오면〉 등이 전해진다. 판소리 고법 무형문화재로 지정되었던 김득수도[58] 지산면 고길리를

54 졸고, 『구술진도민속음악사 1』, 이소북, 2003, 173~205쪽.

55 사당패 중에서 진도에 정착한 이는 노랑쇠로 알려져 있는데, 여기서 해금을 전수받은 이가 의신면 청룡리에 거주했던 이덕순이다. 허옥인, 『진도속요와 보존』, 진도민요보존회, 1986, 444쪽.

56 필자가 조사한 두 가지 사례가 있다.
여성국극단을 따라 아예 가출했다고 들어온 사례(지산면 인지리 김기순), 이화중선의 소리가 좋아 일정한 기간동안 사사받은 경우(남도잡가 예능보유자 강송대의 모친 이근녀) 등이 그것이다.

57 군내면 정자리 출신이다. 정의현이 설립한 진도 최초의 국악원에서 판소리 강사생활을 하였다. 이외에도 진도 전역을 돌며 판소리 강습 및 창극지도 및 활동을 계속하였는데, 특히 지산면 안치리, 거제리, 고길리 등에 제자들을 길러냈다. 또 판소리 강습생이었던 이임례와 혼인하여 이태백을 낳았고, 자녀 이태백은 현재 아쟁 전문가로 목원대학교 국악과 교수로 재직 중이다. 이에 앞서 장남 이해룡(李海龍, 진도읍 남동리)은 〈남도들노래〉 조교로 활동하였을 뿐 아니라 가야금이나 소리에 능해, 온 가족이 국악인으로 생활하는 집안이기도 하다. 이병기는 가야금 산조도 강습했는데, 가야금 산조는 최일형에게 배운 것으로 보이며 韓成基가락과 비슷하다고 한다. 1남인 이해룡은 〈남도들노래 준보유자〉로 지정되었다가 아쉽게도 1992년 타계하였다.

58 金得洙(1917~1990. 5.21) 진도읍 성내리에서 출생하였다. 본명이 영수(永洙)이고, 진도북춤의 종시조로 알려진 김행언의 아들이다. 본래 판소리를 전공하였으나 후에 고수의 길을 걸은 손꼽히는 명고수 중의 한 사람이다. 어려서 채두인에게 잡가와 판소리를 배웠고 오수암에게 판소리를 배워 판소리 명창으로 이름을 떨쳤다. 협률사 공연에 참여하였으며 이후 조선성악

중심으로 판소리 등의 학습을 한 바 있다. 현존하는 김득수의 제자로는 지산면 고길리의 라상래 등이 있는데, 김득수가 해방 이전부터 중앙활동을 끊임없이 한 전례로 미루어 진도민속음악의 재창조에 대한 기반을 어느 정도 제공하였을 것으로 보인다. 실제로 이병기나 김득수에 의해 공부한 음악인들 중에서는 천막극장을 만들어 진도내부를 순회하며 창극을 했다고 한다.[59]

지산면 인지리에 정착했던 담양사람 신치선도 이런 사례에 포함시킬 수 있다.[60] 당시 명창이던 김정문金正文(송만갑宋萬甲의 제자)에게 홍보가와 수궁가를 사사받은 인물이다. 1920년대 20세에 협률사에 들어가 활동하였다. 나이 40에 지산면 인지리에 정착하였고, 1946년 임회면 석교리로 이사하여 진도사람들에게 판소리를 가르쳤다. 1948년 의신면 초사리로 옮겨 판소리 강습을 계속하였다. 이때 제자들이 안득윤安得潤, 박연수朴連洙, 박옥수朴玉洙, 신홍기, 신천행, 회동리의 허휘 등이었다. 제자 중에 지산면 인지리의 박병두는 촉망받는 명창이었으나, 1960년대에 요절한 바 있다.

이런 사례들은 비단 소포만문화권의 민속음악에 한정되는 것은 아니다. 진도 전체의 민속문화가 사실은 이런 문화접변을 통해 탄생되었다고 볼 수 있기 때문이다 그 대표적인 것이 사당패의 영향이다. 사당패의 음악은 경기

연구회에 들어간다. 진도에서 판소리 명창으로 촉망받게 되는 허희(許爔)같은 이에게 판소리를 가르치기도 했다. 1934년부터 동일창극단 단원으로 활동하는 등 일찍부터 전국적인 활동을 개시하였다. 1948년 이후 박동실을 중심으로 꾸려진 〈국국협회〉에서 김소희, 한일섭 등과 호흡을 맞추었다. 적자운영으로 〈국극협회〉가 〈국극협단〉으로 개칭하고 광주의 박후성을 중심으로 꾸려지자, 다시 양상식, 오정숙 등과 합류하여 호흡을 맞추었다. 1956년부터는 예술원 국극단을 창단하였으며, 1964년부터 시울시립국악관현악단 악장으로 활동하였다. 1970년에는 한국국악협회 부이사장으로 활동하였다. 1985년에 판소리 고법으로 중요무형문화재 제 59호로 지정되었으나(고법 문화재는 1978년에 지정되기 시작함), 1991년 중요무형문화재 제 5호 판소리로 통합된 바 있다. 이외에도 조선창극단 단원, 국극협단단원, 국악사 단원, 우리 국악단 단원 등 다방면으로 활동한 바 있으며, 1990년 노환으로 사망하였다.

59 졸저, 『구술진도민속음악사1』, 이소북, 2003. 특히 지산면 고길리 이민석의 생애담인 "망뫼산 중턱에 머문 한 소리군의 꿈"을 참고하면 된다(243~281쪽).

60 신치선(1899~1959, 전남 당양 출생). 신치선은 1899년 전남 담양에서 신창연(申昌連)과 나주임씨의 차남으로 태어났다. 유년을 담양에서 보내고, 소년기는 목포에서 성장하였다. 인지리, 석교리를 거쳐 정착한 초사리에서는 흥보가를 창극화하여 공연하기도 했다. 제자 안득윤(安得潤)은 군산, 인천 등지에서 크게 알려진 소리꾼으로 경기명창인 전숙희(全淑姬)를 가르치기도 했다. 이후 목포로 옮겨 안행년(신영희와 더불어 대명창이 됨)의 부친 안기선을 도와 목포 판소리 발전에 크게 공헌했는가 하면, 춘향전을 창극화하여, 전국순회공연 및 만주공연 등을 했다. 1959년 지병의 악화로 타계하였다.

도를 중심으로 하는 음악어법인데, 진도의 음악과 습합되어 남도경토리라는 새로운 음악어법을 만들어 낸 셈이다. 이는 특히 소포만문화권 사람들이 본래의 진도것과 외부것을 조합해서 새로운 것을 만들어내는 능력이 출중했음을 의미한다. 다소 논란의 여지는 있지만, 실제로 밖으로 드러나 있는 진도의 대부분의 민속음악들은 이러한 과정을 거친 재창조물이라고 할 수 있다. 물론 일시적인 변화에 의해서가 아니라, 장구한 세월동안 그렇게 해왔을 것이라고 생각한다. 이것은 끊임없이 바깥세상과 교류해 온 진도라는 섬 특유의 기질 때문이기도 하겠지만, 이 소통의 고리는 바로 소포만이라고 하는 지리적 환경에 기인한 것이 아닌가 여겨진다.

5. 민속음악 변화의 시 · 공간적 맥락

소포만의 간척이 일어났던 시기는 진도뿐만이 아니라 전국적으로 새마을운동과 문화재지정 등의 국가적 변화가 일어나는 시기이기도 했다. 주지하듯이 새마을운동과 무형문화재지정은 진도민속음악사 뿐만 아니라 우리나라 민속음악의 전반에 지대한 영향을 끼친 것으로 알려져 있다. 일제강점기와 민족동란기를 거치면서 낙후된 경제상황을 극복해보고자 시작된 것이 새마을 운동이라면, 그 근대적 발전과 새마을운동의 영향으로 전통문화가 훼손되기 시작했기 때문이고, 이에 대한 보완책으로 실시된 것이 문화재제도라고 알려져 있기 때문이다. 그러나 문화재제도가 간척이나 새마을운동이 가져온 문화적 폐해들을 어느 정도 보완해냈는가의 문제는 고를 달리해서 심도 있게 분석해야 할 문제 중의 하나이다. 어쨌든 전국적으로 불어 닥친 간척의 붐과 새마을운동은 전통적으로 해로를 통해서 외부와 교류하면서 그 문화를 적응시켜왔던 소포만문화권에도 적지 않은 영향을 끼쳤던 것으로 보인다.

남도들노래의 경우, 문화재로 지정하기 전까지는 현재의 단계처럼 획일적으로 구성되어 있는 것은 아니었다. 서로 다르게 부르던 노래와 서로 다른 상황에서 부르던 노래들을 모아서 연출한 노래가 현재의 '남도들노래'라고 할 수 있기 때문이다. 대개 필자가 파악하고 있는 바로는 소포리 김막금과[61] 인지리 설재천[62] 및 인지리 조공례,[63] 특히 문화재 지정을 앞두고 작고한 인지리의 박팽년 등의 사설들을 한데 모아 구성한 것이 현재의 남도들노래라고 할 수 있다.[64] 이것은 소포만을 중심으로 하여 소포리와 인지리의 대표적 사설들이 모여져서 '남도들노래'로 탄생했다고 볼 수 있는 구체적 증거이다. 이것은 들노래의 구성이 시간적 제약이나 불변의 틀을 가지고 있는 것이 아니라는 점을 말해 준다. 상황에 따라 노래가 취사될 것이 틀림없기 때문이다. 여기서 들노래의 구성, 장단의 편성, 사설의 취합 등에 주도적으로 관여했던 안무자 겸 연출자는 박병천으로 알려져 있다.

한편, 남도들노래를 포함하여 강강술래, 다시래기 등에 현격한 영향을 끼친 것은 유랑극단과 그들의 연희 및 노래들이다. 남도들노래의 논매는 소리에, 타 지역에서는 잘 사용되지 않는 중모리장단을 사용한다든가 육자배기토리가 아닌 솔선법을 사용한 점 등이[65] 이를 말해준다. 이 음악어법들은

61 지산면 소포리. 흔히 말하는 '고제 노래'를 잘 부르는 향토노래꾼 중의 한 사람이다. 특히 사당패의 노래들을 잘 기억하고 있어서 다시래기, 강강술래, 남도들노래 등의 사설을 모으는데 일조했다고 알려져 있다.

62 설재천(1906~1987. 3. 11. 남도들노래 예능보유자, 지산면 인지리). 1906년 지산면 인지리에서 출생하여 인지리에서 타계하였다. 남도들노래가 국가지정 중요무형문화재로 지정되면서 조공례와 같이 예능보유자로 지정되었다. 설재천은 남도들노래뿐 아니라 특히 사당패가 전해준 다양한 노래들을 많이 기억하고 있어서 후대에 이 노래를 전승한 공로가 인정되고 있다. 전수된 사당패의 노래 중에서는 꽃방아 타령 등이 거론된다. 남도들노래 예능보유자로 활동하다가 1987년 3월 11일에 타계하였다.

63 조공례(1925~1997. 4. 23, 남도들노래 예능보유자, 지산면 인지리). 1925년에 지산면 갈두리에서 출생하였다. 인간문화재 51호 진도 들노래의 예능보유자로 활동하였다. 어려운 혼인생활을 거치면서, 지산면 길은리(용동리), 목포시, 해남읍, 인지리로 거처를 옮겼다. 이름난 소리꾼이었던 아버지 조정오 옹에게 사사했으며 어렸을 때부터 가창력이 좋아 강강술래 등의 놀이판에 선소리꾼으로 활약하였다. 1971년 전주 전국민속경연대회에서 〈남도들노래〉로 전북지사상을 수상했다. 1973년 〈남도들노래〉 국가지정 중요무형문화재 보유자로 지정되 활동하였다. 주요 장기로는 남도민요 중에서도 특히 진도의 토속소리를 잘했다. 막내딸인 박동매(朴東梅, 이후 조공례의 후임으로 예능보유자가 됨) 외에 다수의 제자들을 가르쳤으며, 남도들노래, 강강술래, 진도만가(상여소리) 등을 비롯한 몇 편의 음반을 내놓기도 했다.

64 졸고, 『구술진도민속음악사』 1, 이소북, 2003. 이중에서 특히 지산면 인지리 김기순의 생애담인 '나도 진도민속의 산 증인이여(173~205쪽)'를 참고하면 이 맥락을 이해하는데 도움이 된다.

65 진희숙, 「들노래에 관한 연구」, 서울대 석사학위논문, 1985; 반혜성, 「진도 마당놀이에 관한 연구」, 서울대 석사학위논문, 1987.

1910년부터 이미 남사당패에 의해 유입이 되었던 것으로 파악하고 있다.[66] 소포만의 노래는 아니지만, 의신면에서 전승하고 있는 밭노래(미영밭 들노래)는 거의 전부가 경기민요의 선법을 차용하거나 재창조해 사용하기도 했다. 이들 남사당패의 일부는 진도에 정착했고, 이들에 의해 다시래기와[67] 대시래기 待時來期 등의[68] 놀이 일부 및 기악의 전수 또는 제작이 이루어졌던 것으로 알려지고 있다.[69] 어쨌든 남도들노래는 지산면 특히 지산면 인지리와 소포리에 거주하던 사람들을 중심으로 하여, 그들이 가지고 있던 여러 가지 노래들을 습합시켜 새로운 구성의 노래로 탄생시킨 셈이다.

진도만가의 경우, 앞서 살펴본 바처럼 흰 질베를 상여의 앞쪽으로 늘어뜨리고 운상하는 형태는 70년대를 전후해서 창안해 낸 작품에 해당된다고 하겠다. 특히 일반적인 상여소리와 신청집단의 상여소리가 분화되어있었던 것으로 조사되고 있는데, 후자의 상여소리를 '진도만가'라는 이름으로 재창조해 낸 것도 앞서 예로 든 들노래와 비슷한 맥락에서 해석할 수 있겠다. 즉, 풍물을 치면서 즐겁게 운상하는 오래된 형태와, 질베를 끌고 가는 새로운 형태를 습합시켜 소포만의 새로운 민속문화를 창조해냈다는 뜻이다. 이것이 무형문화재로 지정되면서 진도를 대표하는 형태로 널리 알려지게 된 것이다.

진도북놀이의 경우도 마찬가지다. 북놀이는 본래 각 마을에서 또 각 민속음악의 현장에서 연행되던 종합연희물이었다. 농악에서, 들노래에서, 그리

66 김혜정, 「진도 민속음악의 역사와 계승. 발전 방향」『진도군의 발전방향의 모색과 전망』, 전남대 사회교육원, 1999, 84쪽.

67 문화재로 지정된 '다시래기'는 전승이 단절된 상태로 남아 있던 것을 1970년대 중반에 구춘홍을 비롯한 노인들의 기억을 중심으로 복원해 낸 것이다. 다시래기는 몇 번의 수정작업을 거쳐서 완성되었는데, 1970년 중반인 초기에는 다시래기를 '덕석몰이'라는 이름으로 불렀다고 한다. 덕석몰이는 망자의 죄를 징치하기 위하여 일직사자, 월직사자, 도사자가 등장하고 사자를 위로하고 달랜다는 '사자놀이'가 주 내용이었다. 그런데 1980년대 초에 이두현, 정병호 교수 등에 의해 내용이 불충분하다는 지적을 받고 수정이 이루어졌다. 이경엽, 「무형문화재와 민속 전승의 현실」, 『한국민속학』 40집, 한국민속학회, 2004, 299쪽.

68 사당패로부터 전수받았다고 하는 내용으로, 무형문화재로 지정된 다시래기와 차이가 있다. 이것을 조사한 허옥인이 재발굴하여 시연한 바 있다. 대시래기는 때를 기다린다는 뜻으로, 출상을 기다린다는 뜻이라고 한다.

69 1986년 진도속요와 보존이라는 책을 저술한 허옥인과 1992년 면담에서 다시래기의 待時來期설을 강력히 주장하였고 사당패 정착인으로 알려진 노랑쇠영감의 녹음테잎, 악기제조등의 영향을 자세히 설명하였다.

고 만가에서 혹은 닻배의 풍장굿에서[70] 각자 연희되던 것이라는 점이다. 독립된 춤이나 놀이의 형태를 갖추지 않았다는 뜻이다. 그런데 일정한 기간 특히 소포만의 간척기를 전후해서 독립된 종목으로 연행되기 시작했던 것으로 나타난다. 무대에서 북춤의 이름으로 공연을 한다든가, 북놀이만을 따로 떼어 연행하는 형태가 나타났기 때문이다. 이것은 북놀이에 대한 매력을 발견한 소포만 혹은 진도 사람들이 독립된 장르로 재창조해 낸 장르라고 말할 수 있다. 특히 북놀이에 대한 기원설이 다양하게 제기되는 것만큼이나 북놀이 혹은 북춤을 연행하는 형태도 다양하게 나타나는 것은 다양성의 확보라는 점에서 주목할만 하다. 문화재로 지정된 사람들의 일면을 보더라도, 서로 다른 형태의 춤사위를 가지고 있다는 점이 진도북놀이의 성격을 한편으로 보여주는 것이다.

이같은 변화에 대해서는 이미 많은 학자들이 진도민속의 저력으로 평가한 바 있다. 민속음악적 저력은 단순히 과거의 전통을 답습하고 보존하는 데서 나온 것이 아니라, 오히려 새로운 음악에 대한 습합을 통해서 재창조해내는 특유의 적응력에서 나왔다고 할 수 있다는 것이다. 그래서 이러한 새로움에 대한 적응력이야말로 오늘날의 진도문화를 살아남게 한 원동력이었던 것이라고[71] 해석하기도 한다. 이러한 변화들은 앞서서 살펴본 바와 같이 굳이 소포만 간척기인 1960년대에서 70년대에 한정되지 않는다. 끊임없는 변화를 통한 재창조작업을 수행해온 것이 사실이기 때문이다. 다만 여기서는 소포만간척기에 그 변화의 폭이 컸다는 점을 확인할 필요가 있다. 나아가 주목할 것은, 이렇게 변화하는 이면에 있는 동인에 관한 것이다. 사당패뿐만 아니라 다양한 유랑음악단들의 문화를 수용하거나 또 고안해 낸 방법을 통해 새로운 형식을 창출해내는 데는 그만한 동인 혹은 목적이 있을

70 본고에서 소포만문화권에 포함시킨 조도지역에서 성행했던 조기잡이 배를 말하는 것으로 만선이나 기타 필요에 의해서 풍장굿을 칠 때는 큰북을 허릿돛에 매달아놓고 치기도 하고, 어깨에 메고 치기도 한다.

71 김혜정, 「진도민속음악의 역사와 계승발전방안」, 『진도군 발전방향의 모색과 전망』, 진도군, 1999, 84쪽.

것이기 때문이다.

여기서 정리할 수 있는 것은 이러한 끊임없는 교류와 소통을 통해 재창조된 소포만문화권의 민속음악은 '종다양성'과 '개방성' 그리고 '재창조성'을 그 특징으로 하고 있다는 점이다. 종다양성은 진도북놀이의 형태가 연행하는 사람마다 다르다는 점이나 본래의 남도들노래 창자들이 각기 다른 여러 가지의 사설들을 가지고 있었다는 점 등에서 찾아볼 수 있다. 개방성은 사당패 등의 외부 문화를 끊임없이 받아들이면서 새로운 민속문화를 창조해낸 점등에서 찾아볼 수 있다. 따라서 이들 모두는 재창조성이라는 특성에 의해 소포만의 민속문화를 규정지을 수 있는 것이다. 진도를 민속음악의 보고라고 칭하는 데는 이같은 재창조의 맥락을 전제한 경우들이 많다. 다만, 이 민속음악들은 사실 소포만이라는 지역과 별개로 떨어져 존재했던 것은 아니다. 이 지역의 자연환경 조건과 어울려 소포만이라는 지표공간에 투영되어 모자이크되어 나타난 것이기 때문이다. 따라서 소포만의 민속음악들은 나루를 통한 교류라는 지리학적 조건과 해로를 통해서 끊임없이 교류했던 시대적 맥락을 담아낸 결과물이기도 하다.

그렇다면 이러한 종다양성을 지향하면서 재창조를 거듭했던 동인은 무엇일까? 물론 시대마다 동인이 같을 수야 없겠지만 소포만의 간척기를 중심으로 놓고 봤을 때는 의심의 여지없이 무형문화재지정과 관련이 되어 있다고 말할 수 있다. 이 시기가 무형문화재제도를 통해 속칭 '인간문화재'를 지정하기 시작한 시기였기 때문이다. 그래서 가능한 범주의 소재들을 모아서 연출하고 안무했던 것으로 보인다. 남도들노래의 취합과정이나 진도만가의 구성방식, 진도북놀이의 독립장르 등은 무형문화재가 동인이 된 재창조 작업의 하나였다는 것이다. 이것은 역설적이게도 일부 사람들에 의해서 '문화재병'이라고 표현하는 진도의 현실을 통해서 증거 할 수 있다고 본다.[72] 따라

72 진도의 많은 사람들이 무형문화재로 지정받기 위해서 안간힘을 쓴다는 의미에서 비아냥거리는 투로 행해지는 말이다.

서 소포만의 민속음악이 개화이후의 공간에서는 나름대로의 이유 때문에 변화해왔을 것이지만, 근대화와 새마을운동기와 맞물리는 소포만간척기에는 무형문화재 지정이라는 동인 때문에 민속음악의 변화가 크게 두드러진 것이라고 말할 수 있다.[73]

여기서 한 가지 심각한 문제가 대두됨을 발견하게 된다. 여러 가지 조합과 안무를 통해서 창조되었던 민속음악들이 무형문화재로 지정되었다는 조건 때문에 변화할 수 없는 상황에 직면하게 된 것이다. 이른바 화석화되는 것인데, 왜냐하면 무형문화재의 보호 목적을 준수해야 하기 때문이다. 무형문화재의 보호법에 명시된 원칙들을 보면 이 상황이 보다 명료해진다.

1. 문화재는 어떠한 형태로도 변형되거나 변질되어서는 안되며,
2. 문화재는 본래의 자리와 공간에 있어야 하고,
3. 문화재는 지속적으로 보존, 관리하여 후손에게 물려주어야 하며,
4. 문화재는 주변 자연환경, 역사문화 환경과 조화를 이루어야 한다.[74]

따라서 무형문화재로 한 번 지정된 남도들노래, 진도만가, 진도북놀이는 지정 당시의 형태로 보존해야 하는 상황에 놓여 있는 것이다. 이것은 변화하는 문화를 기록물이나 고정물로 오해하는 입장에서 정리된 원칙이라고 할 수 있다. 앞서 살펴본 여러 가지의 소포만문화권 민속문화들을 '보존, 관리하여 후손에게 물려' 주려면 끊임없이 변화하고 재창조되어야 하는 까닭이다. 이것은 전통적으로 재창조되어 온 소포만의 민속음악적 맥락에 제동을 걸게 하는 원칙들이다. 따라서 무형문화재의 지정은 소포만의 민속음악에 대한 획일화를 가져왔다고 볼 수 있다. 아이러니한 것은 재창조작업을 극대

73 졸저, 『구술진도민속음악사』 1, 이소북, 2004, 책 전반의 내용을 참고할 수 있다. 무형문화재지정을 둘러싸고 문화재청에 로비를 한다든가, 내부적으로 커넥션의 구조를 만들었던 속내들을 어느 정도 살펴볼 수 있을 것이다.

74 문화재청, 「문화재 보존 관리 및 활용에 관한 기본 계획」, 2002.

화시키는 동인으로 기능한 것까지는 능동적 수용이라고 하는 전통을 살리고 있지만, 문화재지정의 획일화된 틀을 통해서는 능동적 수용을 거부하는 결과를 내고 있는 셈이다.

이것은 이 시대 간척과 새마을운동이 보여준 획일화와 시범마을이라고 하는 대표성의 논리에 매우 근접해 있다. 소포만의 경우, 무형문화재로 지정된 종목들이 개별적으로 연행되거나 다르게 연행되던 민속음악들을 한데 모은 표본에 지나지 않기 때문이다. 더욱 심각한 것은 이런 표본들만을 '원형'이나 전통적인 것으로 치부하고 그 외의 것들은 도태되어야 할 인습 정도로 여긴다는 사실이다. 여기에 문화재지정의 본래 목적을 의심하게 하는 함수가 도사리고 있다. 즉, 문화재정책의 추진은 근대화를 위한 동원 체제의 민족주의적 정당성을 담보하는 가시적 홍보의 효과를 지니고 있었다는 점이다.[75] 이런 점들이 배경이 되었기 때문에 간척과 새마을 운동을 포함한 근대화 프로젝트를 추진하면서 이로 인해 인멸될 위험에 있는 무형문화재에 대한 보호정책을 국가가 동시에 추진할 수 있었던 것이다. 더욱이 '우리도 한번 잘살아 보세'의 문구에서도 볼 수 있듯이 국민 모두에게 근대화의 욕구를 강력하게 내면화하면서, 바로 그 속에서 파괴되고 사라질 수밖에 없는 전통문화 보존의 문제를 국가가 집중적으로 관리해야 할 과업으로 설정하고 있다는 점은 권위적 동원체제 자체를 정당화하는 논리로도 활용될 소지를 가지고 있었다는 것이다.[76] 바꾸어 말하면 무형문화재로 보존되어야 할 문화는 그것이 현지의 자연환경과 사람들의 삶에 추인되는 개별적 혹은 자체적 삶의 조건으로서가 아니라, 근대화라는 국가적 이념을 지원하는 차원에서 보호되고 보존되었다는 뜻이다.

75 정수진, 「무형문화재 제도의 성립, 그 역사성의 재고」『한국민속학』 40집, 한국민속학회, 2004, 487쪽.
1960년대 문화재 행정 체계와 관련하여 가장 두드러진 특징이 공보부의 신설에 있었던 점은 이와 관련되어 검토되어야 할 문제이다. 공보부는 1961년 6월 21일 정부조직법 개정으로 신설되었는데, 기존의 공보실을 확대 개편한 조직이었다. 1956년 공보처에서 개편된 공보실은 문화행정 업무와는 무관한 공고, 선전 업무만을 담당하고 있었고, 문화 부문에 대한 행정 업무는 문교부 산하 문화국 예술과에서 전담하고 있었다.

76 위의 책, 489쪽.

결과적으로 문화재지정이든, 간척사업이든 일사 분란한 통일성 즉, 획일화를 겨냥한 것이었음은 자명하다 하겠다. 정부 주도로 추진된 새마을운동도 물론 전국의 마을들이 동시에 하나가 되는 획일적인 성격이 강했음이 주지하는 바와 같다. 그렇기 때문에 새마을운동은 정주 공동체로서의 농촌건설로 이어지지 못했고, 빈농의 압출을 통한 농촌의 분해 및 도시에 의해 주도되는 자본제화와 병행 추진된 측면이 강할 수밖에 없었다.[77] 소포만의 무형문화재 지정도 마찬가지 맥락에서 해석할 수 있다. 전통적으로 재창조를 추구해왔던 소포만의 민속음악을 획일화시킴으로써 전승의 기반을 오히려 약화시켜 버렸다고 볼 수 있는 것이다. 물론 여기서 보호와 보존의 순기능을 비판하는 것은 아니다. 오히려 종다양성을 살리는 보호제도를 강화해야 한다는 취지이기에 그렇다.

새마을운동의 획일성을 반영하는 구체적인 예로는 정부가 시범마을을 선정하고 이에 대해 특별지원을 한 것을 들 수 있다. 시범마을은 정부가 제시하는 하나의 모범답안이었다.[78] 그래서 획일적인 새마을운동의 문화 속에서 전국의 모든 마을들은 그 모범답안의 성취를 위해 사업을 전개해 나갔다고 할 수 있다. 같은 맥락에서 종합계획에 다른 마을개발계획은 새마을운동에 내재된 획일적 근대성의 일단을 보여주는 또 다른 예로, 표준마을설계도에 기초하여 마을의 정주체계를 정비하는 것이 농촌 근대화의 출발점으로 인식되기도 하였다.[79] 때문에 파란색, 빨간색의 붕어빵식 지붕이 양산되었고 도

77 김홍순, 「근대화 프로젝트로서의 새마을운동에 대한 비판적 고찰 : 1970년대를 중심으로」『한국지역개발학회지』 제12권 제2호, 한국지역개발학회, 2000, 35쪽.

78 필자도 1980년경에 새마을지도자연수를 받은 적이 있다. 이 연수에서 강사들은 하나같이, 획일적인 발전방향과 산업근대화를 요구하고 있었다. 한 예로, 모든 법과 관례를 무시한 채 포크레인으로 마을길을 저돌적으로 넓힌 한 강사가 대표강사로 강의하기도 하였다.

79 임문순 · 김인겸 · 신대순, 「새마을운동의 실적평가와 영속화방안」『지역사회개발연구 1』, 1976, 97~128쪽. 대체로 새마을운동이 근대화를 통한 가난물리치기에 성공했다고 하는 논리는 많은 사람들에 의해서 주장되고 있다. "1970년대 초에 새마을가꾸기사업으로 농촌지역에서 시작된 새마을운동은 빠른 속도로 전 농촌에 파급되어 국민의식면에서 근면 · 자조 · 협동이라는 새마을정신을 정착시킴으로써 '하면된다'라는 자신감을 심어주었고 자립정신과 개척의지를 배양하여 60년대까지의 가난과 정체를 벗어나는데 정신적인 원동력이 되었으며 농어촌의 소득증대사업과 생산기반설의 확충 그리고 주거환경개선 등 우리나라의 농촌근대화를 실현하는데 크게 기여해 왔다."(『새마을운동 발전방안연구』, 연구보고서 제26권, 한국지방행정연구원, 1988, 1쪽) 참고.

로는 점점 시멘트로 포장되어 갔다.

이런 시대적 환경 속에서 간척된 소포만은 1980년 초에 개간 작업이 끝나면서 소포만 인근의 주민들에게 일률적으로 불하되었다. 그러나 당시 영세민이라는 이름을 가진 가난한 사람들에게 불하된다는 원칙이 실제로 지켜진 것으로 보이지 않는다. 왜냐하면 자본을 소유한 일부의 토호들과 외지에서 대규모 농업을 위해 이주한 자본가들에게 모두 잠식당했기 때문이다.[80] 이것은 소포만의 간척이 소포만에 거주하던 대다수 주민들의 토지를 확보해주기 위해서 시도된 간척이었다고 보기 어렵다는 점을 증거해 준다. 쌀의 생산이라는 식량증산을 제외하고 보면,[81] 종다양성을 인정치 않는 새마을운동의 정신과 마찬가지로, 소포만의 간척이라고 하는 것은, 공유의 수면을 일부의 사유공간으로 전환한 결과를 초래한 셈이다.

여기서 간과하고 있는 새마을운동의 허점은 생활변화 등의 공간변화적 전제만을 가지고 마을의 응집력이 높아진다거나 외부와의 소통이 증진될 것으로 판단한다는 점이다. 마을의 응집력이 공간의 크고 넓음에 좌우되는 것이 아님을 전제하지 않았다는 뜻이다. 따라서 마을 공동체로서의 민속문화가 망실되면서 오히려 마을의 응집력이 약화되어 버린 사실에 유념할 필요가 있다. 다시 말해서 간척과 새마을 운동으로 확장되거나 응집되었어야 할 마을의 문화가 오히려 개별화되거나 이완되어버린 것은 설명할 길이 없는 것이다. 이 논리로는 해로를 통해서 소통하던 소포만이 육로를 통해서 보다 쉽게 내륙과 교류하거나 소통할 수 있게 되었는데도 오히려 그 역효과가 나타나는 현상을 설명할 수 없다.

마찬가지로 보호한다는 차원에서 접근되었던 남도들노래, 진도만가, 진도

80 필자도 당시 소포만에서 농사를 짓는 한 영세민이었기 때문에 개간답을 한 필지 불하받은 바 있다. 그러나 농사의 여력이 없어 소포만의 한 토호에게 헐값에 그 권리를 양도한 적이 있다.

81 사실상, 알곡의 생산도 이전의 개펄과 소만어업과 비교하여 경제적 가치가 월등한가에 대해서는 논란이 많다. 실례로 새만금이나 기타 간척을 둘러싼 분규들을 통해서 이를 확인해 볼 수 있다.

북놀이 등의 무형문화재도 역설적으로 획일화되면서 현장을 잃어버린 보호를 한 셈이 되었다. 왜냐하면 현장에서는 끊임없이 새로운 민속문화로 거듭날 것을 요구할 것이기 때문이다. 따라서 이미 지정된 무형문화재들은 공연화의 단계에 들어가 있는 것이고, 민속예술 및 문화를 공연한다는 것은 그 자체로 역설적인 상황을 전제로 한다. 공연이라는 맥락은 민속예술의 원형이 되는 일상적 맥락과 거리가 있으며 반대로 공연을 하기 위해서는 새로운 무대에 걸맞는 미학적 창조성이 필요하기 때문이다.[82]

6. 결론

본고는 진도군 소포만의 간척기에 나타난 민속음악의 변화를 간척과 새마을운동, 그리고 무형문화재 지정이라는 배경을 통해서 살펴본 글이다. 소포만문화권에 본거지를 두었다고 생각되는 남도들노래, 진도만가, 진도북놀이가 대상이 되었다. 소포만은 전통적으로 끊임없이 외부세계와 소통하면서 문화와 문물을 교류해왔다. 이런 지리적 조건과 문화적 배경은 자연스럽게 소포만의 민속음악적 변화들을 추인해내는 것은 물론 전통적 특징으로 자리잡았다. 특히 소포만의 민속음악은 전통적인 것에 새롭게 이입된 것을 버무리는 재창조적 성향이 강한 것으로 나타났다. 남도들노래의 사당패음악 영향이라든가, 만가의 질베 행렬 수용, 진도북놀이의 독립장르화 등은 이런 재창조의 역량에 기인한 것으로 보았다.

그러나 간척과 새마을운동은 60년대 후반부터 70년대에 이르는 소포만 간척기 내내 산업화와 근대화라는 이름으로 문화현상을 획일화시켜왔다. 이것은 소포만 민속음악이 가지고 있는 종다양성과 개방성, 그리고 재창조성이

82 정수진, 앞의 책, 494쪽.

라는 특징을 훼손한다고 보았다. 마치 새마을운동이 대표마을을 선정하여 획일화시키거나 근대화라는 일률적인 틀에 맞추는 것과 동일하다고 보았다. 바다를 메워 토지로 만든다는 간척의 정신과도 동일하다고 보았다. 특히 간척과 새마을운동의 와중에 민속문화를 보호 한다는 명목으로 지정된 남도들노래, 진도만가, 진도북놀이가 오히려 본래적 전통성을 잃고 있다고 보았다. 왜냐하면 소포만의 민속음악은 끊임없이 변화해가면서 재창조되어 왔고 바로 이것이 진도의 민속음악에 대한 저력으로 기능해왔기 때문이다.

(도서문화, 2006.6.30).

제1부 민속음악 연행방식의 총체성과 세계관

연령층별 민요 부르기의 일생의례적 성격

강등학, 「민요의 말하기 기능과 민요 전승의 방향 모색」, 『한국음악사학보』 제29집, 2004.
______, 「민요의 연구사와 연구방향에 대한 논의」, 『泮橋語文硏究』 10집, 2008.
______, 「고정옥의 민요연구에 대한 검토」, 『한국민요학』 제4집, 1996.
______, 「정선아라리의 민요생태와 문화적 의미」, 『한국민요학』 제23집, 한국민요학회, 2008.
______, 「민요의 현장과 장르의 기능」, 『민요와 민중의 삶』, 한국역사민속학회편, 우석출판사, 1994.
고위민, 「조선민요의 분류」, 『춘추』 제2권 3호, 1941.
고정옥, 『조선민요연구』, 동문선, 1998(1949. 3.10 首善社).
김무헌, 『한국민요문학론』, 집문당, 1987.
김숙경, 『한국전래놀이』 1, 이진, 1993.
김영돈, 「한국전승동요수집연구 경위」, 『연암현평효박사회갑기념논총』, 형설출판사, 1980.
김익두, 「민요의 시학과 정치학」, 『한국민속학』제30호, 한국민속학회, 1998.
______, 「한국민요에 반영된 삶의 의미」, 『역사민속학』 6호, 역사민속학회, 1999.
김혜정, 「 초등교과서의 민요수록 현황과 개선방안」, 『한국민요학회21회학술대회자료집』, 한국민요학회, 2009.
나승만, 『강강술래를 찾아서』, 보림출판사, 2003.
방종현 · 김사엽 · 최상수, 『조선민요집성』, 정음사, 1948.
이광수, 「민요소고」, 『조선문단』 통권3호, 1924.
이승현 · 홍원식, 「오행으로 분류한 음악이 누에의 형질변화에 미치는 영향 – 한방음악치료를 중심으로」, 2003.
이윤선, 「강강술래의 역사와 놀이 구성에 관한 고찰」, 『한국민속학』 제40집, 한국민속학회, 2004.
______, 「진도지역 상례를 통해서 본 의례와 놀이의 연행 미학」, 『비교민속학회 학술대회자료집』, 2008.
이창식, 「민요의 정치시학」, 『비교민속학』 26집, 한국비교민속학회. 2004.
______, 『한국의 유희민요』, 집문당, 2002.

참고문헌

임동권, 「민요분류의 방법」, 『어문학』 18집, 1962.
임재해, 『제3의 민속학, 민속문화의 생태학적 인식』, 당대, 2002.
정미영, 「제5, 6, 7차 교육과정에 의한 고등학교 〈음악〉교과서의 민요분석 연구」, 『한국민요학회21회 학술대회자료집』, 한국민요학회, 2009.
정은경, 「2007 개정교육과정에 의한 '즐거운 생활' 실험본 과서를 통해 본 학교 국악교육의 문제와 대책방안」, 『한국민요학회21회학술대회자료집』, 한국민요학회, 2009.
장두석, 『생활과 건강』, 한민족생활연구회, 2006.
주왕산, 『조선민요개설』, 동양프린트사, 1947.
최성환 · 최인자, 「놀이의 해석학 – 전통놀이 문화의 해석을 위한 시론」, 『해석학연구』제18집, 2006.
최철 · 전경욱, 『북한의 민속예술』, 고려원, 1990.
황우연, 『천부의 맥』, 우리, 1988.
현용준 · 김영돈, 「한국 전승동요에 드러난 청소년의 의식」, 논문집2, 1980.

『중학교 음악교과서』, 세광출판사, 2009.

진도지역 상례를 통해서 본 의례와 놀이의 연행 미학

권영철, 「윷놀이 가사에 대하여」, 『여성문제연구』, 대구효성카톨릭대학교 사회과학연구소, 1976.
김열규, 『메멘토 모리, 죽음을 기억하라』, 궁리, 2001.
김이익(1743~1830), 『순칭록』, 1804.
김일권, 「고대우주론 모식으로서 한국 윷판도형의 구조적 이해」, 『한국의 윷판형 암각화』, 한국암각화학회 춘계학술대회 발표문, 2003.
______, 「한국 윷판형 암각화의 문화성과 상징성」, 『학예연구』 2호, 국민대 박물관, 2003.
______, 「국내성에서 발견된 고구려 윷놀이판과 그 천문우주론적 상징성」, 『고구려연구』15집, 고구려연구회, 2003.
박태호, 『장례의 역사』, 서해문집, 2006.
반겐넵, 『통과의례』, 집문당, 1980.
송화섭, 「한국의 윷판암가화와 불교신앙」, 『한국암각화연구』 제5집, 한국암각화학회, 2004.

신찬균, 「輓歌의 韓・中・日 비교연구」, 『비교민속학』 6집, 비교민속학회, 1990.
오수성, 「씻김굿의 분석심리학적 접근」, 『한국동서정신사회학회지』 1, 1998.
이경엽, 「진도다시래기 연희본의 비교연구」, 『공연문화연구』 11집, 공연문화학회, 2005.
이부영, 「한국무속의 심리학적 고찰」, 『한국무속의 종합적 고찰』, 고려대학교 민족문화연구소, 1982.
이양수, 「擲柶(윷)에 관한 연구 – 易學과 "四"의 의미」, 『문화사학 11, 12, 13호』, 한국문화사학회, 1999.
이연숙, 「절리와 통합으로 본 통과의례의 공통성과 그 의미」, 『새얼어문론집』 제16집, 새얼어문학회, 2004.
이일영, 「윷(柶戲)의 유래와 명칭 등에 관한 고찰」, 『한국학보』 (2), 일지사, 1976.
이윤선, 「무형문화유산의 보존과 지역문화콘텐츠」, 『2008 한국민속학자대회 학술대회자료집』, 한국민속학자연합회, 2008.
이하우, 「한국 윷판형 바위그림 연구 – 방위각을 중심으로 – 」, 『한국암각화연구』제5집, 한국암각화학회, 2004.
임재해, 『장례놀이』, 문화재관리국 문화재연구소, 1994.
______, 「장례관련 놀이의 반의례적 성격과 성의 생명상징」, 민속학회편, 『민속놀이와 민중의식』,집문당, 1996.
______, 「민간의 상장례 풍속과 놀이문화」, 『한국종교의 생사관과 상장례법』, 제2회 불교어산작법학교 심포지엄 자료집, 1999.
______, 「한국의 장례놀이에 나타난 죽음과 삶의 형상」, 『동아시아 기층문화에 나타난 죽음과 삶』, 민속원, 2001.
전경수, 「사자를 위한 의례적 윤간 : 추자도의 산다위」, 한국문화인류학회 편, 『한국문화인류학』 제24집, 교문사, 1992.
진도군, 『진도군지 하권』, 2007.
프란시스코 카란사 로메로, 「안데스 지역의 매장문화」, 『진도의 상례문화』, 진도학회 8회 국제학술대회자료집, 2008.
허경회・나승만, 「완도지역 민요와 설화」, 『도서문화』, 도서문화연구소, 1992.
허옥인, 『의신면 향토지』, 도서출판 사람들, 2005.
허용호, 「전통 상례를 통해서 본 죽음」, 『한국고전연구』 6집, 한국고전문학회, 2000.

연행방식을 통해서 본 남도소리의 난장성

김경남, 「강릉단오축제 난장의 기능」, 『국제아세아민속학』 2호, 국제아세아민속학회, 1998, 109~130쪽.
김혜정, 「남도민요의 음악적 특성과 남도인의 정서적 지향」, 『한국음악연구』 34집, 한국국악학회, 2003, 143~164쪽.
나경수, 「湖南人의 人性構造와 批判的 理解」, 『호남문화연구』 22집, 전남대학교호남문화연구소, 1993, 1~31쪽.
곽병창, 「난장과 해원의 두 얼굴」, 『국어문학』 34집, 국어문학회, 1999, 375~407쪽.
이보형, 「육자백이토리의 음조직 연구」, 『한국음악연구』 24집, 한국국악학회, 1996, 11~30쪽.
______, 「국악음악의 형식 : 판소리 음악구성의 틀 – 무가와 대비하여 – 」, 『한국음악연구』 20집, 한국

국악학회, 1992, 14~30쪽.
지춘상 외,『남도민속학개설』, 태학사, 1998, 1~622쪽.
최길성,「축제의 〈난장〉에 대하여」,『2006년 한일국제학술발표회 – 한일 축제문화 비교』, 비교민속학회, 2006, 11~23쪽.
최동현,「판소리장단의 부침새에 대하여」,『판소리연구』 2집, 판소리학회, 1991, 49~60쪽.
표인주,『남도민속문화론』, 민속원, 2000, 1~431쪽.

제2부 민속음악의 스토리텔링과 인터랙션

해물유희요의 스토리텔링과 섬사람들의 세계관

강등학,「노래론을 위한 문학론과 음악론의 문제」,『한국음악연구』 제26집, 한국국악학회, 1998.
나승만,「완도 신지도 민요소리꾼 고찰」,『도서문화』 제14집, 1996.
로버트 맥기,『시나리오 어떻게 쓸 것인가』, 황금가지, 2002.
이윤선,「남도 소리판의 축제성 – 끼워넣기와 겨루기를 중심으로」,『2006 구비문학회 하계학술대회 자료집』, 2006.
이인화,『디지털스토리텔링의 이해』, 한국데이터베이스진흥센터, 2006.
이창식,『한국의 유희민요』, 집문당, 2002.
허경회,「보길도의 구비문학자료」,『도서문화』 제8집, 목포대학교 도서문화연구소, 1991.
한국문화방송,『MBC 한국민요대전 2』 전라남도편, 1993.

닻배노래를 통해 본 어로요의 리듬 분화와 인터랙션

강등학,「노래문학의 성격과 민요의 장르양상」,『한국시가연구』, 한국시가학회, 1997, 79~104쪽.
나승만,「조기잡이 닻배어로의 번영과 쇠퇴」,『비교민속학』 제27집, 비교민속학회, 2004, 263~291쪽.
이경엽,「서해안의 배치기소리와 조기잡이의 상관성」,『한국민요학』제15집, 한국민요학회, 2004, 215~248쪽.
이윤선,『민속문화 기반의 문화콘텐츠 기획론』, 민속원, 2006, 1~263쪽.
______,「닻배노래의 교섭양상과 공연화에 나타난 변화 고찰」,『한국민요학』 제16집, 한국민요학회, 2005, 263~294쪽.
______,「연행방식을 통해서 본 남도소리의 축제적 성격」,『구비문학연구』 제24집, 한국구비문학회, 2007, 59~87쪽.
______,「닻배노래에 나타난 어민 생활사 – 진도군 조도군도를 중심으로 –」,『민요논집』 제7집, 민속원, 2003, 231~266쪽.
______,「조기잡이 어로민요와 닻배의 민속지적 고찰」, 목포대학교 석사학위논문, 2002, 1~81쪽.
이인화,「디지털스토리텔링 창작론」,『디지털스토리텔링』, 황금가지, 2003, 12~33쪽.
한혜원,『디지털게임스토리텔링』, 살림, 2005, 1~93쪽.

문화방송,『MBC 민요대전』 2 전라남도편, 문화방송, 1993, 575쪽.

_______, 『MBC 민요대전』 충정남도편, MBC, 1995, 135~480쪽.
_______, 『MBC 민요대전』, 전라북도편, MBC, 1995, 460~502쪽.
조오환 채록, 김정호 감수, 「진도닻배노래」, 진도문화원, 2004, 1~155쪽.
진도군, 『진도군지』 하권, 진도군지편찬위원회, 2007, 703~704쪽.

민요의 혼자 부르기와 여럿이 부르기에 대하여

강등학, 「민요의 현장과 장르의 기능」, 한국역사민속학회 편, 『민요와 민중의 삶』, 우석출판사, 1994.
______, 「고정옥의 민요연구에 대한 검토」, 『한국민요학』 제4집, 한국민요학회, 1996,
______, 「노래문학의 성격과 민요의 장르양상」, 『한국시가연구』, 한국시가학회, 1997.
김혜정, 「진도아리랑 형성의 음악적 배경」, 『한국음악학 연구』, 35집.
______, 「산아지타령 계열 악곡의 음악적 존재양상과 의미」, 『한국민요학』 제21집, 한국민요학회, 2007.
______, 『여성민요의 음악적 존재양상과 전승원리』, 민속원, 2005.
나경수, 「진도아리랑 형성고」, 『전남의 민속연구』, 민속원, 1994.
이윤선, 「해물유희요의 스토리텔링과 섬사람들의 세계관」, 『한국민요학』 제20집, 한국민요학회, 2007.
______, 「민요일생사 혹은 연령층별 민요 부르기의 일생 의례적 성격」, 『비교민속학회 자료집』, 2009. 5.
______, 「소포만의 간척기 민속음악 변화 연구 – 남도들노래, 진도만가, 진도북놀이를 중심으로 – 」, 『도서문화』 제27호, 목포대 도서문화연구소, 2006.
______, 「진도아리랑 기원 스토리텔링과 문화마케팅」, 『도서문화』 제25호, 목포대 도서문화연구소, 2005.
______, 「닻배노래의 교섭양상과 공연화에 나타난 변화 고찰」, 『한국민요학』 제16집, 한국민요학회, 2005,
______, 「닻배노래를 통해서 본 어로요의 리듬 분화와 인터랙션」, 『한국민요학』 제22집, 한국민요학회, 2008.
______, 「서남해지역 민속음악의 무속기반과 재창조 전통」, 『한국무속학』 제15집, 한국무속학회, 2007.
______, 「연행방식을 통해서 본 남도소리의 축제적 성격」, 『구비문학연구』 제24집, 한국구비문학회, 2007.
______, 「몸에 대한 동아시아의 민족의학적 인식과 생태민속학적 접근」, 『한국민속학회 하계학술대회 발표집』, 2009.
이창식, 『한국의 유희민요』, 집문당, 2002.
최상일, 「전남지역 민요의 분류와 분포」, 『MBC 한국민요대전』 2 전라남도편, 문화방송, 1993.
______, 『우리의 소리를 찾아서』, 돌베게, 2002,
최성환・최인자, 「놀이의 해석학 – 전통놀이 문화의 해석을 위한 시론」, 『해석학연구』 제18집.
진도문화원, 『진도민요집』, 제1집, 1997.
허옥인, 『진도속요와 보존』, 진도민요보존회, 1986.

무안민속음악의 전통과 재창조

『성종실록』 권27, 성종 4년 2월 임신.

『新增東國輿地勝覽』 35, 전라도.

고석규, 『무안군의 문화원형』, 목포대도서문화연구소 · 무안군, 2007, 311~319쪽.

문병채, 『무안군의 문화원형』, 목포대도서문화연구소 · 무안군, 2007.

박전열, 「각설이의 기원과 성격」, 『한국문화인류학』 11, 한국문화인류학회, 1979.

백혜숙, 「한국근현대사의 음악가 열전(ⅴ) – 효산 강태홍의 생애와 음악 – 」,『한국음악사 연구』 8, 한국음악사학회, 1992.

변남주, 『무안군의 문화원형』, 목포대도서문화연구소 · 무안군, 2007.

이윤선, 「품바타령(각설이타령)과 문화원형」, 『무안군의 문화원형』, 목포대도서문화연구소 · 무안군, 2007.

_____, 「무안민속음악의 전통과 재창조」, 『무안군의 문화원형』, 목포대도서문화연구소 · 무안군, 2007.

_____, 「무안농경문화의 시원과 들노래」, 『무안군의 문화원형』, 목포대도서문화연구소 · 무안군, 2007.

_____, 「장시와 품바의 시원, 그 탄과 탄」, 『무안군의 문화원형』, 목포대도서문화연구소 · 무안군, 2007.

_____, 「무안품바타령의 지역문화 자원화 의미 고찰」, 『품바관광상품화를 위한 토론회』, 무안군청.

장성수, 「각설이타령의 담당층과 구조 연구」, 『문학과 언어』 16, 문학과언어연구회, 1995.

조용호, 『무안군의 문화원형』, 목포대도서문화연구소 · 무안군, 2007, 463~481쪽.

http://www.koreartnet.com/wOOrII/sori/pumba/pumbaran.html

〈진도북춤〉의 유파별 특성을 통해서 본 놀이와 춤의 상관성

고은미, 「북과 북춤의 시대적 변천에 관한 연구」, 미간행석사학위논문, 숙명여자대학원, 2003.

김마리아, 「진도북춤의 지도방안에 관한 연구」, 미간행석사학위논문, 광주교육대학교, 2003.

김은희, 「진도북춤에 관한 고찰 – 양태옥 · 박관용 북춤을 중심으로 – 」, 미간행석사학위논문, 조선대학교대학원, 1993.

김정희, 「원으로 대표되는 춤의 흐름에 관한 소고」, 한국체육학회회발표집. 한국체육학회, 1998, 663~668쪽.

김지원, 「한국 민속춤의 동작 코드와 의미체계에 관한 연구」, 『대한무용학회』 제46호, 대한무용학회 : 서울, 2006, 1~35쪽.

박병훈, 『鄕田 朴秉訓 鄕土史資料 論 · 文集』, 진도문화원 : 진도, 2005.

박충로 외, 『진도군지』, 진도군지편찬위원회 : 진도, 1976.

백미현, 「민속춤에 담겨 있는 공동체 정신의 연구 – 강강술래 · 농악을 중심으로 – 」, 미간행석사학위논문, 중앙대학교대학원, 2001.

백혜경, 「진도북춤의 춤사위 연구 – 박병천류를 중심으로 – 」, 미간행석사학위논문, 동덕여자대학교, 2000.

서희경, 「진도씻김굿의 상징적 특성에 관한 연구 – 지전춤을 중심으로 – 」, 미간행 교육대학원논문, 숙명여자대학교, 2003.

양태옥, 『민속놀이 신청농악』, 운제전통기악연수원 : 광주, 1993.

『예향진도』 全篇, 진도문화원 : 진도, 1984~2006.
오승지, 「박병천 진도 북춤의 본질과 구조적 재정립에 관한 발전 방향 모색」, 『움직임의 철학』 제12권 제2호, 한국체육철학회지, 2004, 615~637쪽.
이병옥, 「한국 무속에 나타난 북방계와 남방계 춤 특징의 인류학적 고찰」, 『대한무용학회』 제30호, 대한무용학회, 2001, 51~75쪽.
이미영, 「진도북춤 춤사위에 나타난 미적 특징 – 박병천류를 중심으로 – 」, 『한국무용사학』 제3호, 한국무용사학회, 2004, 35~56쪽.
이윤선, 『도서해양민속과 문화콘텐츠』, 민속원 : 서울, 2006.
이홍이, 「북춤의 유형별 고찰」, 『대한무용학회』 제19호, 대한무용학회 : 서울, 1996.
정병호, 『한국의 민속춤』, 삼성출판사 : 서울, 1992.
정은희, 「한국민속춤에 내재된 공동체적 신명에 관한 심리적 접근」, 미간행석사학위논문, 조선대학교 대학원, 1999.
진도군, 『진도군지』, 진도군 : 진도, 2006.
최영란, 「춤의 사회적 기능에 대한 시론적 고찰」, 『대한무용학회』 제26호, 대한무용학회 : 서울, 1999, 315~330쪽.
황루시, 『진도씻김굿』, 문화재청, 화산문화 : 서울, 2001.
허순선, 『걸북춤』, 도서출판 금광 : 광주, 1997.
허옥인, 『진도속요와 보존』, 광주일보출판국 : 광주, 1997.

〈비디오 자료〉
박병천 북춤자료
양태옥 북춤자료
임회면 여성농악단 북춤자료
박관용 북춤자료
진도군립민속예술단 북춤자료
이희춘 북춤자료
박강열 북춤자료

〈면담자료〉
장성천(1989) 진도군 임회면 석교리. 전남무형문화재 북놀이 예능보유자
박관용(1996, 2000) 진도군 진도읍 동외리. 전남무형문화재 북놀이 예능보유자
양태옥(1998) 광주시 동구 운제전통기악전수원. 전남무형문화재 북놀이 예능보유자
박병천(1995, 1996, 1997, 1998) 진도군 지산면 인지리 및 서울시. 진도씻김굿 예능보유자
김길선(2000, 2002) 진도군 지산면 삼당리. 전남무형문화재 북놀이 장성천류 예능보유자
이희춘(2004) 진도군 의신면 사천리. 전남무형문화재 북놀이 박관용류 이수자
박강열(2005, 2006) 진도군 의시면 돈지리. 전남무형문화재 북놀이 양태옥류 전수조교
조열환(2004) 진도군 지산면 소포리. 전남무형문화재 북놀이 장성천류 전수조교
허옥인(1998, 2004) 진도군 의신면 돈지리. 『진도속요와 보존』 저자.

남해신사 해신제 복원과 의례음악 연출시론
『增補文獻備考』 輿地考 4집
『新增東國輿地勝覽』 Ⅳ, (재) 민족문화추진회, 1985.

김범수 외, 『남해신사 해신도제작기』, 영암군 · 범해 회화문화재 연구소, 2004.
남해신사제례보존회, 「남해신사의 역사적 배경과 연혁」, 프린트물(총 3쪽), 2002.
목포대학교박물관 · 영암군, 『靈巖 南海神祠址』, 목포대학교박물관 학술총서 제68책, 2000.
박경래, 「민속조사」, 『향토문화유적조사』 영암시종편, 향토문화개발협의회, 1985.
영암문화원, 『월출의 맥박』 통권117호, 2001
영암군 · 목포대학교박물관, 『영암군의 문화유적』, 1986.
한국정신문화연구원, 『한국민족문화대백과사전』 15권, 1997.

서남해지역 민속음악의 무속기반의 재창조 전통
『高麗史』 卷71.
『성종실록』권27.
『日本書紀』 卷50.
『三國史記』 卷32.
『진도부읍지』.
新增東國輿地勝覽』35, 전라도.
姚思廉著, 梁書卷五十四, 列傳.
『도서지』, 전라남도, 1995.
『해남군지』, 해남군, 1995.
晋 陳壽著, 팽구송 김재선 편저, 『原文 東夷傳』, 서문문화사, 2000.
赤松智城 秋葉隆, 심우성 역, 『조선무속의 연구』, 동문선, 1991.
문화재관리국 문화재연구소, 『판소리유파』, 1992.
『목포문화 제5집 올뫼나루문화』, (사)목포문화원,1992.
『마파지』,목포문화원, 1994.
『전라남도 국악실태조사』, 문화재관리국 문화재연구소, 1980.
『한국민속종합조사보고서』 전라남도편, 문화공보부 문화재관리국, 1969.
『백제왕인박사 사적연구』, 한국교원대박물관/ 전라남도/영암군, 1995.
국민대학교 사학과, 『영산강 문화권』, 역사공간, 2006.

강봉룡, 「고대 한중 횡단항로의 활성화와 흑산도의 번영」, 『흑산도 상라산성 연구』, 목포대학교 도서문화연구소, 신안군, 2000.
고석규, 「무안장시의 어제와 오늘」, 『무안군 문화원형 찾기』, 목포대도서문화연구소, 2007.
김기수, 『국악입문』, 1972.
김우진, 「전통음악」, 『전라남도지』 제23권, 전라남도지편찬위원회, 1995.
김재선 외, 『한글 동이전』, 서문문화사, 2000.

김창화, 「이상적인 창극의 무대화」, 『세계화 시대의 창극』, 국립중앙극장, 연국과 인간, 2002.
김혜정, 「진도 민속음악의 계승발전 방향」, 『남도민속연구』 제6집, 남도민속학회, 2000.
나승만, 『전남지역 들노래 연구』, 전남대박사학위논문, 1990.
박 황, 『판소리 이백년사』, 사사연, 1987.
백혜숙, 「강태홍」, 『부산인물사』, 선인, 2004.
양승희, 『가야금산조 창시자 김창조와 가야금산조』, 1999.
유민영, 「초창기의 창극운동」,『세계화 시대의 창극』, 국립중앙극장, 연국과 인간, 2002.
이경엽, 「무속신앙」, 『전라남도지』제19권, 전라남도지편찬위원회, 1995.
_____, 『지역민속의 세계』, 민속원, 1995.
_____, 「진도 다시래기 연희본의 비교 연구」, 『공연문화연구』, 한국공연문화학회, 2005.
이경엽・이용범・이윤선・송기태, 『여수영당, 풍어굿, 재인청』, 민속원, 2007.
이보형, 「김창조의 가야금산조와 후기(근대)산조 전승론」, 『『산조연구』, 영암군/가야금산조현창사업추진위원회, 2001.
이시히로유기 외, 『환경은 세계사를 어떻게 바꾸었는가』, 경당, 2003.
이윤선, 「무안 농경문화의 시원과 들노래」, 『무안군 문화원형 찾기』, 목포대도서문화연구소, 2007.
_____, 「장시와 품바의 시원, 그 嘆과 呑」, 『무안군 문화원형 찾기』, 목포대도서문화연구소, 2007.
_____, 「도서해양민속과 문화콘텐츠」, 민속원, 2006.
_____, 「국립남도국악원의 출범과 기대」, 『남도민속연구』 제9집, 남도민속학회, 2003.
_____, 「민속음악의 전통과 재창조」, 『무안군문화원형찾기』, 목포대도서문화연구소/무안군, 2007.
_____, 「강강술래의 역사와 놀이구성에 관한 고찰」, 『한국민속학』 제40호, 한국민속학회, 2004.
전지영, 『근대성의 침략과 20세기 한국의 음악』, 북코리아, 2005.
정만조, 『恩波遺筆』, 진도향토사자료 영인본 제2집, 진도문화원, 1993.
최덕원, 『남도민속고』, 삼성출판사, 1990.
최성락, 「무안지역의 농경문화」, 『무안군 문화원형 찾기』, 목포대도서문화연구소, 2007.
_____, 「고분문화의 시원」, 『무안군 문화원형 찾기』, 목포대도서문화연구소, 2007.
최성락・이영철・한옥민, 『무안 인평고분군』, 목포대학교 박물관. 1999.
최성락・이정호・윤효남, 「무안고읍고분 수습조사보고」, 『문화유적시・발굴조사 보고』, 목포대학교 박물관. 1999.
____________________, 『무안 고절리 고분』, 목포대학교 박물관. 2002.
최성환, 「하의도를 지키는 소리꾼 이홍채」, 『신안문화』 14호, 신안문화원, 2004.
허옥인, 『의신면 향토지』, 의신면노인회/향육회, 2005.
_____, 『진도의 속요와 보존』, 광주일보출판국, 1986.
허일 외, 『장보고와 황해 해상무역』, 국학자료원, 2001.

제4부 남도민속음악, 연행자와 연행판

서남해지역 민속음악의 전개 양상과 연행자

고혜경, 「전남지역 민요 사설의 성격」, 『한국민요대전』 2 전라남도편, 문화방송, 1993.
김경옥 외, 『유달산 아래 있는 작은 섬 고하도』, 목포문화원, 2004.
김선태, 『남도답사 1번지 강진문화기행』(증보판), 작가, 2006.
나승만, 『전남지역 들노래 연구』, 전남대박사학위논문, 1990.
나승만, 이경엽, 이윤선, 『부활하는 대지의 소리 강진 들노래』, 강진군,목포대도서문화연구소, 2003.
서해숙, 「강강술래의 문학적 형상화」, 『남도민속연구』 5, 남도민속학회, 1999.
이보형, 『강강술래의 춤과 소리』, 『시방은 안해 강강술래럴 안해』, 뿌리깊은 나무, 1990.
이소라, 「민요의 가치와 전승의 중요성」, 『신안문화』 17, 신안문화원, 2006.
______, 『영암의 민요』, 영암군, 2004.
이윤선, 「당신격을 통해서 본 소안도 주민들의 세계관」, 『한국도서연구』 15 (2), 한국도서섬학회, 2003.
______, 「강강술래의 역사와 놀이구성에 관한 고찰」, 『한국민속학』 40, 한국민속학회, 2004.
______, 「당제의 문화콘텐츠 자원화에 대한 일고」, 『남도민속연구』 13, 남도민속학회, 2006.
______, 「하의도 대리당제의 전통과 衰殘의 의미」, 『도서연구』, (사)한국섬학회, 2006.
______, 「南海神祠 海神祭 복원과 의례음악 연출 試論」, 『도서문화』 28, 목포대도서문화연구소, 2006.
______, 「진도북춤의 유파별 특성을 통해서 본 놀이와 춤의 상관성」, 『무용학회논문집』, 대한무용학회, 2006.
______, 「닻배노래의 교섭양상과 공연화에 나타난 변화 양상」, 『한국민요학』, 한국민요학회, 2006.
______, 「해물유희요의 스토리텔링과 섬사람들의 세계관」, 『전남대소리문화연구소 학술대회발표집』, 2006.
______, 「장시와 품바의 시원, 그 嘆과 呑」, 『무안군 문화원형 찾기』, 목포대도서문화연구소, 2007.
정병호, 『농악』, 열화당, 1986.
정윤섭, 『해남 문화유산 탐구』, 향지사, 1997.
지춘상, 『한국구비문학대계 6－1』, 전라남도 진도군편, 한국정신문화연구원, 1980.
______, 『전남의 농요』, 전라남도, 1986.
최덕원, 『다도해의 당제』, 학문사, 1983.
______, 『남도민속고』, 삼성출판사, 1990.
최상일, 「전남지역 민요의 분류와 분포」, 『한국민요대전』 2 전라남도편, 문화방송, 1993.
황도훈 외, 『전, 서산대사진법군고』, 해남문화원, 1991.
허경회, 「하의,장산의 구비문학 자료조사 보고」, 『도서문화』 3, 도서문화연구소, 1985.
______, 『신안지역의 설화와 민요』, 도서문화연구소, 1996.

소포만의 간척기 민속음악 변화연구

『강진군의 문화유적』, 목포대박물관 · 전라남도 · 강진군, 1989.

『내고장 자랑』, 신안군, 1982.
『내고장 전통가꾸기』, 무안군, 1981.
『마파지』, 목포문화원, 1994.
『모습바꾼 영간강 어귀 나불도』, (사)전라남도농업박물관회.
『목포향토지』 제6집, (사)목포문화원, 1990.
『무안군의 문화유적』, 목포대학교박물관 · 전라남도 · 무안군, 1986.
『도서지』, 전라남도, 1995.
『상정리 농악 금고단의 유래와 영산 다드래기 및 삼로오행굿』, 『재경완도군향우회지』, 완도문화원, 1995.
『신안군의 문화유적』, 목포대학교박물관 · 전라남도 · 신안군, 1987.
『신안군지』, 목포대학교도서문화연구소 · 신안군, 2000.
『영암군의 문화유적』, 영암군 · 목포대학교박물관, 1986.
『우리마을의 풍속 – 세시풍속과 마을제사』, 해남문화원, 1996.
『완도군의 문화유적』, 목포대학교박물관 · 전라남도 · 완도군, 1995.
『자랑스러운 강진』, 강진군, 1989.
『재경완도군향우회지』, 재경완도향우회, 1995.
『전라남도 국악실태조사』, 문화재관리국 문화재연구소, 1980.
『진도의 문화예술』, 진도군, 1993.
『진도군의 문화유적』, 목포대학교박물관 · 전라남도 · 진도군, 1987.
『진도군 향토사자료 영인본』 2, 진도문화원, 1993.
『해남의 역사와 문화』, 해남문화원, 1999.
『한국민속종합조사보고서(전라남도편)』, 문화공보부 문화재관리국, 1969.
『해남군의 문화유적』, 목포대학교박물관 · 전라남도 · 해남군, 1986.
길기현, 「한국 서남해안의 간척지에 대한 지리학적 고찰」, 『지리학연구』 9집, 국토지리학회, 1984, 127쪽.
김동희, 「간척개발의 경제적 타당성 및 추진방안에 관한 고찰」, 『농업경제연구』 제25집, 한국농업경제학회, 1984.
김인진, 「새마을운동을 통해서 본 한국사회의 근대성형성에 관한 연구」, 서울대학교대학원 석사학위논문, 1999.
김혜정, 「진도 민속음악의 역사와 계승 발전 방향」, 『진도군의 발전방향의 모색과 전망』, 전남대 사회교육원, 1999.
______, 「씻김굿 상여소리의 사용양상과 민요, 무가의 관계」, 『공연문화연구』, 한국공연문화학회, 2006, 245~246쪽
김홍순, 「근대화 프로젝트로서의 새마을운동에 대한 비판적 고찰 : 1970년대를 중심으로」, 『한국지역개발학회지』 제12권 제2호, 한국지역개발학회, 2000.
심인보, 「새만금 간척지구 생태관광 개발방안」, 『관광정보연구』, 한국관광정보학회, 2005.
윤양수 · 지광효, 「우리나라 간척사업의 실태분석(1910년~현재까지)」, 『국토연구』, 국토연구원, 1982.
이원철, 「우리나 전통 물류조직과 그 활동에 관한 소고」, 『해운물류연구』 제45호, 한국해운물류학회, 2005.

이윤선, 『구술진도민속음악사』 1, 이소북, 2003.
이행 · 박섭, 「한국 근현대의 국가와 농민 : 새마을운동을 중심으로 해서」 『한국정치학회 4월 월례발표회』, (사)한국정치학회, 1997.
서울대학교 새마을운동 종합연구소 편, 『새마을운동의 이념과 실제』, 서울대학교 새마을운동종합연구소, 1981.
정수진, 「무형문화재 제도의 성립, 그 역사성의 재고」, 『한국민속학』 40집, 한국민속학회, 2004.
주 권, 「새마을운동의 이론적 초점」, 『지역사회개발연구』 1, 1976.
진희숙, 「들노래에 관한 연구」, 서울대 석사학위논문, 1985.
반혜성, 「진도 마당놀이에 관한 연구」, 서울대 석사학위논문, 1987.
최완기, 『조선후기선운업사연구』, 일조각, 1997.
허옥인, 『의신면 향토지』, 의신면노인회 · 향육회, 2005.
______, 『진도속요와 보존』, 진도민요보존회, 1986.

『서울신문』, 1983년 8월 6일자.
『옥주의 얼』, 진도문화원, 1982.
국무총리실, 『새마을운동의 성과분석』, 1972.
내무부, 『새마을운동』, 1972.
문화재청, 「문화재 보존 관리 및 활용에 관한 기본 계획」, 2002.
「간척자원실태분석 및 활용방안연구」, 국토연 82-7, 국토개발연구원, 1982.
http://sos.kfem.or.kr/
http://www3.aa.tufs.ac.jp/

가

찾아보기

나

다

마

바

사

아

자

차

카

타

파

하